李步云 学术精华

论宪法
On The Constitution

李步云 著

社会科学文献出版社
SOCIAL SCIENCES ACADEMIC PRESS (CHINA)

《李步云学术精华》总序

我从1957年进北京大学法律系读本科，到现在学习和研究法律已经50载。但能集中精力认真搞研究，只是1978年党的十一届三中全会以后的这30年。我很庆幸自己能够生活在这个伟大的国度和时代里，在改革开放和民族振兴的历史征途中也留下了自己的一行思想足印。到目前，我已发表论文200余篇，出版著作30余部。但著作的多数是主编、合著或文集。我的一些学生对我说，岁月不饶人，你该把自己的全部主要著述汇集在一起，把个人的学术思想系统整理一下，编成一套丛书，以便于关心你著述的国内外友人查阅，便于对你的学术思想和治学为人感兴趣的学界同仁和广大公众品评，并给后人留下一点思想财富。这一想法得到了中国社会科学院社会科学文献出版社谢寿光社长和两位编辑的支持。于是，我决定编辑这套丛书，并由该出版社负责出版发行。

我的计划是在未来的几年内出版以下10本：《法理学》、《法哲学》、《论法治》、《论人权》、《论民主》、《论法理》、《论宪法》、《论依宪治国》、《我的治学为人》、《我的法治梦》。这10本书的出版先后，将视具体情况而定。如果以后身体状况允许，还可能增加某些著作在里面。

《法理学》和《法哲学》是两本内容比较全面、系统的理论专著，既要表达我在这两方面的独有见解，具有学术性；又力求简明清晰，可作为本科与研究生的教材或参考用书。2000年，经济科学出版社出版过我所主编的中国社会科学院研究生院教材《法理学》，但那是有多人参编的合著。这次的《法理学》系独著，并力求反映国内新的学术发展和我自己新的理论思考。《法哲学》的构想已有多年，但仅发表过10多篇有关论文，系统性的一本专著一直未能完成。它以法学为体，哲学为用，是唯物论和辩证法在法律制度和法律思想中的表现形态，即它的任务是研究法律现象和法律意识中的唯物论和辩证法问题。这样的研究视角、范畴和体系，在国内和国际都具有一定的探索性。

《论法治》、《论人权》、《论民主》、《论法理》、《论宪法》，都是以论文集形式成书。其缺点是不如系统性的专著那样具有严谨的逻辑与体系，优点却是可保留文章原来的面貌，其中一些为中央领导所作法制讲稿、若干重大法治历史性事件中为中央报刊所写社论或特约评论员文章，可作为文献留传下来；同时也便于人们了解和研究中国法律思想发展的历史轨迹。这里的论文，一部分曾分别收入湖南人民出版社出版的《走向法治》和《法理探索》，但这次删节了少数文章彼此有些重复的内容，反映该论文写作背景的"后记"则已重写并作了很大的增补。另一部分文章以前没有收入任何文集或未曾发表过。我在学术上所作出过的一点贡献，比较多的还是反映在我的论文中。

《论依宪治国》是我为东南大学开设的一门"人文精品课程"，是根据讲课录音录像的记录整理而成，包括每次讲课时对学生提问的回答。

《我的治学为人》主要是汇集我为自己与他人的著作所写序言与后记，一些感言与回忆，各种对话与访谈，并附录若干位同事、朋友和学生评论我的治学与为人的文章和讲话。这些都比较集中地反映了我的治学理念和做人准则。《我的法治梦》将真实记录下我一生的生活和工作经历，回忆我参与起草一些重要文献和立法活动的详细经过，论述我写文章时的心路历程，以及这些文章背后的种种故事。我希望这两本书对现在和未来的年青朋友，对有志于献身科学事业的人，能有某些借鉴作用。

我是中国人民的儿子，也是世界人民的儿子。在人类历史的长河中，在地球广袤的土地上，我不过是滚滚长江的一朵浪花，不过是巍巍泰山的一棵小草。现在和未来的一些日子里，我把自己这些微小的学术研究成果作为薄礼，敬献给养育了我的祖国和人民，敬献给曾经关心和帮助过我的同事、朋友、亲人和国际友人。我衷心祝愿伟大的中华民族日益繁荣昌盛，衷心祝愿全世界人民共享和平、富裕、文明的幸福生活和更加光辉灿烂的美好未来！

李步云
2008年4月1日于北京

本书自序

我的研究专业是法理学,由于一个偶然的机遇,使我的工作又进入了宪法学领域。1980年7月,我被借调到中共中央书记处研究室,负责法律方面的事务。我到那里报到的第二天,就要我负责起草叶剑英委员长在"宪法修改委员会"第一次会议上的讲话。后来宪法委员会秘书处起草的新稿子报党中央审阅,都是先交我看和提出修改意见然后送研究室正副主任邓力群、林涧青阅,再报中央有关领导审阅。那时是我一生精力最充沛的时候,就住在中南海,每天工作16小时,因此有关宪法的文章满天飞。

本书第一专题是"宪政的科学内涵"。实行宪政需要有一部好的宪法;但好的宪法没有至高无上的权威,也不是实行宪政。宪政概念在我国学术界流传开来,始于20世纪90年代初。我的《宪政与中国》是其代表性著作之一。非常遗憾的是,时至今日,这一概念仍未被中央有关部门所采纳,可见我国思想解放、理论创新之艰难!

本书第二专题是"'七八宪法'修改建议"。前面的十篇1981年11月2日至12月18日发表在《人民日报》上。一个人在党中央的机关报上一个来月里能连续发表十篇文章可能是很罕见的吧。当时报社领导考虑短时间里一人发表这么多有点不太好,后来具体负责此项工作的理论部王礼明同志经我同意为我起了一个笔名"黎青"。我唯一的笔名就是这么来的。由于这是党中央机关报,当时学术界这方面的研究成果也不多,后来直接参与起草工作的王叔文同志告诉我:"你的很多建议都被采纳。"如建议写进"凡具有中华人民共和国国籍的人,就是中华人民共和国的公民",以纠正一部分人认为"五类分子"和被判刑尤其是被判"剥夺政治权利"的人不是公民的错误观念。将"公民的基本权利和义务"一章置于"国家机构"一章之前，以表明是公民权利产生国家权力，而不是相反；国家权力是手段，它的存在意义和价值就是为了谋求公民的各种利益；等等。

本书第三专题是"'八二宪法'内容精解"。这里收集的30篇文章，少数是"八二宪法"通过之前所撰写，绝大多数是该宪法通过与实施的头两年所撰写。其中绝大多数都曾发表过。后来这30篇文章按逻辑顺序被编在一起，成为《新宪法简论》一书，由法律出版社于1984年2月出版。该书全面系统地论述了"八二宪法"主要内容的基本内涵和精神，今天它仍可作为研究现行宪法的重要参考读物。由于该书出版至今已30年，故在"后记"作了较多补充说明。

本书第四专题是"宪法原理若干问题"。这些文章主要是20世纪90年代到最近时期所撰写，现实感和针对性更强一些。其中有些文章，如《"八二宪法"的回顾与展望》，曾被多个刊物所转载。

1984年，我在访问美国芝加哥一所大学时，该校一位法理学教授曾对我说，他是将法理学与宪法学作同一门课程在该校开设的。我虽然不同意他的观点和做法，但仍认为他的见解包含有一定的合理性。因为宪法的每一个概念、原则和规则，都包含着丰富的和深刻的法理。因此，我过去是，今后也将继续是法理学和宪法学的研究者，我把法治与人权作为自己研究的重心。

最后，我要感谢我的学生和学术助理韩阳副教授为本书所付出的辛勤劳动，特别是"'八二宪法'内容精解"这一专题的后面部分主要是她所补充。同时也很感谢刘骁军女士为我这套书的出版所给予的关心及所付出的劳动。

目　录

第一篇　宪政的科学内涵

宪政与中国 …………………………………………………… 3
契约精神与宪政的几个问题 ………………………………… 27
谱写宪政新篇章 ……………………………………………… 43
宪政散论 ……………………………………………………… 51
什么是宪政 …………………………………………………… 57
论政治文明 …………………………………………………… 61
政治文明的科学内涵和重要意义 …………………………… 76
宪政概念的科学内涵及重大意义 …………………………… 85

第二篇　"七八宪法"修改建议

我国现行宪法为什么要修改？ ……………………………… 101
宪法的制定和修改必须贯彻民主原则 ……………………… 103
宪法的完备问题 ……………………………………………… 105
宪法的结构 …………………………………………………… 107
宪法的现实性 ………………………………………………… 109
宪法的规范性 ………………………………………………… 111
宪法条文必须明确、具体、严谨 …………………………… 113

宪法的原则性与灵活性 …………………………………… 116
宪法的稳定性 …………………………………………… 118
什么是公民 ……………………………………………… 120
新时期治国安邦的根本法 ………………………………… 124

第三篇 "八二宪法"内容精解

为什么要对1978年宪法进行全面修改？ ………………… 129
新时期全国人民的总任务 ………………………………… 136
坚持和发展四项基本原则 ………………………………… 147
巩固和扩大广泛的统一战线 ……………………………… 156
人民民主专政的理论与实践 ……………………………… 163
国家的一切权力属于人民 ………………………………… 171
国体和政体的相互关系 …………………………………… 177
国家机构必须认真实行民主集中制 ……………………… 185
维护社会主义法制的统一和尊严 ………………………… 193
巩固和发展社会主义经济制度 …………………………… 200
建设高度的社会主义精神文明 …………………………… 210
正确认识和行使国家的专政职能 ………………………… 216
正确认识"公民在法律面前一律平等" ………………… 223
公民的权利和义务的一致性 ……………………………… 231
保障公民的宗教信仰自由 ………………………………… 237
怎样理解"公民有劳动的权利和义务" ………………… 243
新宪法为什么没有规定"罢工自由" …………………… 248
正确行使公民的自由和权利 ……………………………… 254
人民代表的权利与义务 …………………………………… 260
为什么要恢复设立国家主席 ……………………………… 270
行政机关实行首长负责制的意义 ………………………… 277
取消国家领导职务实际终身制的意义 …………………… 283
公检法三机关的相互关系 ………………………………… 290
我国审计制度的内容与作用 ……………………………… 296
加强民族团结，发展民族区域自治 ……………………… 303

加强农村基层政权的建设 …… 311
发展基层社会生活的群众性自治 …… 317
新宪法是正确内容与科学形式的完美结合 …… 322
新宪法实施的保障 …… 331

第四篇　宪法原理若干问题

"八二宪法"的回顾与展望 …… 343
宪法学的几个理论问题 …… 353
现行宪法是实现依法治国的重要保证 …… 365
宪法的稳定性与权威性 …… 366
中国人大与中国宪法 …… 369
宪法比较研究的几个问题 …… 378
法治国家的十条标准 …… 383
社会主义人权的基本理论与实践 …… 391
党政分开是政治体制改革的关键 …… 403
为"司法独立"正名 …… 408
我对中国民主与法治是乐观的 …… 413
迈向共和国法治的新时代 …… 431

附　录

我的法治梦 …… 437
中国法学会：我的良师益友 …… 442
我所认识的江平 …… 447
李步云：从革命战士到著名学者 …… 450

第一篇

宪政的科学内涵

宪政与中国

契约精神与宪政的几个问题

谱写宪政新篇章

宪政散论

什么是宪政

论政治文明

政治文明的科学内涵和重要意义

宪政概念的科学内涵及重大意义

宪政与中国

宪政是当代一种比较理想的政治制度。它是全人类共同创造的一大文明成果，是各国人民通向幸福的必由之路。那么，究竟什么是宪政？它包含哪些基本要素？这些要素的主要内容是什么？中国如实行宪政，在政治制度上需要作哪些改革？需要解决哪些理论认识问题？所有这些，都是现在人们所普遍关心的。作者的这篇论文试图就这些问题作一概要性的探讨。

一　什么是宪政

什么是宪政？让我们先看看以前中国领导人和学者的观点。在中国抗日战争时期（1937～1945），毛泽东曾说过："宪政是什么呢？就是民主的政治。"[①] 当时，中国共产党人曾以宪政作为武器，向国民党政府争民主、争自由、争人权。那时，毛泽东曾明确提出"自由民主的中国"这一概念。他说："'自由民主的中国'，将是这样一个国家，它的各级政府直至中央政府，都由普遍平等无记名的选举产生，并向选举他们的人民负责。它将实现孙中山先生的三民主义，林肯的民有、民治、民享的原则与罗斯福的四大自由。"[②] 当时，中国共产党的著名宪法学家张友渔，也曾撰写过一系列文章，阐述什么是宪政。[③] 但是，自从1949年中国革命取得胜利以

[①]　《新民主主义宪政》，《毛泽东选集》，第2卷，人民出版社，1952，第726页。
[②]　《答路透社记者甘贝尔十二项问题》，载《中共党史教学参考资料》。
[③]　张友渔曾在《宪法与宪政》一文中说："所谓宪政就是拿宪法规定的国家体制，政权组织以及政府和人民相互之间权利义务关系而使政府和人民都在这些规定之下，享受应享受的权利，负担应负担的义务，无论谁都不许违反和超越这些规定而自由行动的这样一种政治形态。"见《宪政论丛》（上册），群众出版社，1986，第97～103、138～140、141～145页。

后，中国的党政领导人就不再提宪政这一概念。学者中也很少有人再探讨和阐述这一概念。1978年以后，一些学者在自己的著作中偶尔也使用"宪政"一词，但一般都是把宪政这一概念等同于宪法这一概念。① 这种状况，一直延续到不久之前才开始有改变。在1992年12月中国先后召开的两次大型学术讨论会上，一些学者才开始比较系统地阐述这一问题。②

那么，什么是宪政呢？我认为，可以给宪政下这样一个定义：宪政是国家依据一部充分体现现代文明的宪法进行治理，以实现一系列民主原则与制度为主要内容，以厉行法治为基本保证，以充分实现最广泛的人权为目的的一种政治制度。根据这一定义，宪政这一概念，包含三个基本要素，即：民主、法治、人权。民主是宪政的基础，法治是宪政的重要条件，人权保障则是宪政的目的。

要明了什么是宪政，就需要搞清楚宪政与宪法的关系。宪政与宪法当然有密切联系，但两者又有原则区别。一个国家实行宪政，必须有一部好的宪法；一个国家有宪法，但不一定实行宪政。希特勒德国也有一部宪法，但我们不会承认它是实行宪政。我认为，宪政与宪法至少有以下区别。（1）宪法是法律的一种，属于"社会规范"的范畴；宪政是政治制度的一种，属于"制度"这个范畴。宪法存在于宪法文件中，是纸上的东西；宪政存在于现实生活中，是在实行的东西。宪法是宪政的法律表现；宪政是宪法的实质内容，但不是它的全部内容，如国旗、国徽、国歌等方面的规定，并不是宪政的要素。（2）在近代和现代，宪法有好有坏。例如，实行种族隔离的南非，其宪法就不是一部好宪法；维护这种严重违反基本人权的制度，就不是实行宪政。（3）一个国家的宪法可以制定得很好，但领导人却完全可以不按宪法的要求去做，而实行专制独裁。这种情况也并非少见。宪政与宪法虽有这些区别，但两者又不可分离。实行宪政，需要有一部好的宪法作为合法依据和武器；而实现宪政则是宪法制定和实行的灵魂、方向、目的与支柱。

宪政这一概念并不是一成不变的。它过去是，今后也将会伴随着人类文明的日益进步而不断发展与丰富其内涵。传统的宪政概念，是以民主和

---

① 例如，中国社会科学院法学研究所陈云生博士所著《民主宪政新潮》（1988年12月人民出版社出版）一书，就是把宪政与宪法作为同义语。
② 这两次会议，一次是许崇德教授主持的"宪法与民主"国际研讨会，另一次是李步云主持的"宪法比较研究"第二次全国研讨会。本文作者在这两次会议上提出并论述了宪政"三要素"说（民主、法治、人权），其他一些中外学者也就此问题作了广泛探讨。

法治为其基本要素。随着人类物质文明与精神文明的提高，国际交往的日益密切，特别是第二次世界大战给人类带来的巨大灾难，人权问题日益为全人类所特别关注，人权保障成为宪政概念的基本要素，才逐步为越来越多的学者和政治家所承认和重视。事实上，民主与法治的主要原则和基本内容，也是在不断发展变化的。

宪政的理论与实践，都是共性与个性的统一。在利益的追求和享有上，在道德价值的判断和取向上，全人类有着共同的、一致的方面，决定着宪政具有共性；在不同国家和民族之间，又存在着种种差异和矛盾，因而宪政又具有个性。民主、法治、人权的基本精神和主要原则，适用于世界上任何一个地方，是全人类共同要走的道路。但是，各国宪政的具体表现形式，实现宪政理想的具体步骤，则由于不同国家、不同民族在经济、政治、文化方面的历史传统与现实条件不同而有差别。否认或夸大宪政的共性或个性的任何一个方面，都是不正确的，有害的。

二 民主

民主的精髓，是"人民主权"原则。林肯提出的"民有、民治、民享"，是对"人民主权"原则基本精神的一种很好的概括和表述。首先，国家的一切权力属于人民；政府的权力是由人民所赋予，政府超越宪法所规定的权限，就是越权与非法。其次，人民是国家的主人，政府是人民的公仆；政府代表人民行使权力，政府要受人民的监督。最后，政府一切活动的目的，是为全体人民谋幸福，而不是为某个组织、团体、政党或少数人谋私利。

"人民主权"原则，需要通过一系列民主的基本内容、基本制度体现出来，并予以保障。我认为，以下四项民主的内容与制度是最基本的，并适用于任何国家。（1）政府应由普选产生，这种选举应是自由的、公正的，要能真正反映出选民的意志。（2）被选出的国家权力机关，要能真正掌握和行使国家权力，不能大权旁落，而为其他并非普选产生的某个人或某一组织所取代。（3）国家权力结构应建立和完善分权与制衡机制，以防止权力不受监督而腐败。（4）人民应当充分地享有知情权、参政权、议政权和监督权，借以保证在代议制条件下国家权力仍然真正掌握在人民手里。一个国家如果坚持了"人民主权"原则，切实建立和实施了以上基本制度，就是实现了宪政的一个基本要素——民主，就是为实现宪政奠定了基础。

民主作为宪政的第一个要素，它的第一个基本内容，就是国家权力机构必须由真正的普选产生。世界上除了极少数小国可以实行直接民主（即由人民自己组成某类机构，直接行使立法权、司法权、行政权）外，绝大多数国家只能实行代议制，即通过普选产生政府（如议会、总统、执政委员会等），由政府代表人民掌握和行使国家权力。政府的合法性，需要人民的认可；其基本形式，就是人民通过选举产生政府和更换政府。因此，保证普选的公正性具有极其重要的意义。由于各种复杂的原因，独裁者个人、某些军队或政党非法干预、操纵、控制选举使其不能充分反映选民的自由意志，这在当今世界上还比比皆是。这是同宪政不相容的。现在，有些国家由于国内矛盾尖锐，或是由联合国出面监督选举（如柬埔寨），或自愿放弃部分主权而邀请国际知名人士监督自己国家的选举，这种情况今后还有增多的发展趋势。

中国也是实行代议制，人民代表大会制度就是代议制的一种形式。有人批判代议制，认为它是"资本主义国家的政权组织形式"，[①] 这是不正确的。1953年，中国制定了第一部选举法，开始实行普遍选举。其原则是：选举权的普遍性和平等性，直接选举与间接选举相结合，实行无记名投票。1979年7月公布新选举法，以后又作了修改。改进的地方主要是：除中国共产党、各民主党派、各人民团体可以联合或单独推荐代表候选人外，又规定"任何选民或者代表有三人以上附议，也可以推荐代表候选人"；实行了差额选举；县一级改间接选举为直接选举。但是，由于种种复杂原因，在实际选举中，过去那种"上面定名单，下面画圈圈"的弊端，现在仍然没有得到根本性的改变。在我看来，要改革选举制度，关键还是要从认识上解决一些思想理论问题，其中有两条很重要。一是要真正了解在选举中引进"竞争"机制的重要性。要懂得，共产党的组织和党员，只有使自己永远处于内部的和外部的平等竞争中，才能保持本身的青春活力，才不致停滞、倒退和腐败。二是要真正相信广大人民群众。允许选举人可以自己提候选人，搞差额选举，这都应当是最起码的民主要求。总想依据少数人的判断与愿望来安排人选，不相信多数人的看法的正确性（多数情况下），在认识上就是不正确的，效果是不可能好的。

民主的第二个基本内容是，经过普选合法产生的政府要真正把人民赋

[①] 《中国宪法学若干问题讨论综述》，吉林大学出版社，1992，第286页。

予的权力掌握在自己手里，而不能允许并非民选的任何个人或组织予以取代。现时代，有三种情况是属于后者：一是国家权力实际掌握在并非民选的少数独裁者手里。他们也许是通过合法继承而握有权力，也许是通过非法篡夺而掌握权力。二是军队长期代替政府掌握国家权力。当然，如因战争、严重自然灾害或严重政治危机等特殊情况而在短期内掌握国家权力，是例外。三是某一政党不按现代政党活动的民主原则行事而实际掌握政权。这里所指的民主原则有三个内容：（1）该政党自身应当按民主原则进行组织与活动，其路线与政策不能由一个或少数几个领袖人物说了算，广大党员应能充分自由地表达自己的意志并真正起作用；（2）党与党之间，包括执政党与在野党（包括合作党）之间，在政治地位上是平等的，它们在政治活动中，平等地接受人民的选择，平等地接受人民的监督；（3）执政党不能凌驾于国家权力机关之上，不能把权力机关仅仅当作摆设。任何一个国家如果存在上述情况，就不能认为它是实行宪政。

中国共产党自1978年召开十一届三中全会以来，一直把批判与克服个人迷信与家长制作为增进党内民主的主要措施，努力改善中国共产党同各民主党派的相互关系，力求提高各民主党派作为现代政党应有的独立品格；克服"党政不分""以党代政"的弊端，否定把各级人民代表大会当作"橡皮图章"的错误观念和做法。无疑，这一切努力都是正确的。但是，这三个方面的改革，还有很长的路要走。中国政治体制改革的核心一环，中国实现宪政包括健全民主、厉行法治、保障人权的关键所在，是党的领导的改革。这已经成为很多人的共识。

民主的第三个基本内容是，国家政权体系无论采取什么结构形式，都必须采用分权与制衡原理，以防止某一机关或个人权力过分集中而滥用权力，胡作非为。权力不受制约，必然导致腐败，这是一条铁的规律。分权学说主要是由洛克奠定基础，而由孟德斯鸠进一步发展与完善（由两权分立发展为三权分立）。最早最成功地运用分权制衡理论于政治体制实践中的是美国。一方面，美国宪法确立了典型的立法、行政、司法三权相互分立与制约的政府体制；另一方面，它又成功地运用分权原理，建立了联邦与各州的分权原则。中国学者一般认为三权分立是分权理论的具体内容与形式及其运用，而不了解分权理论同样可以运用于中央与地方的权力划分与结构中。这一点值得注意。美国宪法对分权学说成功运用给实践带来的好处，一是保证了民主体制的正常运作，防止了专制独裁的出现，保证了国家在政治上的长久稳定。二是保证了国家政策与法律制定的相对正确，避免了出现全局性的错误。三是调动了中央各个部门以及地方各级政府的主动性和积极性，保证了权力运作和政治生活的活力。美国宪法对分权学说的成功运用，对全世界都产生了广泛的和深远的影响。

中国自1978年以来，曾多次发起对"三权分立"的批判。这种批判在理论上是很难成立的。（1）有人说，国家主权是统一的、不可分割的。孙中山先生早就回答过这个问题。他在论述"五权宪法"①时，曾提出，主权与治权是两个不同的概念。立法、行政、司法的分立，是治权的分工，而不是主权的分裂。（2）有人说，"三权分立"是相互扯皮，导致政府效率不高。在政治与行政领域，民主与效率有时是有矛盾的。权力分立与制约，有时会影响决策的速度与效率。但是，分权与制衡，可以防止独裁专制，保证决策科学，避免少走弯路，因此，从总体上看，工作效率是高而不是低。况且，宪法通常都有规定，在国家处于某种紧急状态时，宪法都赋予某些权力机关有紧急处置局势的权力。（3）有人说，各国国情不同，"三权分立"不能照搬。照搬当然不对，但权力需要相互制衡的原理是其精髓，这是不能否定的。有人正是以反对照搬三权分立的具体形式为理由，而拒绝接受分权与制衡这一原理的合理内核。（4）有人说，"三权分立"是建立在西方的商品经济与经济利益多元的基础上，在社会主义制度下不适用。这有一定道理。但是，社会主义高度集中的计划经济模式，已被证明不仅妨碍生产力高速发展，而且是产生政治权力过度集中这一严重弊端的经济根源。中国正在放弃计划经济而实行市场经济。在这种条件下，国家机关的职能，中央和地方权力的配置，都将发生重大变化，从而使分权与制衡成为更加必要。

1962年，毛泽东在同英国蒙哥马利元帅的著名谈话中，曾多次提到，新中国成立后一直没有解决好中央集权与地方分权的相互关系问题。40多年来，虽然经过多次"放放收收，收收放放"，但基本上是原地踏步，权力过分集中在中央，地方政府缺乏主动性、积极性、创造性的严重弊端，始终没有得到解决。从宪法的规定看，除了五个民族自治区及一些自治州、县享有较大的自治权外，各省、市的自主权力是极其有限的。特别是，在过去十分强调中央的路线和政策高度集中统一的长期形成的传统和

---

① 孙中山提倡五权（即立法、司法、行政、考试、监察）分立，就是一种对分权理论的创造性运用。

习惯下，使得在宪法上规定的地方上的自治权和自主权事实上也很难得到实现。这种情况，只有在实行市场经济的条件下才能根本改变。1988年七届全国人大第一次会议通过决议，给予首先实行改革开放的广东省深圳市立法权，就是市场经济必然要求扩大地方自主权力的一个突出例证。现在，中国的省、地、县各级地方政府的权力正在迅速扩展和加强，它已经对经济的发展起了巨大的推动作用，它也必将对中国的民主宪政建设发挥深远影响。现在，地方权力扩大的过程还刚刚开始。中国需要经过若干年市场经济的发展和经验的积累后，中央与地方权力配置的合理模式才有可能逐步确立下来。①

民主的第四个基本内容是，人民必须享有充分的知情权、参政权、议政权和监督权。在实行代议制民主的条件下，人民享有上述基本权利，是实现人民主权原则的重要保证。知情权的含义是，除了重要的、必要的军事、安全等机密外，国家的一切政治、经济、文化活动都要向人民公开，人民有权了解国家在各个方面的发展情况，了解国家制定政策和法律的过程，了解自己选出的代表在各种国务活动中的立场和观点，这是人民行使其他政治权利的基本前提。什么事情都向人民"保密"，是同现代宪政根本不相容的。参政权的内容除了选举权和被选举权外，还可直接参与国家制定和执行政策与法律的讨论，包括参与对某些国是问题的全民公决。议政权是人民享有充分的言论自由，享有发表各种政见的权利。监督权包括对议员（人民代表）和政府工作人员的监督，人民有权批评、检举、揭发、控告各级官吏直至国家最高领导人。在中国，为了进一步完善政治权利的保障体制，一是要加紧制定新闻法、结社法、出版法、国家赔偿法等等一系列法律，立法指导思想的着眼点亦应是保障公民的权利与自由，而不应是无理、过多限制权利的行使。二是要采取各种实际措施与步骤保障人民能够真正实际享有上述各项政治权利与自由。在这方面，中国还有很长的路要走。

三 法治

法治是宪政的第二个要素。法治与人治的对立，无论是在西方或中

---

① 张友渔的《关于中国的地方分权问题》一文扼要地介绍和分析了宪法的有关规定和现状。该文载《中国法学》1985年第2期。

国,都已经有了几千年历史。① 但是,近代意义上的法治,却是资产阶级革命的产物。它以民主为基础,以全体公民在法律上享有平等权利为重要特征,而同古代法治相区别。亚里士多德主张的法治,奴隶并不能享有,而中国古代法家的法治,则是以专制主义为前提。近代意义上的法治,主要包括以下基本原则:(1)国家需要制定出以宪法为基础的完备的法律,而这些法律必须充分体现现代宪政的精神;(2)任何国家机关、政党和领袖人物都必须严格依法办事,没有凌驾于宪法和法律之上的特权;(3)宪法和法律应按照民主程序制定和实施,这种宪法和法律也能充分保障民主制度与人权;(4)法律面前人人平等,法律的保护与惩罚对任何人都是一样的;(5)实现司法独立,以保证法律的公正与权威。现代法治,既是现代文明的产物,又是它的重要表现。现在,法治概念已经为越来越多的学者和政治家所接受,建立一个民主的法治国家,已经成为全人类为之共同奋斗的理想。因为,只有在一个法治国家里,政治才能得到长期的稳定,经济才能得到持续的发展,社会才能得到全面的进步,正义才能得到牢固树立,人权才能得到可靠的保障。

20世纪90年代早期与中期,中国学术界曾就法治与人治问题展开一场大辩论,法学界有影响的学者几乎都就此问题发表过看法,不少党和国家的领导人也表示了态度。争论中出现过三种彼此完全对立的观点,即:(1)认为法治与人治根本对立,主张倡导法治,反对人治(简称"法治论");(2)认为法治与人治都需要,主张法治与人治相结合(简称"结合论");(3)认为法治概念不科学,主张抛弃法治这一概念(简称"取消论")。作为一个学术理论问题,直到今天,争论并未最后结束,没有人也不需要有人对此作出结论。但是事实上,第一种意见占了上风。现在,法治的概念,"以法治国"的口号,已经为执政党和政府的一些重要文件以及党和国家领导人的讲话所采用;建立"法治国家"已经成为中国法制建设的一个重要指导思想;"要法治,不要人治",已经成为国家工作人员和广大公民的共识和思想理论武器。我认为,法治与人治问题,既十分复杂,又相当简单。"结合论"说,法是死的,它要通过人制定,要依靠人执行。好比法是武器,人是战士,必须让武器和战士相结合,才能产生战斗力。其实,法治与人治完全不是这个意思,并不是法治意味着法的作用

---

① 古代中国的儒家主张人治,法家主张法治;古代希腊的柏拉图主张人治,亚里士多德主张法治。那两次大论争,在中外历史上都曾产生过深远影响。从那时到现在,人治与法治孰优孰劣,一直没有停止过争论。

重要，人治意味着人的作用重要。法治和人治都有自己特定的含义。从古今中外的历史看，法治与人治是作为一对相互矛盾与对立的概念而出现和存在的。它们之间的论争与对立，主要集中在两个问题上。

第一，作为一种治国的理论，主张法治的人认为，一个国家能否兴旺发达和长治久安，主要不在于一、两个领导人是否贤明，而是主要依靠建立一个好的法律和制度；主张人治的人则不同意这种看法，而是认为，国家的兴旺发达与长治久安，应当寄希望于有一、两个好的领袖人物。即所谓"为政在人，人存则政举，人亡则政息"。亚里士多德在反对柏拉图的人治论、中国法家在反对儒家的人治论时，都曾提出过许多精辟的有说服力的论据。

第二，作为一种治国的原则，法治论者主张法律应当具有至高无上的权威，任何领袖人物与组织都应当依法办事，即国家应依法而治；相反，人治论者认为，要强调人的权威，国家可以依人而治。为什么在中国，法治论会受到越来越多的人所拥护呢？这是因为，在中国，提倡法治，反对人治，有十分重要的现实意义。首先，中国的各级干部和广大人民长期以来就有一种观念，即把国家现在与未来的希望，都寄托在少数几位好的领袖人物身上，因而长期不重视民主和法制的建设，出现各种政治弊端，以至不能依靠法律和制度去防止"文革"悲剧的发生和发展。其次，法律没有权威，个人迷信、权大于法、长官意志、个人说了算的现象十分严重。倡导法治、反对人治，就是要纠正和克服、消除这种现象。由此可见，"法治论"是正确的、进步的，"结合论"则是不正确的，有害的。[①] 此外，"取消论"之所以是不正确的，是在于持这种观点的人也没有搞清楚"法治"的真正含义及其现实意义。例如，他们说，"法治"概念中，治理国家的主体是"法"，而"法"是死的，它怎么能治理国家呢?！又说，既然可以提"以法治国"，为什么不可以提"以党治国""以教育治国"呢？因为治理国家中，党的作用、教育的作用，也很重要。显然，这是完全脱离了法治概念的特定含义而陷入了文字游戏。[②] 就中国目前情况看，要建立一个法治国家，在理论认识上已经取得一定进展，今后的主要问题，是要建立与健全一系列行之有效的实现法治的基本制度。在这一方面，中国

[①] 李步云：《法治与人治的根本对立》，《法治、民主、自由》，四川人民出版社，1985，第121~138页。

[②] 李步云：《法治概念的科学性》，《法治、民主、自由》，四川人民出版社，1985，第139~155页。

现在的差距是很大的。

维护法律至高无上的权威，是实现法治的关键。要做到这一点，需要多方面的条件，但最根本的还是要依靠有一套好的制度。建立与完善宪法监督体制就是一项根本制度。这是西方建立法治国家的一条重要经验。宪法监督制度以司法审查为主要环节，但其内容更为宽泛，还应包括对领导人的弹劾、对议员（人民代表）的罢免、对宪法的解释、对侵犯人权的保障等等。虽然各国行使宪法监督职能的组织形式不一，如美国由最高法院负责司法审查，德国有宪法法院，法国有宪法委员会，还有其他各种宪法监督的组织形式，它们的职权与程序也各不相同，但它们都有一些共同的特点和基本的发展趋势，这就是，需要有专门的机构负责宪法监督，这种机构要有独立性和很大的权威，要有明确的具体职权，要有完备的工作和诉讼程序。在中国，法律之所以缺少权威，首先是宪法缺少权威。造成这种现象的一个根本原因，就是没有设置专门的宪法监督机构和程序。中国现行宪法第67条规定，由全国人大和它的常委会"监督宪法的实施"。由于没有专门机构和程序，这一条形同虚设。自1982年以来，全国人大和它的常委会没有行使过一次违宪审查，也没有行使过其他方面的宪法监督职能。现行宪法在起草过程中，直到现在，不少专家学者和人民代表都曾建议设置专门机构与程序，但由于各种原因，这个问题始终没有解决。现在十年时间白白耽误了，这应当说是中国近十几年以来，法制建设中的一个重大失误。

近几年，有关部门正在起草全国人大和人大常委会监督法。其重要内容之一，就是试图建立专门的宪法监督机构，规定它的职权和工作程序。然而，这一立法活动却步履维艰。想设计出一个比较理想的模式并不难，问题的关键是决策当局有没有决心想把这一机构搞得很有权威和富有成效。有人不同意军委应受全国人大和人大常委会的监督，这是没有道理的。按照宪法规定，军委是国家机构的组成部分，受全国人大和人大常委会的领导，它是应当向全国人大和人大常委会报告工作的，但过去十年从来没有这样做。有些军事方面的机密事项，可以免报告或召开人大常委会的秘密会议，但大多数事项都是可以也应当向国家权力机关报告的。如果前任军委主席和现任军委主席能亲自到人大常委会定期报告工作，对于提高国家权力机关和宪法的权威，肯定会起显著的积极作用。有人不同意中国共产党应受全国人大和人大常委会监督，也是没有道理的。宪法第5条明确规定："一切国家机构和武装力量、各政党和各社会团体、各企业事业组织都必须遵守宪法和法律，一切违反宪法和法律的行为，必须予以追究。"这里所指的"各政党"，当然包括共产党在内。根据客观形势与条件的变化以及主观认识的发展，党认为需要制定和推行某种新的方针和政策，它在推行之前，应当通过严格的、充分的民主程序，使之变为国家的政策，或者修改现行法律和制定新法律。党不能置现行的国家政策与法律于不顾，而径自推行自己的政策。否则，应被视为违宪。在研究建立宪法监督机构时，完全不必担心它会束缚执政党的手脚；实际上是应当有一些"束缚"，因为这对执政党自己是十分必要的、有益的。

　　坚持司法独立是实现法治的一个必要标志。它是权力分立与相互制衡的一个重要环节，对保证法律的公正与权威，维护法制的统一，保障民主与人权，都有极重要的作用。在司法独立的问题上，现在的状况虽然比以前有很大进步，但目前仍然存在不少缺陷。主要表现在以下三个方面。（1）立法不完善。"七五宪法"和"七八宪法"都把司法独立的规定取消了。"八二宪法"虽然恢复了这方面的规定，是进步，但规定本身还有问题。现行宪法第126条的规定是："人民法院依照法律规定独立行使审判权，不受行政机关、社会团体和个人的干涉。"那么，立法机关、共产党的组织就可以干涉？当然不可以。"干涉"是个贬义词，它同"领导"是两个完全不同的概念。立法机关（权力机关）和执政党可以"领导"司法机关，但不能"干涉"它独立行使审判权。审判"林彪、江青反革命集团"（1980）时，全国人大常委会也只是批准成立了"特别审判庭"和"特别检察厅"，究竟如何对被告定罪量刑，要由"特别审判庭"决定。因此，这一条应当修改，以恢复"五四宪法"的规定较为恰当。1954年宪法的规定是"人民法院独立进行审判，只服从法律"。（2）同宪法关于司法独立的规定有密切联系的一点，就是党委审批案件的制度[①]应当完全取消。1979年9月，党中央曾发布指示取消这一制度，但后来在开始实行"从重从快"的刑事审判政策时，又部分恢复

[①] "党委审批案件制度"是长期实行的一种内部制度，始于何时，有待查考。其主要内容包括以下两点。一、检察院批准逮捕的案件，要报送同级党的委员会审查批准后，检察机关才能执行。二、法院审理刑事案件，如何定罪量刑，要报送同级地方党的委员会审批，才能决定和宣判。其中又有"先审后批"和"先批后审"之分。"先审后批"是法院先对案件进行调查、庭讯，并提出是否有罪和如何定罪量刑的意见，报地方同级党委审批后再作最后决定和宣判。"先批后审"是法院对案情作初步调查后，先报送地方同级党的委员会讨论，作出如何定罪量刑的处理决定，而后由法院履行审判程序和手续。由于党委需要讨论和处理的事情很多，有时就由党委内主管政法工作的书记个人审批案件。

了。即使是法院、检察院、公安部门有意见分歧的案件或所谓"疑难案件"也不应当由党委或党的政法委员会①审批。三个机关有时对某些案件有不同看法是正常现象，否则就没有必要设置它们实行分工与制约。况且法律明确规定有详细的诉讼程序来处理这种矛盾。法院独立行使审判权，是宪法赋予法院的权力。如果某些案件如何定罪量刑最后要由党委或党的政法委员会决定，那等于是在法院系统之外还有另外一个不公开的、权力大于法院的最高的"审判"机构。显然，这是完全违宪的。（3）不应当把行政管理办法运用到法院工作中来。过去存在的院长、庭长审判案件的制度就是一例。最高人民法院最后接受了学者的意见，明令取消这一制度是正确的。②近几年来，又出现了一种"请示"制度，即下级法院遇到某些疑难案件，在作出判决或裁定之前，先向上一级法院请示如何处理。这也是有弊病的。因为，上一级法院事先对案件如何处理已表示过意见，那么，两审终审制的上诉审，有时就会形同虚设。

在一党制国家里，要实现法治，一个根本问题，是要正确处理好执政党的政策和国家法律的关系。这无论是在东方或西方，情况都一样。在中国，实际的立法、司法、执法中存在这个问题，理论界对此也有尖锐的意见分歧。以下三个问题是需要着重解决的。（1）有人认为，执政党的政策和国家法律的相互关系，可以用这样的公式来表述，即"党的政策是国家法律的灵魂，国家法律是党的政策的工具"。教育部主持编写的法理学教科书和不少法理学著作就一直持这种观点。我个人不同意这样的看法。③我认为，党的政策也好，国家法律也好，其灵魂应当是，反映人民的意志和愿望，维护他们的利益和满足他们的要求，体现社会发展的规律和现时代的时代精神，尽快提高这个国家的物质文明与精神文明的发展水平。如果只是简单地片面地说政策是法律的灵魂，那么党的政策的灵魂又是什么呢？如果党的政策有错误（有时是难免的，历史一再证明过这一点），是不是法律也

---

① "政法委员会"是县以上地方党的委员会内设置的一个机构，由该地方的党委内主管政法工作的负责人，以及法院、检察院、司法、公安、民政等部门的领导人参加，其任务是协调处理该地方有关政法工作的各种重大问题。

② "院、庭长审批案件制度"，始于何时，有待查考。其含义是，审判庭审理案件时，其处理意见要报院长或庭长审查同意后才能作出最后决定并审判。院长、庭长可以改变案件的定性和处理。参见刘春茂《对法院院长、庭长审批案件制度的探讨》一文，《法学杂志》1980年第2期。该文第一次提出取消这种制度。

③ 参见李步云《政策与法律》，《法治、民主、自由》，四川人民出版社，1985，第62～65页；《论法制改革》，《法学研究》1989年第2期。

应跟着发生错误呢？执政党的政策对国家法律的制定是起一定指导作用的，但是在立法机关中，非执政党的成员，也完全有权利批评、拒绝或提出修正执政党的某些政策，这应当是现代民主的起码要求。至于把国家法律当作实现执政党政策的"工具"，就更是颠倒了党的政策和国家法律在社会生活与政治生活中的地位和作用。把国家法律当作实现执政党政策的工具，实际上就是把国家当作了执政党的工具。执政党在国家政治生活中可以起主导的、领导的作用，但执政党决不可凌驾于国家机构之上。执政党应当为国家服务，而不应当是国家为执政党服务。本来，这个问题是可以平等讨论的，而有人却把作者的观点说成是"自由化"思想，这就完全离谱了。(2) 当党的政策和国家法律发生矛盾时，是按党的政策办事，还是按国家法律办事，学者们对此有三种不同的回答。第一种意见主张按政策办；第二种意见主张按法律办；第三种意见主张，"你个人认为哪方面正确，就按它的规定办"。我是持第二种观点。主张按党的政策办的理由，一是政策是法律的灵魂，法律是政策的工具。前面已指出这是不正确的。二是法律的稳定性大，执政党的政策能比较快地反映现实生活的发展变化。问题是在于，执政党的政策只代表执政党的主张，仅对党员具有约束力，只有国家法律才对全体公民具有普遍约束力。党的政策要变成国家法律，必须经过严格的、完备的立法程序。因此，国家法律的适用效力当然要比党的政策高，这是现代民主的惯例。执政党根据情势的变化，可以制定新政策，但它不能不顾现行法律而推行新政策，它应当通过修改或制定新的法律来实施自己的政治主张。至于第三种意见，显然是不行的，如果每个人都按照自己的判断或按政策办，或者按法律办，那势必各行其是而天下大乱。(3) 应当把执政党的政策同国家的政策严格区别开来。过去在理论上和实践上都没有注意这种区分，是不正确的。执政党的政策应当通过一定的民主程序，才能变为国家的政策。严格履行这一民主程序，有利于国家政治生活的进一步民主化。①

四 人权

人权得到充分的保障，是宪政这一概念的第三个基本要素。相对于人权来说，民主与法治都是手段，是实现人权这一目的的手段。当然，目的

---

① 参见李步云《政策与法律》，《走向法治》，湖南人民出版社，1998，第315页。同时，还应指出，由党的组织同国家机关共同签署和发布某些规范性文件是不可取的，它是"党政不分"的弊端的一种明显的表现。

与手段这对范畴具有相对性。就民主本身来说，又有两重性。民主制度、民主程序、民主方法是手段；而民主权利，即公民的各种政治权利（它们也是属于民主的范畴），则是目的。法治也有两重性。作为一种治理国家的原则和方法，它是手段；同时，法律又体现着正义，而正义历来是人们所追求的一种理想。然而，在任何时候和任何地方，在任何意义上，人权都不是手段，而是目的。因为，人权的充分享有，体现了人在物质生活和精神生活方面需要的全面满足，是人类最高的、最终的价值追求。现代宪法有两个基本的和实质性的具体内容和社会功能。宪法详细规定国家机构的产生、组成、职权、程序和相互关系，是要正确解决国家的"权力"（power）问题；宪法详细规定公民应当享有的各种人身人格权利、政治权利与自由，以及经济、社会和文化权利，是要切实解决保障公民的"权利"（rights）问题。但是，"权力"本身不是目的。国家机关及其工作人员，通过宪法，从人民那里得到权力，其目的是运用权力为人民服务，是为了仆人能很好地为主人效力，也就是为了更好地保障与充分实现全体公民的各项人权。有人指出，中国现在是以经济建设作为中心任务，中国宪法的目的主要应当是发展经济而不是保障人权。实际上，这并不矛盾。以经济建设为中心，无疑是十分正确的。但发展经济本身并不是最终目的。我们不是为经济而经济。发展经济是为了提高全体人民的物质生活水平，并为其他方面的发展创造经济条件，归根结蒂，还是为了人民的经济权利和其他方面的权利得到满足、实现和保障。人权是个内涵十分丰富的概念，中国国务院的人权白皮书就是这样理解的：人权内容十分广泛，生存权是首要人权，发展经济，主要就是为了保障生存权，并使这一权利的质量不断提高。因此，把保障人权作为宪政的一个要素，作为它的目的，这一观点是正确的。

在中国，为了保障人权的充分实现，需要有正确的人权理论作指导。其中有三个基本理论问题是需要着重解决的。第一个问题是：人权的本原（即来源）是什么？我认为，人权是人按其自然属性和社会本质所应当享有的权利。换言之，人权的产生是由人自身的本性或本质所决定的。人的本性的两个方面，即自然属性与社会属性是统一的、不可分割的。一方面，有社会，有人与人之间的各种关系，才会产生权利问题。社会政治、经济、文化的发展水平与各种社会关系的性质与状况，对人权的存在和发展是有很大影响的。另一方面，生命（生命不被剥夺）、安全（身体不受伤害）、自由（思想与人身不受禁锢）和追求幸福（要求过更好的物质与文化生活）是人的一种自然本性。这种人的自然本性，是推动人权向前发展的永不枯竭的内在的动力。而人的社会本性，经济、政治、文化等社会因素，则是人权发展的外在条件。这种人权产生、存在与发展的内因与外因是缺一不可的。但是，相比较而言，人的自然属性对人权具有更根本的意义，因为人的自然本性是人权的最后归宿和目的。换句话说，我们之所以要充分保障人权，归根到底，是为了满足人的人身人格、物质生活与精神生活等方面的需求。改革各种社会关系，发展经济政治文化，目的还是为了使人各方面生活更幸福。这是有关人权本原问题的比较完备的理论。有的中国学者，只讲人的社会本性，不讲人的自然本性，这是说不通的。如果我们在考察人权本原问题的时候，只承认人的社会性，不承认人的自然性，人人都成了没有欲望、没有要求、没有理想、没有德性的木头，人权怎么会存在？人权又有什么意义？坚持人权本原问题的上述正确观点，在实践上具有如下重要意义：第一，它否认人权是任何外界的恩赐，这就为广大人民争取与维护自己应当享有的人权而斗争提供了一种有力的武器；第二，如果只讲人的自然属性（如"天赋人权论"所主张的），不承认人的社会属性，就会忽视改革各种社会制度，发展经济、政治、文化对保障人权的重要意义；第三，如果只讲人的社会属性，不承认人的自然属性，就会忽视对"人"自身的研究，保障人权就会失去明确的和正确的方向和目的，就会夸大社会条件在人权保障中的意义和作用。

需要着重解决的人权基本理论的第二个问题是，政治权利和经济、社会、文化权利的关系。这在全世界都是一个有争议的问题。北方（发达国家）批评南方（发展中国家）不重视政治权利的保障。南方回答说："如果一个人天天饿着肚子，言论自由对他又有什么意义？"南方批评北方片面强调政治权利的保障，北方辩解说："如果一个人的舌头都不属于他自己（即无言论自由），他活着还有什么意义？"从总体上说来，经济权利确实是第一位的，因为一个人首先要吃饭、穿衣，然后他才能去从事政治及科学艺术等活动。但是，在人类社会的物质文明和精神文明已经发展到如此高的水平的现时代，只是强调或仅仅满足于解决人民的温饱问题，显然也是不妥当的。因此，我认为，任何国家都应当对这两类人权予以同样的重视。事实上，现在的国际人权文书已越来越重视和强调这两类人权的相互依存和不可分割。这一点，也已越来越成为人们的共识。然而，这仅仅是就指导思想的一般要求而言。从人权的具体发展战略看，由于各国具体国情不同，各国可以选择其优先发展的重点，可以着重注意克服过去在发展这两类人权上认识方面的片面性。在中国，有的人片面强调保障经济权利，是不正确的。中国是属于发展中国家，因此，它实行以经济建设为中心，经济体制改革与政治体制改革同时并举的发展战略是正确的。但从指导思想与总结历史经验看，中国同所有社会主义国家一样，过去它仅重视对经济权利的保障，而忽视了对政治权利的保障。这有多方面的原因。中国曾在很长一个时期里没有重视民主与法制建设，以至出现过"文革"十年那种人权遭到任意践踏的历史悲剧，就是理论上的失误而在实践上带来的严重恶果。现在，人们普遍要求加快政治体制改革的步伐，要求加强对公民政治权利与自由的保障，不是没有道理的。

人权基本理论需要着重解决的第三个问题是，个人人权与集体人权的关系。这个问题，同前面讲的问题有一定的联系。因为，国际上有的学者认为，政治权利是一种个人人权，经济权利是一种集体人权。但是，个人人权与集体人权还有多种含义和内容。一国内，少数民族、妇女、儿童、残疾人等应享有的权利；国际上，民族自决权和发展权，也都是集体人权。有时候，国家利益和集体利益也被视为是一种与个人权利相对应的集体权利。一方面，我们应当承认，个人权利和集体权利是统一的、不可分割的，要予以同样的重视；另一方面，又要看到个人权利是集体权利的基础，因为任何集体都是由个人组成的，任何集体从国家或者国际社会的人权保护中所获得的权益，其出发点是组成这个集体的个人，其实际受益者也是个人。否则，集体人权就失去了任何意义和存在价值。因此，人权保障应以个人权利为基础。西方国家一直重视对个人人权的保障，它们现在面临的主要问题是"社会和谐"，是贫富悬殊、种族歧视、男女不平等，等等。社会主义国家则相反，过去一直过分强调国家利益与整体利益而忽视个人利益，因此没有重视对个人权利的保障。这个问题能否正确解决，对维护社会主义的信誉至关重要。

在现今世界上，任何国家在人权方面都存在这样那样的问题，区别只是在于，一些国家人权状况很糟，一些国家相对好些。有人不承认中国也有人权问题，既不客观，也十分有害。我认为，逐步改善中国的人权状况，不断完善人权保障机制，在基本指导思想和方针上，需要着重解决三个问题。第一，要真正把工作的立足点和基点放在加强国内人权的保障上。研究人权理论是十分重要的，但研究的目的是为了在实践中加强对人权的保障。如实宣传中国的成就是必要的，但只有国内人权保障真正搞好了，这种宣传才有力量。宣传教育也有两个方面，既要肯定工作成绩，也要承认存在问题。人权有国内与国际两个方面，只有国内工作做好了，在国际上的工作才好开展。在国际人权领域，也有两个方面，既要反对对他国主权的侵犯和内政的干涉，又要积极支持和参与对人权的国际保护，接受合理、合法的国际批评与监督。有的人把研究马克思主义人权理论的目的和意义仅仅归结为两条：一是反对西方的"人权攻势"，二是批评国内的"自由化"思想。这样的指导思想，当然是不正确的和十分有害的。第二，要正确分析和把握人权实现的各种主、客观条件，加快人权保障体制建设的速度。中国过去之所以发生十年"文革"那类严重侵犯人权的事件和今天仍然存在各种人权问题，主要原因是：计划经济体制存在严重弊端；民主与法制建设没有搞好；群众的尤其是领导人的人权意识很薄弱；社会的经济和文化发展水平还不高。这四个方面也正是中国今后为增进人权的实现而需要创设的基本条件。随着市场经济的发展和民主法制的加强，人权制度的建设应当与其相适应。看不到这一点，不在人权保障方面采取相应的步骤，是不正确的。人权的许多内容，包括人身人格权、政治权利与自由的实现，并不直接地受经济文化发展水平所决定，片面强调中国经济文化落后而在人权领域不作出应有的努力，也是错误的。第三，在完善中国人权保障体制过程中，要充分吸收和借鉴世界各国一切有益的经验。享有充分的人权，是全人类共同追求的理想，现已达到的世界范围内人权理论与制度的成就，是人类共同奋斗的结果。人权既有个性，也有共性。完善中国的人权保障体制，不能照搬外国的模式；但是，人权理论和制度中那些具有共性和规律性的东西，是应当吸取和采用的。

  人权作为宪政的基本要素，要求一个国家必须制定完备的确认和保障人权的法律。中国虽然在立法方面取得了一定成就，但还很不完备。宪法规定的各项基本人权，不少内容没有通过制定普通法律加以具体化。目前尚未制定或正在制定而尚未颁布的法律主要有：新闻法、出版法、结社法、宗教法、散居少数民族平等权法、老年人权利保障法、劳动法、计划生育法、国家赔偿法，以及人大监督法、律师法、法官法、检察官法等等；此外，还有一些与人权保障密切相关的法律亟须修改和完善，如刑法、罪犯改造法、民事诉讼法、婚姻法等等。人权法规不仅需要完备，而且在制定和实施的时候，必须处理好权利保障与权利限制的合理界限。任何权利的行使都不是绝对的，但限制必须适当。必须把保障人权作为制定这些法律的出发点和落脚点。对权利的行使作适当的限制规定，其目的也是为了使权利得到更好的保障。中国在起草游行示威法的过程中，就曾遇到过这种情况，曾经有人主张对公民的这一基本权利作很多不应有的限制，人们曾批评其草案是"不准游行法"。现在，有不少这方面的法律迟迟制定不出来，原因之一，就是不好处理权利保障与权利限制的界限，主要还是"左"的思想在作怪。

为了使人权能得到充分的实现，还必须有完备的司法保障体制。在这方面，中国需要进一步解决的主要问题有以下三个方面。第一，要正确处理好保障社会安全和保障个人权利的关系。在刑事审判活动中，这个问题尤其重要。要注意保持好这两个方面的平衡和协调。过去，中国只重视社会安全的保障，而忽视对个人权利的保障。这同中国过去片面强调国家和集体利益而忽视个人利益有很大的关系。第二，要切实把保障人权作为司法工作的一项基本原则和根本的指导思想。要坚持司法中的人道主义原则，严禁各种对罪犯与人犯的非人道待遇。由于刑事被告人在整个诉讼过程中在客观上是处于不利的地位以及其他原因，应实行"有利被告"和"无罪推定"原则。其目的是有利于正确认定事实和适用法律，而不是什么"替罪犯开脱"。要贯彻"少杀"政策，走世界的共同发展趋势——"轻刑化"道路；要着重依靠贯彻执行"综合治理"方针来减少犯罪。第三，要尽快取消"收容审查"制度。现行宪法第37条规定："中华人民共和国公民的人身自由不受侵犯。任何公民，非经人民检察院批准或者决定或者人民法院决定，并由公安机关执行，不受逮捕。"尽管收容审查在名义上不算正式逮捕，但在限制人身自由的严厉程度上，两者没有什么区别。人身自由是一项基本人权，剥夺人身自由的法律，只有全国人大及其常委会才有权制定。公安部当然无权制定这样的规章。即使是国务院，不经立法机关授权，也无权制定长期限制公民人身自由的行政法规。全国人大及其常委会过去没有今后也不可以作出这种授权决定。①

在国际人权领域，宪政要求一个国家应当积极参与人权的国际保护与合作。国家主权原则与人权的国际保护，都是国际法的基本准则，应

---

① 根据国务院的通知（1980年2月29日）和公安部的两个通知（1985年7月31日、1986年7月31日），收审对象是：有流窜作案嫌疑的人和有犯罪行为又不讲真实姓名、地址、来历不明的人。收审期限1个月，经省级公安部门批准，最多不能超过3个月。但在实际执行中，往往超过以上两个方面的限制。

求得两者的统一与协调，而不应把它们绝对对立起来。笼统地讲，人权高于主权，或主权高于人权，都是不正确的。如果要作比较，也要具体分析。当人权问题属于一国管辖事项，国际社会与他国不应干涉其内政时，主权高于人权。当人权问题威胁到人类和平与安全，国际社会应当采取行动；或者一国违背自己已经加入的国际人权公约，联合国和有关缔约国有权进行干预时，人权就高于主权。在后一种情况出现的时候，国家主权就不是绝对的。在当代，"主权绝对论"已经过时。与此同理，西方有人提出"人权无国界"，中国则有人以"人权有国界"予以对抗。其实，这两种观念都不科学。正确的提法应当是，在前一种情况下，人权是有国界的；在后一种情况下，人权是没有国界的。必须肯定，国际上存在一种各国都必须遵守的人权"共同标准"（它是人权的共性在国际领域的表现），否则，各国都要尊重《世界人权宣言》所宣布的原则和确立的内容就没有了根据；一些国家共同签署和加入一些国际人权公约，就将无法理解；各国在国际人权保护上采取种种共同行动就失去了根据。但是，也要承认，在人权内容的某些方面，各国根据自己的国情又可以有不同的标准。人权有其政治性的一面，也有其非政治性或超政治性的一面。要使国际人权问题完全同一个国家的外交政策脱离开来，是不可能的。但是，大部分人权问题的处理，应当从维护全人类的共同利益出发，从尊重全人类共同的道德准则出发，而不应当把自己国家的局部利益或意识形态的某些特殊考虑置于它们之上。国际社会采取共同行动制裁南非、以色列、伊拉克等国严重违反人权的行为；国际社会对一系列属于人道主义性质的人权，如对难民、无国籍人、残疾人等等的权利保护，都是国际人权超政治和超意识形态的表现。无论什么国家，在国际人权上搞"双重标准"，或把一切人权问题，都服从于或服务于本国的利益或意识形态，都是不正确的。这也就是中国提出的必须反对"人权政治化"和"人权意识形态化"的基本含义。它是作为一项原则而不是也不应当是针对某一个具体国家而提出来的。中国是联合国安理会的常任理事国，对国际人权的保护与合作，负有重大责任。当前可以和需要采取的一个重要的行动是，尽快加入国际"人权两公约"（即《公民和政治权利国际公约》《经济、社会、文化权利国际公约》），现在世界上已经有110多个国家加入这两个公约。除美国尚未加入《经济、社会、文化权利国际公约》外，其他大国都已加入。显然，这已经是国际大势所趋，人心所向。中国在人权立法上，显然还有一些地方不符合两公约所要求的标准,① 但完全可以通过进一步完善立法来解决;对其中的个别条款也可以提出保留或作出自己的解释。中国如加入这两个公约,将对国内人权建设起重大推动作用,也将在国际上大大提高自己的声誉。

五　发展前景

　　中华人民共和国自1949年成立以来,在宪政建设方面,已经取得很大成就。同以前国民党统治时期相比,它的进步是非常显著的。但是,也应当肯定,今日的中国还不是实行宪政,还没有达到现代宪政应当达到的标准和要求。前面,我们提到的中国现今在民主、法治、人权方面存在的问题可以证明这一点。而且,这也同党和政府的文件以及领导人的讲话所表达的看法相一致。宪法序言和中国共产党章程都明确规定,建设高度的社会主义民主,是中国今后一个长时期内的奋斗目标。党的十三大和十四大的报告也都肯定了这一点。这是民主。关于法治,一位领导人在现行宪法颁布前夕同《人民日报》负责人的谈话中,曾经提出一个很重要的论断,即中国需要开始"从人治向法治过渡"。关于人权,江泽民总书记就说过,中国"随着现代化建设的发展,还要实现更高层次的和更广泛的人权"。所有这些都说明,中国还没有实现宪政。宪政应当是中国为求其完全实现而为之奋斗的目标和理想。也许有人要问,中国现在不是实行宪政,那是实行什么?我们的回答是,中国现在正在向宪政过渡,正在朝着这一方向前进。我们之所以需要研究宪政的概念,研究它的基本要素和具体内容,是为政治体制改革寻找与确立一个明确的方向与目标;我们之所以需要分析当前中国现行政治体制中存在的各种问题,是为了探究这一改革需要采

---

① 中国在人权立法方面同国际人权"两公约"相比较,其差距和差异,主要有以下一些方面。(1)《公民及政治权利国际公约》第2条:"不同政见者"享有平等权,中国无此规定。第2、9、14条:公民权利受侵犯有权获得救济,中国的国家赔偿法尚未制定和颁布。第6条:未满18岁,不能判死刑,中国刑法规定,16岁以上犯重罪可以判"死缓"。第9条:非依法定程序不受逮捕和拘禁,中国收审制度同它有差距。第12条:公民有国内迁徙自由,有"出国"和"回国"自由,中国无此规定。第14条:无罪推定,中国尚无此法律的明文规定。第14条:不得强迫被告自供或认罪,中国仍在实行"坦白从宽、抗拒从严"政策。第22条:自由结社,中国的结社法仍在制定过程中,如何做到结社自由是一难题。(2)《经济、社会、文化权利国际公约》第6条:自由选择或接受工作谋生的权利,中国尚无自由选择职业权。第8条:人人有权组织工会及加入其自身选择的工会,中国只允许一种工会组织存在。第8条:罢工权利,中国已从宪法中取消这一权利。

取和能够采取哪些实际措施与步骤。

对中国实现宪政的发展前景如何估计,事实上存在着"乐观"与"悲观"两种不同看法。我是属于"乐观论"一派。其主要论据有四个。第一,中国正在坚定不移地走建设市场经济的道路,这已经成为绝对不可逆转的发展趋势。民主、法治与人权同高度集中的计划经济格格不入,却同市场经济存在着天然的联系。马克思主义有条重要原理:经济决定政治。从长远看,市场经济将成为中国走向宪政的决定性条件。第二,实现民主,厉行法治,保障人权,是11亿中国人民的强烈愿望。这种强烈愿望根源于人的本性,而中国40多年来在走向宪政中的风风雨雨,也从正反两方面极大地激发、教育、培养、锻炼了广大人民的民主思想、法治观念和人权意识。今后的任何领导人都不可能不考虑和尊重人民的这种愿望。第三,从领导因素看,年轻化、知识化将是未来发展的特点和趋势,它符合"长江后浪推前浪,世上新人超旧人"的历史规律。倚重个人的智慧和威望,是中国特殊历史条件的产物,今后将不再存在,而转变为依赖集体领导、依赖民主与法制。新的领导将不再背负沉重的包袱而更富于开拓精神,乐意在一张白纸上画最新最美的图画。第四,现今世界已经出现两大特点:一是科技进步日新月异,人类物质文明与精神文明正在迅猛发展;二是世界一体化进程的发展速度正在加快,各国在经济、政治、文化方面的相互联系、依赖、影响、吸收正在加强。在这种大气候下,任何国家实行闭关自守都将成为历史。这是中国一定要走世界发展的共同道路——实行宪政的国际条件。

在这里,有必要对市场经济同宪政的关系作进一步分析。在以前实行高度集中的计划经济的国家里,随着市场经济的建立,必将促使政治法律制度或早或晚地发生如下四个方面的根本性变化。第一,在计划经济条件下,从组织社会的生产,到管理人民的生活,从政治到经济、文化,事无巨细,政府都管。其特点是"大政府、小社会";结果是,国家的职能无限庞杂,权力无限膨胀,国家利益高于一切,形成国家主义、国家至上。相反,个人利益被漠视,个人的自由很少,个人的主动性、积极性、创造性的发挥受到很大限制。在市场经济条件下,政企必然分开,国家职能大大缩小,将由以管理为主转变成以服务为主,形成"小政府、大社会"的格局。个人利益将受尊重,个人的自由度将扩大,个人的主动性、积极性与创造性将最大限度地释放出来。总之,国家职能的转变,必将导致国家与个人在地位、作用及其相互关系上,从观念到实践,发生有利于民主、法治与人权的根本变化。第二，在计划经济条件下，经济权力的高度集中，必然导致政治权力的高度集中。一方面，它要求各级党和政府的权力集中在少数领导人手里；另一方面，在中央与地方的关系上，又要求权力集中于中央，形成高度的中央集权制。在市场经济条件下，情况将向相反方面转化。机关、学校、工厂、研究所等单位的自主权将扩大，个人决策将逐步向民主的、科学的决策转变；同时，随着地方经济自主权的扩大，地方政治上的发言权和自主权也将随之扩大。这两个方面的变化对民主政治建设，都有重要意义。第三，计划经济主要依靠行政手段和方法进行管理，市场经济则主要依靠法律手段与方法来控制、管理、调节。市场经济是一种法治经济。它将为由人治向法治过渡提供现实的经济条件。第四，以自由、平等与人道为基本原则的现代意义上的人权，是伴随着资本主义商品经济的产生而出现的。商品生产和交换的主要特点是，平等主体之间的自由等价交换。因此，商品经济要求、也必将极大地增强人们的主体意识、权利意识、自由思想与平等观念。这将为人权的实现提供坚实的思想基础。现在世界上很多发展中国家都面临着如何解决实行市场经济和民主宪政这两大课题。实际上，这两个问题是紧密地联系在一起的。在中国，随着市场经济的逐步建立，民主、法治、人权在人们观念方面的变化已悄悄地开始，在深圳、海南等开放地区，这种变化是很明显的。

对中国宪政发展前景持悲观态度的人中，也包括一些主张"新权威主义"的人在内。他们中的多数并不是认为，实行"新权威主义"比实行民主宪政要好，而是对中国广大民众的民主要求与素质估计过低，对市场经济将给宪政带来的影响认识不足。中国人民特有的历史经历（包括十年"文革"）锻炼了也显示了中国人民良好的民主素质，在他们中蕴藏有巨大的政治潜力。情况并不是也不可能是"新权威主义"论者所想象的那样，"一搞民主，非乱不可"。他们对"四小龙"经验的分析也是静止地观察问题，忽略了它们已经发生和将要发生的变化。我之所以不同意"新权威主义"，还因为，它是一种人治主义。它把国家的希望，不是寄托在建立一个好的制度上，而是寄托在一个或少数几个"政治强人""杰出领导"身上。即使从稍微长远一点看问题，那也是靠不住的。当党的文件、国家法律以及领导人讲话一再肯定要建设民主政治，政治体制改革要和经济体制改革同时进行，要由人治向法治过渡，"新权威主义"却另有说法，认为不仅"强人政治"十分合理，还要加强，这就无异于是在民主政治建设上停步不前，以至倒退。

中国宪政建设的未来发展可能或应当具有哪些最基本的特点，这是本文最后想要探讨的问题。所谓"特点"，是一事物与另一事物相比较而言。实现宪政理想——民主得到充分的发展、法治得到严格的实施、人权得到全面的保障，是全人类必然要走的共同道路。这一历史发展趋势是不以人的意志为转移的。因为宪政是人类物质文明、制度文明、精神文明发展到一定历史阶段的必然产物，也是这三个文明高度发展与发达的重要内容和表现。它存在的合理性和必然性，深深植根于人类的共同本性之中。但是，每个国家又有各自不同的历史传统，不同的现实的经济、政治与文化条件，因而每个国家在实现宪政的三个基本要素及其主要原则的具体表现形式以及实现宪政的步骤与方式，会有各自不同的特点。我认为，中国宪政未来的发展将具有以下几个值得重视和妥当处理的特点。第一，几千年的中国历史文化传统将对未来宪政同时产生正面和负面的影响。积极影响主要有民本思想、社会整体观念、大同思想、重视伦理等等；消极影响主要是专制主义思想、家长制思想、特权思想、等级观念、轻视权利、轻视个人等等。从总体上看，消极影响大于积极影响。这同西方的历史传统有某些不同。西方历史上商品经济出现很早，重视个人、重视权利，是其特点。因此，在中国的宪政建设中，一方面，要继承历史传统中一切具有人民性和民主性的文化精神；另一方面，又要着重批判与肃清历史传统中与现代民主、法治、人权不相容的种种文化积淀。第二，社会主义在实践和实验过程中的基本教训之一，是重视了社会的整体性，从而给这些国家的劳动群众带来了利益和进步，也对世界历史进程产生过重大影响。但是，它却十分轻视对个人利益的满足和个人自由的保障，从而影响了他们的主动性、积极性和创造性的发挥。因此，重视个人权利（尤其是政治权利）的维护与保障，将是也应当是社会主义宪政发展的一个重要特点。这恰好同西方相反。三百多年来，西方物质文明与精神文明的发展，在很大程度上要归功于对个人利益的尊重和对个人权利的保障。现在西方国家面临的主要问题是如何保障整个社会人与人之间的彼此和谐。第三，自由与平等，是宪政的两个重要的原则，同属人类所追求的最高价值。但是，两者有时又是有矛盾的。它的一个重要表现，就是公平与效率的冲突。中国过去在思想上、政策上、制度上的主要弊端，是"平等"过头而走向了平均主义，自由太少而束缚了各方面的手脚。因此，现在制度上（主要是经济制度，但也同政治制度密不可分）需要解决的主要问题，是克服平均主义，扩大各方面的自由，给地方、企业事业单位与劳动者个人"松绑"，借以调动广大人民的主动性和积极性，提高效率，生产出更多的物质与精神的财富。只有先做到这一点，然后才能抛弃普遍贫困，走向共同富裕。因此，在自由与平等的价值取向上，中国要作出向自由倾斜的重大调整。这同西方世界也是相反的。那里是自由很多，但平等不够（少数国家，如瑞典，可能已经有所不同）。他们面临的主要问题，是如何解决贫富之间、种族之间、男女之间、强者与弱者之间的平等问题。第四，在宪政建设中，将会也需要引进竞争机制。事物无竞争，就缺少生命力，这是一个普遍规律。中国的经济体制改革，正在引进竞争机制；政治体制改革也应当引进这一机制。权力机关要搞差额选举，公务员制度要搞考试择优聘任；政党社会团体要引进竞争机制，工厂、学校、研究所也要引进这一机制。害怕共产党和党外人士竞争，甚至害怕共产党员与共产党员竞争，实在是没有道理。在政治领域（也包括思想文化领域）引进竞争机制，是培养人才、正确决策、增强活力、防止腐败的最有效的办法。虽然现在还有很多人认识不到这一点，但它终将成为中国宪政建设的一个重要发展趋势。第五，中国地域辽阔，人口众多，有50多个民族，各地经济文化发展也不平衡。因此，在有力地推进宪政建设的过程中，合理地强调社会的稳定，合理地强调政治体制改革的循序渐进，是必要的。避免出现社会大动荡，符合人民的利益。但是，这里有一个根本的前提，就是执政党的政策必须正确。关键是，执政党要适应世界发展的历史潮流，满足广大人民的强烈愿望，不断推进经济体制与政治体制的改革，坚定不移地走市场经济和民主宪政的道路。这是中国走向国家繁荣富强、人民富裕幸福的必由之路。别的出路是根本没有的。

后 记

本文是根据1993年2月至5月作者在美国纽约哥伦比亚大学举办的"宪政与中国"研讨会上一系列发言整理而成。本文刊在作者所主持的《宪法比较研究文集（2）》（中国民主法制出版社1993年7月第1版）中。日本西村幸次郎教授已将本文译成日文，发表在1996年版《大法学》第46卷第3号上。

契约精神与宪政的几个问题

契约精神对近现代宪政运动以及政治宪政化的推动作用是巨大的。对"契约精神与宪政"进行讨论，具有现实意义。首先，市场经济与民主宪政作为当今世界的两大主题，在发达国家是颇受关注的问题，发展中国家也不例外，处于转型期的中国则更是如此。其次，"契约精神与宪政"有着内在的逻辑关系。其三，"契约精神与宪政"涉及的问题具有基础性，其包容量很大，既可以从宏观也可以从微观方面进行探讨。我们认为，在讨论"契约精神与宪政"时，首先需要廓清以下三个层面的问题。

一　契约精神的实质与具体表现

（一）契约精神的实质

契约精神是从私法延伸出来的。民事当事人在商品交易中主体地位的平等，彼此选择意志的自由，利益分享的互赢，对已成立契约效力的尊重和信守，是契约精神最基本的内容。因此，从一定意义上讲，平等、自由、互利是契约精神的内在本质。

1. 契约精神是现代市场经济在观念形态上的集中表现

市场经济是契约精神产生与存在的社会基础。市场经济是商品经济的高级阶段，"商品是天生的平等派"，而且在商品交换中，"商品监护人必须与作为自己的意志体现在这些物中的人彼此发生关系，因此，一方只有符合另一方的意志，就是说每一方只有通过双方共同一致的意志行为，才能让渡自己的商品，占有别人的商品。可见，他们必须彼此承认对方是私有者。这种具有契约形式的（不管这种契约是不是用法律固定下来的）法权关系是一种反映着经济关系的意志关系。这种法权关系或意志关系的内容是由这种经济关系本身决定的"。① 契约精神就源于商品交换中交易当事人对彼此平等地位的尊重，对用于交换的商品之价值和使用价值作估价、判断后所进行的充分、自由的权衡与选择，对各自设定的预期利益目标的认同和照顾。在现代市场经济中，由于商品交换的广泛性、普遍性、经常性，与商品交换伴生的平等、自由、互利、双赢的契约精神得以升华，并超越简单的商品交易过程，而成为经济关系、政治制度以及社会秩序构建中一项带有普遍指导性与高度原则性的观念意识和行为准则，并反过来成为推动市场经济发展和完善的一种自觉性力量。

2. 契约精神集中体现了市场经济条件下新型政治关系的变化

市场经济使传统社会的政治关系发生了两大根本变化：（1）实现了主体关系由身份到契约的转化。市场经济既不同于古代的、商品经济成分较少的自然经济，也不同于传统的以国家本位和管理本位来配置资源的计划经济。它是一种以市场法则为基础手段来配置经济资源的经济形态，即通过价格机制，借助契约形式，以主体之间的自由交换来实现经济资源和产业结构的优化配置。可以这样说，市场经济就是契约经济。在市场经济条件下，契约已成为人们经济交往与社会关系构建的主要纽带和桥梁，传统的人与人之间的人身依附关系和行政隶属关系也就相应地转化为平等、互利的契约关系。因此，十一届三中全会以来，我们经常用"松绑"两个字来阐述我国社会发生的最大变化，即尊重主体的自主性以及扩大主体的自由度问题，或者说是通过给予人民、企业更大的自由度，来调动各方面的积极性。（2）从传统的"大国家、小社会"转变为"小国家、大社会"，即从传统的国家本位社会过渡到市民本位社会。传统的自然经济和计划经济社会，本质上可以说是一个以"国家主义"为本位的社会。所谓"国家本位主义"其内涵表现为国家利益至上（即国家利益高于一切，个体利益包括企业在内的市场主体的利益常常被忽视甚至被侵犯）、国家职能至上（国家管理的事务涉及社会的方方面面，社会的自治空间和个体的自由度被压缩至最低限度，甚至归于窒息状态）、国家权力至上（即在国家机构、机关的职权和职责关系，表现为以国家职权为本位，国家机关的一切活动

---

① 〔德〕卡尔·马克思：《资本论》，中共中央编译局译，人民出版社，1975，第102~103页。

以权力为中心，国家权力高于公民个体权利和社会权力，公民个体权利和社会权力必须无条件服从于国家权力）。市场经济是以商品交易者为利益单元构建起来的利益共同体。它要求以交易者个体权利为本位，在保护公民个体权利的基础上实现国家利益的最大化；它要求政府与市场职能分途，以实现国家的公共管理、社会的自治性管理和公民个体的自由自决能彼此互动、结构对称、功能互补；它要求限制国家权力，以公民授权的范围来厘定国家权力的边界；它要求防止国家权力的异化，以保证国家权力始终为公民权利服务。契约精神是市场经济关系决定下的这种新型政治关系变化的反映，是主体基于新的经济关系背景而对新型社会关系和国家管理方式的一种理念诉求，是市场社会新型公民——市民诉求通过平等协商、自由选择、互利共存的方式，即契约的方式建立新型社会管理模式和构建民主政治国家的一种集中表达。可以这样说，契约精神是市场经济催生的新型社会关系、政治关系的观念升华。

3. 契约精神是市民社会新的政治理念的浓缩与集中表现

对平等的诉求、对自由的渴望、对自身利益的抗争，是人之所以为人并实现其幸福的应有之义。但在奴隶制和封建制条件下，公开的不平等和严格的等级特权制度，剥夺了绝大多数人的平等与自由。奴隶主的残酷压迫和封建主的横征暴敛，使奴隶和臣民更无自身独立利益存在的可能。在传统计划经济体制下，由于行政管理贯乎每一生产环节和社会不同领域，作为国家主人——人民的平等与自由实际上被窒息，而己身个体的独立利益又因国家主义、集体主义至上而被基本否定。在市场体制构架下的社会，主体身份的独立和平等，为其追求利益和自由选择追求利益的方式创造了条件。在商品交换中形成的契约式的处事方式和办事程序，惯性地成为市民的一般思维模式，并演化为一种全新的政治理念：以契约方式即通过共同协商的方式来重构新的政治关系，以普遍和自由选举的方式来组建国家机构。这样，通过社会公约、政治契约，"我们每个人都以其自身及其全部的力量共同置于公意的最高指导之下，并且我们在共同中接纳每一个成员作为全体之不可分割的一部分"。① 现代法律中这种允许人们"用协议的方法来为其自己创设社会地位"的精神，② 就是契约精神最为重要的一种表现。以契约行为产生一个"新的道德的与集体的共同体"——国

---

① 〔法〕卢梭：《社会契约论》，何北武译，商务印书馆，1980，第24页。
② 〔英〕梅因：《古代法》，沈景一译，商务印书馆，1984，第172页。

家，以代替每一个订约者的个人，以期实现每个订约人利益归属的稳定化和持续化，已成为市民社会中大多数成员的共同信念和自觉选择。以平等、自由、互利为内核的契约精神只不过是这种新型政治理念的集中表达与高度浓缩而已。

（二）契约精神的具体表现

契约精神是一种由私法自治理念延伸而来并升华为民主法治观念的社会意识形态，其内涵和范围随时代的变化而具有不断扩充和泛化的趋势。契约精神总是随社会发展需要而体现不同的时代精神。在现时代，它已成为社会主义先进思想文化的重要组成部分。在经济市场化、全球化和政治民主化、法治化的新时代，体现时代性的契约精神，其具体内容可从以下几个方面进行表述。

1. 主体意识

人是一切社会活动的中心主体，一切社会制度都以人的幸福与安康为依归。主体意识包括独立意识（即主体自己认识到自己的独立存在）、自主意识（即主体自己能独立地而不是依赖或屈从于他人以决定自己的事务和处分自己的权利）和自利意识（即主体认识到其个体及利益的独立存在，认为通过自己的自主创造可以带来己身的收益和幸福；群体是由个体组成，任何群体利益的实现，都以个体利益的实现作为出发点和落脚点）等。主体意识要求公民首先必须认识到自己是经济生活、政治生活和社会生活中的独立主体，这不仅要求作为主体的公民意识到自己的独立存在，具有独立的人格，有独立的权利能力和行为责任能力，还必须意识到自身是社会一个独立的利益单元，有自己独立的利益空间和利益诉求。主体意识源于商品交易者对各自作为商品所有者和监护者的认识和尊重，是契约精神最为基础的一个层面，是契约精神其他形式得以催生和表达的前提。

2. 权利意识

权利是法律对公民应然的、既得的、合法的利益的认可和维护，是一种正利益。① 权利的基础是利益，市场交换是以实现契约双方互利为目的，因此就市场交换之价值而言，在利益之间，应以利为先。对利益的追求是契约订立与履行的原动力。作为契约精神的实质内容，体现着契约精神的

---

① 权利的实质内容是一定形式的利益的反映与升华，而义务和违反义务产生的责任则是以主体不利益的法律形式而存在，因此，从利益视角来看待权利与义务，我们可以视权利为利益或正利益，而视义务为不利益或负利益。

实在价值，是主体之所以保持独立主体身份与地位的现实保证。权利是公民在现代社会得以生存的基础，也是公民实现物质利益、政治自由、价值追求的基本途径和可靠手段。权利意识从其具体内涵看，不仅要求公民认识到作为独立主体享有的法定权利的存在，即：基于现实法律授予和确认的现实权利，它包括法定的人身自由权利、政治权利、民事权利（含婚姻家庭权利）、经济权利、社会保障权利，同时还包括当法定权利遭到侵害、剥夺之时而必然派生的推定权利，如请求调解权、诉讼权、提交仲裁权、申诉控告权、举报权、求偿权等等。此外，公民还应意识到人之所以为人、人之赖以生存和谋求幸福所应当享有的应然性权利，如公民有权抵制非正义之法，反抗与人权保护相违背的恶法，以现有权利为基础去主张其应当享有的各种未被法律载明的、未实际享有的权利等。

3. 平等观念

平等是一个与等级特权、行政隶属等存在明显上下或命令服从关系相对应，而反映主体之间无差别属性的社会关系。商品交换是平等的基础，是平等观念产生的平台，主体地位的平等是商品交换能够进行的前提。平等是契约精神的内在本质之一。从应然状态的角度，平等是指人作为独立主体存在的无差异性，因此，无论是霍布斯、洛克、卢梭等强调的"自然状态"之平等，还是罗尔斯论证的"无知之幕"状态的平等，均揭示了人与人之间作为独立的生物存在体和社会存在体之初始地位的平等性。从法定状态的角度，平等意味着法律在特殊情况下应以立法形式上的不平等来矫正实质上的不平等，以实现主体之间分配上的公平和实质权利与义务配置的基本相称。从实然状态来分析，平等是指人与人之间是以彼此对平等地位的认同和尊重为逻辑出发点，来结成各种不同的社会关系。平等是现代社会关系的一个主导因子，人人能因平等的地位、机会和手段，而实际享有无差别的各种权利，而承担实际无差别的各种义务。因此，平等观念不仅意味着主体地位的平等、机会的平等、利益分配上的平等（公平），同时也包含主体及其利益受到法律的平等保护。它既包含主体对自我地位、机会和利益上的平等权利与资格的认识和主张，也包括对当事人及他人之平等的地位、机会、利益、权利与资格的认同和尊重。平等是主体能够实质独立的充分条件，是主体主张权利的必要手段。它既为主体之间结成契约关系所必需，而且也是新型和谐的社会关系和社会秩序构建所不可或缺的。因此，缺乏平等观念，不仅契约及契约关系之存在没有可能，而且社会关系和社会秩序亦将只能在主人与奴隶、等级与特权、命令与服从等不对称的关系中形成。

4. 自由观念

自由源于商品交换过程中的自由意志、自愿选择和自主决定。商品交换中的身份自由、交换自由、选择自由是自由最为原始的形态。自由在不同场合有不同的背景意义，但最为重要是主体身份的自由、意思表达的自由、行为选择的自由和权利处分的自由等，且均源于契约关系当事人主体身份的独立、意志的自主和交换过程中选择的自由。因此自由本质上是指主体在独立存在的前提下，可以自主地选择自己利益目标和行为模式而不受己身之外的任何力量干预、支配的一种社会关系状态。自由是契约精神中与平等相守的本质因子之一。契约自由作为契约精神的核心理念，被视为私法最为基本的原则而被广泛推崇和信守。因此，自由是契约的灵魂。契约中的自由精神不仅是释放了等级特权、行政管制约束下主体的自由意志，从而成为激发主体无限创造潜能之原动力，而且是人们在彼此尊重自由的前提下，选择及实现自己最大利益目标的最佳途径。契约中的自由有三个层面：（1）于主体本身而言，自由体现了主体身体上的自主而不受约束和意思表达上的自愿而不被强制；（2）于民事主体之间而言，自由则表现为民事主体之间身份上的独立而互不隶属、交易上的自由选择而互不强迫、意思表达上的双方自治协商而不受对方或外部力量干预；（3）于国家与民事主体、公民之间的关系而言，自由则集中体现为国家法律对民事主体、公民所给予自由的适度空间，即通过任意性规范对公民之自由空间的载明与授予，通过强制性规范对民事主体和公民的自由边界予以限定。法律作为民事主体、公民与国家之间一种特定的社会契约，其实质是对公民自由边界的确认和保护。

5. 民主思想

交易双方或多方当事人意思表示的一致，是契约成立的标志。商品交换由交易当事人自主地、共同地决定，集中表达了契约中的自治精神。契约精神中的这种主体自决性、自主性和自治性是与多数人决定机制下的民有、民主、民治、民享精神完全一致的。以契约自治理念作基础，资本民主、股权民主、投资决策民主、管理民主等经济民主观念在市场经济领域逐渐深入人心，而且契约当事人的自治、资本与股权表决下的多数决定制、公司内部治理结构中的选举代理与权力制衡，恰恰为现代民主政治国家的制度构建和权力配置准备了理论基础与制度模型，现代经济、政治、社会中广泛存在的民主协商机制就源于这种契约制度机制。由于契约自治精神与契约制度机制的影响，一种由当事人自主协商形成的合同机制，基于股权民主而产生的企业内部民主治理机制，以社会利群与社区为单元的自治性民主管理模式，建立在公民自主选举决定的、以宪政为表现形式的国家民主管理制度等不同层面组成的民主制度体系，已完全取代了由独裁、专制理念下的由一个君主或极少数人构建的旧秩序。源于契约订立过程中的平等协商、共同与多数决定、程序公正等民主理念，已成为现代民事行为、政治参与、经济管理和社会自治中的一种主导思想。

6. 法治思想

市场经济从某种程度上讲就是法治经济。契约之目的在于交易主体一定预期利益的实现。契约当事人对价值规律的遵循、对交易规则的信守，是确保市场交易安全、维护市场秩序以实现主体预期利益目标的必要条件。市场交易领域中的当事人本位和利益至上原则，与法治领域中的人民主权和人权保障原则是一脉相承的。以人民主权原则建立起来的政治秩序与以人权保障为本位的制度安排，需要有法治思想作支撑。而现代法治思想所涵盖的人们对正义之法的渴望、对至理之法的认同、对至威之法的服从、对至信之法的信赖等四个层面，又无不源于契约当事人对公平利益的期待、对合理条款的认可、对合同义务的履行、对有效合同的信守等契约精神。当事人对合同条款安排的公平利益的期待，是法治思想中人们对公正法律期待的初级形式。契约当事人对合同条款的承诺形成的意思表示一致是法治思想中人们对其经法定程序颁布的法律的认同的一种转换。契约当事人对已成立的合同之义务的履行和信守，是法治思想中人们对已生效的法律的遵守和服从的思想基础。契约当事人对合同机制确保预期利益的信赖是法治思想中人们对法律的以及法律运行机制有效性评价的原始依据。法治思想不仅反映了契约精神的本质要求，而且是契约精神延伸于政治、经济、社会事务治理而广泛存在的一种高级形式。因此，以主体自治为本源、以公平正义为内核、以合理规则为具体形式、以制度机制的有效运行为条件的现代法治精神，只不过是契约精神在国家治理与社会管理领域中的一种转换和发展而已。

7. 和谐理念

契约的达成是两厢情愿、共同意志结合的结果。唯有当事人的合作和积极配合，通过契约双方的共存、互利、双赢这一平等协商的方式，才能成功实现当事人的预期利益。契约订立与履行中的这一规则和由此形成的平等协商、等价交换、互利双赢的合作精神，是和谐的处事观、人生观和政治观的思想源泉。以契约的达成与履行为基础，推而论之，凡事均可从一分为二、合二为一这一视角上予以考虑。社会本身就是一个存在不同主体利益差异性和共同性的矛盾统一体，主体之间为己身利益彼此竞争的同时，又必须在利益共同体内和谐地存在。因此斗争与和谐均是利益增进与社会发展的动力。斯里兰卡学者强调个人与社会的和谐发展，日本北海道"中日韩比较法文化国际研讨会"倡导持续与和谐发展理念，反映了国际上不少学者对此观点与潮流的认同。① 我国执政党自十三大以来，强调改革（利益调整的幅度）、发展（经济发展的速度）与稳定（社会承受的限度）的和谐；重视政治文明、物质文明与精神文明的协调发展；在国际事务上倡导和平共处、和平竞赛、共同发展；在家庭关系中提倡男女婚姻的自由与平等，建立和谐融洽的新型家庭关系；在处理人与自然的关系时，重视人与自然的和谐共存、社会经济的可持续发展；等等，无不深深地留下了契约精神中平等协调、对价合作、互利双赢、共谋发展的烙印。因此，以追求社会利益共同体和利益主体之间利益归属的公平合理和利益秩序的和谐共存，已成为现代市场经济与法治社会中的一种主流意识。契约精神内在的和谐理念，不仅要求有积极的合作精神，更要求主体具有互利双赢的利益观，即在追求利己目标的同时应有利他意识的存在，并在利他的同时以实现自己的利益目标。所以，共存、和谐、互利、双赢的契约精神不仅是市场交换的基本准则，而且也是政治生活、社会管理中广泛适用的游戏规则，对构建新型的经济关系、政治关系、人际关系和社会秩序，具有独特的价值和效用。

8. 宽容理念

契约订立和交易达成的过程，是当事人根据对方利益的需求对自身利益进行限制和妥协的过程。契约当事人之间彼此对对方利益的尊重、忍让和妥协，就是契约精神中的宽容理念。宽容是契约成立的必要条件。可以这样说，契约的订立过程就是当事人相互谈判、妥协、忍让的过程。宽容不仅体现主体对对方利益诉求的必要尊重和认可，而且还表现为对己方利益诉求的适当限制和约束。由契约精神发扬而来的宽容思想，已作为市场经济和法治社会中主体的一种不可或缺的品格，并作为人们处理经济业务、政治关系的基本理念，且广泛地被推广为解决国际纠纷的主要方式。

---

① 参见李步云《人权的两个理论问题》《二十一世纪中国法学的发展前景》，《法理探索》文集，湖南人民出版社，2003，第 201 页、第 575～577 页。

因此小到家庭关系的容忍、个人恩怨的化解，大到社会自治中的相互妥协、政治策略中的适当调整和政治事务中必要的让步、国际事务中国与国之间相互尊重，诸如一国两制、联邦自治等政治方案的出台，不同国家、民族、政党、宗教之间政治斗争的妥协与谈判，无不渗透着契约精神中的宽容理念。

二　宪政的基本要素与时代意义

（一）宪政的定义与基本要素

毛泽东同志曾说过，"宪政是什么呢？就是民主政治。"① 这一观点在新中国成立以后为大多数学者所赞成。如国内著名宪法学家张友渔先生在其《宪法与宪政》一文中认为，"所谓宪政就是拿宪法规定的国家体制、政权组织以及政府和人民相互之间权利义务关系而使政府和人民都在这些规定之下，享受应享受的权利，负担应负担的义务，无论谁都不违反或超越这些规定而自由行动的这样一种政治形态。"② 又如有学者曾认为"宪政应是实施宪法的民主政治"。③ 国外学者也从不同角度对宪政进行过论述，如在1993年2月美国哥伦比亚大学举办的一次"宪政与中国"的研讨会上，美国著名学者路易斯·亨金把宪政的要素概括为十三条原则。④ 美国华盛顿大学教授丹·莱夫认为"宪政意指法律化的政治秩序，即限制和钳制政治权力的公共规则和制度。"⑤

我们认为，所谓宪政，就是"国家依据一部充分体现现代文明的宪法进行治理，以实现一系列民主原则与制度为主要内容，以厉行法治为基本保证，以充分实现最广泛的人权为目的的一种政治制度。"⑥ 根据这一定义，我们认为宪政包含三个基本要素，即：民主、法治、人权。其中，民主是宪政的基础，法治是宪政的重要条件，人权保障是宪政的目的。这一观点已被国内大多数学者所接受，如有学者就把宪政定义为

---

① 毛泽东：《新民主主义宪政》，《毛泽东选集》第2卷，人民出版社，1991，第73页。
② 张友渔：《宪政论丛（上册）》，群众出版社，1986，第97～103页。
③ 许崇德：《社会主义宪政的不平凡历程》，《中国法学》1994年第5期。
④ 转引刘仁文《为谋华夏法治篇——访著名法学家李步云教授》，《岳麓法学评论》2000年第1卷，第237页。
⑤ 转引张文显、信春鹰《民主+宪政=理想的政制》，《比较法研究》1990年第1期。
⑥ 李步云：《宪政与中国》，《宪法比较研究文集（2）》，中国民主法制出版社，1993，第2页。

"宪政是以宪法为前提、以民主政治为核心、以法治为基石、以保障人权为目的的政治形态或政治过程。"① 宪政是民主、法治、人权三个基本要素有机构成的制度系统并以民主、法治、人权为基本原则构建起来的政治形态。

1. 民主

民主是宪政的基础，是宪政的第一要素，因此宪政首先必须是民主政治。这是因为：（1）宪政是近代资产阶级民主革命的结果。宪政制度是在反封建专制斗争的过程中所确定的一套由多数人决定政治事务的政治制度，它本身是对反君主专制过程中形成的民主原则、制度、规则和程序的确认，宪法和宪政只不过是民主革命的产物。（2）宪政以人民主权为基础原则，宪政秩序和宪政关系均以人民主权原则为基础构建。首先，从权源关系看，国家的一切权力属于人民，而不属于君主或某一集团；政府的权力是人民赋予的，而不是由君主、某一个人或某一执政集团赋予的。因此，政府超越宪法规定的权限，就是越权和非法。其次，从权力运行关系来看，人民是国家的主人，而不是君主、某一个人或某利益集团；政府是人民的公仆，政府只是代表人民行使权力，而不是用来压迫人民的，因此政府必须经常地接受人民的监督。其三，从国家权力设立的目的来看，政府的存在以及权力运行之终极目的是为全体人民谋幸福，而不是为某个人、组织（包括政府本身）、团体、政党和少数人谋私利。（3）宪政制度必须以民主制度为基础来运行。如普选制度、代议制度、权力制衡、基层自治制度、民族区域自治制度、民主监督制度等。毛泽东曾把新民主主义宪政解释为民主自由的中国，这个民主自由的中国将是这样一个国家："它的各级政府直至中央政府都由普遍平等无记名的选举产生，并向选举他们的人民负责。"② 宪政就是利用普选制度这一民主形式和程序作为起始点而构建起来的。

2. 法治

法治是宪政的重要条件，是宪政的第二要素，因此宪政必须建立在法治秩序之上。这是因为：（1）树立宪法的权威是宪政的集中标志。宪

---

① 李龙、周叶中：《宪法基本范畴研究》，《中国法学》1996年第6期；另参见李龙著《宪法基础理论》，武汉大学出版社，1999，第144页；周叶中主编《宪法》，高等教育出版社、北京大学出版社，2000，第177页。

② 毛泽东：《答路透社记者甘贝尔问》，《毛泽东文集》第4卷，人民出版社，1996，第27页。

政是"依宪而治"所确定的制度体系。宪法作为记载人民权利的政治宣言书，是这一制度体系的核心。诚如有些学者所言："宪政就是宪法政治，以宪法治理国家，它的基本特征就是用宪法这种根本大法的形式把已争得的民主体制确定下来，以便巩固这种民主体制，发展这种民主体制。"① 法治的第一要义就是"依宪治国"，因此，维护法律特别是宪法的至上权威，是法治同时也是宪政制度建立的首要前提。宪政的前提条件必须是法治，宪法的至上权威唯有在奉法至上的法治条件下才能真正得到维护。（2）宪政制度的运行是法治条件下宪法的动态实施过程。宪政是宪法的制度化和世俗化之后一种特定的政治状态，依宪而治形成的宪政就是一部体现民主、平等、自由精神，以尊重和保护人权为主旨的宪法的具体贯彻与实施过程，因此，宪政就是宪法的动态实施过程。有学者认为"宪政是以实行民主政治和法治为原则，以保障人民的权力和公民的权利为目的，创制宪法（立宪）、实施宪法（行宪）和维护宪法（护宪）、发展宪法（修宪）的政治行为的运作过程。"② 因之，可以说宪政就是法治状态下宪法的制度化、世俗化过程。（3）宪政秩序从本质上讲是一种法治秩序。宪政是法律化的政治秩序和制度化的政治关系。它既包括宪法的制度化，又包括宪法在实施过程中形成的一种稳定的政治惯例和运行程式。这一秩序的建立是法治秩序最为重要的一个层面。一国宪政秩序的状况决定了一国法治秩序的状况，同时法治秩序中公民良好的法治意识、法律的完备、司法制度的有效运行等，又为宪政秩序的建立提供了可能。（4）宪政只有在法治环境下才有绝对的保障。宪政是近代民主革命和法治秩序构建过程中得以确立起来的，它与专制、人治是完全对立的。宪政只有在法治环境下才有可靠的制度保障。没有完备的法律体系、健全的法律制度、公正的司法审判、有效的法律监督以及具有独立、平等、自由、民主等法律品格为代表的公民法治意识等法治要素，宪政就只能流于宪法条文式的宣示。因之，有宪法并不一定有宪政，而唯有在法治条件下才能保证宪法转换为宪政。

3. 人权

人权保障是宪政的目的，是宪政的第三要素。因此宪政的本质是以

---

① 张庆福：《宪法与宪政》，许崇德主编《宪法与民主政治》，中国检察出版社，1994，第 11~12 页。
② 郭道晖：《宪政简论》，《法学杂志》1993 年第 5 期。

保障人权为根本宗旨。(1) 宪政的确定过程是一个反君权、反封建专权而争人权的过程。从英国1215年《大宪章》以及随后的大宪章运动，至17世纪中叶以争取人身自由、议会主权，反对封建专权、限制君权的资产阶级民主革命过程中形成的《权利请愿书》(1628年)、《人身保护法》(1629年)、《权利法案》(1689年)、《王位继承法》(1701年)等宪法性文件以及一系列宪政制度惯例，无不贯穿着争人权的主旨。美国《联邦宪法》和法国《人权宣言》更是对人权完整的政治式表达和伸张。现代宪政运动中所谓经济立宪、知识立宪，说到底均为人权立宪。可以说宪政发展史就是一部人权斗争史和维护史。(2) 保障人权是宪法的根本准则。宪政的表征是人权的确认书，宪政只不过是确保人权的制度体系。维护和保障人权是宪政运动的内在动因，是宪政制度的出发点和最终归宿。人权作为人按其本性所应该享有的权利，具有三种形态，即"应有权利、法定权利、实有权利"。① 其中宪法作为人权的政治宣言书和"一张写着人民权利的纸"，② 是记载和确认人权的最为重要、最有效力的法律形式，是人权由应然状态转化为法定状态的关键，而宪政则以特定制度机制的有效运行使人权由法定状态转化为实有状态。(3) 宪政制度体系中的限权政府和权力制衡是保障人权所必需的。防止国家权力异化，是保障人权最为有效的途径。宪政制度对国家权力的制衡配置，对政府权力界限和责任的设定，对国家权力行使的依据、程序的规制，其根本目的在于抑制国家权力的滥用，使国家机构肩负起保障人权的职责，以确保人权不因国家权力滥用和扩张而被侵犯。现代宪政中有关限权政府、责任政府的制度机制，无不以保障人权为基本目标。(4) 人权的保障状况是衡量一国宪政制度优劣的根本标准。人类的解放是以人所处的平等、自由状态和所享有的权利的多少为判断标准，人权作为人类共同的事业具有普遍性。③ 人权交流和人权斗争之所以成为当今国际社会关注的焦点，在于人类解放事业和各国宪政制度的重心就是争取和维护人权。一国人权保障状况反映了一国宪政制度的运行现状，无疑直接影响其国际形象、国际地位以及与他国的关系。(5) 宪政制度必须随人权保障事业发展而发展。宪政制度自早期人权立宪以来，历经政治立宪、

---

① 李步云：《论人权的三种存在形态》，《法学研究》1991年第4期。
② 《列宁全集》第9卷，第448页。
③ 李步云：《论人权的普遍性和特殊性》，《走向法治》，湖南人民出版社，1998，第440～441页。

经济立宪、社会立宪、方兴未艾的知识立宪等不同阶段,① 其基本的规律是宪法对人权保护的范围不断扩大、层次不断加深、措施更加有效。宪政作为保护人权的基本制度和手段,总是随着人权事业的发展而不断调整,宪法的修改和宪政制度的改革总是发端于现实社会中人权事业的需要。正是人权事业的不断发展才促使宪政制度不断走向完善而归于正义。

(二) 宪政三要素的时代意义

以民主、法治、人权三大要素来概括宪政,有利于从宪政视角全面审视和看待民主、法治和人权问题,并使之统一为一个制度整体,② 因而具有重要的理论价值和时代意义。

1. 揭示了宪政的内在本质

宪政的本质在于以制度的正义确保主体的平等、自由和利益。如果说以平等、自由和利益为核心内容展开的人权是宪政追求的直接目标的话,则民主就是实现平等、自由和利益的主体性条件,而法治则是确保主体平等、自由与利益的根本保证。宪政制度负载的平等、自由价值,在以人权保障为目的、以民主政治为基础以及以法治为外在形式这三要素中,得到了充分的、完整的体现。其中民主对应于专制与独裁,法治对应于人治、德治、礼治与官治,人权则对应于王权、特权条件下的人民无权,三者均从不同侧面反映了宪政的本质。因此,如简单地从一个方面去阐述,都会影响宪政内在质的完整性和宪政制度要素的统一性。

2. 概括了宪政内部要素的相互关系和运行规律

宪政是依宪而治形成的制度(包括制度惯例)秩序及价值的概称。民主是从主体层面、法治是从制度层面、人权则从价值层面分别表达了宪政的某一政治功能和社会功能。民主既为宪政制度界定了利益主体的本源,又为宪政运行设立了具体的运行范式;法治则为宪政制度的具体运行提供了具体方式、程序与制度秩序和环境;人权则锁定了宪政的职能和制度设计的目标。宪政的构建,是以人民主权为权源出发点,用民主制度和法治方式来切实保护和实现人权。因此,在宪政制度的运行中,往往是因为人权保障的需要,而在民主制度和程序的框架内,以法治形式为直接手段作

---

① 李龙、汪习根:《宪政规律论》,《中国法学》1999年第4期;另参见李龙《宪法基础理论》,武汉大学出版社,1999,第278页。
② 刘仁文:《为谋华夏法治篇——访著名法学家李步云教授》,《岳麓法学评论》2000年第1卷,第238页。

出对现行制度的必要调整和修正，如此才有变法意义上的修宪和宪政制度的不断完善、发展。

3. 体现了政治文明的主导价值

政治文明是体现制度正义的有序政治关系和能有效运行的政治状态。政治文明包括制度的正当性、制度的合理性和制度的稳定性等三个方面。其中制度的正当性是指制度的建立应以维护社会正义、保障利益分配公平、维护基本人权为根本宗旨；制度的合理性是指制度的设计应当符合时代的主流要求和政治本身的运行规律；制度的稳定性是指制度应在权威、一贯状态下保持高度的稳定且能有效地运行。它与宪政中的人权、民主、法治所表达的价值是一致的。宪政要素集中地概括了政治文明的内涵和反映了政治文明的本质，因此，可以说，宪政是现代政治文明的标志。

4. 表达了宪政的时代特征

求民主、行法治、护人权，是当今世界的主流民意。在一国之内，各国政府均面临着市场利益分配不均、贫富差距扩大、政府信任危机、司法制度不公等一系列社会问题；在国际关系之中，构建以国与国之间的平等和经济贸易的自由为主旨的国际政治经济新秩序之进程，在国际霸权主义、单边主义、极端恐怖主义和贸易保护主义的重重阻挠下举步维艰。全球性的民主、法治与人权仍然是我们这个时代各国人民共同面临的主要任务。宪政三要素从一定意义上反映了我们这个时代最需要的东西。

总之，从民主、法治与人权三个方面整体地来把握宪政，有助于我们揭示宪政的本质，视宪政为一个有机的制度体系，在宪政视角下创建政治文明，建立合理、公正的社会秩序。这也是宪政这一概念特有的内涵及其存在的根本意义。

三　契约精神与宪政的关系

宪政归根到底是由市场经济决定的。市场经济是契约经济，是以市场主体之权利为本位的经济，是宪政根植的经济基础。直接由市场经济和商品交换催生而来的契约精神，与宪政具有内在的逻辑关系。

1. 契约精神是宪政思想的重要来源，源于契约精神的平等，自由因子是宪政的灵魂

近现代宪政的理念是以平等与自由思想为其主要因素。这种平等与自

由的理念与需求，除了源于主体平等与自由的天性即生物性之外，① 在社会交往中则直接来源于商品交换中形成的契约理念。正是因为商品的存在和交换，平等与自由等朴素的契约观，能起到启蒙思想、唤起革命和促进社会变革的巨大作用。正如恩格斯在《反杜林论》中所揭示的那样："一旦社会的经济进步，把摆脱封建桎梏和通过消除封建不平等来确立平等的要求提到日程上来，这种要求就必定迅速地获得更大的规模。"而且"这种要求就很自然地获得了普遍的、超出个别国家范围的性质，而自由和平等也很自然地被宣布为人权。"② 由契约的平等与自由派生和放大的主体意识、权利观念、民主思想、法治思想以及和谐、宽容的政治理念构成近现代宪政的精神支柱。契约当事人对规则的尊重是宪政要素中法治思想的先导，契约当事人的自主与自决是宪政中民主要素的基础，契约当事人的个体利益本位是宪政中人权保障目的性的原动力。可以这样说，现代宪政中的人民主权原则、民主立宪原则、权力制约原则、法治原则和人权保障原则，无不源于契约的平等与自由的精神实质。它们是契约精神中平等与自由理念的法律化与制度化。

2. 契约精神为宪政秩序的构建提供了具体的制度范式

契约精神强调主体的自主参与、平等协商、合作宽容、相互妥协以实现互利双赢。契约中的这种主体的自主意识、自治意识、平等协商意识、积极的合作意识、自我限制自己权利扩张的妥协意识以及契约实践中形成的一整套订约、履约和违约的责任制度与程序，直接为近现代宪政提供了制度雏形。如契约订立中的自主平等协商制度直接为宪政的议会讨论与政治协商提供了范式；合同中的委托代理与公司、合伙企业中的选举为近现代宪政中的普选制、代议民主制、权力制衡机制提供了不少经验；契约当事人有约必守、违约必究的契约诚信规则和责任制度为近现代法治理念的树立和有效的司法制度、违宪审查制度的建立提供了重要的启示。可见契约中主体的自主、对权利的重视、对规则的信守，这种契约精神以及依契

---

① 人的自然属性也就是人们通常所说的"人性"，其主要内容是天性、德性和理性。人人都希望自己的生命不被随意剥夺，心身健康不受恣意侵害，人身自由不受任意限制；人人都希望自己的衣食住行得到保障与不断改善，这是人的天性与本能。人又是一种有道德的动物，他们都希望能够生活在一个正义、人道、宽容和相互友爱的社会里。人还是一种理性的动物，他们能够认识世界并能动地改造世界。人的这些天性、德性和理性得到实现，就是人权保障的根本目的、价值和意义所在，是人权存在和发展的内在根据。参见李步云《论人权的本原》，《政法论坛》2004年第2期。

② 《马克思恩格斯选集》第三卷（上），人民出版社，1972，第145页。

约而产生的契约机制，对现代宪政中的普选制、代议制、权力制约、责任政府、司法独立和以权利为本位的人权保障理念的建立和宪政秩序的确立，具有直接的参考价值。

3. 契约精神与宪政彼此互动，产生一种新的时代精神，不断推动宪政制度走向完善

契约精神是近代宪政思想的重要来源，推动着近代宪政的确立。而近代宪政体制的确立，又不断推动着市场经济的发展和人权事业的进步，契约所处的经济、政治和人文环境也不断发生变化，社会关系和社会主体的需求亦随之变化。同时，宪政体制的确立与实践，与之相适应的宪政思想的确立与发展，又导致现代契约精神不断丰富与发展。随着当代经济的全球化、一体化，新技术的普遍化，政治利群主体日趋多元，文化冲突更为突出，环境生态问题更为严重，一种以社会利群、国家、代际甚至生命为利益主体的新社会契约观、国家契约观、代际契约观、生命契约观得以出现，传统的以个体利益为中心、以人类本位主义为原则的契约观正在被以群体利益为中心、以生命本位为原则的新契约观所取代。追求不同社会利群、国家、代际、生命体之间的平等与自由、和谐与包容、互利与共存，已成为当今社会潜在的一种共同意识。以平等协商、和谐共存、互利双赢为主旨的新契约精神，又必将对各国宪政的完善以及各国宪政的合作产生极大的推动。

契约精神与宪政涉及市场经济和民主宪政这一全球性核心课题。建立社会主义市场经济、建设以宪政为核心的社会主义法治国家，建成以现代契约精神为重要内容的人类先进文化，不断推进物质文明、政治文明和精神文明的协调发展，是未来几十年我国社会改革和国家事务的中心任务，因而对这一问题进行深入研究和广泛的讨论，不仅对宪政理论建设有推动，而且对现实制度建设和改革方案的选择具有指导意义。

后 记

本文尚未发表。

谱写宪政新篇章

中国共产党作为执政党,它的十六大报告无疑会对中国今后一个时期里的社会生活产生广泛而深刻的影响。本文试图对这一报告中的若干新的重要观点和政策可能对未来中国宪政(其基本要素是民主、法治、人权)发展的促进作用,谈一些看法。

第一,关于求实创新的思想路线。

邓小平理论在思想路线上的基本点是"解放思想、实事求是"。十六大报告的新贡献,主要是:"与时俱进、开拓创新"。报告说,"我们一定要适应实践的发展,以实践来检验一切。自觉地把思想认识从那些不合时宜的观念、作法和体制的束缚中解放出来,从对马克思列宁主义的错误的和教条式的理解中解放出来,从主观主义和形而上学的桎梏中解放出来。"报告在谈到"不断开拓促进先进生产力和先进文化的发展"时指出:"发展必须坚持和深化改革。一切妨碍发展的思想观念都要坚决冲破,一切束缚发展的作法和规定都要坚决改变,一切影响发展的体制弊端都要坚决革除。"我国的宪政建设也应当贯彻这一精神。同经济文化建设相比,发展民主、健全法治、保障人权,要贯彻求实创新的思想路线与方法,所遇阻力和困难会更大,但舍此别无他途。中外法学发展史证明,任何一种先进的思想理论的出现,固然有其时代的背景和需要,但也同思想家们进步的哲学观念分不开。新中国成立以来,法学界曾深受教条主义之害。十一届三中全会后,情况有了根本性改变。但直到今天,研究方法上的土教条、洋教条、老教条、新教条,还时有所见。对马克思列宁主义作僵化的理解,认为领袖人物说的句句是真理,是土教条。对西方一些学者的观点不加分析,顶礼膜拜;或喜欢把自己说不清,别人也看不到的某些词汇当作新概念、新理论,是洋教条。当然,正确的思想路线的贯彻执行,同时也要求民主、法治与人权的进步与发展。在这方面，不搞个人迷信，个人崇拜；实行"法不禁止即自由"和"真理面前人人平等"的原则，是极为重要的。我们既要尊重并坚持人类所共同发现与创造，并经实践反复证明是正确和进步的、符合人类理性和基本价值的概念、理论、原理和原则，又要将它们与中国的现实生活与社会条件、同13亿人的思想实际与工作实践相结合，寻求其实现的形式与途径；同时还要从中国的实践中发现新规律，创造新经验，形成新理论，为人类共同创造与拥有的思想宝库做出自己的贡献。十六大报告通篇贯穿着求实创新的指导思想，将对中国宪政领域的观念更新和制度变革，产生重要影响。

第二，关于全面建设小康社会的奋斗目标。

这是十六大报告一大亮点，是统领全局的一个概念和战略决策。今后，它对动员与组织全党和全国人民为实现这一奋斗目标而努力，将起很大作用。这一奋斗目标的提出，有两个基本精神。一是报告所说，"全面建设小康社会，最根本的是坚持以经济建设为中心，不断解放和发展社会生产力。"二是"全面建设小康社会的目标，是中国特色社会主义经济、政治、文化全面的发展。"这两条对中国未来宪政的发展都会产生积极影响。首先，社会生产力的发展是人类社会发展的最终决定力量。恩格斯曾说，马克思一生有两大贡献，其一就是发现与创立了唯物史观。因为"人首先要吃饭穿衣，然后才能去从事政治文化生活。"物质生活水平的提高是人类生活的第一需要，生存权是首要人权；而经济的发展又是政治文化发展的基础，是民主与法治赖以建立与完善的社会条件。从长远的观点看问题，坚持以经济建设为中心，不断解放和发展生产力，将为我国宪政的不断进步和最终实现，提供强大的推动力量。其次，将"社会主义民主更加完善，社会主义法制更加完备，依法治国方略得到全面落实，人民的政治、经济和文化权益得到切实尊重和保障……"作为全面建设小康社会的重要内容，其理论与实践意义在于，它明确昭示，以高度民主作为基础，以人权的彻底实现为目的，以一系列法治法则为主要内容的法治国家的建设是一个过程，它不是我国现实生活中已经存在的，而是需要我们通过努力奋斗去争取和实现的目标。对我国现在的民主、法治、人权的发展水平评价过高，是丝毫没有好处的。同时，它也从一个角度清楚表明，民主与法制不单纯只是手段，它们同时也是目的，是我们需要为之努力争取的人们过幸福生活的一个方面的重要内容。这对那些坚持认为民主与法制只是手段的观点，无疑是一种否定。

第三,关于"政治文明"的科学概念。

十六大报告指出:"发展社会主义民主政治,建设社会主义政治文明,是全面建设小康社会的重要目标。""全面建设小康社会,开创中国特色社会主义事业新局面,就是要在中国共产党的领导下,发展社会主义市场经济、社会主义民主政治和社会主义先进文化,不断促进社会主义物质文明、政治文明和精神文明的协调发展,推进中华民族的伟大复兴。"政治文明是在这次报告中提出的一个新概念。这一新概念的提出,有一个发展过程。在很长一个时期里,人们都把民主与法制看作精神文明的一个组成部分。1994年,党的十四届六中全会通过的关于精神文明建设的决议,开始有了改变。这一决议说,所谓精神文明主要是指:"思想道德建设和教育科学文化建设。"它暗含有这样的意思:民主实现和法制观念是属于精神文明的范畴,但民主制度和法律制度这些不是存在于人们头脑中的东西,就另当别论了。1996年前后,一些学者在给中央领导机构讲法制课的时候,已经提出了包括民主与法制在内的"制度文明"的概念,而同物质文明和精神文明并列。① 同时,一些学者和中央有的领导人已经将依法治国提高到"人类社会文明的重要标志"来认识。② 党的十五大报告在谈到三大任务时提出:社会主义经济相当于物质文明,社会主义文化相当于精神文明,它没有说社会主义政治是属于什么文明,但已将它排除在精神文明的范畴之外。这次十六大提出"政治文明"是党在实现理论上的一个重要发展。广义上的政治文明包括民主、法治、人权在内。民主是相对专制而言。专制政治奉行"主权在君""朕即国家"的原则,国家大事一个人说了算。人民群众都被当作工具使用,老百姓不敢对独裁者说个不字,这当然是不文明的。民主政治奉行"主权在民"原则,人民是国家的主人,政府是人民的公仆,国家的一切活动以保障人民过幸福生活为依归,当然是文明的。法治的对立物是人治。国家的治理,全靠一、两个人依照他个人的道德观念、政治判断、注意力以至情感、好恶、私利来决定,自然是不文明的。国家完全依照一整套集中多数人的智慧,体现广大人民的利益,符合事物规律,反映时代精神的明确、具体、公布周知,且上下一体

---

① 参见李步云《依法治国,建设社会主义法治国家》,《中共中央法制讲座汇编》,法律出版社,1998,第142页。
② 参见李步云《依法治国的理论根据和重要意义》,《走向法治》,湖南人民出版社,1998,第144页。又见江泽民讲话:"依法治国是社会进步、社会文明的一个重要标志。"载1996年2月9日《人民日报》。

遵行的法律、法规来治理，当然是文明的。人权是相对于王权、特权和人民无权而言。人民的政治、经济和文化权益是否能得到切实尊重和保障，无疑也是判断一个社会是否文明的根本性标志。党的十六大报告提出"政治文明"这一新概念具有以下重要意义：一是有利于改变不少人把民主、法制仅仅看做是手段的错误观念，而将其视为有无文明或文明程度高低的重要标志，因而它们不仅是发展经济与文化的手段，而且首先是目的，是人们享受幸福生活必不可少的重要内容；二是将民主与法制从精神文明的范畴与概念中分离出来，成为同物质文明与精神文明并列的独立的文明形态，有利于提高民主与法制的价值和地位。

第四，关于尊重和保障人权。

虽然不少人都说"人权是资产阶级口号"的时期已成过去，"保障人权是社会主义应有之义"的观念已开始深入人心，但是，现今许多政府官员对"人权"两字仍然感到十分陌生和敏感；某些地区和部门在宣传上和行动上仍然存在讳莫如深、甚至谈虎色变的情况，也是不争的事实。继党的十五大报告之后，十六大报告又一次明确宣示要"尊重和保障人权"，不能不具有重要意义。实际上，这次的报告在人权保障问题上还是有重大进展的，主要是提出了许多新思想、新举措。其一就是要切实保障公民的知情权。例如，提出要"认真推行政务公开制度"，要推行电子政务，行政管理要"公正透明"；在干部人事制度改革中，要"扩大党员和群众对干部选拔任用的知情权、参与权、选择权和监督权"；为了改革和完善决策机制，要"建立与群众利益密切相关的重大事项社会公示制度和社会听证制度，完善专家咨询制度"；在谈到扩大基层民主时，强调要"完善公开办事制度"；等等。这些政策和举措，势必为现在正在逐步推行的政务公开、审判公开、检务公开、立法公开以及村务公开等注入新的动力。应当看到，在今天中国具体国情的条件下，切实保障公民的知情权，全面建立有效的信息公开制度，对于建设民主政治、实现依法治国、加强人权保障，都具有至关重要的作用。因为，信息公开是人民当家作主的根本要求，是公民行使监督权的基本前提，是政府科学决策的重要方式，是市场经济合理运行的可靠保障，是实行对外开放的必备条件，是公民保护自身权利的最好途径，也是防止国家权力父辈的一服良药。当前，在我国建立信息公开制度，机遇和困难同在。经济全球化的形成，信息网络时代的到来，保障人权呼声的高涨，人民政治觉悟的提高，汇成了一股要求信息自由和保障公民知情权的不可阻挡的潮流。但是这一权利与自由的完全实现，还需要经历一个过程，还有赖于我国民主政治的进一步发展，法治国家的逐渐形成，领导层人权观念的切实进步，以及社会经济文化水平的更加提高。但是，很多事情并非不能而是不为也。关键问题还是人的因素在起作用。目前需要也可能采取的具体步骤，一是尽快制定与通过现正在酝酿与准备的"政府信息公开法"；二是尽快建立起人们盼望已久的违宪审查制度，运用宪法的权威，促进信息自由立法与实践的进步。在人们当家作主的社会里，知情权首先是一项应然权利。即使宪法没有对信息自由做出明确规定，我们也可以通过"权利推定"来确认它是一项宪法权利。在十六大精神的指导和鼓舞下，通过各级领导机构自上而下的安排，通过学术界、舆论界等自下而上的推动，我们可望近几年在保障公民知情权的问题上取得重要进步，从而为我国宪政建设的艰难历程，书写出光辉一页。

第五，关于完善保护私人财产的法律制度。

党的十六大报告指出："一切合法的劳动收入和合法的非劳动收入，都应该得到保护。"要"完善保护私人财产的法律制度"这是一个新的内容，在以往党的纲领性文件中从来没有作过这样明确的规定。这一规定具有十分重大的意义。第一，私人财产权是一项重要的人权，是人们过幸福生活的物质基础，也是人们享有受教育权等等其他权利的条件；私人财产得不到法律保护，就没有健全的人格。第二，私人财产得到法律有效保护同公民个人享有充分的自由与平等也密切相关。因为个人只有能够自由地支配自己的财产才能平等地在社会各领域同他人缔结契约。同时，私人财产权得到确认和发展也是公民民主意识和权利意识得以确立与发展的重要条件。第三，有利于消除人们的种种疑虑，鼓励民间投资，充分发挥个体、私营等非公有制经济在促进经济增长、扩大就业和活跃市场等方面的重要作用。第四，同单一的公有制经济必然导致计划经济相反，以公有制为主体，多种所有制经济并存，是社会主义市场经济赖以存在与有效运行的基础，是各种所有制经济在市场竞争中发挥各自优势，相互促进和共同发展的重要条件。第五，私人财产权得到有效保护，也是公民个人摆脱对国家的依附，而成为独立的"社会人"的基本条件，是公民社会得以形成与发展的基础，从而也是具有宪政品格的良好的政治国家建立和发展的基础。第六，1949年新中国成立以来，私人财产权一再遭受剥夺或侵害的历史表明，它同一国的民主、法治与人权的状况，有着不可分离的密切关系。在我国，从私法，特别是民法的角度研究私人财产权的保护比较多，比较深入。但从公法角度进行研究则相当薄弱。十六大报告有关这一问题的明确规定，不仅为当前正在制定的民法典提供了政策指导，更为从行政法和宪法的角度和领域研究这一问题提出了任务与开辟了广阔的研究前景。从公法上研究这一问题的核心是私人财产权与国家公权力的关系问题，包括国家对私人财产合理限制，征用的具体界限与补偿措施，以及国家不当侵害的内容、方式以及补救办法，等等。1999年修宪时，不少学者曾建议将私人财产的保护写入宪法，但未被采纳。宪法学界应当以十六大报告为契机，做出充分研究与论证，争取早日将保护私人财产写进宪法。宪法作出规定后，就可以此来规范政府的行为，进而在整个法律体系中形成一套保护私人财产权利的法律规则。

第六，关于推进司法体制改革。

党的十六大报告这次是以"推进司法体制改革"作为总的黑字标题，来概括党的有关我国司法工作的一系列方针、政策。这本身就充分说明，党中央在这一重要领域也是高举改革的旗帜，决心将司法工作推进到一个新的发展阶段。在报告中不乏新的重要的观念和举措。例如，报告说，"社会主义司法制度必须保障在全社会实现公平和正义。"这就明确地肯定了司法工作最根本的价值追求应当是公平和正义。最高人民法院院长肖扬曾提出，21世纪人民法院审判工作的主题是"正义与效率"，并为此举办了一次规模很大的国际研讨会。然而人们的看法很不一致。有人主张正义与效率并重；甚至还有少数人主张"效率优先"。在经济领域，党的方针是"效率优先，兼顾公平"，这项方针符合中国的具体国情，特别是长期以来实行的那种绝对平均主义的思维模式与制度安排，也符合生产与分配领域的一般规律——"只有先把饼做大，家庭每个成员所平均分到的那一份额才会大"，才不会出现贫穷的社会主义。但是司法工作与此根本不同。由其工作性质所决定，它必须把公平与正义放在首位，尽管"迟来的正义不是正义"有它一定的道理，但是它总比"早到的不公平、非正义"要好得多。这个简单的道理，是广大老百姓都能理解和接受的。强调"在全社会实现公平和正义"是司法工作的根本价值准则，在今天我国的司法实践中有很重要的指导意义。新中国成立以来，在我们某些地区和单位意志有重效率、轻公平的倾向。20多年来实行的"严打"方针，在我国特定的历史时期里虽然完全必要，而且后来也强调要"依法"从重从快，但这一政策在实际执行中，在少数地区或单位，还是存在一些很值得注意的问题。如为了显示"严打"政绩，而不顾实体法，特别是程序法的规定，出现过诸如"定指标""合署办公"和"刑讯逼供"等现象。因此，我们在依法

"严打"的同时,坚持公平与正义是司法工作的根本价值这一指导思想,是十分必要的。

从司法"体制"改革的宏观角度看,最重要的应是如何实现司法独立。在这个问题上,十三大报告给予了足够的重视。报告明确指出,要"从制度上保证审判机关和检察机关独立公正地行使审判权和检察权。"这里强调要从"制度"上去保障司法独立,无疑是正确的。尽管在与司法独立相关的许多理论问题上,人们的看法并不一致,诸如,西方的"三权分立"一无是处,还是有其合理内核?权力分立与制衡本身只是目的,还主要是一种手段?有无"姓资姓社"之分?我国的人民代表大会制度是"议行合一",还是立法权、司法权和行政权由三个不同的机关分别行使,并非是集中在一个机关受理?如此等等,都有不同看法。就是"司法独立"一词的提法是否正确,还有人持否定态度。[①] 但是司法独立作为法治国家一个基本标志和民主政治一项重要内容,要想得到切实实现,关键还是要着重从制度上解决问题。我国的情况尤其如此。一是要处理好司法机关和同级党委、党的纪检机关、人大和政府的关系;二是要排除地方保护主义和部门保护主义的干扰。党的十三大报告对"改革和完善党的领导方式和执政方式"提出了不少重要原则和举措。其中有两条是关键,包括:党组织要"坚持依法执政";要"集中精力抓好大事,支持各方独立负责"。这两点都同保证司法独立密切相关。依法执政是"党组织要在宪法和法律范围内活动"这一重要原则的新的表述和概括,又强调了在执政党"执政"这一根本问题上要"依法"。审判权由法院行使,检察权由检察院行使。这在宪法上是规定得十分明确的。世界上所有现代法治国家都坚持这一重要原则,并认为它是法治国家必不可少的基本标志。因此,不能在法院和检察院之上还有某个机构或某个人可以最后决定某个案件该怎么判,某个人是否需要逮捕或提起公诉。如果这么做,当然就不是"依法执政"。党委"集中精力抓好大事",不要什么事都管都干预,应按照法律规定的权限和程序,由人大、政府、司法机关独立地行使权力。这样做,对"党的领导"不会妨碍和削弱,只会促进和加强。再说,这些机构中都有自己的党组织或党的委员会,它们有在自己的部门贯彻党中央的路线和政策的职责和任务,这也是"党的领导"。如果今后能够切实按照十六大报告提出的党委"集中精力抓好大事,支持各方独立负责"这一新的决策去做,

---

① 参见李步云、柳志伟《司法独立的几个问题》,《法学研究》2002年第3期。

"司法独立"有望真正实现。尽管司法机关同人大、政府的关系也很重要，但是各级党委如能切实尊重司法独立，在这方面做出示范，其他问题的解决就好办得多了。

受部门保护主义影响最大的是行政立法与执法，而受地方保护主义损害最大的是司法独立与公正。对后者，人们从制度上提出了各种解决方案。如有人主张各级法院和检察院由上级人大选举和任免，其人财物不受地方党委和政府的制约。但我个人认为，在不修改宪法和整个体制不作大的变动的条件下，恢复解放初期曾经实行过的那种设立大行政区分院，作为最高人民法院的排除机构（如华北分院、华东分院）的建置比较切实可行。这些分院的人财物，由中央任免和国库支出，一些大的涉及不同地区利益的经济案件由它管辖，就可以从根本上防止地方保护主义。十六大报告强调要"维护法制的统一和尊严，防止和克服地方和部门的保护主义"，有望推动这方面问题的解决。

执政党十六大报告有关宪政的内容和新思想，对发展民主、健全法治、保护人权的新举措还有许多，本文不拟一一论及。作为一个研究工作者，我们对报告中的极个别观点持保留态度，但这一报告将"发展、改革、创新"作为一根红线贯穿其始终，完全符合人民的愿望，事物的规律，时代的精神和社会主义的理想。我们给予高度评价。我们也相信，在把我国建设成为一个富强民主文明的现代化国家的伟大事业中，它一定能够发挥重要的指导和推动作用。

后　记

本文刊载在《法学》杂志 2003 年第 1 期，题目是《在'十六大'精神指导下谱写宪政新篇章》，现按原来的题目再改过来。

宪政散论

法制改革的概念、目标与必要性

  法制的含义很广，包括立法、司法、执法、守法和法律监督多个方面。法制的各个领域都存在改革问题。改革的内含包括立、改、废。立，原来没有，现在建立起来；改，过去已有，但不完善，通过某种改变，使之完善；废，原有的某些制度明显不合理，应当废除。之所以要进行法制改革，是因为过去的和现有的体制中存在一些不合理的因素。新中国成立后头30年的民主与法制不健全，不能归结为一种自然状况。而应当承认，在指导思想上犯有严重错误。从历史和现状来看，我国最近十年的法制主要是立法，是重建。现在重建工作还没有完成，许多重要的法律尚未制定。但已建立的制度质量更需要提高。近十年来制定的某些法律与制度，离法治国的要求尚有很大差距，有些已不能适应社会主义商品经济的需要，其出路只能是改革。新中国成立后头30年我国法制方面的教训是十分深刻的。这一教训可以概括为：法律虚无主义；人治主义；法学教条主义；法律实用主义。我们所向往、追求的是一个具有高度民主与我们的现代国家。我们要树立一个根本信念，即建立一个现代法治国家，这是实现长治久安的根本保证，而不能把希望寄托在一两个领导人身上；必须响亮地提出法律至上的口号，保证法律具有至高无上的权威；不能把马克思主义看作僵死的教条，要放手吸收一切人类法律文化的优秀成果；要改变法律工具论的观点，树立法的基本价值观，这就是自由、民主、平等和人权。而实现这一目标的途径，只能是改革。

"一国两制"思想对宪政理论的发展

第一，在国家性质上，国家主体部分实行社会主义，允许局部地区长期实行资本主义不变。第二，在国体上，在共产党执政的国家里，允许局部地区以并不信仰马克思主义和社会主义的人实际掌握权力。第三，在政体上，在单一制国家里，允许局部地区实行比联邦制还要充分的高度自治。第四，在国家职能上，把加速发展生产力以保证国家的繁荣与人民的富裕作为国家的根本任务，作为解决一切国家问题的出发点。第五，在民主问题上，团结所有爱国者，实行"港人治港""澳人治澳"，最大限度地扩大民主的范围。第六，在国际关系上，通过签订具有国际条约性质的中英、中葡"联合声明"的途径，以和平方式解决国际争端。第七，在法的性质上，港澳实行的制度有力地否定了"法是统治阶级意志的体现"的旧观念。第八，在法的体系上，中国将出现"一国、两法、两域、四区"的丰富多彩的局面，突破以往不同社会制度水火不能相容的旧思维。第九，在法理上，容许持有不同意识形态和政治信仰的政治力量之间、人群之间共存共荣，倡导当代道德主旋律——"宽容"精神。第十，在法哲学上，为实事求是地研究一切问题提供了示范，向法学教条主义提出了严峻挑战。

"一国两制"加速中国法制进程

"一国两制"的基本内容，归纳为如下五个基本点较为全面和适当。（1）"一个国家"。即中华人民共和国。香港、澳门、台湾是中国不可分割的神圣领土。对内，只有一个中央人民政府和一部宪法；对外，只有一个由中央人民政府代表的统一的国家主权。（2）"两种制度"。在一个国家的前提下，香港、澳门和台湾实行与内地社会主义制度不同的资本主义制度，经济、社会制度不变，生活方式不变，法律基本不变。（3）"高度自治"。国家统一后，香港、澳门和台湾地区政府在各自的特别行政区内享有行政管理权、立法权、独立司法权和终审权。（4）"本地人管理"。在香港即"港人治港"。在澳门和台湾，也是实行这一原则。中央政府不派一官一吏去该地区参与管理。这是相对独立和区别于"高度自治"的一项重要原则。（5）"五十年不变"。"一国两制"并不是一种策略措施，而是一项战略构想。"五十年不变"是这一构想的重要组成部分。如果"一国两制"只是权宜之计，它就未必伟大，事实上也很难行得通。

"一国两制"构想将使中国的法律体系出现"一国、两法、两域、四区"的多姿多彩的新格局。"一国"是指中华人民共和国，香港与未来澳门、台湾的法律，都是它的统一的法律体系的组成部分。"两法"指社会主义的法与资本主义的法。"两域"指大陆法系和英美法系这两个不同的法域。"四区"指内地、香港、澳门和台湾这四个地区的实体法与程序法各有自己不同的内容和特点。这种新格局必将给我们带来新问题，如案件的管辖、案件的调查取证、法律的适用、判决的相互承认和执行、文书的送达、案犯的移交等等，这些问题都需要进一步研究解决。这种新格局也必然给我们的法制建设带来如下一些积极的影响和后果：它将要求进一步制定各种法律以促进立法的完善；它将要求相互学习和借鉴以提高立法的质量；它将要求相互尊重对方的权威以促进严格依法办事；它将要求彼此遵循国际惯例以促进各种法律同国际接轨。一句话，所有这些都将有利于加速中国建设法治国家的历史性进程。

论主权与人权的关系

从理论上讲，我认为，许多问题值得进一步研究，有三个问题可能影响全局。一是人权的来源，二是人权与政治的关系，三是人权与主权。首先，人权的来源涉及人权存在的根据、必要性和合理性。我认为人权不应该从人之外去寻找，人权是以人的本性为基础的。有人在对人权的本质进行归纳时受传统理论的影响，认为人的本质仅仅是人的社会性。所谓社会性有两个方面的意义：一是人权存在于人与人的关系中；二是人权受社会发展制约。但是不能不承认人的自然属性。国际人权文件提出人权是基于人格尊严和人的价值。因此，否认人权的自然属性的观点显然是站不住的。其次，人权与政治。有一部分人强调，人权都与政治有关。我认为，人权有意识形态和政治方面，也有超意识形态和政治的方面。基本人权就是有超越性的。其三，主权与人权的关系。有一种观点认为，主权高于人权。这有两个层次的问题没有弄清楚：一是管辖问题，人权多数是一个国内问题，但也有超主权的一面，笼统地说谁高谁低是不对的；二是层次问题，人权产生国家权力，公民权产生了政府权力。人权是目的，政府权力是手段，而且权力会异化。就人权的普遍价值而言，人权又是高于国家权力的。

人大制度创新与信息公开

　　提出"人大制度创新"这个问题，我想是很有意义的。这是政治体制改革应有之义，也理应是其重要内容。因为人民代表大会制度是我国的根本政治制度：十三大以来历次党的代表大会都把人大制度的进一步健全与完善，列在政治体制改革的首位。事实上，二十多年来虽然举步维艰，但这一根本政治制度仍然处在不断发展过程中，其成就举世瞩目。当然，这方面的工作还刚刚起步，这一制度要实现人民的企望和符合时代的要求，还有很长的路要走。现在，各级人大代表的民主法治意识空前提高，他们已经成为推进政治体制改革最具活力和作用的显著力量。"人民代表不为人民做主，对不住老百姓，也对不起自己"，我相信这是现在绝大多数人民代表的心态。况且，我国宪法已为人大制度提供了广阔的空间。这些都为人大制度创新提供了条件。

　　人们常说，现在的主要问题是人大制度尚未完全到位。这当然有道理。但这同提出要制度创新并不矛盾。人大制度中有不少问题涉及政治体制改革的全局，其完善需要经历一个长久的过程。然而我们不能坐等时机而无所作为。"制度创新"可有多种含义、角度和层次。在诸如完善选举制度、提高代表素质、常委会委员逐步专职化、进一步发挥专门委员会的作用、延长会期、提高工作透明度、贯彻民主集中制原则等等方面，都有很多文章可做。其中不少环节的改革与创新还可影响全局。建立信息公开制度就是其一。在公众旁听会议、新闻采访报道、档案适度开放、向选民述职等等方面，我们的限度仍然很多。这里的关键还是认识存在差距。以下问题是值得我们认真思考的。第一，各级人民代表大会是人民行使管理国家权力的地方，其活动不向公众尽可能公开，人民怎么当家作主？人大活动公开是防止自己变成高高在上、脱离选民和群众的官僚机构的根本途径。第二，人大在立法及议决各种重大事项时透明度很低，人民又怎么能更好地参政议政？人大的科学决策也难以建立在充分民主的基础上。第三，人民对人大的活动不了解，他们又怎样有效地行使监督权？就代表个人来说，他们的全部工作活动可以不受选民和广大群众监督，他们就很可能不会那样恪尽职守。第四，人大活动公开，公民知道权力机关做了什么，制定了什么样的法律，这些法律在辩论中有过那些分歧意见，其立法旨意何在，公民才能更好地保护自己的权利。第五，办事暗箱操作，容易滋生腐败。信息公开也是防止国家权力机关可能出现腐败现象的有效措施。这同行政机关和司法机关没有原则区别。第六，对广大公民动辄以"保密"为理由，到处防着躲着，这同马克思主义关于"要相信人民群众"的基本思想是格格不入的。

总之，在人大制度创新上，在权力配置、制度设计、程序规范和方法革新方面，如果能做到有所发现、有所发明、有所前进，人大的工作就一定会出现新局面。

现行宪法是实现依法治国的重要保证

邓小平同志关于依法治国的基本理念、主要原则和制度设计，已经集中地反映体现在现行宪法中。例如，这部宪法规定，全国各族人民，一切国家机关和武装力量、各政党和各社会团体、各企事业组织，都必须以宪法为根本的活动准则，并且负有维护宪法尊严，保证宪法实施的职责；公民在法律面前一律平等；人民法院和人民检察院应独立行使审判权和检察权；审判要公开，被告人有权获得辩护；以及对公民的权利和义务作出全面的具体的规定，明确规定要废除领导职务终身制；等等，都是邓小平同志有关依法治国的思想在我国现行宪法中的具体体现。

党的第三代领导集体，总结了多年来有关依法治国的理论研究成果和实践经验，审时度势，果断地将"依法治国，建设社会主义法治国家"作为治国方略和奋斗目标，通过1999年的宪法修改，明确规定在我国现行宪法中，是运用宪法的权威来保证依法治国方略得以实施的又一个新的里程碑。

制定一部体现民主、法治、人权精神的好的宪法是实行现代宪政的基础。但宪政首先是一个实践的概念，它重在宪法得到切实实施。我国现行宪法是在我国实行依法治国，建设社会主义民主法治国家的总章程。20年来，这部宪法在推进依法治国的历史性进程中起了重要作用，功不可没。

后　记

本文是作者在几次研讨会上的发言摘要，分别发表在如下几个刊物或报纸上：（1）《法学研究》1989 年第 3 期；（2）香港《大公报》1997 年 7 月 18 日；（3）香港《文汇报》1997 年 7 月 19 日；（4）夏勇主编《公法》第 1 期；（5）《人民之友》2002 年第 7 期；（6）《中国人大》2002 年第 22 期。

什么是宪政

宪政是当代一种理想的政治制度，是全人类共同创造的一大文明成果。它不是哪个人或哪些人一时的心血来潮或主观臆造，而是历史发展的客观规律，是社会文明进步的必然趋势，是人类根本利益的集中反映，是各国人民通向幸福的必由之路。那么，究竟什么是宪政？它包含哪些基本要素？这一概念为什么必要和重要？在我国现今仍有极少数学者坚持反对这一概念的情况下，有必要先搞清楚什么是宪政。

什么是宪政？让我们先看看以前中国领导人和学者的观点。在中国抗日战争时期（1937～1945），毛泽东曾说过："宪政是什么呢？就是民主的政治。"[①] 他在这里所说的"民主"是广义的，就像我们现在讲要建设"富强、民主、文明、和谐的社会主义国家"一样，后者的"民主"也是广义的，包括法治、人权等内容在里面。当时，中国共产党人曾以宪政作为武器，向国民党政府争民主、争自由、争人权。那时，毛泽东曾明确提出"自由民主的中国"这一概念。他说，"'自由民主的中国'，将是这样一个国家，它的各级政府直至中央政府，都由普遍平等无记名的选举产生，并向选举他们的人民负责。它将实现孙中山先生的三民主义，林肯的民有、民治、民享的原则与罗斯福的四大自由。"[②] 当时，中国共产党的著名宪法学家张友渔，也曾撰写过一系列文章，阐述什么是宪政。例如，他说："所谓宪政就是拿宪法规定的国家体制，政权组织以及政府和人民相互之间权利义务关系而使政府和人民都在这些规定之下，享受应享受的权利，负担应负担的义务，无论谁都不许违反和超越这些规定而自由行动的

---

① 《新民主主义宪政》，《毛泽东选集》第2卷，1952，第726页。
② 《答路透社记者甘贝尔十二项问题》，《中共党史教学参考资料》。

这样一种政治形态。"他又说："民主政治的含义远较法治的含义为广。法治不就等于整个民主政治，但法治不仅是民主政治的一种表现形态，而且是民主政治的一个重要属性。"他还说："保障人民的权利实为宪法最重要的任务……而宪法便是人民权利之保障书。"① 但是，自从 1949 年中国革命取得胜利以后，中国的党政领导人就不再提宪政这一概念。学者中也很少有人再探讨和阐述这一概念。1978 年以后，一些学者在自己的著作中偶尔也使用"宪政"一词，但一般都是把宪政这一概念等同于宪法这一概念。② 这种状况，一直延续到 1992 年 12 月中国先后召开的两次大型学术讨论会上，一些学者才开始比较系统地研究和阐述这一问题。③

我认为，可以给宪政下这样一个定义：宪政是国家依据一部充分体现现代文明的宪法进行治理，以实现一系列民主原则与制度为主要内容，以厉行法治为基本保证，以充分实现最广泛的人权为目的的一种政治制度。根据这一定义，宪政这一概念，包含三个基本要素，即：民主、法治、人权。民主是宪政的基础，法治是宪政的重要条件，人权保障则是宪政的目的。④ 民主、法治、人权是现代最先进最文明的政治法律制度中三个最全面、最重要、最核心的内容。它们各自有自己的特定的内涵和外延，但又有彼此相互包含与渗透的一面。例如，民主中的民主权利，是人权的一个组成部分。法治的一个重要原则和标志——"司法独立"，既是民主的一个内容，即它是分权与制衡原理与制度构建的产物和表现；又是人权的一个内容，即一个人当他（或她）受到公安或检察机关指控有犯罪嫌疑时有得到一个独立而公正的法院进行审理的权利。对民主、法治人权进行整体把握和高度理论概括，就是"宪政"。这也正是宪政这一概念独特的内涵、功能、价值和意义所在。

如果人们问，什么是政治文明，我会回答说，可以用两个字概括，它就是"宪政"；如果用六个字概括，它就是"民主、法治、人权"。民主的对立面是专制。民主是文明的，专制是不文明的。法治的对立面是人治。法治是文明的，人治是不文明的。人权的对立面是人民无权。人权是文明

---

① 见《宪政论丛》（上册），第 97~103 页，以及第 138~140、141~145 页。
② 例如，中国社会科学院法学研究所陈云生博士所著《民主宪政新潮》（1988 年 12 月人民出版社出版）一书，就是把宪政与宪法作为同义语。
③ 这两次会议，一次是许崇德教授主持的"宪法与民主"国际研讨会，另一次是李步云主持的"宪法比较研究"第二次全国研讨会。本文作者在这两次会议上提出并论述了宪政"三要素"说（民主、法治、人权），其他一些中外学者也就此问题作了广泛探讨。
④ 李步云：《宪政与中国》《走向法治》，湖南人民出版社，1998，第 1~33 页。

的，人民无权是不文明的。我见过很多关于"政治文明"的定义，有"民主、自由、平等、解放的实现程度说"，有"政治成果总和说"，有"静态、动态说"，有"政治进步说"，有"政治社会形态说"，有"所有积极的政治成果和政治进步状态说"，等等。这些定义的不足之处是，没有具体说明"文明"究竟表现在哪里，或用"积极""进步""成果"等抽象概念来表述和替代文明的具体内容，或缺少高度概括。[①] 我认为本文的观点可填补这些方面的不足。

要明了什么是宪政，就需要搞清楚宪政与宪法的关系。宪政与宪法当然有密切联系，但两者又有原则区别。一个国家实行宪政，必须有一部好的宪法；一个国家有宪法，但不一定实行宪政。希特勒德国也有一部宪法，但我们不会承认它是实行宪政。我认为，宪政与宪法至少有以下区别：（1）宪法是法律的一种，属于"社会规范"的范畴；宪政是政治制度的一种，属于"制度"这个范畴。宪法存在于宪法文件中，是纸上的东西；宪政存在于现实生活中，是在实行的东西。宪法是宪政的法律表现；宪政是宪法的实质内容，但不是它的全部内容，如国旗、国徽、国歌等方面的规定，并不是宪政的要素。（2）在近代和现代，宪法有好有坏。例如，实行种族隔离的南非，其宪法就不是一部好宪法；维护这种严重违反基本人权的制度，就不是实行宪政。（3）一个国家的宪法可以制定得很好，但领导人却完全可以不按宪法的要求去做，而实行专制独裁。这种情况也并非少见。宪政与宪法虽有这些区别，但两者又不可分离。实行宪政，需要有一部好的宪法作为合法依据和武器；而实现宪政则是宪法制定和实行的灵魂、方向、目的与支柱。我的这一观点同张友渔的观点是一致的。他说："宪法是宪政的法律表现，而宪政是宪法的实质的内容。""宪法既然是为宪政而存在，则制定宪法，便应立刻实行宪政，如不能实行宪政，又何贵乎制定宪法？宪法不是装潢品，也不是奢侈品，搁在那里供人赏玩，供人消遣。"[②]

宪政这一概念并不是一成不变的。它过去是，今后也将会伴随着人类文明的日益进步而不断发展与丰富其内涵。传统的宪政概念，是以民主和法治为其基本要素。随着人类物质文明与精神文明的提高，国际交往的日益密切，特别是第二次世界大战给人类带来的巨大灾难，人权问题日益为

---

① 参见李步云、聂资鲁《论政治文明》，《广州大学学报》2005年第9期。
② 《宪政论丛》上册，第102页。

全人类所特别关注，人权保障成为宪政概念的基本要素，才逐步为越来越多的学者和政治家所承认和重视。事实上，民主与法治的主要原则和基本内容，也是在不断发展变化的。

宪政的理论与实践，都是共性与个性的统一。在利益的追求和享有上，在道德价值的判断和取向上，全人类有着共同的、一致的方面，决定着宪政具有共性；在不同国家和民族之间，又存在着种种差异和矛盾，因而宪政又具有个性。民主、法治、人权的基本精神和主要原则，适用于世界上任何一个地方，是全人类共同要走的道路。但是，各国宪政的具体表现形式，实现宪政理想的具体步骤，则由于不同国家、不同民族在经济、政治、文化方面的历史传统与现实条件不同而有差别。否认或夸大宪政的共性或个性的任何一个方面，都是不正确的，有害的。在第十届五次全国人民代表大会上，温家宝总理在记者招待会上回答记者问题时曾说，民主、法治、人权、自由、平等、博爱，是全人类的共同愿望和价值追求。他的观点正是表达了中国在民主、法治、人权等问题上有自己某些特殊的理解和做法，但我们的党和政府充分肯定这些概念具有普适性。

后 记

本文发表于《法学》2008年第3期。

论政治文明

政治文明是十六大提出的新概念，其内涵十分丰富，具有重大的战略意义和深远的历史意义。2003年12月22日，中共中央向全国人大常委会建议把政治文明写进宪法，"在宪法序言第七自然段中增加'推动物质文明、政治文明和精神文明协调发展'"。[①] 2004年3月，第十届全国人民代表大会第二次会议采纳了这一建议。"政治文明"被规定在宪法中，体现了中国新一届领导人深化政治体制改革的决心和努力，也充分反映了其科学发展观。将建设社会主义政治文明，与建设社会主义物质文明和精神文明摆到同等重要地位，确定为社会主义现代化建设三大基本目标之一，标志着中国特色社会主义的理论与实践进入了一个崭新的境界。将这一理论创新成果上升到国家意志的高度，对于推动中国的政治体制改革，发展民主与法治具有重要意义。本文拟对政治文明的战略地位、科学内涵、根本性质、目标定位与发展模式等五个方面的问题，从理论与实践的结合上作一探讨，以求教于学术界同仁。

政治文明的战略地位

政治文明建设在全面建设小康社会，推进社会主义现代化建设中具有极为重要的战略地位和不可替代的作用。

过去人们一直把民主、法制看作是精神文明的一部分。自1996年党的十四届六中全会召开以来，观念发生了变化。党的十四届六中全会通过的《中共中央关于加强社会主义精神文明建设若干重要问题的决议》指出，

---

① 见《中共中央关于修改宪法部分内容的建议》，2003年12月23日《人民日报》。

所谓精神文明主要是指:"思想道德建设和教育科学文化建设。"①它暗含有这样的意思:民主思想和法制观念是属于精神文明的范畴,但民主制度和法律制度是政治文明的一部分,而不是精神文明的一部分。1996年前后,一些学者在给中央领导机关讲法制课时,已经提出了包括民主和法制在内的"制度文明"的概念,并把它同物质文明和精神文明并列。②与此同时,一些学者和中央有的领导人也将依法治国提高到"人类社会文明的重要标志"来认识。③党的十五大报告在谈到三大任务时提出:社会主义经济相当于物质文明,社会主义文化相当于精神文明。④ 它没有说社会主义政治属于什么文明,但已将社会主义政治排除在精神文明的范畴之外。之后,学术界关于制度文明的讨论不断走向深入。⑤到党的十六大召开前夕,学者们大体上形成了这样一个共识:人类文明应该包括物质文明、精神文明和制度文明。政治文明作为制度文明的重要组成部分,依时代或社会的不同而有其不同的表现形式。中央审时度势,采纳了学者们的建议,把民主、法制提升出来,作为第三个文明——政治文明,并明确提出,物质文明、精

---

① 见《中共中央关于加强社会主义精神文明建设若干重要问题的决议》结束语和第(4)条。
② 参见李步云《依法治国,建设社会主义法治国家》一文。该文说:"我们奋斗的总目标是建立一个富强、民主、文明的社会主义现代化国家。""富强"指物质文明——社会生产力与人民生活水平有极大提高。这里所说"文明"特指精神文明——公民有很高的道德与文化水准,国家有高度发达的文化教育事业。"民主"指制度文明——民主制度与法律制度能充分反映人民的利益与意志,能真正体现人民当家做主,能切实保障公民应当享有的各种权利。实行社会主义法治,既是现代文明的重要内容,也是现代文明的基本保障。《中国法学》1996年第2期;又载《中共中央法制讲座汇编》,法律出版社,1998,第142页。
③ 参见李步云《依法治国的理论根据和重要意义》。《走向法治》,湖南人民出版社,1998,第144页。又见江泽民讲话:"依法治国是社会进步、社会文明的一个重要标志。"1996年2月9日《人民日报》。
④ 《高举邓小平理论伟大旗帜,把建设有中国特色的社会主义事业全面推向二十一世纪》,1997年9月13日《人民日报》。
⑤ 一些学者从不同的角度来探讨制度文明,如:张渝庆《论制度文明建设》,《天府新论》1998年第5期;田启波《补上制度文明这一环》,《理论导刊》1998年第7期;蒋海德《制度文明:世界文明的主题》,1999年6月10日《社会科学报》;范炳良《制度文明是第三种文明形态》,1999年7月22日《社会科学报》;姜明安《行政复议:走向现代文明的制度架构》,1999年9月30日《法制日报》;李福岩《论制度文明与物质文明、精神文明的关系》,《社会科学辑刊》2001年第2期;宋光伟《社会主义制度文明建设初探》,《石油大学学报(社会科学版)》2001年8月第17卷,第4期;徐显明、齐延平《制度文明是一种独立的文明形态》,《学习与探索》2002年第2期;彭劲松《重视制度文明建设》,《理论前沿》2002年第11期;林喆《文明、制度文明与政治文明——也谈社会主义政治文明的本质及内涵》,《理论前沿》2002年第22期。

神文明和政治文明三大文明要协调发展。将民主与法制从精神文明的范畴与概念中分离出来，成为同物质文明与精神文明并列的独立的文明形态，具有重大的理论和实践意义。

首先，有利于提高民主与法治的价值和政治文明在建设社会主义现代化国家事业中的战略地位。长期以来，人们把民主与法治视为精神文明的组成部分，只提"两个文明"一起抓。究其原因，主要是某些传统的哲学观念比较简单、僵化与脱离实际。例如，"社会存在"与"社会意识"是相对应的一组概念，是存在与思维、物质与精神这对哲学范畴在人类社会生活领域的具体表现。但是，人们对"社会存在"狭窄地仅仅理解为是"社会物质生活条件"。1990年出版的《哲学大辞典》说："社会存在"指"社会生活的物质方面。即不以人们的社会意识为转移的社会物质生活过程"，"它具体包括：人们的物质生产活动赖以进行的自然条件、活动本身及其结果——生产力；人自身的生产，即种的繁衍；人们物质生产活动借以实现的社会关系，即生产关系"。[①]另一方面，又过于广泛地对"社会意识"作了界定。如前书另一处说："从社会存在与社会意识的关系来看，上层建筑，包括政治、法律制度，属于社会意识的领域。"[②]实际上，人们是把"社会存在"等同于"经济基础"，"社会意识"等同于"上层建筑"。这就完全混淆了两个不同性质、不同范畴的问题。经济基础与上层建筑是讲的在人类历史发展过程中，两者相互影响与制约，但经济基础起最终的决定性作用。这同在哲学上和认识论领域中，谁是第一性、第二性，即"社会意识反映社会存在，社会存在决定社会意识"，是根本不同的两件事。这种理论模式，在逻辑上说不通，脱离现实生活，也是人们的常识所难以理解的。比如家庭与民族以及反映它们的有关家庭与民族的思想意识与理论观念，究竟属于以上四个范畴的哪一个，并不明确。事实上，前者应当属于社会存在，后者应当属于社会意识。但在"社会存在"与"社会意识"那里没有它们各自的位置。又如，政治意识反映的是各种政治制度，包括国家制度、政党制度、社会自治制度等等。国家有其组织机构，法律法规，有各种管理活动；政党有其纲领、章程、组织机构以及各种活动。这些都是人们身处其中的活生生的社会现实，是不依人们意识为转移的客观存在。它们怎么会是属于"社会意

---

① 《哲学大辞典》（马克思主义哲学卷），上海辞书出版社，第523、44页。
② 《哲学大辞典》（马克思主义哲学卷），上海辞书出版社，第523、44页。

识",而不应当是属于"社会存在"呢?这种理论模式也深深影响到了法学界,如有的学者说,"法和法律意识作为社会意识的部分、方面而存在";"法律意识和法,不存在谁为本原,谁被派生的问题,两者共源于社会物质生活条件……"①事实上,法律意识只能来源于各种法律现象,包括法律规范、法律关系、法律行为以及与其相关的立法、司法、执法等制度,前者是后者在人们头脑中的反映。法律意识不是也不可能是来源于"社会物质生活条件"。法学是以法律现象为研究对象的一个学科。生产力和生产关系这些社会现象,应当是经济学科的研究对象。②又比如,必须把人权与人权观念区别开来。人权是一种社会关系,它存在于个人与个人,个人与群体,个人、群体与国家之间的各种社会关系之中。人权的三种存在形态里,法律规定的权利和实际所享有的权利是这样,人应当享有的权利也是这样。它们都是一种不依人们意识为转移的客观现实存在。因此,它是属于"社会存在"这一范畴。人权观念则是种种人权现象在人们头脑中的映象,是属于"社会意识"这一范畴。③有的人常把人权与人权观念混为一谈,是不正确的。总之,我们只有把以上问题真正搞清楚,才能从以前那种将政治制度与法律制度、民主与法治视为属于"精神文明"范畴的旧的思维模式中解脱出来,才能为"政治文明"的独立存在奠定理论基础。而十六大报告提出"政治文明"这一新概念,也有利于学术界澄清上面那些理论误区。

其次,提出建设政治文明的目标,将大大推动经济的快速发展和社会的全面进步,实现全面建设小康社会的奋斗目标。我国的现代化不同于资本主义的现代化。社会主义政治文明建设为社会主义物质文明建设和精神文明建设提供正确的政治方向、良好的政治环境和可靠的制度保障。我们搞经济建设,建设物质文明,必须坚持社会主义方向。如果没有政治文明,就无法创造安定团结的国内条件,无法争取和平的国际环境和良好的周边环境,不仅社会主义物质文明建设无从谈起,即使已取得的物质文明成果也可能会毁于一旦。政治文明也决定精神文明的性质。任何社会的精神文明,特别是思想道德,都反映社会政治的性质。社会主义精神文明是随着社会主义政治文明尤其是政治制度的确立而逐步建立起来的,并且随

---

① 万斌:《法理学》,浙江大学出版社,1988,第169、172页。
② 李步云:《法律意识的本原》,《中国法学》1992年第5期。
③ 李步云:《人权制度与理论的历史发展》,《走向法治》,湖南人民出版社,1998,第417页。

着社会主义政治文明的不断巩固而日益发展。只有在良好的政治体制、健全的法制、正常的社会秩序下，物质文明建设、精神文明建设才能够顺利进行。十六大把建设社会主义政治文明确定为全面建设小康社会的重要目标，既是对社会主义发展经验的科学总结，同时也是新时期全面建设小康社会的必然要求。

再次，提出建设政治文明的目标，对于当前加强我国的政治文明建设具有重大的现实指导作用。"政治文明"这一概念的精髓在"文明"。政治制度是一个一般性概念，而政治文明的概念不同，它有鲜明的价值取向。尽管它是一个历史范畴，是一个相对的和发展的概念。但我们今天所讲的，是现代的和社会主义的政治文明，是人类史上政治文明的最高发展形态，有其丰富的内涵，而有别于奴隶制与封建制社会的专制，人治与人民无权的状况。现在我们公开地、明确地举起"政治文明"的旗帜进行社会主义政治制度建设，就如同我们自1992年以来在"社会主义精神文明"的旗帜下进行精神文明建设，产生了强烈的目的性和巨大的效应性那样，今后政治文明的建设和发展也必将更有自觉性、更加被重视，必然会收到显著的成果。

政治文明的科学内涵

党的十六大提出的政治文明这一概念，所指"政治"是广义的，包括法律制度。这个政治文明究竟包括哪些内容，学术界可谓见仁见智，有不同的概括。有代表性的观点主要有以下几种。（1）"民主、自由、平等、解放的实现程度说"。这种观点认为，人们改造社会所获得的政治成果便是政治文明，它一般表现为人们在一定的社会形态中关于民主、自由、平等、解放的实现程度。政治文明的内容包括国家政治制度、法律制度和民主制度等多方面。其中国家政治制度是政治文明的核心。这种观点还认为，政治文明是社会文明的重要组成部分。它在很大程度上反映了整个社会、国家的文明水平，也是人类社会文明的重要标志。鲜明的阶级性是政治文明的主要特征。[1]（2）"政治成果总和说"。这种观点认为，所谓政治文明是指人类改造社会的政治成果的总和，是人类政治活动的进步状态和发展程度的标志。在人类社会的政治文明中，自由、平等、民主、法治是

---

[1] 《中国大百科全书·政治学卷》，中国大百科全书出版社，1992，第504~505页。

其核心部分。①（3）"静态、动态说"。这种观点认为，所谓政治文明，是指人类社会政治生活的进步状态。从静态的角度看，它是人类社会政治进程中取得的全部成果；从动态的角度看，它是人类社会政治进化发展的具体过程，政治文明包括政治意识文明、政治制度文明和政治行为文明三个组成部分，是由三个组成部分构成的有机整体。②（4）"政治进步说"。这种观点认为，政治文明是整个社会文明的有机组成部分。政治进步的状态和成果就是政治文明，包括政治制度的进步、政治活动的进步、政治思想的进步和政治管理技术的进步等。政治进步的目标从比较抽象的意义上讲，是政治科学化、政治民主化、政治社会化、政治公开化和政治现代化。政治文明除政治制度的进步外，还包括其他非制度性的政治现象（如政治组织、政治活动、政治关系、政治心理、政治思想和道德，以及管理技术等）的进步。③（5）"政治制度进步说"。这种观点认为，政治制度的进步即为政治文明，④是新的生产关系和社会政治制度的建立和发展。政治文明包括政治制度（国家制度）、政治体制、法律制度等方面的内容。⑤持这种观点者，在政治文明的内容上意见也并非完全一致，其中有的学者认为政治制度仅是政治文明的一部分，政治文明除政治制度以外，还包括其他非制度性的政治现象。⑥（6）"政治社会形态说"。这种观点认为，政治文明是指人们在改造社会的实践活动中，依据一定的经济社会形态并为一定的经济社会形态服务所创造的政治社会形态。它包括国家政权的性质、形式（即国体与政体）；政党制度；国家管理体制；军事体制；干部人事制度；法律制度等。⑦（7）"狭义广义说"。这种观点将政治文明区分为广义的政治文明与狭义的政治文明。认为，狭义的政治文明概念同制度文明概念可以说是重合的；广义的政治文明是包括政治制度文明、政治思想文明和政治活动文明在内的含义更加广泛的概念。⑧（8）"所有积极的政治成果和政治进步状态说"。这种观点认为，政治文明是人类自进入文明

---

① 李良栋：《21 世纪的社会主义与人类的政治文明》，《科学社会主义》2001 年第 1 期。
② 虞崇胜：《浅议政治文明建设》，《武汉大学学报》2000 年第 1 期。
③ 冯举等主编《社会主义政治文明》，西南财经学院出版社，1990，第 10~12 页。
④ 张永强：《论社会主义政治文明及其与社会主义精神文明的关系》，《青海社会科学》1997 年第 5 期。
⑤ 《精神文明学论纲》，中共中央党校出版社，1990，第 266~267 页。
⑥ 张永强：《论社会主义政治文明及其与社会主义精神文明的关系》，《青海社会科学》1997 年第 5 期。
⑦ 王中兴：《必须实现和加强政治文明建设》，《理论学习与研究》1997 年第 1 期。
⑧ 刘李胜：《制度文明论》，中共中央党校出版社，1998，第 38 页。

社会以来，改造社会、实现自身完善和提高过程中创造和积累的所有积极的政治成果和与社会生产力发展需要相适应的政治进步状态。这种观点还认为，政治文明具有阶级性、复杂性、动态性和民族性等特点。要实现社会主义政治文明建设的战略目标，应在政治民主化、政治法治化、政治科学化、政治公开化、政治高效化、政治清廉化和政治文化世俗化等方面不懈努力。[①]

上述八种观点都具有一定的合理性，为我们科学地界定政治文明的含义奠定了基础。但其中不少观点这样那样地存在如下几点缺陷：一是把重点放在了"政治"包括哪些方面的内容或构成要素上，而没有着重阐明"文明"表现在哪里，包含什么内容；二是用"积极"的"进步"的"成果"这样的抽象的概念来表述文明的具体内容；三是缺少高度而简明的概括。我们认为，现代的政治文明可以简明地高度地概括为民主、法治、人权这三个基本的内容与构成要素。

现代民主的精髓是人民主权原则，民主是相对于专制而言的，前者是文明的，后者是不文明的。政治制度是中性词，在不同的时期它的表现形式不同，有时表现为文明的政治制度，有时表现为不文明的政治制度。现代政治制度的文明首先表现为民主。而现代民主的精髓与根本原则是"人民主权"。"主权在民"是相对于"主权在君"而言。前者是文明的，后者则是不文明的。法律制度也是中性词，在不同的时期它的表现形式也不同，有时表现为文明的法律制度，有时表现为不文明的法律制度。现代法律制度的文明表现为法治。法治是相对人治而言的，前者是文明的，后者则是不文明的。人权是相对于人民无权而言的，人民有权就是文明，人民无权则不文明。人民的政治、经济和文化权益是否得到切实尊重和保障，无疑是判断一个社会是否文明的根本性标志。

我们认为，要科学地、全面地和简明地表述政治文明，它应该包含民主、法治和人权，而这三个方面的高度概括就是"宪政"。[②]宪政已是我国法学界和政治学界人士比较普遍地认可与肯定的概念，同时它也是国际学术界共同推崇的能高度概括现代广义民主政治理念的一个概念。国内外学者对宪政这一概念的内涵有各种见解。笔者认为，将宪政的内涵概括为民主、法治、人权三要素，最能表达宪政的科学内涵及这一概念的独特价值

---

① 郑慧：《政治文明：涵义、特征与战略目标》，《政治学研究》2002年第3期。
② 见李步云《宪政与中国》，《走向法治》，湖南人民出版社，1998，第2页。

及意义。虽然,党的纲领性文献直到目前尚未使用这一概念,但宪政的这三个基本要素,已经充分体现在十六大报告里。如该报告在谈到全面建设小康社会的目标时提出,其一是:"社会主义民主更加完善,社会主义法制更加完备,依法治国方略得到全面落实,人民的政治、经济和文化权益得到切实尊重和保障。基层民主更加健全,社会秩序良好,人民安居乐业。"① 这里所说,"人民的政治、经济和文化权益得到切实尊重和保障",同该报告另一处提到的要"保证人民享有广泛的权利和自由,尊重和保障人权",意思完全一致。以人为本,争取与保障全体人民能充分得到政治、经济和文化等各种权益,使人民过上"幸福生活",是我们制定各种方针政策的出发点和落脚点,是一切制度设计的指导原则,是建设"三大文明"的根本目的。它像一根红线贯穿在十六大报告中。国内学者有关政治文明的概念中,很少有人将人权引入其中。而这是十分重要的。

现代政治文明的三个主要内容,即民主、法治、人权,它们之间彼此密切联系,但又各有自己特定的具体内容。民主的理论基础和根本原则是"主权在民",即十六大报告所提出的:"人民当家作主是社会主义民主政治的本质要求。"民主还有其他一些主要内容和基本原则,包括公民应享有广泛的政治权利和自由;国家权力体系应依照分权与制衡的民主原则进行科学配置,以防止权力腐败;国家权力的行使要制度化、规范化、程序化,以防止权力滥用;等等。十六大报告在加强政治建设和政治体制改革上所提出的几个方面的工作,都贯彻了这些民主的基本原则。法治国家的基本原则和主要标志,在我国需要特别强调以下几个方面:要建立完备的法律体系,法制各环节都要贯彻民主原则,人权要在法的制定和实施中得到充分保障,法律设定的国家权力体系要实现分权与制约原则,法律面前人人平等,法律应具有至高无上的权威,政府要严格依法行政,司法机关要独立行使职权,法律程序要公正严明,执政党要在宪法和法律范围内活动。在一定意义上,民主与法治的各种基本原则与制度安排,都是为了保障每个公民都能充分享有人身人格权利、政治权利与自由以及经济社会文化权利,都是"为人民谋利益",使全体人民能享受"三大文明"的伟大成果,能过上幸福美好的生活。我们认为,从这个角度来看,广义的民主政治,包括民主、法治与人权三个基本内容,是较为严谨和全面的。

---

① 见《全面建设小康社会,开创中国特色社会主义事业新局面》,2002年11月9日《人民日报》。

政治文明的根本性质

为什么把民主、法治提高到政治文明的高度,其重要意义,在于它揭示出政治文明的基本特征是文明,在于它有利于改变不少人把民主、法制仅仅看作手段的错误观念,而将其视为社会有无文明或文明程度高低的标志,因而它们不仅是发展经济和文化的手段,而且首先是目的,是人民享受幸福生活必不可少的重要内容。

在很长一个时期里,有些学者和官员认为,民主仅仅是手段,法治仅仅是工具。这种片面认识曾给我国的民主与法治建设带来过很大负面影响。在法学界,人们称之为"法律工具主义"。常有人认为,法律既然只是工具,那么它就可以用,也可以不用;法律束手束脚,还不如政策来得灵活,靠开会靠个人拍板来决定一切效率高。过去那种认为法律可有可无的法律虚无主义倾向,那种以政策代替法律,单靠各种会议来研究与推动工作的状况,同这种片面认识显然是有关系的。民主相对于发展经济和科学教育文化事业来说,它是一种手段。它可以通过集中多数人的智慧,依靠广大人民群众的参与,能更好地制定法律和政策,更有效地管理国家和社会事务,迅速地发展经济、政治和文化等各项事业。但同时,民主也是目的。这有两层含义。一是民主是一个发展过程,会遇到各种阻力和困难,需要通过斗争和努力去争取。新中国成立前,中国人民曾长期为争取民主与自由而奋斗。新中国成立后,要建成高度发达的民主政治,仍然需要通过各种努力才能实现。二是从终极意义上看,民主也是目的。因为人们是生活在共同组织在一起的社会和国家里,他们理应成为社会与国家的主人,理应充分享有各种民主权利;他们生活在其中的政治制度,应当是良好的和合乎理性的。这同"朕即国家"、人民无权,政府以防范、压制人民为己任的专制政治相比较,自然是文明的。一万年以后,人们也需要这样的政治文明。有人曾说,肯定民主是目的,就是为了向党争民主,就是为了把斗争矛头指向党。这是完全违反事实和逻辑的。正如十六大报告所指出:"我们党历来以实现和发展人民民主为己任。"[①]当然争民主就免不了有斗争。但矛头是指向那些反民主的专制思想、特权人物和种种不民主

---

① 见《全面建设小康社会,开创中国特色社会主义事业新局面》,2002年11月9日《人民日报》。

的制度。上述观点不仅把党置于民主的对立面,而且是对宪法和党章的公然违背。因为宪法和党章都已明确规定,"建设富强、民主、文明的社会主义现代化国家"是我们的奋斗目标。十六大报告也清楚地表明了这一点。政治文明这一新概念的提出,又进一步肯定了民主的伦理性价值。

法、法制、法治,既是手段,也是目的。在通常情况下,法在制定过程中,通过这样或那样的形式,会程度不同地集中多数人的才智,使法律尽可能地反映事物的性质和发展规律、符合整个社会关系和社会秩序的客观要求。即使在没有民主的古代社会,情况也是这样。唐朝贞观律经过30多位大臣历时11年才得以完成;拿破仑法典在制定过程中就开过80多次讨论会。这比依个人的智慧、判断和变化不定的看法、情感来决定和处理国家各种大事要高明得多。在这个意义上,它是认识世界的一种工具。法有规范、指引、统一、预测、评价、教育、惩戒等特殊社会功能,它又是改造世界的一种工具。这是法的工具性价值。法的伦理性价值主要表现在两个方面。首先,法的存在意义同维系人类社会文明不可分离。人类社会自始至终存在三个主要矛盾,即:社会秩序同个人思想与行为自由的矛盾,管理与服从(政府与人民)的矛盾,个人利益同他人及社会利益的矛盾。这三大矛盾需要一种人人都必须遵守的行为规则来调整。否则,人类社会文明将难以存在。这规则就是法。它最早表现为禁忌,后来由习惯到习惯法再到成文法。其次,由法自身的性质和特点所决定,它同社会正义不可分离。法有以下一些特性:一是一般性,它不是为某个人某件事所设立,而是一种共同规则,人人必须遵守;二是平等性,如果法律面前不平等,法的权威和价值就会受损;三是公开性,如果允许用人们无从知晓的内部规定去处理人们的行为,那是不公道的;四是不溯及既往性,如果可以用今天制定的新规矩去处理人们过去已经发生的行为,那是不公正的。因此,法被比喻为一手拿宝剑,一手拿天平的正义女神,这是古往今来人们所普遍认可的。至于某些逆历史潮流而动的人物利用法律做一些违反人类正义和阻碍社会进步的事情,那是法的异化。从古代的人治到现代的法治,法的伦理性价值日益彰显,那是经济、政治、文化三大社会文明不断发展并相互作用的结果。十六大报告提出"政治文明"这一新概念,必将对法、法制、法治的伦理性价值的更好实现发挥重要的促进作用。

政治文明的目标定位

政治文明是一种理想性的东西,是有待实现的。在我国的宪法和执政党的党章中，政治文明是作为奋斗目标而提出来的。中国现行宪法的序言规定"国家的根本任务是""把我国建设成为富强、民主、文明的社会主义国家"。这里的"富强"是指物质文明，"民主"（广义的民主）是指政治文明，"文明"是特指精神文明。中国共产党党章对此也是作为奋斗纲领提出的，都是有待实现的。以民主、法治、人权作为基本内容的宪政，在任何国家里都有一个发展过程，它的基本条件是，需要有很高的生产力发展水平，要有完善的市场经济，要有先进的社会文化。中国现在还是一个发展中国家，制度转型还刚刚开始不久，还处于社会主义的初级阶段。要在我国建成现代的、社会主义的宪政，必然是一个长久的过程。

政治文明的提出，使政治文明建设在社会主义现代化事业中有了准确的定位，也将成为我国未来政治建设和政治体制改革的价值指引和基本原则，并将有力地推进这一领域的建设与改革朝着更为文明的方向发展。十六大报告在全面阐述《政治建设和政治体制改革》九个方面的工作时，在确立各项改革目标和任务时，就切实贯彻了这一价值取向和指导原则。例如，报告强调，"要着重加强制度建设，实现社会主义民主政治的制度化、规范化和程序化"。在论及《深化干部人事制度改革》时，报告提出，要"以建立健全选拔任用和管理监督机制为重点，以科学化、民主化和制度化为目标……"上述"五化"的实现状况如何，可以比较全面地反映出现代民主政治的文明程度与发展水平。当然，制度化、规范化、程序化、科学化与民主化只是其精神与原则。它们还需要通过各种具体的可操作的制度、法律和政策来体现。在这方面，十六大报告所采取的举措是十分鲜明和突出的。例如，仅在"改革和完善决策机制""深化干部人事制度改革""加强对权力的制约和监督"这三项任务中，就列举和肯定了20多种具体制度。[①] 这些具体制度都是以政治文明作为价值指引而提出的，他们的实施也应当以政治文明作为其基本原则。

中国是一个社会主义国家，又是发展中的大国，因此，在加强社会主义政治文明建设的过程中应当强调：

第一，发展社会主义民主政治，在一定的历史阶段里，最根本的是要善于把坚持党的领导、人民当家做主和依法治国有机统一起来。不懂得党的领导的重要性，就不懂得社会主义民主的真谛，就不能把握社会主义民

---

① 见《全面建设小康社会，开创中国特色社会主义事业新局面》，2002年11月9日《人民日报》。

主政治建设的方向,就无法建设社会主义现代化国家。我们党历来以实现和发展人民民主为己任。发展社会主义民主政治,建设社会主义政治文明,要始终把人民当家作主作为出发点和归宿。实行依法治国,就是广大人民群众在党的领导下,依照宪法和法律的规定,通过各种途径和形式,管理国家事务,管理经济和文化事业,管理社会事务,保证国家各项工作都依法进行,逐步实现社会主义民主的制度化、法律化。党的领导、人民当家作主和依法治国这三者的关系是:党的领导是人民当家作主和依法治国的根本保证,人民当家作主是社会主义民主政治的本质要求,依法治国是党领导人民治理国家的基本方略。

第二,我国政治制度改革的一个重要特点是社会主义政治制度的自我完善和发展。我们党领导全国人民建立起来的具有中国特色的社会主义政治制度,包括人民民主专政的国体、人民代表大会制度的政体、共产党领导的多党合作和政治协商制度以及民族区域自治制度等,历经磨炼而愈加显示出其强大的生命力,就在于这些制度是适合我国人民当家作主的好制度。政治体制改革并不是要用另一种政治体制来取代社会主义政治体制,而是要通过改革使之更好地实现自我完善和发展。我们必须注意充分并善于利用与发挥现行政治制度的优越性及其积极因素,来推动各个方面的政治制度改革。

第三,建设有中国特色的社会主义政治文明,是一项前无古人的事业,需要我们不断探索,勇于创新,努力实践。我们既要反对"土教条",即认为领袖人物的话句句是真理;又要反对"洋教条",即照搬西方的理论观念与制度模式。我们既要坚持人类共同的理想与价值追求,又要从中国的具体国情出发制定政策。我们既不能停步不前,也不能操之过急;政治体制改革必须有领导、有计划、有步骤地进行。

政治文明的发展模式

中共十六大报告与 2004 年的修宪有一个重要提法:要促进"物质文明、精神文明与政治文明的协调发展"。这是科学发展观在三大文明建设上的生动体现。物质文明、精神文明和政治文明是辩证统一的整体,三者之间既有相互贯通、相互作用的一面,又有相互区别、相互制约的一面。

首先,政治文明与物质文明、精神文明之间是相互区别的。从本质上来说,物质文明是人类改造自然界的物质成果,精神文明是人类改造自身主观世界的精神成果,而政治文明则是人类改造社会关系和社会制度的综合性成果。从各自体现的关系来说,物质文明体现的是人与自然的关系,精神文明体现的是人类改造自身主观世界的各种关系,而政治文明体现的则是人类在改造社会过程中人与人之间的关系。从各自表现的内容来看,物质文明表现的是人类对富裕的物质生活的追求,反映了人类对自然限制的超越和驾驭能力的提高,它表现为生产工具的改进,技术的进步,物质财富的增长和人们物质生活水平的提高;精神文明表现的是人类对崇高精神境界的追求,反映了人对客观世界认识的深化和对自身精神状态调控能力的提高,它表现为科学教育文化知识的发达和人们思想道德水平的提高;政治文明所表现的是人类对理想社会制度的追求,反映了人类对社会关系的调控和调节水平的提高,表现为国家政治、法律制度的进步与完善,社会关系的优化和公民权利的日趋扩大。因而,三者不能相互混淆,也不能彼此替代。

其次,政治文明与物质文明、精神文明又相互依存,不可分割。表现在:第一,物质文明为精神文明、政治文明提供物质基础,物质文明程度的提高可以推动政治制度的变革和思想道德及科学文化水平的提高。政治、文化的发展从来都是以一定的经济为基础的。在社会主义社会,政治文明本质上表现为民主、法治和人权的进步状态,精神文明本质上表现为先进的、健康的意识、观念、知识及其实体形态的存在。社会主义政治制度的建立和巩固,社会主义观念的形成和增强、精神产品的生产以及整个社会的文化生活的丰富,每一个环节都离不开一定的物质基础。物质文明的发展程度,制约着政治文明和精神文明的发展程度。只有物质文明水平提高了,人们才能有更多时间参政议政,学习科学文化知识,提高政治文化素质,增强认识社会和管理国家的能力。物质文明建设的实践活动,为政治文明和精神文明的发展注入动力。在这种实践中,它是不断发现问题、解决问题,推动理论创新、制度创新、科技创新、文化创新以及其他各方面创新的直接动力。物质文明也为检验政治文明和精神文明的性质和成效提供了标准。检验政治制度和精神文化是先进的还是落后的,归根结底就是看它是否符合先进生产力的发展要求,是否有利于促进物质文明的发展。第二,精神文明可以为物质文明、政治文明提供思想引导、精神动力和智力支持。人类社会的进步离不开精神力量的作用和科学文化的提高。社会主义精神文明建设,包括思想道德建设和科学文化建设。思想道德建设通过加强对人们的思想道德教育,坚定人们的理想信念,帮助人们树立正确的世界观、人生观和价值观，弘扬无私奉献、艰苦奋斗的精神，营造积极向上的氛围，为社会主义物质文明和政治文明建设提供精神动力。科学、教育、文化是社会主义精神文明的重要内容，也是社会主义物质文明和政治文明发展的重要条件。科学技术是第一生产力，直接渗透、介入到生产中去，变成直接的生产力，推进物质文明的发展；科学技术也是形成科学精神、改善政治行为的源泉，对政治文明建设起着重要作用。教育是培养人才、提高劳动者素质的根本途径，是发展生产力的重要条件；教育也是培养政治理念，引导政治行为，提高公民政治素质的基本途径，是加强民主和法制的重要条件。先进文化可以能动地反作用于经济、政治，进而推进社会主义物质文明和政治文明的发展。从某种意义上说，科学、教育、文化已成为社会主义物质文明发展的内在根据，成为社会主义政治文明发展的必要条件。第三，政治文明决定精神文明的性质和物质文明发展的方向，进而推动物质文明和精神文明的进程。政治文明为物质文明建设和精神文明建设提供基本的政治保障。不同时代不同社会的物质文明建设和精神文明建设总是围绕着一定的利益关系而展开的。为使物质文明建设和精神文明建设有利于满足全体人民的需要，国家掌权者往往会通过思想政治教育、制定和实施政策法规等手段保障物质文明建设和精神文明建设向着这一目标发展。政治文明还为物质文明建设和精神文明建设提供必要的政治环境。无论是物质文明建设还是精神文明建设都需要一个良好的政治环境。历史上，凡是经济发展、文化昌盛的时代，都是政治清明、社会安定的时代；反之，凡是政治腐败、社会动荡的时代，必定是经济衰退、文化扭曲发展的时代。

再次，纵观人类文明发展史，我们可以清楚地看到，人类文明的进步总是表现为物质文明、精神文明和政治文明三个方面的协调发展，它们是一个相互依存的有机整体。今天，我们搞社会主义建设也必须遵循政治文明与物质文明和精神文明协同发展的规律。就政治文明建设而言，依照三大文明必须协调发展的方针，关键是把握好以下两点：一是必须充分汲取历史的教训，要十分重视政治文明建设，不要让其滞后。从实践来看，过去许多社会主义国家民主、法制屡遭破坏，不仅使物质文明建设和精神文明建设受到不同程度的影响，而且造成过像十年"文革"的民族浩劫，以及东欧剧变的历史悲剧，一个重要的原因就在于长期忽视社会主义政治文明建设。所以邓小平同志说，"我们过去发生的各种错误，固然与某些领导人的思想、作风有关，但是组织制度、工作制度方面的问题更重要。"①他关于"没有民主就没有社会主义"的种种论断都是对社会主义运动历史深刻反思的产物。二是必须充分注意政治体制的改革,太慢了不行,太快了也不行。如果物质文明与精神文明的条件尚不具备,就勉强去做那些只能在未来方可实现的很多事情,效果就会适得其反。

后　记

本文发表于《广州大学学报》2005 年第 1 期。

---

① 《邓小平文选》第 2 卷,第 333 页。

政治文明的科学内涵和
重要意义

政治文明是党的十六大报告提出的一个新概念。虽然理论界[①]和中央领导人[②]在以往的一些论著和讲话中，曾提出过制度文明或政治文明的概念，但是，通过党内民主程序在党的纲领性文件中，正式将一概念确立下来，这还是第一次。我们在学习与领会十六大精神，在研究与实现"民主政治和政治体制改革"的种种制度和要求的时候，一个重要问题是必须准确把握政治文明的科学内涵，并深刻理解这一新概念的重要理论与实践意义。

从广义上讲，所谓文明，是指人们在社会历史发展过程中所创造的有益于人类的种种财富和成果的总和。人类社会生活包括经济、政治、文化三个领域。人类在经济领域中创造的财富和成果，主要表现为社会物质生产力的发展和人们经济生活水平的提高；在政治领域中创造的财富和成

[①] 参见李步云《依法治国，建设社会主义法治国家》一文。该文说："我们奋斗的总目标是建立一个富强、民主、文明的社会主义现代化国家。""富强"指物质文明——社会生产力与人民生活水平有极大提高。这里所说"文明"特指精神文明——公民有很高的道德与文化水准，国家有高度发达的文化教育事业。"民主"指制度文明——民主制度与法律制度能充分反映人民的利益与意志，能真正体现人民当家做主，能切实保障公民应当享有的各种权利。实行社会主义法治，既是现代文明的重要内容，也是现代文明的基本保障。《中国法学》1996年第2期；又载《中共中央法制讲座汇编》法律出版社，1998，第142页。

[②] 政治文明是江泽民同志首先提出来的。在2001年1月10日召开的全国宣传部长会议上，他指出"法治属于政治建设，属于政治文明"。在2002年的"5.31"重要讲话中又说："发展社会主义民主政治，建设社会主义政治文明，是社会主义现代化建设的重要目标。"2002年7月16日，他在中国社科院又明确提出："建设有中国特色社会主义，应是我国经济、政治、文化全面发展的进程，是我国物质文明、政治文明、精神文明全面建设进程。"

果，主要表现为政治制度和政治生活的进步；在文化领域中创造的财富和成果，主要表现为社会精神产品和人们精神生活的丰富。以上三个方面的财富和成果，可以分别概括为物质文明、政治文明和精神文明。政治文明的内涵非常丰富和复杂。我们认为，对它的科学内涵，肯定以下几点是重要的。

首先，政治文明是一个发展的概念，是绝对性与相对性的统一。人类社会文明是一个由低级向高级的发展过程，而且永无止境。在一定时期的发展阶段上，政治文明的各种具体内容，相对于以前的有关制度和生活来说，可能是文明的；但相对于以后更高发展阶段和水平来说，它又会变成不文明的事物和现象。例如：相对于人类历史上的愚昧时代和野蛮时代来说，政治制度和法律制度的出现，本身就是人类社会文明的一大进步。但相对于奴隶社会和封建社会而言，现代的政治制度和法律制度是文明的、是先进的，而前者则成为野蛮的落后的东西。我们现在所讲的政治文明，是现代政治文明，即民主、法治与人权。相对于古代的专制、人治和人民无权而言，这三者是文明的。同时，我们还要看到，现时代正处于不同发展阶段和水平的国度里，民主、法治与人权也有一个发展过程，必须按照具体国情来观察和处理问题。例如：一般说来，直接选举比间接选举的文明程度要高，但如果现实条件不具备，还是应当采用后者，也不能认为间接选举就不文明。

其次，政治文明的内容很宽泛，与其相关的一些基本概念，常有广义与狭义之分，同时还要注意某些概念的准确定位。例如，我们的奋斗目标是建设一个"富强、民主、文明"的社会主义现代化国家。这里所说的"富强"是指"物质文明"；"文明"是特指"精神文明"，而"民主"则是指"政治文明"。这里的"民主"包括法治在内。十六大报告提出"发展社会主义民主政治、建设社会主义政治文明，是全面建设小康社会的重要目标。"这里的"民主政治"也包括法治在内。这些都是从民主的广义上来使用这一概念的。但狭义上，民主与法治有区别。因为，政治制度和法律制度是有很大不同的。马克思主义的经典著作在谈及上层建筑时，都是把这两种制度并列。党的十一届三中全会以来，我们经常把民主与法制并提，也说明了这一点。十六大报告在很多地方也是把两者分开的。其实，民主与法治并列更为科学与严谨。因为法制与法治是既有联系又有区别的两个概念。（1）法制是法律制度的简称。法律制度是相对于政治制度、经济制度、文化制度而言；可是法治却是相对于人治而言。没有人治，无所谓法治；没有法治，也无所谓人治。（2）法制的内容包括一整套法律规则以及有关它的制定、执行与适用等各种制度。法治与此不同，它既是一种治国的理论与指导思想，即认为一个国家的兴旺发达和长治久安，关键的决定性的因素和条件，不是一、两个圣主贤君，而是要依靠一套良好的法律和制度；同时，法治也是一种治国的原则和标准，如要有一整套完备的良好的法律，法律要有权威，法律面前要平等。（3）世界上任何一个国家的任何一个历史时期，都有自己的法律制度，但它实行的不一定是法治，而可能是人治。八届人大四次会议一系列文件用的是"法制国家"的提法。后来中央采纳了学者的建议，在党的十五大报告中改为"法治国家"。在现时代，法制是一个中性词；而法治则有鲜明的强烈的价值取向与追求，更能反映现代政治文明的真谛。

再次，政治文明的内涵十分宽泛，其概念是抽象与具体的统一。如何把握其精神实质和具体内容，并作出高度概括，是很值得研究的。现在，我国法学界和政治学界人士比较普遍地认可与肯定宪政这一概念。同时它也是国际学术界共同推崇的能高度概括现代广义民主政治理念的一个概念。依笔者的见解，现代宪政可以归结为民主、法治和人权三个基本要素。虽然，党的纲领性文献直到目前尚未使用这一概念，但宪政的这三个基本要素，已经充分体现在十六大报告里。如该报告在谈到全面建设小康社会的目标时提出："社会主义民主更加完善，社会主义法制更加完备，依法治国方略得到全面落实，人民的政治、经济和文化权益得到切实尊重和保障。基层民主更加健全，社会秩序良好，人民安居乐业。"这里所说，"人民的政治、经济和文化权益得到切实尊重和保障"，同该报告另一处提到的要"保证人民享有广泛的权利和自由，尊重和保障人权"，意思完全一致。以人为本，争取与保障全体人民能充分得到政治、经济和文化等各种权益，使人民过上"幸福生活"，是我们制定各种方针政策的出发点和落脚点，是一切制度设计的指导原则，是建设"三大文明"的根本目的。它像一根红线贯穿在十六大报告中。

现代政治文明的三个主要内容，即民主、法治、人权，它们之间彼此密切联系，但又各有自己特定的具体内容。民主的理论基础和根本原则是"主权在民"，即十六大报告所提："人民当家作主是社会主义民主政治的本质要求"。民主还有其他一些主要内容和基本原则，包括公民应享有广泛的政治权利和自由；国家权力体系应依照分权与制衡的民主原则进行科学配置，以防止权力腐败；国家权力的行使要制度化、规范化、程序化，以防止权力滥用；等等。十六大报告在加强政治建设和政治体制改革上所提出的几个方面的工作，都贯彻了这些民主的基本原则。法治国家的基本原则和主要标志，在我国需要特别强调以下几个方面：要建立完备的法律体系，法制各环节都要贯彻民主原则，人权要在法的制定和实施中得到充分保障，法律设定的国家权力体系要实现分权与制约原则，法律面前人人平等，法律应具有至高无上的权威，政府要严格依法行政，司法机关要独立行使职权，法律程序要公正严明，执政党要在宪法和法律范围内活动。在一定意义上，民主与法治的各种基本原则与制度安排，都是为了保障每个公民都能充分享有人身人格权利、政治权利与自由以及经济社会文化权利，都是"为人民谋利益"，使全体人民能享受"三大文明"的伟大成果，能过上幸福美好的生活。我们认为，从这个角度看，广义的民主政治，包括民主、法治与人权三个基本内容，是较为严谨和全面的。

在我国的具体历史条件和背景下，党的十六大在自己的纲领性文件中，提出"政治文明"这一新概念，具有以下几个方面的理论和实践意义。

第一，明确肯定政治文明是一种独立存在的文明形态，必将大大提高民主、法治与人权在建设社会主义现代化国家事业中的战略地位。长期以来，我们把民主与法治视为精神文明的组成部分，只提"两个文明"一起抓。究其原因，主要是某些传统的哲学观念比较简单、僵化与脱离实际。例如，"社会存在"与"社会意识"是相对应的一组概念，是存在与思维、物质与精神这对哲学范畴在人类社会生活领域的具体表现。但是，人们对"社会存在"狭窄地仅仅理解为是"社会物质生活条件"。1990年出版的《哲学大辞典》说："社会存在"指"社会生活的物质方面。即不以人们的社会意识为转移的社会物质生活过程"，"它具体包括：人们的物质生产活动赖以进行的自然条件、活动本身及其结果——生产力；人自身的生产，即种的繁衍；人们物质生产活动借以实现的社会关系，即生产关系"。[①] 另一方面，又过于广泛地对"社会意识"作了界定。如前书另一处说："从社会存在与社会意识的关系来看，上层建筑，包括政治、法律制度，属于社会意识的领域。"[②] 实际上，人们是把"社会存在"等同于"经济基础"，"社会意识"等同于"上层建筑"。这就完全混淆了两个不

[①] 《哲学大辞典》（马克思主义哲学卷），上海辞书出版社，第523、44页。
[②] 《哲学大辞典》（马克思主义哲学卷），上海辞书出版社，第523、44页。

同性质、不同范畴的问题。经济基础与上层建筑是讲的在人类历史发展过程中，两者相互影响与制约，但经济基础起最终的决定性作用。这同在哲学上和认识论领域中，谁是第一性、第二性，即"社会意识反映社会存在，社会存在决定社会意识"，是根本不同的两件事。这种理论模式，在逻辑上说不通，脱离现实生活，也是人们的常识所难以理解的。比如家庭与民族以及反映它们的有关家庭与民族的思想意识与理论观念，究竟属于以上四个范畴的哪一个，并不明确。事实上，前者应当属于社会存在，后者应当属于社会意识。但在那里没有它们各自的位置。又如，政治意识反映的是各种政治制度，包括国家制度、政党制度、社会自治制度等等。国家有其组织机构、法律法规、有各种管理活动；政党有其纲领、章程、组织机构以及各种活动。这些都是人们身处其中的活生生的社会现实，是不依人们意识为转移的客观存在。它们怎么会是属于"社会意识"，而不应当是属于"社会存在"呢？这种理论模式也深深影响到了法学界，如有的学者说，"法和法律意识作为社会意识的部分、方面而存在"；"法律意识和法，不存在谁为本原，谁被派生的问题，两者共源于社会物质生活条件……"① 事实上，法律意识只能来源于各种法律现象，包括法律规范、法律关系、法律行为以及与其相关的立法、司法、执法等制度，前者是后者在人们头脑中的反映。法律意识不是也不可能是来源于"社会物质生活条件"。法学是以法律现象为研究对象的一个学科。生产力和生产关系这些社会现象，应当是经济学科的研究对象。② 又比如，必须把人权与人权观念区别开来。人权是一种社会关系，它存在于个人与个人，个人与群体，个人、群体与国家之间的各种社会关系之中。人权的三种存在形态里，法律规定的权利和实际所享有的权利是这样，人应当享有的权利也是这样。它们都是一种不依人们意识为转移的客观现实存在。因此，它是属于"社会存在"这一范畴。人权观念则是种种人权现象在人们头脑中的映象，是属于"社会意识"这一范畴。③ 有的人常把人权与人权观念混为一谈，是不正确的。总之，我们只有把以上问题真正搞清楚，才能从以前那种将政治制度与法律制度、民主与法治视为属于"精神文明"范畴的旧的思维模式中解脱出来，才能为"政治文明"的独立存在奠定理论基础。而

---

① 万斌：《法理学》，浙江大学出版社，1988，第169、172页。
② 李步云：《法律意识的本原》，《中国法学》1992年第5期。
③ 李步云：《人权制度与理论的历史发展》，《走向法治》，湖南人民出版社，1998，第417页。

十六大报告提出"政治文明"这一新概念,也有利于学术界澄清上面那些理论误区。

第二,"政治文明"这一新概念的提出,有利于提高人们对民主与法治的伦理性的认识,有助于彻底克服法律工具主义的错误倾向。民主与法治,既具有工具性价值,也具有伦理性价值。可是,在很长一个时期里,有些学者和官员认为,民主仅仅是手段,法律仅仅是工具。这种片面认识曾给我国的民主与法治建设带来过很大负面影响。在法学界,人们称之为"法律工具主义"。常有人认为,法律既然只是工具,那么它就可以用,也可以不用;法律束手束脚,还不如政策来得灵活,靠开会来决定一切效率高。过去那种认为法律可有可无的法律虚无主义倾向,那种以政策代替法律,单靠各种会议来研究与推动工作的状况,同这种片面认识显然是有关系的。民主是一种手段。它可以通过集中多数人的智慧,依靠广大人民群众的参与,能更好地制定法律和政策,更有效地管理国家和社会事务,迅速发展经济、政治和文化等各项事业。但同时,民主也是目的。这有两层含义。一是民主是一个发展过程,会遇到各种阻力和困难,需要通过斗争和努力去争取。新中国成立前,中国人民曾长期为争取民主与自由而奋斗。新中国成立后,要建成高度发达的民主政治,仍然需要通过各种努力才能实现。二是从终极意义上看,民主也是目的。因为人们是生活在共同组织在一起的社会和国家里,他们理应成为社会与国家的主人,理应充分享有各种民主权利;他们生活在其中的政治制度,应当是良好的和合乎理性的。这同"朕即国家"、人民无权,政府以防范、压制人民为己任的专制政治相比较,自然是文明的。一万年以后,人们也需要这样的政治文明。有人曾说,肯定民主是目的,就是为了向党争民主,就是为了把斗争矛头指向党。这是完全违反事实和逻辑的。正如十六大报告所指出:"我们党历来以实现和发展人民民主为己任。"当然争民主就免不了有斗争。但矛头是指向那些反民主的专制思想、特权人物和种种不民主的制度。上述观点不仅把党置于民主的对立面,而且是对宪法和党章的公然违背。因为宪法和党章都已明确规定,"建设富强、民主、文明的社会主义现代化国家"是我们的奋斗目标。十六大报告也清楚地表明了这一点。政治文明这一新概念的提出,又进一步肯定了民主的伦理性价值。

法、法制、法治,既是手段,也是目的。在通常情况下,法在制定过程中,通过这样或那样的形式,会程度不同地集中多数人的才智,使法律尽可能地反映事物的性质和发展规律、符合整个社会关系和社会秩序的客观要求。即使在没有民主的古代社会，情况也是这样。唐朝贞观律经过30多位大臣历时11年才得以完成；拿破仑法典在制定过程中就开过80多次讨论会。这比依个人的智慧、判断和变化不定的看法、情感来决定和处理国家各种大事要高明得多。在这个意义上，它是认识世界的一种工具。法有规范、指引、统一、预测、评价、教育、惩戒等特殊社会功能，它又是改造世界的一种工具。这是法的工具性价值。法的伦理性价值主要表现在两个方面。首先，法的存在意义同维系人类社会文明不可分离。人类社会自始至终存在三个主要矛盾，即：社会秩序同个人思想与行为自由的矛盾，管理与服从（政府与人民）的矛盾，个人利益同他人及社会利益的矛盾。这三大矛盾需要一种人人都必须遵守的行为规则来调整。否则，人类社会文明将难以存在。这规则就是法。它最早表现为禁忌，后来由习惯到习惯法再到成文法。其次，由法自身的性质和特点所决定，它同社会正义不可分离。法有以下一些特性：一是一般性，它不是为某个人某件事所设立，而是一种共同规则，人人必须遵守；二是平等性，如果法律面前不平等，法的权威和价值就会受损；三是公开性，如果允许用人们无从知晓的内部规定去处理人们的行为，那是不公道的；四是不溯及既往，如果可以用今天制定的新规矩去处理人们过去已经发生的行为，那是不公正的。因此，法被比喻为一手拿宝剑，一手拿天平的正义女神，这是古往今来人们所普遍认可的。至于某些逆历史潮流而动的人物利用法做一些违反人类正义和阻碍社会进步的事情，那是法的异化。从古代的人治到现代的法治，法的伦理性价值日益彰显，那是经济、政治、文化三大社会文明不断发展并相互作用的结果。十六大报告提出"政治文明"这一新概念，必将对法、法制、法治的伦理性价值更好的实现，发挥重要的促进作用。

第三，政治文明这一新概念的确立，必将成为我国未来政治建设和政治体制改革的价值指引和基本原则，并推进这一领域的建设与改革朝着更为文明的方向发展。十六大报告在全面阐述《政治建设和政治体制改革》九个方面的工作时，在确立各项改革目标和任务时，就切实贯彻了这一价值取向和指导原则。例如，报告强调，"要着重加强制度建设，实现社会主义民主政治的制度化、规范化和程序化。"在论及《深化干部人事制度改革》时，报告提出，要"以建立健全选拔任用和管理监督机制为重点，以科学化、民主化和制度化为目标……"上述"五化"的实现状况如何，可以比较全面地反映出现代民主政治的文明程度与发展水平。当然，制度化、规范化、程序化、科学化与民主化只是其精神与原则。它们还需要通过各种具体的可操作的制度、法律和政策来体现。在这方面，十六大报告所采取的举措是十分鲜明和突出的。例如，仅在"改革和完善决策机制""深化干部人事制度改革""加强对权力的制约和监督"这三项任务中，就列举和肯定了20多种具体制度。这种求实与务实的精神，是十六大报告的一个重要特色。

现代政治文明的科学内涵十分丰富与复杂。我们还可以用"真、善、美"三个字来加以概括和解读。所谓"真"，最根本的是要求我们的法律制度、政策与措施必须做到三个符合。一要符合事物的性质和发展规律；不符合就会遭受失败与惩罚。二要符合最广大人民群众的意志和根本利益，这是所有建设与改革的根本出发点和落脚点。三要符合现时代的时代精神。和平与发展是现今时代的主题，经济全球化是时代的重要特征，发展市场经济和建设民主宪政是世界各国的共同趋势。任何国家的现代化都必须适应这一历史的潮流。如果我们认真研读十六大报告就会发现，这些体现时代精神的主题、特征和趋势都已经鲜明地反映在报告中。所谓"善"，是指要实现以正义为核心的包括公平、公正、公信、自由、平等、人道等等在内的一整套伦理观念和价值准则。对此，十六大报告也有全面反映和充分体现。例如，报告强调"社会主义司法制度必须保障在全社会实现公平和正义"，通过加强对权力的制约和监督，"保证把人民赋予的权力真正用来为人民谋利益"。报告提到的几十种具体制度，都同以正义为核心的伦理观念和价值准则密切相关。以公民知情权为例，报告就有六处谈到要建立各种信息公开制度，比如：在基层自治组织中要"完善公开办事制度"；完善决策机制时要建立"社会公开制度和社会听证制度"；行政管理体制"要公正透明"；干部人事制度改革要"扩大党员和群众对干部选拔任用的知情权、参与权、选择权和监督权"；加强对权力的监督必须"认真推行政务公开制度"；等等。知情权是公民的一项基本人权。建立信息公开制度的意义是多方面的。它是人民当家作主的本质要求，是人民参政议政的必要条件，是人民行使监督权的可靠前提，是政府科学决策的有效措施，是市场经济公平竞争、诚实信用的基本保障，是公民维护自身权利的最好途径，也是防止国家权力腐败的一服良药。所谓"美"，是指在处理民主政治这一极其庞大和复杂的体系的里里外外的各种关系、矛盾和冲突时，要求做到统一、和谐、平衡与协调，使其达到一种完美的境界。这是检验一个执政党的领导艺术是否成熟的重要标志。十六大报告在这方面做了很好的工作。例如，报告指出："发展社会主义民主政治最根本的是要把坚持党的领导、人民当家作主和依法治国统一起来。党的领导是人民当家作主和依法治国的重要保证，人民当家作主是社会主义政治的本质要求，依法治国是党领导人民治理国家的基本方略。"在这里，报告对三者的关系作了高度概括和精确表述。针对有些地区和部门民主不够，党组织不严格依法办事以及有些人对党的领导存在某些误解的现实情况，报告着重指出："共产党执政就是领导和支持人民当家作主"，"宪法和法律是党的主张和人民意志相统一的体现，必须严格依法办事，任何组织和个人都不允许有超越宪法和法律的特权"。又如，报告提出，"到2010年形成中国特色社会主义法律法系"。所谓法律体系，是要求我国千千万万的法律和法规不应当是杂乱无章地拼凑在一起，而必须形成一个"部门齐全、结构严谨、内部和谐、体例科学、协调发展"的统一整体，使法律法规的上下、左右、前后的关系做到统一、和谐与协调。报告提出，要防止和克服地方和部门的保护主义，以"维护法制的统一和尊严"。现在有些部门通过立法"争权夺利"，有些地方为了保护本地方利益而枉法裁判或为判决的执行制造困难等现象相当严重。强调"维护法制的统一和尊严"是十分必要的。报告指出要"进一步健全权责明确、相互配合、相互制约、高效运行的司法体制"，要"建立结构合理、配置科学、程序严密、制约有效的权力运行机制"。这些都体现了十六大报告十分重视并善于运用辩证法和系统论的科学原理来处理各种复杂关系使其和谐与协调。再如，提告提出要"不断促进社会主义物质文明、政治文明和精神文明的协调发展"。经济是政治与文化发展的基础，政治是经济与文化发展的保障，文化是经济与政治发展的条件，它们相互促进又彼此制约。如何在它们之间加强良性互动，避免彼此脱节，消除相互矛盾，促进协调发展，是一个不可忽视的重大理论与现实问题。

十六大报告提出的"政治文明"这一新的概念，其科学内涵十分丰富和深刻，在理论与实践上都具有重大意义，有待理论界进行深入研究。本文的某些观点如能引起学界同仁的注意和兴趣，则作者幸甚。

后 记

本文为2003年1月法理学研究会年会论文。

宪政概念的科学内涵及重大意义

"宪政"是近代以来人类共同创造的一大文明成果。它是现代一种理想的政治形态，是各国人民走向幸福的必由之路。无论在西方还是东方，它早已成为共识，但国外和国内学术界对宪政的概念还存在着诸多不同见解。社会主义者一直对"宪政"持完全肯定的态度，并在中国近30多年来的实践中取得了举世公认的巨大成就和进步。但是，极个别学术界人士却对"宪政"一词颇多微词，并对政法高层产生了不容低估的负面影响。本文将就宪政概念的科学内涵与外延及其理论与实践意义提出笔者个人的见解。

西方学术界对什么是宪政，有着各种相同而又相异的表述。例如，路易斯·亨金认为："美国的宪政意味着政府应受制于宪法。它意味着一种有限政府，即政府只享有人民同意授予它的权力并只为了人民同意的目的，而这一切又受制于法治。宪政还意指广泛私人领域的保留和每个个人权利的保留。"[1] C. H. 麦基文认为："在所有相互承接的历史阶段，宪政有着亘古不变的本质，它是对政府的法律限制，它是专政的反对，它的反面是专断即恣意而非法律的统治。"[2] 沃尔特·F. 莫菲认为："为了保护人类的价值和尊严，公民除了必须享有参与政府的权利之外还必须为政府的有效性设定实质界限，哪怕是完全代表人民意志的政府。"约翰·E. 费固曾把宪政比喻为奥德赛在被海妖所追赶时，在水中将他自己与船上的桅杆拴

---

[1] 〔美〕路易斯·亨金：《宪政、民主、对外事务》，邓正来译，生活·读书·新知三联书店，1997年第2版，第11页。

[2] 〔美〕C. H. 麦基文：《宪政古今》，翟小波译，贵州人民出版社，2004，第16页。

在一起的绳子。① 丹尼尔·S. 勒夫认为："从历史上看，宪政的产生总是基于这样的理由，即确定国家的边界并限制国家的管理者。宪政，是一个比法治或法治国更高的抽象概念，其含义与有限国家相当。在有限国家中，正式的政治权力受到公开的法律的控制，而对这些法律的认可又把政治权力转化成为由法律界定的合法的权威。"② 斯特凡·冯·森格和埃特林曾对"欧洲地区比较宪政研讨会"作一归纳，提出："宪政可以被理想地定义为，旨在以大多数人所接受的方式组织政治决策程序的一套自觉规则。""宪政是非个人的宪法统治。""西方宪政的基本前提是政府应当受到限制。"③ 奈维尔·约翰逊提出："第二次世界大战浩劫之后，西欧战后的宪政重建受到了防止灾难重演的愿望的强烈影响。重建的重点放在保障民主政治和尊重人权上，而最重要的是增进社会稳定的政治措施及设立不久前所发生的暴行的政治措施。"④ 综观上述西方有关宪政的定义及其他著名学者或权威词典有关这一概念的论述，都没有超出"民主""法治""人权"这三个基本概念所内含的要素，并同"立宪"与"行宪"分不开。⑤

中国近代以来，奉行民主主义的政治家和思想家，都对宪政理念和制度持肯定态度；对宪政概念的科学内涵尽管具体表述不一，但其基本含义

---

① 〔美〕沃尔特·F. 莫菲：《宪法、宪政与民主》，信春鹰译，《宪法比较研究文集（3）》，山东人民出版社，1993，第2页。
② 〔美〕丹尼尔·S. 勒夫：《社会运动、宪政与人权》，姚建宗译，张文显校，《宪法比较研究文集（3）》，山东人民出版社，1993，第274页。
③ 斯凡特·冯·森格、埃特林：《欧洲地区比较宪法研讨会讨论摘要》，苹苹译，《宪法比较研究文集（3）》，山东人民出版社，1993，第139页。这次研讨会系于1989年9月13日～15日在柏林召开。
④ 〔英〕奈维尔·约翰逊：《1945年以来的欧洲宪政——重建与反思》，《宪法比较研究文集（3）》，山东人民出版社，1993，第160页。
⑤ 有关宪政概念的表述还可举出如下一些例子。如〔美〕斯蒂·M. 格里芬认为："宪政正是这样一种思想，正如它希望通过法治约束个人并向个人授予权利一样，它也希望通过法治来约束政府并向政府授权。"（《美国宪政：从理论到政治生活》，《法学译丛》1992年第3期）。美国学术团体联合会主席凯茨博士于20世纪80年代后期多次主持宪政问题研讨会，最后他将学者们对宪政的看法概括为以下三点：①宪法是由一组用于制定规则的自足或自觉的规则构成的，即宪法是"法之法"；②宪法是由意识形态和文化决定的一系列特殊道德观点，如尊重人的尊严，承认人生而平等、自由并享有幸福的权利；③任何有意义的宪政概念，必须考虑到"合法性"（国家权力、公共政策和法律的合法性）和"同意"（人民对政府及其行为的承认和赞同）。见李伯超《宪政危机研究》，法律出版社，2006，第17页。美国政治学家麦克尔文认为："在所有相继的用法中，立宪主义都有一个根本的性质，它是对政府的法律制约……真正的立宪主义的本质中最固定的和持久的东西仍然和其肇端时几乎一模一样，即通过法律限制政府。"见〔美〕斯科特·戈登《控制国家——西方宪政的历史》，江苏人民出版社，2008。

却大体相同。如康有为认为："宪政者,民权公议之政也。"① 萧公权先生说,制宪是国家的百年大计,离开了法治不能有真民主,除却宪法的保障不能有真民权,宪法是民主政治的永久根基;宪法是一切法制的本源,宪法良好,则一切法制才能良好。② 中国民主革命的先行者孙中山先生以"三民主义"为其理论基础,以"五权宪法"为其特点的宪政作为他最高的政治理想追求,并提出了"军政、训政、宪政"的发展三阶段及具体时间表。但是后来的蒋介石在他统治中国的22年里,完全背弃了中山先生的理想追求,将"宪法"玩弄于股掌之中,不搞民主搞独裁;不搞"宪治"搞"党治";使人民处于完全无权的地位。正是中国共产党人继续高举宪政的旗帜,将旧民主主义发展到新民主主义,并进而推进到社会主义。1940年,毛泽东在延安举行的"宪政促进会"上发表了《论新民主主义宪政》的演讲。他说,"宪政是什么呢?就是民主政治。"③ 他在这里所讲的"民主"是从其广义上使用的,就像我们现在讲要建设一个"富强、民主、文明、和谐的社会主义国家"一样,后者所用民主一词也是广义的,包括法治、人权等内容在内。那时,毛泽东还曾明确提出"自由民主的中国"这一概念。他说,"'自由民主的中国',将是这样一个国家,它的各级政府直至中央政府,都由普遍平等无记名的选举产生,并向选举他们的人民负责。它将实现孙中山先生的三民主义,林肯的民有、民治、民享的原则与罗斯福的四大自由。"④ 1942年,邓小平在《党与抗日民主政权》一文中曾尖锐地提出,中国共产党绝不应也绝不会像国民党那样搞"以党治国",因为那"是麻痹党、腐化党、破坏党、使党脱离群众的最有效的办法"。为此,他提出了三个基本观点:一是党的"真正的优势要表现在群众拥护上","把优势建筑在权力上是靠不住的",要保持党在政治上的优势,关键要靠自己路线和政策的正确,从而得到人民的衷心拥护;二是不应把党的领导解释为"党权高于一切",甚至"党员高于一切",即不应将党凌驾于国家政权之上;三是办事不能"尚简单避复杂",不能"以为一切问题只要党员占多数,一举手万事皆迎刃而解",即搞民主、讲程序,比较"麻烦",但能保证自己少犯错误。⑤

---

① 《康有为与保皇会》,上海人民出版社,1983,第489页。
② 萧公权:《宪政与民主》,清华大学出版社,2006。
③ 《新民主主义宪政》,《毛泽东选集》第2卷,人民出版社,1952,第726页。
④ 《答路透社记者甘贝尔十二项问题》,《中共党史教学参考资料》。
⑤ 《邓小平文选》第1卷,人民出版社,1994,第10~12页。

从学术上对宪政概念作出过最精辟的分析和理论概括的是张友渔教授。抗日时期，他曾担任中共四川省委副书记、新华社社长、"重庆谈判"中国代表团顾问。从1940～1944年，他先后发表过有关宪政问题的十多篇专题论文，如《国民党与宪政运动》《中国宪政运动之史的发展》《宪政与宪政运动》《宪政运动的方式与条件》《宪法与宪政》《抗战与宪政》《人治、法治、民治》《法治真诠》等。[①] 他说："所谓宪政就是拿宪法规定的国家体制、政权组织以及政府和人民相互之间权利义务关系而使政府和人民都在这些规定之下，享受应享受的权利，负担应负担的义务，无论谁都不许违反和超越这些规定而自由行动的这样一种政治形态。"他又说："民主政治的含义远较法治的含义为广。法治不就等于民主政治，但法治不仅是民主政治的一种表现形态，而且是民主政治的一个重要属性。"他又说："保障人民的权利实为宪法最重要的任务……而宪法便是人民权利之保障书。"他还说："宪法是宪政的法律表现，而宪政是宪法的实质内容。""宪法既然是为宪政而存在，则制定宪法，便应立刻实行宪政，如不能实行宪政，又何贵乎制定宪法？宪法不是装潢品，也不是奢侈品，搁在那里供人赏玩，供人消遣。"[②] 中国共产党人正是由于高举起了宪政的旗帜，并坚持践行宪政，包括实行党内、军内和革命根据地政权的人民民主，严明法纪、政纪、党纪，坚决维护人民的各种权益，因而将各进步的阶级和阶层以及广大人民群众团结在一起，调动起方方面面的积极性，推翻了不搞宪治搞党治、不搞民主搞独裁的国民党反动政权。

在新中国成立后的前八年里，中国共产党仍然高举宪政的旗帜，并将其发展到一个新的阶段。其集中表现就是1954年宪法的制定与实施。这部宪法明确规定："中华人民共和国的一切权力属于人民"，并确立以人民代表大会制度为其根本制度的民主体制；确立了"司法独立"和"法律平等"的法治原则；规定了公民应当享有的各种权利。这部宪法是在中国当时的社会发展阶段社会主义宪政的完善形式和形态。中共领导人对它的制定和实施十分重视。毛泽东说："一个团体要有一个章程，一个国家也要有一个章程，宪法就是一个总章程，是根本大法。""要使全国人民有一条

---

① 见《张友渔文选》（上卷），法律出版社，1997，第1～5页。
② 张友渔：《宪政论丛》上册，群众出版社，1986，第97～103、138～140、141～145、102页。

清楚的轨道,使全国人民感到有一条清楚的明确的道路可走。"① 他要求,宪法草案通过以后,"全国人民每一个人都要实行,特别是国家机关工作人员要带头实行,首先在座的各位(指出席中央人民政府委员会第三十次会议的委员)要实行。不实行就是违反宪法。"② 在"五四"宪法起草过程中,为了很好地总结中外历史上的宪政经验,他不仅自己做了深入研究,还明确要求政治局委员和北京中央委员阅读1936年苏联宪法和其他社会主义国家的宪法,以及中国1913年天坛宪法草案、1946年蒋介石宪法和1946年法国宪法等。刘少奇在《关于中华人民共和国宪法草案的报告》中指出:"我们提出的宪法草案,是中国人民一百多年来英勇斗争的历史经验的总结,也是中国近代关于宪法问题和宪政运动的历史经验的总结。"③ 同时,他也要求宪法能得到普遍遵守。他郑重指出:"宪法是全体人民和一切国家机关都必须遵守的……中国共产党是我们国家的领导核心……党的这种领导地位,决不应当使党员在国家生活中享有任何特殊的权利,只是使他们负担更大的责任。中国共产党的党员必须在遵守宪法和其他一切法律中起模范作用。"④

自1956年起,由于国内外的各种复杂的原因,中国的执政党开始执行一条"以阶级斗争为纲"的思想和政治路线,连续开展了1957年的"反右派"、1959年的"反右倾"、1964年的农村"四清"等政治运动,使民主法治建设遭受破坏,公民的权利得不到应有保障。而民主法治不健全最终成为"文革"的历史悲剧得以发生与发展并持续十年之久的根本原因和条件。也正是这场浩劫,使得全党和全国人民空前觉醒,促进了以1978年党的十一届三中全会为标志的改革开放新时代的到来;而1982年宪法的制定则成为了中国的民主法治建设重新走上宪政轨道的根本标志和里程碑。起初,宪政概念尚未引起学术界的普遍关注。到1991年,实行市场经济的战略决策得以确立,依法治国与人权保障也开始得到高层领导和广大干部和群众的广泛认同。在这一背景下,宪政一词开始引起学术界的普遍重视。其中20世纪90年代初的三次大型研讨会议

---

① 《毛泽东选集》第5卷,人民出版社,1977,第131页。
② 毛泽东:《关于中华人民共和国宪法草案》,《毛泽东著作选读》(下册),人民出版社,1986,第710页。
③ 《刘少奇选集》(下卷),人民出版社,1981,第138~139、168页。
④ 《列宁全集》第9卷,第448页。

对宪政研究的推动起了一定作用。① 此后，有关宪政问题的著述和译作如雨后春笋一般地生长出来。尽管学者对宪政这一概念的内涵与外延存在诸多不同看法和表述，但绝大多数学者都肯定这一概念及其重要意义，并为不少政府部门所认同和重视。

究竟什么是宪政，笔者在1991年发表的《宪政与中国》一文②，曾给宪政下过这样一个定义："宪政是，国家依据一部充分体现现代文明的宪法进行治理，以实现一系列民主原则与制度为主要内容，以厉行法治为基本保证，以充分实现最广泛的人权为目的的一种政治制度。""一个国家实行宪政，必然有一部好的宪法；一个国家有宪法，但不一定实行宪政……实行宪政，需要有一部好的宪法作为合法依据和武器；而实现宪政则是宪法制定和实行的灵魂、方向、目的与支柱。"③ 笔者在该文中曾将宪政概念概括为"民主、法治、人权"三个基本要素。现在，根据宪法虽好，但往往得不到严格遵守和执行的现实，并受一些学者论著的启发，笔者将其修正为"四要素"，即宪政也包括"行宪"在内。"人民民主、依法治国、人权保障"是宪政的实质内容，"宪法至上"则是宪政的形式要件。

当代中国学术界还有不少学者对宪政这一概念的内涵和外延的看法同作者大致相同。如郭道晖教授认为："宪政是以实行民主政治与法治原则，以保障人民的权力与公民的权利为目的，创制宪法（立宪）、实施宪法（行宪）和维护宪法（护宪）、发展宪法（修宪）的政治行为的运作过程。"④ 李龙教授认为："宪政是以宪法为前提，以民主政治为核心，以法治为基石，以保障人权为目的的政治形态或过程。"⑤ 宪政的"三要素"或"四要素"说，同张友渔教授的思路大体一致。

---

① 这三次会议，一次是1990年许崇德教授在北京主持的"宪法与民主"国际研讨会；另两次是李步云分别于1991年5月22日在北京主持的"比较宪法学"全国讨论会和1992年3月26日至28日"宪法比较研究"国际研讨会。后两次会议的研究成果被编成三卷本《宪法比较研究文集》，分别由南京大学出版社、中国民主法制出版社、山东人民出版社出版；最终成果为专著《宪法比较研究》，由法律出版社于1998年出版。该专著于2004年由"韦伯文化"出版社在台湾地区以繁体字再版。
② 该文刊载于宪法比较研究课题组编《宪法比较研究文集》第2卷，中国民主法制出版社，1993，第1~31页。
③ 宪法比较研究课题组编：《宪法比较研究文集》第2卷，中国民主法制出版社，1993，第2~3页。
④ 郭道晖：《宪政简论》，《法学杂志》1993年第5期。
⑤ 李龙：《宪法基础理论》，武汉大学出版社，2001，第144页。

笔者之所以主张宪政概念的"四要素"说，主要是基于以下一些考虑。第一，宪政"四要素"说能够比较具体而又全面地概括宪政这一概念应有的内涵与外延。在数不清的对"宪政"的各种定义中，国内外不少学者将其归结为是"有限政府原则、基本权利观念"，或"制约国家权力、保障公民权利"。① "有限政府"或"制约权力"是属于民主的范畴，虽然很重要，但"民主"与其相比，含义要广泛得多，内容也丰富得多。因此，前者的定义不够全面。国内不少学者受毛泽东"宪政"就是"民主政治"的影响，今天仍然从"民主政治"角度定义宪政。笔者认为现在看来又偏于抽象和宽泛。政治制度和法律制度有区别：民主与法治并列，各有其特定内涵，是彼此不能完全包含和替代的。这一点，现今在国内的学界和政界已有广泛共识。民主的一个根本原则是"主权在民"，即国家的一切权力属于人民。它的主要内容包括，一是公民的民主权利和自由；二是代议制民主，即选民通过自由、公正、普遍的选举产生政府，政府对人民负责并受其监督，被选出的政府（首先是议会）必须真正掌握权力，不能大权旁落；三是国家权力的配置，包括执政党和在野党、合作党之间，执政党和国家权力机关之间，立法、行政、司法机关相互之间，领导个人与领导集体之间，中央与地方之间，必须依照"分权与制衡"的民主原则进行组建和运作；四是广泛多样的基层社会自治；五是决策、立法、执法、司法程序民主。法治与此不同。它是指国家应有一套反映全体人民利益和意志，符合事物发展规律，体现时代精神的一整套法律，并要求所有国家机关、各政党、各社会组织都按宪法和法律办事。它不仅要做到民主的制度化、法律化，法律的内容还涵盖经济、文化、社会生活的所有方面。显然民主与法治是属于两个不同范畴的问题。人权的内容十分丰富。除公民的政治权利与自由同时是属于"民主"的范畴外，将公民的人身人格权、经济、社会、文化权利，以及各种弱势群体的权利，也全部纳入"民主"的范畴，很难说得通。至于有学者将宪法与宪政这两个概念混为一谈，甚至认为"立宪主义只是

---

① 如陈端洪教授认为，"所谓宪政，简言之就是有限政府。它指向一套确立与维持对政治行为与政府活动的有效控制的技术，旨在保障人的权利与自由。"见《宪政初论》一文。该文载《比较法研究》1992年第4期。又如美国的麦克尔文认为："在所有相继的用法中，立宪主义都有一个根本的性质，它是对政府的法律制约……真正的立宪主义的本质中最固定的和持久的东西仍然和其肇端时几乎一模一样，即通过法律限制政府。"见〔美〕斯科特·戈登《控制国家——西方宪政的历史》，应奇等译，江苏人民出版社，2008。

指制定宪法（而不管这些宪法的内容如何）的实践"① 就更有不妥。因为有宪法，不一定是"良宪"；有良宪，也许仅是一纸具文。

第二，宪政"四要素"说能够对现代政治法律领域里民主、法治、人权这三个基础性概念做出更高度的理论概括。民主、法治、人权是现代最先进的政治法律制度中最全面、最重要、最核心的内容和概念。二者不仅相互区别，不能替代；而且相互渗透，彼此依存，是一个有机联系的统一整体。民主是法治与人权的基础。一个国家不是人民当家作主，法律只能成为某个人或某些人统治人民的工具，人民的权利难得到实现。但法治通过法律的规范等作用和其权威对民主起着保障作用。人民的权利则是民主制度和法律制度的存在依据和根本目的。以人为本的价值观，社会和谐和彼此宽容的理念，人性尊严，自由、平等、博爱的伦理观，则是民主、法治、人权共同的理论基础。对民主、法治、人权进行整体把握和高度理论概括，就是"宪政"，这也正是宪政这一概念独特的内容、功能、价值和意义所在。

第三，宪政"四要素"说可以全面而具体地揭示"政治文明"的科学内涵。"政治文明"是党的十六大提出的一个新概念，是我国人民未来的一个重要奋斗目标。学术界的一个重要任务是对其科学内含做出理论概括。如果人们问，什么是政治文明，笔者会回答说，用两个字概括，就是"宪政"；用六个字概括，就是"民主、法治、人权"。民主的对立面是专制。民主是文明的，专制是不文明的。法治的对立面是人治。法治是文明的，人治是不文明的。人权的对立面是人民无权。人权是文明的，人民无权是不文明的。学术界曾有过很多关于"政治文明"的定义，如"民主、自由、平等、解放的实现程度"说，"政治成果总和"说，"静态、动态"说，"政治进步"说，"政治社会形态"说，"所有积极的政治成果和政治进步状态"说，等等。这些定义的不足之处是，没有具体说明"文明"究竟表现在哪里，或用"积极""进步""成果"等抽象概念来表述和替代文明的具体内容，或缺少高度概括。② 宪政的"四要素"说可填补这些方面的不足。

第四，宪政"四要素"说可以突出宪法在国家政治与法律的制度和生活中极其崇高的地位和作用。宪法是近现代的产物。它的产生、存在价值

---

① 〔英〕戴维·米勒、韦农·博格丹诺主编《布莱克维尔政治学百科全书》，中国政法大学出版社，1992，第172页。
② 参见李步云、聂资鲁《论政治文明》，《广州大学学报》2005年第9期。

及其重要地位，都由民主、法治、人权所决定。由近代资产阶级民主革命催生并作为其主要成果的"人民主权"理论和原则，要求实行"代议制"民主，因为人民难以直接管理国家的各种事务，而只能通过自由、公正、普遍的选举产生国家机构（主要是"议会"），由他们代表人民掌握和行使国家权力。但是被选出的立法、行政和司法机关可能权力无限和滥用权力，或使人民自己完全处于无权地位或应有权利受侵犯。这就需要一种其权威高于一般法律的国家根本大法，来规范国家权力和保障公民权利，使国家权力不致滥用和异化，保障公民权利不受侵犯和得以实现；并对一些基本的法治原则如法律平等、司法独立等予以确认。这种国家总章程就是宪法。因此，制定良宪特别是维护宪法的崇高权威，就对国家的兴旺发达、文明进步和长治久安，具有了至关重要的意义。这一点，中国现今党政高层领导，对此在观念上已越来越清醒，行动上也越来越重视。近些年来，胡锦涛总书记在各种重要场合都要反复强调："宪法以法律的形式确认了我国各族人民奋斗的成果，确定了国家的根本制度、根本任务和国家生活中最重要的原则，具有最大的权威性和最高的法律效力。"[①] "依法治国首先要依宪治国，依法执政首先要依宪执政，宪法和法律是党的主张和人民意志相统一的体现，是中国建设伟大实践的科学总结。宪法是国家的根本法，是治国安邦的总章程，是保证国家统一、民族团结、经济发展、社会进步和长治久安的法律基础，是执政兴国、引领全国各族人民建设中国特色社会主义的法制保证。全党同志、全体国家机关工作人员和全国各族人民都要认真学习宪法、维护宪法，保证宪法在全社会的贯彻实施。"[②] 胡锦涛在当选国家主席后就曾在十届全国人大第一次会议庄严承诺："我深知担任国家主席这一崇高的职务，使命光荣，责任重大。我一定忠诚地履行宪法赋予的职责，恪尽职守，勤勉工作，竭诚为国家和人民服务，不辜负各位代表和全国各族人民的重托。" 2004年3月第三次修改宪法，将"国家尊重和保障人权""私有财产不受侵犯""三大文明协调发展"等内容写进宪法中，中共中央曾专门就学习和贯彻实施宪法发出通知，指出："依法治国，最根本的是依宪治国；依法执政，最根本的是依宪执政。" 2008年3月，吴邦国委员长在十一届人大一次会议上曾说，这次修宪是我国"宪政史上又一新的里程碑"。笔者认为，中央多次强调的"依宪治国，

---

① 胡锦涛主席2002年12月4日在首都人民纪念宪法颁布20周年大会上的讲话。
② 胡锦涛主席2004年9月15日在全国人大成立50周年的讲话。

依宪执政",其实质就是"宪政","宪法至上"是宪政概念应有之义。在中国高举社会主义宪政的旗帜,有利于落实和推进依法执政、依宪治国的伟大事业。

宪政这个概念并不是一成不变的。它过去是,今后也将会伴随着人类文明的日益进步而不断发展与丰富其内涵。从全球视野看,传统的宪政概念,是以民主和法治为其基本要素。随着人类物质文明与精神文明的提高,国际交往的日益密切,特别是第二次世界大战给人类带来的巨大灾难,人权问题日益为全人类所特别关注,人权保障成为宪政概念的基本要素,才逐步为越来越多的学者和政治家所承认和重视。事实上,民主与法治的主要原则和基本内容,也是在不断发展变化的。在任何一个国家里,受社会发展阶段和现实经济、文化条件的影响,宪政从实质内容到形式要件都有一个从无到有、从低水平到高水平的发展过程。

宪政的理论与实践,都是共性与个性的统一。在利益的追求和享有上,在道德价值的判断和取向上,全人类有着共同的、一致的方面,决定着宪政具有共性;在不同国家和民族之间,又存在着种种差异和矛盾,因而宪政又具有个性。民主、法治、人权的基本精神和主要原则,适用于世界上任何一个地方,是全人类共同要走的道路。但是,各国宪政的具体表现形式,实现宪政理想的具体步骤,则由于不同国家、不同民族在经济、政治、文化方面的历史传统与现实条件不同而有差别。否认或夸大宪政的共性或个性的任何一个方面,都是不正确的,有害的。在第十届五次全国人民代表大会上,温家宝总理在记者招待会上回答记者问题时曾说,民主、法治、人权、自由、平等、博爱,是全人类的共同愿望和价值追求。他的观点正是表达了中国在民主、法治、人权等问题上有自己某些特殊的理解和做法,但我们的党和政府充分肯定这些概念具有普适性。

王一程、陈红太两位教授在《理论研究动态》2004年第11期发表的《关于不可采用"宪政"提法的意见和理由》一文(以下简称"王陈一文")提出的八点反对"宪政"概念的理由,是极少数"宪政"概念否定论者的代表作,曾起过很不好的负面作用。但这八点"理由"是根本站不住脚的。

第一,王陈一文认为:"我国部分学者认为,宪政是以宪法为前提,以民主政治为核心,以法治为基石,以保障人权为目的的政治状态或政治过程。这一类概念明显受英美宪政理念和模式的影响,没有区分马克思主义与自由主义、社会主义政治与资本主义政治的基本区别。"我认为当代中国对宪政概念持肯定态度的学者，其绝大多数对宪政概念的理解，同执政党领导人和理论家历来的看法是一致的；他们对政治体制改革的建议，都没有超出体制所允许的范围；他们讲的"民主、法治、人权"，都是坚持"中国特色社会主义"的性质。主张全盘照搬西方政治体制模式的学者只是极少数。用其中极个别人为例，来曲解绝大多数"宪政"肯定论者的主张，是不符合事实的；这种认识与论证的方法也是非科学的。"民主、法治、人权"等抽象概念是全人类共同创造的文明成果，并非西方和资产阶级的专利品。我们讲"民主、法治、人权"，有其自己具体的理论内涵与制度设计，而同西方相区别。一说"民主、法治、人权"就是没有同"自由主义""资本主义政治"划清界限是不对的，果真如此，那么，党的十七大报告说，"人民民主是社会主义的生命"，"依法治国"与"人权保障"作为抽象概念和原则写进宪法就都是没有同西方资本主义划清界限了。这在逻辑上是根本说不通的。

第二，王陈一文说："毛泽东老一代无产阶级革命家在抗日战争时期讲'宪政'，是有特定历史背景的。抗日战争时期属于新民主主义革命阶段。'宪政'新民主主义革命追求的目标。当时，我党和毛泽东同志讲宪政，主要是与国民党搞假宪政进行斗争……"众所周知，党所领导的新民主主义革命同旧"民主主义革命"有着本质的区别，是属于社会主义范畴，是为全面实行社会主义作准备。新民主主义时期要讲宪政，到了社会主义时期反而不能讲了，这是什么逻辑？同国民党的假宪政作斗争，自己又怕讲"宪政"，怎么说得通？毛泽东说："宪政是什么呢？就是民主的政治。"我们现在的宪政"三要素"或"四要素"都包括"民主"在内，又有什么不对？

第三，王陈一文说："中国政治体制存在的主要问题，不是解决如何限制政府权力、保障公民权利的问题，而是邓小平所说的'民主的制度化和法律化的问题'。"大家都清楚，改革开放以来，"限制政府权力，保障公民权利"，一直是我国政治体制改革的着力点，也是我们的党和政府过去，现在与未来，政治体制改革的重要内容。这已经成为党内与党外、干部与群众的广泛共识。王陈两同志的认识同中国绝大多数人的看法相距太远。"民主的制度化和法律化"就是一个法治问题，是法治的一个重要内容。民主法制化与法制民主化，是民主与法治这两个概念的联结点。宪政这一概念包涵以上原理、原则，却又是一个更高层次的概念。改革开放以来，我国的民主、法治、人权以及严格遵守宪法方面所取得的巨大成就与进步，正好证明，宪政概念为以前的"人民民主专政"概念注入了新的生机和活力，是对前者的超越，而绝不是什么宪政概念"已经过时"。

第四，王陈一文说："如果把依法治国等同于'宪政'，撇开坚持党的领导、人民当家作主，只讲依法治国或'宪政'，那就不是社会主义民主政治了。"我不知道有没有人把依法治国简单地等同于"宪政"。假设有，也是极个别。即使有这样极少数人持上述观点，也不能作为否认"宪政"概念科学性的一条理由。

第五，王陈一文说："我们是社会主义国家。在我国，国家与社会、政府与公民不是对立的。社会主义市场经济不必然形成国家与社会分离的社会结构。""个人权利与自由神圣不容侵犯，这些在西方被奉为圭臬的自由主义信条，不符合中国国情。"在我看来，社会主义的国家与社会、政府与公民，虽然不存在"对立"，但一定存在矛盾，而且必须通过宪政，即人民民主、依法治国、人权保障、宪法至上才能得到很好的解决。市场经济必然导致公民社会的逐步形成，为宪政提供经济条件。个人权利与自由神圣不容侵犯更应当是社会主义的信条。如果允许它们可以肆意侵犯，就像十年"文革"那样，那是社会主义吗？

第六，王陈一文说："宪政问题的提出和讨论不是一个纯学术的问题，这里面有必须警惕的国际背景和政治企图。西方敌对势力和海内外自由化分子无不力主宪政，为什么？就是因为他们把宪政看作是最有可能改变中国政治制度的突破口……"在当前中国，绝大多数主张宪政的学者或官员，绝不是要完全照搬西方的理论与制度模式，而是将宪政的普适价值同中国的具体国情相结合，其背景就是最近温家宝总理在第一届全国人大第四次会议的记者招待会上所说，不搞政治体制改革，就难免会再一次出现"文化大革命"这样的民族灾难。王陈一文还说："主张'司法独立''权力制约''有限政府'实质是要改变人民代表大会的政体。"这是缺乏现代政治与宪法常识的说法。实质上，两者绝不是对立的，而是人民代表大会这一根本制度内含有"权力制约""有限政府"和"司法独立"等理论原则与制度建构。我国现行宪法对全国人民代表大会以及国务院、最高人民法院和最高人民检察院的职权与职责都有十分明确而具体的规定，绝不是立法权、行政权与司法权像封建专制主义那样由皇帝和地方长官那样由一人行使。任何国家机关和领导人"权力无限"或权力不受"制约"，必然导致专制和腐败。"司法独立"在我国1954年宪法中表述为："人民法院独立行使审判权，只服从法律。"在1982年宪法中表述为："人民法院依照法律规定独立行使审判权，不受行政机关、社会团体和个人的干涉。"这同新民主主义革命时期革命根据地的某些宪法性文件所载"司法独立"以及1982年宪法制定时，前全国人大常委会委员长叶剑英在《宪法修改委员会第一次会议上的讲话》所提"司法独立"的精神是完全一致的。这同人大对司法机关的"监督"、党对司法机关的"领导"并不矛盾，但不能"干涉"。

  第七，王陈一文说，"有些学者把宪政定义为'依宪施政''宪法政治''实施宪法的民主政治'，按这种理解，那么新中国成立至今，我们实行的也不能说不是宪政。"在这里，王陈两教授也只说对了一半。我国1954年宪法确实是好的。但宪政要求，除有一部好宪法，最重要的还是行宪。由于该宪法缺少权威，它所确立的民主、法治与公民权利保障三大原则都未得到切实实施。而民主法治不健全，人权观念太差，终于成为了"文化大革命"得以产生与发展并持续了十年之久的根本原因，从而使中华民族遭受了一场本应该不会发生的灾难。至于王陈一文说，50多年来我们一直不使用"宪政"的提法，是不符合事实的。本文在前面已引证了前任刘少奇委员长在总结1954年宪法的历史经验时将其高度概括为"宪政"，现任吴邦国委员长在评价2004年宪法修改的成就时将其提高到"宪政史"高度，就是例证。改革开放以来，个别领导对"宪政"的提法存有某些疑虑，党和国家的文件也尚未使用，主要原因就是因为极个别同志包括王陈两位为其制造了理论混乱和误区。

  第八，王陈一文说，至今为止，主张使用宪政概念的人并没有阐明"社会主义宪政"包含哪些理论创新内容和制度创新安排，甚至连"宪政与社会主义是否相容"这样的基础性问题也没有解决。现在我国学界广为认同的"宪政"四要素的民主、法治、人权和宪法至上，都已经清清楚楚地被规定在宪法中，党的纲领性文件也作了极其准确的表述，对它们的价值和重大意义作出了极其重要的定位。如党的十七大报告说："人民民主是社会主义的生命"，依法治国是治国的"基本方略"，人权是个"伟大的名词"（见国务院新闻办公室1991年发布的《中国的人权状况》白皮书）。我国现行宪法序言庄严规定："全国各族人民、一切国家机关和武装力量、各政党和社会团体，各企业事业组织，都必须以宪法为根本的活动准则，并负有维护宪法尊严保证宪法实施的职责。"这就是，宪法必须具有至高无上的权威。这些充分表明，宪政同社会主义不仅"相容"，而且是它的应有之义与核心价值，并已得到党和国家以及全国人民最广泛的认同。还需要解释和论证吗?!"宪政"一词，就是对"人民民主""依法治国""人权保障"以及"宪法至上"的内涵与外延和四者的紧密联系不可分割所作出的一个理论概括与抽象。这同党的十六大报告提出的新概念——"政治文明"是对民主、法治、人权和宪法应具有至高无上的权威所作出的一个高度理论概括和抽象是一个道理。至于"社会主义宪政"同"资本主义宪政"有什么区别，这实际上就是社会主义的民主、法治、人权同资本主义的民主、法治、人权有什么区别一样，这个问题学术界已经说的够多的了，我们的宪法和法律以及执政党的各种文件已经表述得够清楚的了。

自1991年前后，学术界首先是法学界提出宪政概念以来，各样书籍与报纸杂志发表了无数有关宪政的理论观点和制度安排的建议，并没有出现王陈一文在结束语中所说的那样，它在"西化我国政治体制改革的实践和走向，造成我们始料不及的严重和后果"，而是完全相反，我国的政治体制改革，在一大批宪政论学者的推动下，一直沿着社会主义道路向前发展，如1996年，依法治国与人权保障，被写进党的十五大报告；1999年和2004年，依法治国与人权保障先后被庄严地记载在宪法中，一直到最近几年胡锦涛总书记多次强调"依法治国首先要依宪治国，依法执政首先要依宪执政"等等一系重大举措。它已充分说明，"走向宪政"是历史的潮流，人民的愿望，是中国走向繁荣富强、人民幸福安康的必由之路。

后　记

本文后来以《驳反宪政的错误言论》为题发表于《环球法律评论》2013年第1期。

第二篇

"七八宪法"修改建议

我国现行宪法为什么要修改?

宪法的制定和修改必须贯彻民主原则

宪法的完备问题

宪法的结构

宪法的现实性

宪法的规范性

宪法条文必须明确、具体、严谨

宪法的原则性与灵活性

宪法的稳定性

什么是公民

新时期治国安邦的根本法

我国现行宪法为什么要修改？

1980年9月，五届人大三次会议根据中共中央建议，决定成立以叶剑英同志为主任委员的中华人民共和国宪法修改委员会，主持对我国1978年宪法的修改工作。这是我国社会主义民主和社会主义法制正在大踏步地向前发展的重要标志。

新中国成立以来，我们有过三部宪法，即1954年宪法、1975年宪法、1978年宪法。五届人大二次、三次会议曾对1978年宪法个别地方作过修改。宪法是国家的根本大法，它比其他法律更需要有稳定性。为什么制定1978年宪法到现在只有短短三年多时间，又要对它作全面的修改呢？我们认为主要是由于以下一些原因。

一方面，1978年五届人大一次会议修改宪法的工作，是在粉碎江青反革命集团之后不久进行的。由于当时历史条件的限制，我们还来不及全面地总结新中国成立以来社会主义革命和社会主义建设中的经验教训，也来不及彻底清理和清除"文化大革命"十年内乱期间各种"左"的思想对宪法条文的影响，以至现行宪法中还有一些反映已经过时的政治理论观点和不符合客观现实情况的条文规定。比如，在宪法序言中，还保留有"坚持无产阶级专政下继续革命"的提法，对所谓"无产阶级文化大革命"仍然加以肯定，等等。对于这样重大的思想理论是非和历史事件的评价，直到1981年6月党的十一届六中全会作出《关于建国以来党的若干历史问题的决议》，才得出正确结论，最后完成对被"四人帮"搞乱了的一系列思想理论是非和重大方针政策是非的拨乱反正。只有这时，我们才有条件来彻底清除"左"的思想对1978年宪法的各种影响。

另一方面，从五届人大一次会议以后，特别是党的十一届三中全会以来，我们国家的政治生活、经济生活和文化生活都发生了新的巨大变化和发展，特别是党和国家的工作着重点已经转移到社会主义现代化建设的轨道上来；党中央对于国内阶级状况作了新的科学分析：作为阶级的地主阶级、富农阶级已经消灭，作为阶级的资本家阶级也已经不再存在，社会主义国家的主人翁，是工人、农民、知识分子以及其他拥护社会主义的爱国者；国家领导制度和国民经济体制正在进行和将要进行重大改革，社会主义民主和社会主义法制正在日益健全；现在摆在全国人民面前的中心任务，是要建设一个现代化的、高度民主、高度文明的社会主义强国。所有这些，都没有也不可能在1978年宪法中得到反映。

此外，由于1978年修改宪法的工作进行得比较仓促，因此作为国家的总章程，1978年宪法的许多条文规定，还不够完备、严谨、具体和明确；对如何维护宪法的极大权威，使它得到切实遵守，也缺乏应有的组织设置和法律保障。这些都不利于充分发挥宪法的重要作用。

总之，根据上述原因，我国1978年宪法已经不能很好地适应社会主义现代化建设的客观需要，对它进行全面的修改，是十分必要的。

叶剑英同志在宪法修改委员会第一次会议上的讲话中，深刻地阐述了这次修改宪法的指导思想。他指出：这次修改宪法，应当在总结新中国成立以来我国社会主义革命和社会主义建设经验的基础上进行。经过修改的宪法，应当反映并且有利于我国社会主义的政治制度、经济制度和文化制度的改革和完善。在新的宪法和法律的保障下，全国各族人民应当能够更加充分地行使管理国家、管理经济、管理文化和其他社会事务的权力。法制的民主原则、平等原则、司法独立原则应当得到更加充分的实现。我国人民代表大会制度、包括各级人民代表的权力和工作、常务委员会和各个专门委员会的权力和工作，应当怎样进一步健全和加强，也都应当在修改后的宪法中作出新的规定。总之，我们要努力做到，经过修改的宪法，能够充分体现我国历史发展新时期全国各族人民的利益和愿望。

后 记

本文发表在《人民日报》1981年11月27日。

宪法的制定和修改必须贯彻民主原则

在资本主义国家里，掌握政权的资产阶级在制定或修改宪法的时候，通常也是采取民主的方法。不过，这种民主是资产阶级的民主，是极少数人的民主。在封建专制时代，立法权属于君主一人。资产阶级在革命时期，他们的启蒙思想家都集中反对这一点，并鲜明地提出立法权应该属于人民。洛克说："只有人民才能通过组成立法机关和指定由谁来行使立法权，选定国家形式。"① 孟德斯鸠提出："民主政治还有一条基本规律，就是只有人民可以制定法律。"② 卢梭也强调："立法权力是属于人民的，而且只能是属于人民的。"③ 他们的这些主张，已经载入资产阶级宪法；这些主张，无疑具有历史的进步意义。但是，在以私有制为基础、由资产阶级掌握国家权力的社会里，这些主张是根本无法实现的。资产阶级宪法的制定或修改，无论是由特别选出的"立宪会议"负责，还是由最高立法机关——资产阶级议会负责，都只能是为了维护资产阶级的剥削和压迫制度，而不可能反映广大劳动人民的根本利益。资产阶级议会是由忠实于资本主义制度的资产阶级代表人物所垄断，或由他们占据支配地位。他们负责制定宪法，当然只能反映资产阶级的意志。有时候，由于资产阶级统治集团内部矛盾尖锐化，或出于其他考虑，资产阶级宪法的制定或修改要交付全民表决，但这只能是走走形式，做做样子，而丝毫不会改变事情的实质。因为，广大劳动人民根本不可能通过投票来改变资本主义生产资料私有制和资产阶级掌握国家权力的现实。

社会主义国家是无产阶级和劳动人民真正当家做主的国家。正是基于政权的这一阶级本质，广大人民群众应该享有决定一切国家大事的最高权

---

① 〔英〕洛克：《政府论》（下篇），叶启芳、瞿菊农译，商务印书馆，1997，第88页。
② 〔法〕孟德斯鸠：《论法的精神》（上册），张雁深译，商务印书馆，1961，第12页。
③ 〔法〕卢梭：《社会契约论》，何兆武译，商务印书馆，1980，第65页。

力，社会主义法制只能按照人民的意志去创立，宪法的制定或修改必须执行民主立法的原则，认真贯彻群众路线。

在斯大林领导下，苏联1936年宪法的制定，就是认真贯彻了民主立法的原则。从1935年7月召开宪法委员会全体大会第一次会议，到1936年5月中旬，完成了苏联宪法草案的筹备工作；6月初召开的苏共（布）中央全会，就宪法草案进行了详细的讨论和审议，并提交到苏联中央执行委员会主席团加以评议和通过。6月12日公布了苏联新宪法草案，数千万苏联劳动人民积极地参加了为期五个多月的对宪法草案的全民讨论。苏联劳动人民对宪法草案提出的建议和补充意见总数超过150万件。这些意见和建议上报到苏联中央执行委员会主席团组织处加以研究整理的就有13721件。其中有很多好的意见被采纳。这次全民讨论为社会主义宪法按照民主立法原则制定或修改，树立了一个很好的先例。

在毛泽东同志领导下，我国1954年宪法的制定也认真贯彻了民主立法的原则。1953年1月13日中央人民政府委员会成立了以毛泽东同志为首的中华人民共和国宪法起草委员会。该委员会在1954年3月接受了中共中央提出的宪法草案初稿，随即在北京和全国各大城市组织各民主党派、各人民团体和社会各方面的代表人物共八千多人，用两个月的时间对初稿进行了认真的讨论。在讨论中，共搜集了五千九百多条意见（不包括疑问）。应当说，这八千多人都是宪法起草工作的参加者。以这个初稿为基础经过修改后的宪法草案，于6月14日公布，交付全国人民讨论。全民讨论进行了两个多月，共有一亿五千多万人参加，对草案提出了很多好的修改和补充意见。毛泽东同志曾指出："这个草案所以得人心，是什么理由呢？我看理由之一，就是起草宪法采取了领导机关的意见和广大群众的意见相结合的方法。"

现在，中华人民共和国宪法修改委员会正在对1978年宪法进行修改工作。叶剑英同志在宪法修改委员会第一次全体会议的讲话中指出："民主立法是我们立法工作的基本原则。这次修改宪法，一定要坚持领导与群众相结合的正确方法，采取多种形式发动人民群众积极参加这项工作。"全国广大的工人、农民、知识分子和一切爱国者，都应主动、积极地参加到这一工作中来，通过各种方式方法，对宪法的修改，出主意，提建议。这是全中国人民的神圣权利，也是我们的光荣义务。

后 记

本文发表在《人民日报》1981年11月24日。

宪法的完备问题

宪法的完备程度，并不完全取决于宪法篇幅的大小。我们不能完全拿一部宪法的长短来衡量该宪法是否完备。不能认为宪法比较长，就一定是完备的；宪法比较短，就一定是不完备的。因为宪法的长短，取决于很多客观和主观方面的因素。比如，从客观因素看，联邦制国家的宪法，通常就应该比单一制国家的宪法要长一些。但是，它们之间也有一定的内在联系。宪法篇幅的长短、条文和字数的多少，在某种程度上也会直接影响到宪法的完备性。因为没有足够的篇幅，就容纳不下一部比较完备的宪法应该具有的各种必不可少的内容。

据统计，现今世界上的142部成文宪法，其中有10部超过36000字，24部少于5000字。142部宪法的平均长度是15900字。新中国成立后颁布的三部宪法，分别是9100字、4300字、7100字左右（标点符号计算在内）。这个数字大大低于世界宪法的平均字数。

这种情况不可能不影响我国宪法的完备程度。

事实表明，在我国1978年宪法中，有不少需要作为宪法规范的内容，没有写进去；有些内容虽然规定了，但由于篇幅狭窄而不够具体、明确、详尽、周密。像我们这样一个疆域辽阔、人口众多的大国，又肩负如此复杂艰巨的社会主义现代化建设的重任，没有一部内容比较丰富、充实、周详、完备的新宪法，客观上就很难满足我们国家和人民的迫切需要。我国未来的新宪法，其篇幅应该比前三部宪法长一些，也是十分自然的。

据有的学者分析，从制定的时间来看，越是近代的宪法篇幅越长。这种情况的出现是合乎逻辑的。因为，从社会历史和法制建设的总趋势看，随着各国经济、政治、文化、科学发展水平的不断提高，宪法和法律必然日益走向完备。从各个国家的具体情况看，一般说来革命（包括资产阶级革命和社会主义革命）成功之初，由于政治尚不稳固，统治经验也比较缺乏，因而宪法和法律的制定力求简括一些。随着统治阶级统治地位的巩固，政治局势的相对稳定，以及统治经验的逐步积累，宪法和法律也必然日益完备。我们必须看到这种总的发展趋势，并使我们的工作适应这种要求。

当然，现今世界上也有某些资本主义国家的宪法，其内容过于繁琐庞杂，对此，这些国家的当权者也感到颇为头痛。这种偏向我们当然也要注意避免。宪法是根本大法。一些应该由普通法律确认而不必由宪法确认的规范，就不要写进宪法中去。苏联1936年宪法在制定过程中就曾遇到过这种情况。当时一些人要求把关于保险事业的个别问题、关于集体农庄建设中的某些具体问题都包括到宪法中去。斯大林指出这些意见是不正确的。他说："提出这些修正的人，大概没有懂得宪法问题和日常立法问题的区别。正因为如此，所以他们力图尽量多掺进一些法律到宪法中去，简直要把宪法变成一部法律大全。可是宪法并不是法律大全。宪法是根本法，而且仅仅是根本法。"① 此外，如果在某些问题上，我们的经验还不够成熟，就需要本着宜粗不宜细的原则处理，不可把条文写得过于具体。

但是，从我国法制建设的历史经验和当前的现实需要来看，我们着重应该注意防止的，是那种认为宪法的内容越简单、越原则、越抽象就越好的思想倾向。我国现行宪法修改工作面临的主要问题，是如何把它修改得使其内容更为丰富、充实、周详、完备。

后　记

本文发表在《人民日报》1981年11月3日。

---

①　斯大林：《列宁主义问题》，中共中央马克思、恩格斯、列宁、斯大林著作编译局，人民出版社，1964，第618页。

宪法的结构

宪法的结构是指成文宪法的内容如何进行组合、编排，以构成一个完整的宪法文件。一般说来，是宪法的内容决定宪法的结构。但是，由于各国的历史特点、文化传统以及立法者各方面的修养不同，有时宪法的内容大致一样，而宪法的结构却有较大差异。无论是资本主义类型的宪法，还是社会主义类型的宪法，其结构没有也不可能有一个固定的模式。然而，各个国家的统治阶级总是力图使自己的宪法尽量做到科学、严谨、合理，以便更好地为宪法的内容服务，这一要求则是共同的。

根据我们对现今世界各国150部宪法（其中加纳、尼日利亚、纳米比亚等12个国家，其宪法是由若干个宪法性文件所组成）的结构进行比较，其中有以下几个问题值得我们注意。

一、关于宪法的序言。在150部宪法中，有序言的91部，没有序言的59部。宪法没有序言的国家，包括朝鲜和罗马尼亚。由此可见，并不是任何一部宪法都有序言和一定要有序言；但是，大多数国家的宪法有序言，又说明序言总有它自己一定的作用。各国宪法的序言内容很不一致，主要是记载这些国家的斗争历史和业已取得的成就，确定建国的宗旨，提出国家的奋斗目标，明确指导国家活动的基本原则以及制定宪法的目的，等等。这些内容带有纲领的性质，难以形成各项具体的法律规范，用序言的形式来表达比较恰当。一个国家的宪法究竟要不要序言以及序言的内容如何，应该根据各自国家的民族特点和实践经验，并参考别国经验，权衡利弊得失，然后决定取舍。

二、关于公民的基本权利和义务。在大多数国家的宪法中，这方面的内容是安排在国家机构（包括立法、行政、司法机构）之前，少数国家的宪法是把公民的基本权利和义务安排在国家机构之后。例如，亚洲34个国家中，只有中国、缅甸、蒙古；非洲49个国家中，只有几内亚、肯尼亚；欧洲31个国家中，只有波兰、匈牙利、挪威、爱尔兰。从绝大多数国家的宪法来看，其主要内容的安排大体上是这样的顺序：序言；国家的社会制度（包括政治制度，经济制度，科学、文化、教育等）；公民的基本权利和义务；国家的立法机关、行政机关、司法机关的组成、职权、活动原则；宪法的保障和宪法的修改。一般说来，公民的基本权利和义务安排在国家机构之前比较好些。因为公民的民主自由权利是近代民主的重要内容，而国家机关则是实现民主（包括资产阶级民主与社会主义民主）的具体形式和手段。就社会主义国家来说，人民是国家的主人，国家的一切权力属于人民，一切国家机关应该是在民主的基础上产生，并为它服务。所以把公民的基本权利与义务放在国家机构之前比较顺理成章。

三、在150部宪法中，绝大多数宪法都有专门章节规定宪法如何修改；还有很多国家（如法国、意大利、南斯拉夫）的宪法有专门章节明确规定宪法的保障，即怎样制裁违宪行为，如何保障宪法的实施。足见很多国家十分重视维护宪法的最高法律效力和宪法的极大权威，以充分发挥其作用。

我国前后颁布施行的三部宪法（即1954年宪法、1975年宪法、1978年宪法），其结构大致相同，都是由"序言"以及"总纲""国家机构""公民的基本权利和义务""国旗、国徽、首都"等四章组成。在全面修改我国1978年宪法的工作中，如何使我国宪法的结构做到逻辑严谨，布局合理，以实现正确丰富的内容与尽量完美的形式相结合，是一个值得重视的问题。

后 记

本文发表在《人民日报》1981年11月2日。

宪法的现实性

宪法的现实性是指宪法的条文规定必须准确地反映一定的社会关系，使之能够适应社会的客观要求，而不能和现实需要脱节。这是保证宪法具有极大权威和充分发挥其作用的基本前提。正如马克思在谈到拿破仑法典时所指出的："这一法典一旦不再适应社会关系，它就会变成一叠不值钱的废纸。"[①] 列宁也很重视这个问题，曾经非常形象地把宪法分为"成文的宪法"和"现实的宪法"，并且强调，前者必须如实地反映后者，即如实地反映一定的社会关系和现实需要。他说："当法律同现实脱节的时候，宪法是虚假的；当它们是一致的时候，宪法便不是虚假的。"[②]

为了保持宪法的现实性，要注意以下几点：

一、宪法比一般法律更需要有稳定性，如果朝令夕改，人们就会无所适从，影响宪法的权威。但是，现实社会是经常处于不停的发展变化中的，因此宪法的稳定性又只能是相对的。随着政治、经济形势的不断变化发展，需要及时对宪法作相应的修改，才能使宪法的内容不致与现实脱节。我国1978年宪法之所以需要作比较全面的修改，原因之一，就是我国的政治、经济状况已经发生了显著变化。

二、必须从一个国家一定时期的政治、经济、文化发展水平出发，暂时做不到的事情，就不要规定到宪法中去。例如，由于我国经济还比较落后，城市人口过多，因此我国1978年宪法没有规定公民享有迁徙自由，这是符合当前实际情况的。

三、要保证宪法内容的科学性，包括宪法的条文规定必须符合我国的

---

① 《马克思恩格斯全集》第6卷，人民出版社，1961，第292页。
② 《列宁全集》第15卷，人民出版社，1963，第309页。

国情，符合我国社会制度的性质和人民的根本利益。凡是写进宪法的内容，就一定要坚决实行，才能维护宪法的尊严。事实上根本做不到的事情，就不要规定到宪法中去。否则，会降低宪法在人们的心目中的尊严。

四、宪法应当对一系列重要的现实社会关系，如党和政权的关系，民主和集中的关系，民主和专政的关系，中央和地方的关系，国家、集体和个人的关系，权利与义务的关系等等，全面地辩证地作出恰当的规定，使这些现实社会关系能够很好地协调一致。正如恩格斯所说："在现代国家中，法不仅必须适应于总的经济状况，不仅必须是它的表现，而且还必须是不因内在矛盾而自己推翻自己的内部和谐一致的表现。"[①] 例如，在我国的宪法中，既要坚持党在整个国家生活和全部社会生活中的领导地位和核心作用，又要实行党政分工，充分发挥政权机关的作用。新的宪法应当对此作出正确的规定；1978年宪法中有关党政不分的某些条文，需要加以修改。又例如，宪法既要充分确认公民的各项权利和自由，又要在一定的条文中指出公民的自由权利必须依法行使，不能滥用此种权利。我国1978年宪法却没有这方面的规定。

后　记

本文发表在《人民日报》1981年12月4日。

---

① 《列宁主义问题》第4卷，第483页。

宪法的规范性

保持宪法的规范性，是维护宪法应有权威的一个重要条件，值得重视。

"规范"的意思，简单说就是"行为规则"。规范有技术规范和社会规范。法律规范属于社会规范一类。法律规范是由国家制定或认可、体现统治阶级意志、以国家强制力保证其实施的行为规则。法律规范通常由三个部分组成：一是"假定"，它指明行为规则适用的条件；二是"处理"（或称"命令"），即行为规则本身，它指明要求怎样做，不能怎样做；三是"制裁"，它指明违反规范的法律后果。法律规范必须具有以上三个构成要素，否则就不成其为法律规范，就会失去它的存在意义。法律条文和法律规范是两个不同的概念。前者是后者的文字表达形式。一个法律条文不一定完全包括规范的三个构成要素；一个规范可以表述在几个条文甚至几个不同的法律文件中；几个规范也可能表现在一个条文中。

宪法虽然是国家的根本大法，但它也是一种法律。宪法规范是法律规范的一种；规范性应该是宪法的基本特性之一。一般说来，宪法的序言没有规范性；宪法的具体条文则应当具有规范性。以宪法是根本大法为理由，否认宪法的规范性，或者不重视宪法的规范性，这无疑是不正确的。

为了使宪法规范臻于完备，在立宪过程中必须对规范的三个组成部分予以正确的规定。

对宪法规范中的"假定"部分来说，重要的是保证它的显明性。例如，如果一个国家的宪法规定了公民的基本权利和义务，但没有在宪法或国籍法等具体法律中明文规定哪些人是该国的公民，公民这一概念就是不明确的，因而这一宪法规范也是不完善的，在实践中必然会带来混乱。长期以来，我国法学界对我国公民的概念一直存在两种截然不同的理解。

即：一种观点认为，凡是具有中华人民共和国国籍的人就是我国的公民；另一种观点认为，被剥夺了政治权利的人就不再是我国的公民。这种情况之所以存在，是同我国宪法和具体法律没有明文规定哪些人是我国的公民有一定的关系。

对宪法规范中的"处理"部分来说，重要的是保证它的确定性。从法律调整社会关系的方法看，法律规范的"处理"部分可区分为如下三种类型：一是禁止性规范，它的内容是禁止实施一定的行为；二是义务性规范，它的内容是直接指出国家机关、社会团体、公职人员或公民的义务；三是授权性规范，它的内容是直接规定国家机关、社会团体、公职人员或公民的权利。法律规范的这三种类型，都要求宪法条文的内容必须确切规定遵守和违反的界限不能模棱两可。在这一方面，我国1978年宪法也有某些值得斟酌的地方。例如，第4条规定："各民族间要团结友爱，互相帮助，互相学习。"这里的"要"字带有劝说性，而且"团结友爱"等概念也欠具体明确，在执行过程中就难以判断其是非界限和追究其法律责任。第12条规定："在国民经济一切部门中尽量采用先进技术。""尽量"二字也属劝说性语句；是可以这样做的，也可以那样做的。又例如，第21条规定："全国人民代表大会会议每年举行一次。在必要的时候，可以提前或者延期。"什么是"必要"，也无明文规定，因此后面的话就显得灵活性太大，等于是说十年八年不开人民代表大会也不违宪，因为并不难找到不开人民代表大会的"必要"理由。这一点就不如1954年宪法确定。该宪法第25条规定：全国人民代表大会会议每年举行一次，在必要时可以临时召集会议。

对宪法规范中的"制裁"部分来说，也需要作出明确、具体的规定。宪法制裁，虽然不同于刑事制裁、民事制裁、行政制裁，有其自身的特点；但违宪应有制裁，这是必须肯定的。否则，违反宪法而不招致任何法律后果，那么宪法的条文规定就难以成为宪法规范，那整部宪法也就很难发挥它的最高的和直接的法律效力了。宪法制裁应包括两方面的内容：一是什么机关有权裁决某一行为是否违宪；一是对于违宪行为应有哪些具体的制裁形式和方法。我国1978年宪法只有一处关于这方面的内容，即第22条规定，"监督宪法和法律的实施"是全国人民代表大会的职权之一。显然，这是很不完善的，有必要认真加以研究和改进。

后 记

本文发表在《人民日报》1981年11月10日。

宪法条文必须明确、具体、严谨

1980年9月，叶剑英同志在宪法修改委员会第一次会议上的讲话中指出：作为国家根本大法，现行宪法的许多条文规定也不够完备、严谨、具体和明确。这是我们修改现行宪法需要注意解决的一个问题。就宪法条文必须"明确、具体、严谨"来说，新中国成立以后我国颁布施行的三部宪法，最好的是1954年宪法，最差的是1975年宪法。下面，我们着重举1975年宪法中若干例子来说明，宪法条文必须"明确、具体、严谨"是什么意思，这样要求有什么意义。

宪法条文必须明确，是指它的内容应当做到概念清晰、界限分明。例如，1975年宪法规定："公民的基本权利和义务是，拥护中国共产党的领导，拥护社会主义制度，服从中华人民共和国宪法和法律。"这就把权利与义务这两个不同的概念混为一谈了。这里所说的三点内容，应是公民的义务，而不是公民的权利。宪法和法律规定的公民的义务，公民必须履行；但他们所享有的权利，则可以行使，也可以不行使。如果服从宪法和法律成了公民的权利，那他们也可以不行使这一权利，即可以不遵守法律了。这当然是错误的。此外，这一条文还有一个弊病，似乎公民的基本权利和义务仅仅只是这三点，而事实并不是这样。又例如，1975年宪法第25条规定"对于重大的反革命刑事案件，要发动群众讨论和批判"；1978年宪法第41条也规定"对于重大的反革命案件和刑事案件，要发动群众讨论和提出处理意见"。这两种提法都不清晰、确切。因为，并不是所有刑事案件都是反革命案件，反革命案件只是刑事案件的一种。比较正确一点的提法应该是："对于重大反革命案件和其他重大刑事案件……"但是，这种提法仍然有问题：所谓"重大"，具体标准是什么；群众讨论后提出的处理意见是算数，还是仅供人民法院定罪量刑时参考；这些仍不明确，因而也就难以准确执行。

宪法条文必须具体，是指它的内容不能过于笼统、抽象，该原则的要原则一些，该具体的就要具体一些。否则，某些必不可少的重要内容就会遗漏，使人们无所适从。例如，1975年宪法关于全国人民代表大会职权的规定，把1954年宪法原有的许多重要内容，如"监督宪法的实施""决定战争和和平的问题""批准省、自治区和直辖市的划分"等都删去了。这就使得这些十分重要的职权应该由谁行使很不明确。1975年宪法决定不设国家主席，1954年宪法规定由国家主席行使的许多重要职权，如"授予国家的勋章和荣誉称号，发布大赦令和特赦令，发布戒严令，宣布战争状态，发布动员令"，在1975年宪法中也找不到着落。如果上述重要职权谁都不能行使，或谁都能够行使，国家机器的运转就要乱套。宪法条文必须具体，还意味着宪法规范不应使用那些含义不具体的形容词和口号。例如，1975年宪法和1978年宪法关于国家武装力量的规定，使用的是"工农子弟兵"和"无产阶级专政的柱石"这样一些提法。在总纲具体条文中使用这些提法，不能准确地表达中国人民解放军的性质和它在国家中的法律地位。

宪法条文必须严谨，是指条文的内容要做到含义确切，逻辑严密。例如，1954年宪法第11条规定"国家保护公民的合法收入"，这是正确的；1975年宪法第9条却改为"国家保护公民的劳动收入"，这就不对了。因为银行存款利息、继承的财产、救济金、抚恤金等，并不是"劳动"收入，但却是"合法"收入，是必须保护的。上面说的是宪法规范所使用的具体概念必须含义准确。还有一种情况是，宪法规范的整个内容也要做到逻辑严谨。例如，我国的三部宪法，都只规定了公民应该享有什么自由。但是，这种自由的行使，并不是绝对的，而应该是有条件的、受一定制约的。我国宪法却没有这方面的任何条文规定。这就容易给那些搞无政府主义的人提供借口或被少数坏人钻空子。外国宪法，包括资本主义国家的宪法和社会主义国家的宪法，绝大多数都有这方面的规定，值得我们借鉴。

宪法是国家的根本大法。它在整个法律体系中的这种地位，决定它应该具有更大的稳定性，因而对于重大问题只能作比较原则的规定。但是，宪法是普通法律的立法依据，是所有国家机关、政党和社会团体以及全体公民都必须严格遵守的行为准则。这就要求它的条文规定，必须明确、具体、严谨，才能充分发挥它的应有作用。那种认为既然宪法是根本大法，它的规范就越抽象越好，就可以含糊其辞、模棱两可的看法，是不正确的。

后　记

本文发表在《人民日报》1981年11月9日。

宪法的原则性
与灵活性

一般说来，任何法律都应该是原则性与一定的灵活性相结合。在整个法律等级体系中，效力越高的法律，就越应体现这种结合。宪法是国家的根本大法，具有最高法律效力，是普通法律的立法依据。因此宪法比一般法律必须更好地结合原则性与灵活性，才能保证宪法适应现实生活的需要。特别是像我们这样一个疆域辽阔、人口众多、情况复杂、发展迅速的大国，这个问题就显得更加重要。

毛泽东同志在总结制定我国1954年宪法的经验时曾指出：这部宪法之所以受到广大人民的拥护，主要有两条："一条是正确地恰当地总结了经验，一条是正确地恰当地结合了原则性和灵活性。"① 在这部宪法中，原则性与灵活性的正确结合，主要表现在以下几个问题上。

第一，这部宪法规定，一定要完成社会主义改造，实现国家的社会主义工业化。这是原则性。但是，并不是在全国范围内，在一个早上，在所有经济部门都实行社会主义。"社会主义全民所有制是原则"，"灵活性是国家资本主义"。并且，国家资本主义的形式不是一种，而是"各种"；实现不是一天，而是"逐步"。例如，这部宪法规定，当时生产资料所有制有下列各种：全民所有制；集体所有制；个体劳动者所有制；资本家所有制。（第5条）但是，"国营经济是全民所有制的社会主义经济，是国民经济中的领导力量和国家实现社会主义改造的物质基础。国家优先发展国营经济。"（第6条）同时，"国家对资本主义工商业采取利用、限制和改造的政策"，"逐步以全民所有制代替资本家所有制"。（第10条）

第二，少数民族问题。民族区域自治机关与其他地方国家机关，既有

---

① 《毛泽东选集》第5卷，人民出版社，1977，第129页。

共同性，也有特殊性。共同的就适用共同的条文，特殊的就适用特殊的条文。例如，这部宪法规定："中华人民共和国是统一的多民族的国家"；"各少数民族聚居的地方实行区域自治。各民族自治地方都是中华人民共和国不可分离的部分"。（第3条）"自治区、自治州、自治县的自治机关依照宪法和法律规定的权限行使自治权。"（第69条）"自治区、自治州、自治县的自治机关可以依照当地民族的政治、经济和文化的特点，制定自治条例和单行条例，报请全国人民代表大会常务委员会批准。"（第70条）这些规定都是原则性与灵活性的恰当结合。

第三，人民民主原则贯穿在我们的整个宪法中。我们的民主不是资产阶级的民主，而是人民民主，这就是无产阶级领导的、以工农联盟为基础的人民民主专政。这一原则也要结合灵活性。比如：宪法确认我国公民权利的实现有物质保证，这是社会主义民主区别于资产阶级民主的重要标志之一。但是这种物质保证要受经济条件的制约。由于我国生产力发展水平不高，所以1954年宪法规定，这种物质保证只能是"逐步扩大"，（第91条至第94条）这也是一种灵活性。

在这里，有两个问题需要注意。一是原则性应结合灵活性，丝毫不是意味着宪法规范可以含糊其辞、模棱两可。这是两个完全不同的问题，不能混为一谈。二是对于宪法规范的灵活性，普通法律应紧密配合，作出具体解释和补充规定，或制定一般的法律使之具体化，才能避免人们随意解释与运用这种灵活性，在实践中造成混乱，或者使灵活性落空。例如，1954年宪法第76条规定："人民法院审理案件，除法律规定的特别情况外，一律公开进行。"在这里，审理案件一律公开进行，这是原则性；"特别情况"例外，这是灵活性。对此，1956年5月8日人大常委会通过的《关于不公开进行审理的案件的决定》具体规定："人民法院审理有关国家机密的案件，有关当事人隐私的案件和未满十八周岁少年人犯罪的案件，可以不公开进行。"这样，案件不公开审理的"特别情况"就进一步明确了。

现在，我们国家的政治、经济等各方面的客观条件都发生了很大变化，因此我们不能照抄照搬1954年宪法的某些具体规定；但是，毛泽东同志所总结的宪法必须正确地恰当地结合原则性与灵活性，则具有普遍的指导意义，是我们这次修改宪法时必须认真加以贯彻的。

后　记

本文发表在《人民日报》1981年12月7日。

宪法的稳定性

任何统治阶级立法的目的,就在于通过法律来实施,来体现自己的阶级意志,维护自己的阶级利益,因而都要竭力维护自己法律的稳定性,这在中外法制史中有不少记载,比如,我国春秋时期,郑国子产铸刑书于鼎;印度人刻法于椰子之叶;罗马人揭十二铜表法于公市等。中外历史上有些著名的思想家、政治家也都十分重视这个问题。如韩非说:"法莫如一而固"①,"治大国而数变法,则民苦之"。②唐太宗说:"法令不可数变,数变则烦,官长不能尽记。又前后差违,吏得以为奸。自今变法,皆宜详慎而行之。"③亚里士多德说:"法律所以能见成效,全靠民众的服从,而遵守法律的习性须经长期的培养,如果轻易地对这种或那种法制常常作这样或那样的废改,民众守法的习性必然消减,而法律的威信也就跟着削弱了。"④剥削阶级的思想家提出这些看法,虽然都是从维护本阶级法律的权威和统治的利益出发,但他们关于法律应有稳定性的观点,是有一定科学道理的。马克思主义者也非常重视法律的稳定性。我们党的十一届三中全会的公报就曾经指出:要保证我们的法律具有稳定性、连续性和极大的权威。

宪法是国家的根本大法。它的内容是规定国家生活各方面的根本性问题,是普通法律的立法依据。它的修改不仅涉及国家各项根本制度的改变,而且涉及一般法律的制定、废除和修改。因此,对宪法的修改必须持十分慎重的态度,需要采取各种措施尽量保持它的稳定性。但是,这种稳定性也并

---

① 《韩非子·王蠹》。
② 《韩非子·解老》。
③ 《通鉴纪事本末》第29卷。
④ 亚里士多德:《政治学》,吴寿彭译,商务印书馆,1965,第81页。

不是绝对的，而是相对的。随着现实政治、经济、文化等客观形势和条件的不断发展变化，也必须及时对宪法作相应的修改。新中国成立以来，我们颁布过三部宪法，现在又要对1978年宪法作全面修改。这是由我们国家特殊的历史条件决定的。现在，我们国家已经进入一个新的历史发展时期。社会将相对地处于一个稳定发展的阶段，人民也迫切希望这方面的制度在今后较长时期里能够稳定下来。因此，我国未来的新宪法应当体现和反映这一要求。

为了保持宪法的相对稳定性，需要注意以下几个问题。

一、要在认真总结社会主义革命和社会主义建设经验教训的基础上，力争宪法的内容尽量符合客观规律的要求。宪法规范越能体现社会主义制度下政治、经济、文化等各方面的客观规律，就越具有稳定性。

二、宪法的内容应是国家生活中根本性、长远性和普遍性的问题。那些不必由宪法规定而可以由具体法律去解决的问题，以及那些只具有临时性或个别性的问题，则不宜规定在宪法中，以免现实情况稍有变动，又要修改宪法。

三、宪法的内容应做到原则性与灵活性相结合。在中央与地方的关系、民族区域自治、所有制与分配形式、公民权利的物质保证等一系列重要问题上，如果能够正确地恰当地把原则性和灵活性结合起来，就能大大提高宪法规范的持久性。

四、要做到正确的内容与完美的形式相结合。从体系安排、逻辑结构、概念运用到文字表达，都要力求准确、严谨、显明，经得起反复推敲。

以上几点是就宪法本身的内容与形式说的，是使宪法保持稳定性的主要方法。除此以外，从宪法修改的方式来看，则可以采取制定新宪法和通过宪法修正案这两种方式相结合。美国宪法制定于1787年，至今仍然沿用，就是采用宪法修正案的方法。美国宪法原文仅七条。美国国会通过第一次宪法修正案（第1条至第10条）是1791年；最近一次通过宪法修正案（第26条）是1971年。他们之所以这样做，主要是为了保持宪法的稳定性。外国在这方面的经验我们应当注意借鉴。我国过去对宪法的修改一直采用另外制定一部新宪法的方式。五届人大第二次和第三次会议采取了宪法修正案的方式对个别条文进行了修改。实践证明这样做效果很好。在这次对1978年宪法进行全面修改以后，我们可以较多地采取宪法修正案这种方式。

后 记

本文发表在《人民日报》1981年12月1日。

什么是公民

我国宪法有"公民的基本权利和义务"一章。在我国，公民究竟是指哪些人，这是必须明确回答的一个问题。长期以来在法学界一直存在着两种不同见解：一种意见认为，凡是具有中华人民共和国国籍的人，就是我国的公民；另一种意见认为，有些人虽然具有我国国籍，但是被依法剥夺了政治权利，他们就不再是我国的公民。我们认为，这后一种见解是不大妥当的。

有人认为，政治权利就是公民权；有些人既然被剥夺了政治权利，就是被剥夺了公民权。既然公民权都被剥夺了，怎么还是我国的公民呢？这种逻辑显然是难以成立的。因为，公民权是一个内容十分广泛的概念。例如，我国1978年宪法第三章关于公民基本权利的规定，既包括公民在政治方面的民主、自由等项权利（第45条至第47条以及第55条），也包括公民在经济、文化、教育等方面的权利（即第48条至第52条）。比如，宪法规定"公民有劳动的权利""劳动者有休息的权利""劳动者在年老、生病或者丧失劳动能力的时候，有获得物质帮助的权利""公民有进行科学研究、文学艺术创作和其他文化活动的自由"。无疑，这些经济、文化、教育方面的公民基本权利，都属于"公民权"这个范畴。说只有"政治权利"才是公民权，上述这些权利都不是公民权，是根本说不通的。根据我国刑法的规定，剥夺政治权利是剥夺下述权利：选举权和被选举权；宪法第45条规定的各种权利；担任国家机关职务的权利；担任企业单位和人民团体领导职务的权利。被剥夺的这些政治权利，虽然是公民权利极其重要的部分，但作为一个被剥夺政治权利的人，并不是全部公民权都被剥夺了。比如，被剥夺政治权利的人，还有申诉权（为自己申辩的权利）、控告权（揭发检举坏人坏事的权利）。这些也是属于公民权这个范畴，是没有也不可能被剥夺的。此外，一个被剥夺政治权利的人，还享有经济、文化、教育等方面的权利。因此，我们不能在被剥夺的几项政治权利和全部公民权之间画等号，不能把"剥夺政治权利"理解为是剥夺了全部公民权，是剥夺了作为中华人民共和国公民的资格。所以，即使是人民的敌人，即使是那些正在服刑的被剥夺了政治权利的罪犯，也仍然是中华人民共和国的公民。

如果认为那些被剥夺了政治权利的人不再是我国的公民，那就难以确定这些人除了被剥夺的那几项政治权利之外，他们还享有哪些权利和应尽哪些义务。比如，既然这些人不再是我国的公民，那么我国宪法中关于"公民的基本权利和义务"这一章的各项规定，对他们就不适用，对他们就没有约束力。1978年宪法第9条规定："国家保护公民的合法收入、储蓄、房屋和其他生活资料的所有权。"如果那些被剥夺了政治权利的人不再是我国的公民，他们就不在这一条的保护之列。又例如，《中华人民共和国刑法》第2条规定，我国刑法的任务之一，是保护公民私人所有的合法财产，保护公民的人身权利和其他权利。如果那些被剥夺了政治权利的人不是我国的公民，那么这些人没有被剥夺的合法财产和人身权利就得不到我国刑法的保护，人们就可以随便侵占他们的私人合法财产，就可以对他们刑讯逼供或任意伤害。这显然是不行的。在我国的法律制度中，如果被剥夺了政治权利的人不再是我国的公民，那他们是什么呢？有人说，他们是"人"，是"国民"。但是，这些"人"和"国民"，在我们的国家里，究竟享有哪些权利，应尽哪些义务，在我国宪法和各项具体法律中，都找不到任何有关这方面的规定。这等于是说，他们不是我国宪法和法律的调整对象；不受我国宪法和法律的管辖、约束和保护；宪法和法律关于"人的效力"就不适用于他们。如果要明确他们的权利和义务，就得另外制定一套适用于他们的法律，或者在宪法和各项具体法律中，专列一些适用于他们的条文。否则，这些人在各个方面的权利和义务就必然是含糊不清的。

公民一词来源于古希腊、罗马奴隶制国家。那时候，并不是凡具有一个国家国籍的人就是该国的公民，公民仅仅是在法律上享有一定特权的一小部分自由民。例如，公元前5世纪雅典人口约17万，其中成年公民是四万人。[①] 又据古希腊政治家德米特利奥斯的调查，公元前309年，雅典

[①] 亚里士多德：《政治学》，吴寿彭译，商务印书馆，1965，第105页。

"民主国"具有政治权利的"自由"公民仅2.1万人,而奴隶则达40万人。① 这种情况是由当时的经济制度和政治制度的客观条件所决定的。正如恩格斯所说:"在希腊人和罗马人那里,人们的不平等比任何平等受重视得多。如果认为希腊人和野蛮人、自由民和奴隶、公民和被保护民、罗马的公民和罗马的臣民(指广义而言),都可以要求平等的政治地位,那么这在古代人看来必定是发了疯。"② 在封建等级和君主专制制度下,只有封建主享有经济、政治、法律上的特权,农民及其他劳动人民则处于被奴役、被压迫的地位,因此没有公民的概念;或者即使有这一概念,也是带着封建等级制的色彩。资产阶级革命时期,以洛克、孟德斯鸠、卢梭等为代表的启蒙思想家,提出了"天赋人权""主权在民"等思想,强调国家属于公民全体,主张凡是具有该国国籍的人都是公民,要求法律面前人人平等。从此以后,这一观念就被体现在各个资产阶级国家的宪法以及宪法性文件中。这同奴隶制和封建制的法律制度相比,是一个历史性的进步。现在,在资本主义国家的宪法中,凡是具有该国国籍的人,多数国家称"公民"(如法国、意大利),一部分国家称"国民"(如西德、日本),也有极个别实行君主立宪制的国家称"臣民"。这种名称的不同,是由各个国家不同的文化传统和习惯形成的。但有一点是共同的,即现在绝大多数资本主义国家的宪法,不再把具有本国国籍的人,分成公民与非公民、国民与非国民、臣民与非臣民两个部分,分别规定他们享有不同的权利和应尽不同的义务。社会主义类型的宪法也大体上是采取这种做法。如果我们把那些被剥夺政治权利的人不作为公民看待,不仅在法律制度上会带来如前所述的某些混乱,同时也不符合历史发展的客观趋势。

现在世界上多数国家的宪法都有关于本国公民(或称国民)资格的条文规定。我国宪法适宜对此有所规定,或者由全国人大常委会专门为此作出宪法解释亦可。作出这方面的规定或解释可以很简单,一句话就行了:"凡具有中华人民共和国国籍的人,都是中国公民。"

后　记

从1981年11月2日至1981年12月18日的一个半月时间里,作者曾

---

① 〔法〕茄罗蒂(Roger Garaudy):《什么是自由》,凌其翰译,三联书店,1954,第45页。
② 《马克思恩格斯全集》第3卷,人民出版社,1961,第143页。

在《人民日报》上连续发表了十篇文章，对当时正在进行的宪法修改提出意见和建议。由于该报是党中央的机关报以及此系列文章发表时间集中，因而引起有关方面的关注。据在宪法修改委员会秘书处工作的一位同志讲，宪法修改委员会采纳了文章的一些建议。如1982年宪法第33条规定："凡具有中华人民共和国国籍的人都是中华人民共和国公民。"改变过去三部宪法的做法，将"公民的基本权利和义务"一章，放在"国家机构"一章之前，等等。《修改一九七八年宪法的理论思考和建议》是由十篇短文汇集而成。本文发表在该报1981年12月18日。

新时期治国安邦的根本法

新的《中华人民共和国宪法》，作为具有最大权威性和最高法律效力的国家根本大法，已经第五届全国人民代表大会第五次会议庄严通过，并付诸实施。这是我国十亿人民政治生活中的一件大事。

新宪法在全面总结我国社会主义发展历史经验的基础上，从新的历史时期社会主义现代化建设的客观需要出发，以坚持和发展四项基本原则作为总的指导思想，正确地提出了新时期全国人民的总任务，科学地规定了我国的政治、经济、文化等方面的根本制度和主要原则，制定了一系列发展社会主义民主与健全社会主义法制的重大措施，从而给全国人民清楚地指明了一条具有中国特色的社会主义建设的道路。这部宪法集中反映了全国各族人民的共同意志和根本利益，是完全合乎国情、顺乎民心的。它作为我国新时期治国安邦的总章程，作为今后指导全部国家政治、经济、文化和社会生活的最高行为准则，对于全面开创社会主义现代化建设的新局面，必将充分发挥它的伟大作用。

新宪法把国家的工作重点坚决地转移到经济建设上来这一重大战略方针肯定下来，明确规定"今后国家的根本任务是集中力量进行社会主义现代化建设"，是十分必要的。这是因为国家的巩固强盛、社会的安定繁荣、人民物质文化生活的改善提高，最终都取决于生产的发展，取决于现代化建设的成功。

新宪法明确提出，建设高度的社会主义精神文明，是我国人民在新时期的一项根本任务。为此，新宪法用了很大篇幅，对文化建设和思想建设这两个方面的内容，作了一系列重要的具体规定，并把教育、科学、卫生体育、文化各自单列一条，加重了分量，充实了内容。这是新宪法不同于以前几部宪法的一个重要特点。社会主义精神文明是社会主义的重要特征，是社会主义制度优越性的重要表现。在全党和全国的工作重点转移到现代化建设上来以后，我们一定要在建设高度物质文明的同时，努力建设高度的社会主义精神文明，这也是建设社会主义的一个战略方针问题。是否坚持这一方针，将关系到社会主义事业的兴衰和成败。现在，新宪法把建设社会主义精神文明的方针和任务，全面地、系统地、详细地确认下来，使其具体化、制度化、法律化，使全国人民都有所遵循，这就为新时期顺利地建设社会主义精神文明提供了可靠保障。建设社会主义精神文明，是全党全国的任务，是各条战线的共同职责。对于在教育、科学、文学艺术、新闻、出版、广播电视、卫生体育、图书馆、博物馆等战线工作的同志来说，更是肩负着艰巨而光荣的任务。所有在这些领域从事工作的同志，都要振奋精神，艰苦奋斗，以新宪法作为最高的行动准则，把社会主义的文化建设和思想建设，不断地推向前进。

在现阶段，我国知识分子从总体上说已经是工人阶级的一部分。在建设社会主义的事业中，工人、农民、知识分子是三支基本的社会力量。新宪法"序言"指出："社会主义的建设事业必须依靠工人、农民和知识分子，团结一切可以团结的力量。"同时，"总纲"还专列一条，明确规定："国家培养为社会主义服务的各种专业人才，扩大知识分子的队伍，创造条件，充分发挥他们在社会主义现代化建设中的作用。"在宪法里，对知识分子在国家政治生活和建设事业中的地位和作用，做出这样明确而充分的肯定，这在新中国成立以来还是第一次。今后，我们要运用宪法这一武器，全面落实党对知识分子的政策，对轻视和歧视知识分子的偏见进行批评，直至必要的斗争。我国的广大知识分子，应当深刻认识历史赋予自己的光荣责任，努力提高自己的思想觉悟和业务水平，勤勤恳恳、兢兢业业地为祖国的繁荣富强贡献出最大的力量。

新宪法是制定得很好的。我们进行了一件很有意义的工作，完成了一项十分艰巨的任务。今后的问题，是如何维护宪法的尊严，保证宪法的实施。而这方面的工作，意义更重要，任务更艰巨。新宪法集中体现了人民的意志和党的正确主张。严格遵守宪法，就是服从全体人民的共同意志，就是维护整个国家的根本利益，就是接受党的领导。新宪法只有得到切实实施，全国上下才能步调一致，十亿人民才能朝着建设社会主义现代化强国的共同目标奋勇前进。中国人民和中国共产党，已经从正反两方面的历史经验中深切认识到，宪法是否真正具有极大的权威，关系到国家的长治久安，关系到人民的前途和民族的命运。我们决不能容许对宪法的任何损害，决不能容许"文化大革命"那种"根本大法，根本没有"的历史悲剧重演。维护宪法的尊严，保证宪法的实施，要经过很多的努力，任务将是长期的；但是，严格遵守和贯彻执行宪法，已经成为十亿人民的强烈愿望，这是一个谁都无法抗拒的伟大力量。我们的党已经下定最大的决心，今后不仅要继续领导人民制定好法律，而且要和全国各族人民一道，要和各民主党派、各人民团体一道切实遵守宪法和法律。因此，我们有充分理由相信，新宪法一定能够在今后得到严格遵守和贯彻实施，一定能够在新的历史时期中发挥伟大的作用。

后　记

本文原载《光明日报》1982年12月15日。这是作者代《光明日报》撰写的社论。

第三篇

"八二宪法"内容精解

为什么要对1978年宪法进行全面修改？

新时期全国人民的总任务

坚持和发展四项基本原则

巩固和扩大广泛的统一战线

人民民主专政的理论与实践

国家的一切权力属于人民

国体和政体的相互关系

国家机构必须认真实行民主集中制

维护社会主义法制的统一和尊严

巩固和发展社会主义经济制度

建设高度的社会主义精神文明

正确认识和行使国家的专政职能

正确认识"公民在法律面前一律平等"

公民的权利和义务的一致性

保障公民的宗教信仰自由

为什么要对1978年宪法进行全面修改？

1980年9月，五届全国人大三次会议根据党中央的建议，通过了《关于修改宪法和成立宪法修改委员会的决议》，决定对我国1978年宪法进行全面修改。在以叶剑英同志为主任委员的宪法修改委员会的主持下，经过一年半之久的努力，于1982年4月下旬提请全国人大常委会公布了《中华人民共和国宪法修改草案》，交付全民讨论。在全民讨论的基础上，五届人大五次会议于1982年12月4日正式通过了《中华人民共和国宪法》。这是我国政治生活中的一件大事，是我国的社会主义民主和社会主义法制继续向前发展的一个重要里程碑。

新中国成立后，我国先后颁布过三部宪法，即1954年宪法、1975年宪法、1978年宪法。从制定1978年宪法到现在，只有短短四年的时间，为什么又要对它进行全面修改呢？为了搞清楚这个问题，首先有必要谈一谈法律的稳定性和现实性。法律必须有自己的稳定性，不能"朝令夕改"，变化不定。否则，人们就会无所适从，法律的权威与尊严也会受到影响。这一点，古今中外的思想家、政治家都是十分重视的。例如，亚里士多德就曾指出："法律所以能见成效，全靠民众的服从，而遵守法律的习性须经长期的培养，如果轻易对这种或那种法制常常作这样或那样的废改，民众守法的习性必然消减，而法律的威信也就跟着削弱了。"[1] 唐太宗也说过："法令不可数变，数变则烦，官长不能尽记。又前后差违，吏得以为奸。自今变法，皆宜详慎而行之。"[2] 他们的这些主张，虽然都是出于维护

---

[1] 《政治学》，商务印书馆，1965，第81页。
[2] 《通鉴记事本末》第29卷。

剥削阶级法律的权威和剥削阶级政治统治的需要，但他们关于法律应当具有稳定性的看法，是有一定道理的。唯物辩证法认为，世界上的一切事物都是发展变化的，而在一定发展阶段上的事物，又有着质的规定性和稳定性。法律也应当是这样。一定的法律是对一定的社会关系的确认，而且它是有意识地把社会关系中那些基本的和相对稳定的东西确认下来，因此它比统治阶级中一定的具体政策更应当具有稳定性，不宜经常进行修改，使它变化不定。宪法是一个国家的总章程，它的内容是确认一个国家最基本的经济制度和政治制度，确认公民的基本权利和义务，确认国家机构的组织形式和活动原则。同时又是普通法律的立法依据。它的修改不仅关系到国家各项根本制度的改变，而且涉及一般法律的制定和修改。因此，对于宪法的修改应当采取非常慎重的态度，并用各种措施与办法来尽量保持它的稳定性。

但是，法律的稳定性又是有限度的。因为事物总是处在不停的发展变化之中。世界上并没有什么永恒不变的东西。所以，法律的稳定性只能是相对的、暂时的、有条件的。如果，一个国家的政治、经济、文化等方面的客观形式和客观条件都发生了大变化，而不对法律作出相应的修改，那就不能保持法律的现实性，法律就会失去自己的作用。所谓法律的现实性，是指法律的基本精神和具体内容，应当准确地反映一定的社会关系，使其能够适应社会的客观要求，而不能和现实需要脱节。这是保证法律充分发挥作用的基本条件。正如马克思以拿破仑法典为例指出的："这一法典一旦不再适应社会关系，它就会变成一叠不值钱的废纸。"[①] 列宁也很重视这一点，曾经十分形象地把宪法分为"成文的宪法"和"现实的宪法"，并且着重强调，前者必须如实地反映后者，即宪法必须如实地反映一定的社会关系和现实需要。他说："当法律同现实脱节的时候，宪法是虚假的；当它们是一致的时候，宪法便不是虚假的。"[②] 由此可见，我们必须把法律的稳定性同法律的现实性，同法律的废、改、立正确地结合起来。法律不能常变，但又不能不变，这是辩证的统一。我们在制定或修改宪法和法律的时候，必须正确理解与掌握这一原则。

从制定1978年宪法到现在，时间只有四年，又要对这部宪法作全面修改，这是由我国比较特殊的历史条件决定的。具体说来，主要有以下三个

---

① 《马克思恩格斯全集》第6卷，第292页。
② 《列宁全集》第15卷，第309页。

方面的原因。

一、1978年第五届全国人民代表大会第一次会议修改宪法的工作，是在粉碎江青反革命集团之后不久进行的。当时，摆在全党和全国人民面前的任务十分复杂而艰巨。因此我们没有足够的时间和精力坐下来认真地、全面地总结新中国成立以来社会主义革命和社会主义建设，特别是"文化大革命"的经验教训，还来不及在思想理论战线认真进行"拨乱反正"的工作，彻底肃清过去在一系列问题上"左"的错误指导思想的影响，以致在1978年宪法中还保留了不少已经过时的政治理论观点、"左"的方针政策的痕迹和不符合客观现实情况的内容。比如，在宪法序言中，还保留有"坚持无产阶级专政下的继续革命"的提法，对所谓"无产阶级文化大革命"仍然加以肯定；在宪法的总纲中，仍然有经济方面的"左"的一些方针政策，如规定对个体劳动者要"引导他们逐步走上社会主义集体化的道路"，规定"生产大队在条件成熟的时候，可以向大队为基本核算单位过渡"；在国家的领导体制上，有政党不分的问题，如规定"中华人民共和国武装力量由中国共产党中央委员会主席统帅"，全国人大要"根据中国共产党中央委员会的提议，决定国务院总理的人选"；在社会主义法制方面，1954年宪法已经确立的不少重要的法制原则，如人民法院独立行使审判权、人民检察院独立行使检察权，"公民在法律上一律平等"，也没有在1978年宪法中得到恢复；等等。

二、从第五届全国人民代表大会第一次会议以后，特别是党的十一届三中全会以后，我们已经进入一个新的历史时期，国家的政治生活、经济生活和文化生活都发生了巨大变化，例如，党和国家的工作着重点已经转移到社会主义现代化建设的轨道上来；现在摆在全国人民面前的中心任务，是要建设一个现代化的、高度民主的、高度文明的社会主义强国；社会主义民主与社会主义法制得到了加强，已经发展到一个新的历史阶段；对经济体制进行了一系列重大改革，国营企业和集体经济的经营管理制度得到了进一步完善；对教育、科学、文化事业，提出了新的任务，采取了许多新的重大方针和政策；民族关系有了新的发展；等等。所有这些都需要有一部新的宪法予以确认和保障。

三、由于1978年宪法的制定工作进行得比较仓促，也没有充分采取领导机关与广大群众（包括各方面专家）相结合的方法，因此这部宪法的许多条文规定不够完备、严谨、具体和明确。例如，1978年宪法规定："对于重大的反革命案件和刑事案件，要发动群众讨论和提出处理意见。"这里所说的"重大",具体标准是什么,群众讨论后提出的处理意见是算数还是仅供人民法院定罪量刑时参考,就不明确,因而也就很难准确执行。又如,这部宪法规定:"全国人民代表大会会议每年举行一次。在必要的时候,可以提前或者延期。"什么叫"必要",并无明文规定,这等于是说十年八年不开人民代表大会也不违反宪法,因为并不难找到各种不召开人民代表大会的"必要"理由。而这种事情,在我国也确实出现过。再如,这部宪法规定了公民的民主自由权利,但是,这种民主和自由权利的行使不可能是绝对的,而应当是受一定限制的,但是1978年宪法却没有这方面的规定。这就容易给那些滥用民主自由权利的人提供借口。

总之,从以上三个方面可以清楚看出,我们确实需要对1978年宪法进行全面修改。所谓全面修改,就是要重新制定一部宪法。当新宪法正式通过并颁布实行以后,现行宪法就不再有效。宪法的修改有各种不同的形式。所谓宪法的"修改",就是指对现行宪法的原则或具体条款,通过最高权力机关,按照一定的民主程序,予以重新制定、部分增删或补充规定。这些都叫宪法的修改。废止旧宪法,颁布新宪法,只是修改宪法的形式之一。此外,还可以通过宪法修正案的形式,部分地改变宪法的条款。还有些国家采取制定一系列宪法性法律来改变宪法的某些原则或内容;还有一些国家甚至是通过审批机关的某些判例来改变宪法的某些原则。这些都是对宪法进行修改的形式。新中国成立后,我们先后颁布过三部宪法,都是属于废止旧宪法、制定新宪法这种形式。五届全国人大第二次会议和第三次会议,我国开始采用宪法修正案的形式对个别条文进行修改。实践证明,这样做效果很好。为了对宪法的修改做得比较及时,并保证宪法具有更大的稳定性,以后,对宪法的修改可以较多地采用宪法修正案这种形式。这一次,我们对1978年宪法进行修改,仍然采取废止旧宪法、制定新宪法这种形式,是完全必要的,因为不这样做,就无法满足客观形势的需要。现在,我们的国家已经进入一个新的历史时期,将相对地处于一个稳定发展的阶段,人民也迫切希望各个方面的制度能够在一个较长的时期里稳定下来。因此,我国新宪法充分反映了这一要求。

我国的宪法,是我国经济、政治、文化等各方面制度的基础,而基础是不应随便变动的。为了保证我国新宪法成为一部完备的、科学的、稳定的、符合我国国情的社会主义宪法,在修改过程中,从内容的确定到制定的方法,贯彻与遵循着以下基本思想。

一、新宪法的制定,是在认真总结新中国成立以来社会主义革命和社会主义建设正反两方面经验教训的基础上进行的。党的十一届六中全会一致通过的《关于建国以来党的若干历史问题的决议》，集中了全党全国人民的智慧，正确地总结了三十二年来的基本经验教训，科学地揭示了革命与建设的客观规律，是统一全党和全国人民思想的强大武器，它也是制定新宪法的重要依据。

二、新宪法的制定，在内容上，正确地确定了新的历史时期全国人民的根本任务和奋斗目标，坚持了四项基本原则，反映了我国社会主义政治制度、经济制度和文化制度的重大改革，进一步发展与健全了社会主义民主与社会主义法制，扩大了民族自治原则，因而充分地体现了我国历史发展新时期全国各族人民的利益和愿望。

三、新宪法的制定，是从我国的实际情况出发。所谓从实际出发，就是要从我国的国情出发。新宪法的制定，既总结了我国的经验，又吸收了外国的经验——吸收符合我国当前实际情况、符合我国当前客观需要的有益的东西。宪法主要是从当前的实际出发，同时也照顾了将来。第一着重现实，第二面向未来。我国是一个疆域辽阔、人口众多的国家，各地政治、经济、文化各方面情况很不相同，发展很不平衡。要充分注意把原则性和一定的灵活性结合起来。当前能够做到的事情，就规定到宪法中去；暂时做不到的事情就先不作规定。新中国成立以后我们颁布的三部宪法，以1954年宪法为最好。现在的新宪法充分吸收了这部宪法正确的原则和成功的经验。

四、新宪法的制定，自始至终贯彻了领导机关与广大群众相结合的方法，充分实现了民主立法的原则。它是在党中央领导下修改的，又认真听取了广大群众和许多专家的意见；整个修改过程是党的意见和人民意见的统一。

新宪法的颁布，揭开了我国社会主义法制建设的新篇章。经过我国广大人民的认真讨论，这部宪法正确地集中了全国人民的智慧，充分反映了全国各族人民的共同意志和根本利益，是一部完备的、科学的、稳定的、具有中国特色的、符合我国新的历史时期现代化建设实际需要的社会主义宪法。

后　记

自新中国成立以来，我国根据新中国成立各个历史阶段的国情特点，先后颁布了《中国人民政治协商会议共同纲领》、"五四宪法""七五宪法""七八宪法"和现行的"八二宪法"。毫无疑问，宪法理念是公民对于宪法思想和宪法基本原理的一种信念，是公民对于国家与公民、国家权力与公民权利的认识和理解。自"八二宪法"取代"七八宪法"以来，历史已经证明，"八二宪法"是新中国历部宪法中最好的一部。但是随着社会的变迁，它同样也面临着适应新形势，体现新的时代精神的问题。由此，"八二宪法"施行至今已经进行了四次修改，即1988年、1993年、1999年、2004年的修改，四次修宪共产生了31条修正案。通过制定修正案对"八二宪法"进行局部修正，而非重新制定宪法的方式，维护了宪法的稳定性和宪法的适应性，确立了宪法在社会、国家生活中的权威性。"八二宪法"的修正在较大程度上回应了中国经济社会的变迁以及由此带来的社会权利结构的转型对中国宪法理念不断完善变化的客观要求，实现了我国宪法理念由传统的以计划经济为基础的国家利益绝对至上的权力理念以及狭隘的公民权利理念向符合现代宪政精神的宪法理念转变。

从我国已通过的31条宪法修正案来看，我国的宪法修正案具有两个方面的功能：一是在原有条文的基础上增加新的款项，包括宪法修正案第1、4、13、23、24、31条，共6条；二是对原有条款进行修改，这是我国宪法修正案最主要的功能。除了上述6条外，其他25条均属于这种功能的修改。

美国是最早采用修正案修正宪法的国家，这种修正案修宪的方式不仅有利于维护宪法的相对完整性，而且有利于增强宪法的权威性。因为修正案仅仅是对不能适应政治经济形势重大变化或自身存在某种缺陷的个别条款进行修改，或者根据政治经济的重大需要增加个别条款，基本上保持了原有宪法的结构体系，有利于增强宪法的权威性。也有利于降低修宪成本，提高修宪效率。采用修正案的方式修改宪法，仅仅是对宪法个别条款进行修改或增加个别条款，不必对宪法的结构体系进行整体设计，所以可以降低修宪成本，提高修宪效率。

这四次修宪是一种与时俱进的对一定历史时期社会实践的成果总结，也体现了我们对某些问题看法的逐步深入。比如在对非公有制经济的地位的确认方面，"八二宪法"规定："在法律规定范围内的城乡劳动者个体经济，是社会主义公有制经济的补充。"1988年修宪，又允许私营经济存在和发展，承认"私营经济是社会主义公有制经济的补充"，宪法保护私营经济的合法权益，并规定对其"引导、监督和管理"。随着社会主义市场经济的发展，个体经济、私营经济在促进我国经济增长、扩大就业、活跃市场等方面发挥积极的作用，1999年修宪，又进一步规定："个体经济、私营经济等非公有制经济，是社会主义市场经济的重要组成部分。"2004年修宪，明确规定："国家保护个体经济、私营经济等非公有制经济的合法的权利和利益。国家鼓励、支持和引导非公有制经济的发展，并对非公有制经济依法实行监督和管理。"这样经过多次修改，不断完善，使个体经济、私营经济获得了更大的发展空间，更加有利于我国基本经济制度的巩固和发展。

宪法是一个国家的最高法律，认真对待每一次宪法修正所透视出的宪政理念的变化，才能促进我国各项社会事业的发展。

新时期全国人民的
总任务

社会主义类型的宪法，一般都要在序言中明确规定自己的国家在一定历史时期内的总任务。这和绝大多数资本主义类型的宪法都不作这样的规定，有着显著的不同。这样做的好处，是可以为全国人民指出一个明确的奋斗目标，以便团结全国各族人民，思想一致，行动一致，为实现这一总任务而共同努力。

我国先后制定的四部宪法序言，都有关于一定历史时期全国人民总任务的规定。如果我们对四部宪法有关这一问题的规定加以比较，就可以清楚地看出，有的规定是正确的，有的规定则是错误的。它集中地、突出地、鲜明地反映了新中国成立以来我们所走过的曲折道路。

1954年宪法规定："从中华人民共和国成立到社会主义社会建成，这是一个过渡时期。国家在过渡时期的总任务是逐步实现国家的社会主义工业化，逐步完成对农业、手工业和资本主义工商业的社会主义改造。"这一总任务，也就是人们通常所说的"一化三改"。在当时的历史条件下，仍然把经济建设与社会改造并提，并把"一化"摆在"三改"之前，无疑是很正确的。历史事实也证明，当时国家既大规模地有计划地进行了经济建设，并且又相当顺利地基本完成了对生产资料私有制的社会主义改造。这同党和国家对过渡时期总任务的科学规定是分不开的。

1975年宪法是在"四人帮"阴谋篡夺党和国家最高权力已达到疯狂程度的时候确定的，因而不可避免地打上了"四人帮"所推行的极"左"路线的烙印。这部宪法的序言规定："我们要巩固工人阶级领导的以工农联盟为基础的各族人民的大团结，发展革命统一战线。要正确区别和处理敌我矛盾和人民内部矛盾。要继续开展阶级斗争、生产斗争和科学实验三大革命运动，独立自主，自力更生，艰苦奋斗，勤俭建国，鼓足干劲，力争上游，多快好省地建设社会主义，备战、备荒、为人民。"这里的要害，是根本不提实现四个现代化，反对把经济建设摆在首位，而且坚持"无产阶级专政下的继续革命"，坚持"以阶级斗争为纲"。"文化大革命"这场历史性灾难，就是同"以阶级斗争为纲"的错误路线紧密联系在一起的。

1978年宪法规定："第一次无产阶级文化大革命的胜利结束，使我国社会主义和社会主义建设进入了新的发展时期。根据中国共产党在整个社会主义历史阶段的基本路线，全国人民在新时期的总任务是'坚持无产阶级专政下的继续革命，开展阶级斗争、生产斗争和科学实验三大运动，在本世纪内把我国建设成为农业、工业、国防和科学技术现代化的伟大的社会主义强国'。"这部宪法虽然明确规定了建设四化强国是总任务的内容之一，这是一个进步；但是它并没有从根本上摆脱极"左"思想和极"左"路线的影响和束缚，仍然坚持所谓"无产阶级专政下的继续革命"，仍然强调"以阶级斗争为纲"。

1978年12月召开的党的十一届三中全会开始全面纠正"文化大革命"和以前的各种"左"倾错误，拨乱反正，果断地摒弃了"以阶级斗争为纲"这一不适用于社会主义社会的口号，作出了把党和国家的工作重点重新转移到社会主义现代化建设上来的战略决策，提出了发展社会主义民主与健全社会主义法制的任务，为党在新的历史时期的总任务奠定了理论的政治的基础，形成了一条马克思主义的符合中国实际的正确路线。后来，党中央又提出了建设社会主义精神文明的任务，从而进一步发展、丰富了这一路线。新宪法所确认的新时期全国人民的总任务，就是这条正确路线的具体体现。新宪法规定："今后国家的根本任务是集中力量进行社会主义现代化建设。中国各族人民将继续在中国共产党的领导下，在马克思列宁主义、毛泽东思想指引下，坚持人民民主专政，坚持社会主义道路，不断完善社会主义的各项制度，发展社会主义民主，健全社会主义法制，自力更生，艰苦奋斗，逐步实现工业、农业、国防和科学技术的现代化，把我国建设成为高度文明、高度民主的社会主义国家。"这一总任务的提出，是新中国成立三十多年来正反两方面经验的总结。它不仅彻底肃清了1978年宪法关于总任务的规定中"左"倾错误的影响，而且也是对比较完善的1954年宪法的一个发展。例如，把建设社会主义精神文明和建设高度的社会主义民主作为总任务的重要内容，就是1954年宪法所没有的。

新时期全国人民的总任务，可以归纳为以下三个基本方面的内容。

第一，新时期全国人民的总任务的提出，标志着我们党和国家的工作重点已经从"以阶级斗争为纲"转移到社会主义经济建设方面来。

十一届三中全会提出实行全党和全国工作着重点的转移，这是历史性的伟大转折中最重要的一个步骤。它反映了社会发展的客观要求，代表了人民的根本利益。历史唯物主义认为，任何一种新的社会制度的建立，都不是人们主观意志的产物，而首先是社会生产力发展的必然结果。社会主义是人类社会发展史上最先进的生产方式和社会制度。社会主义的经济应当是社会化大生产和生产资料公有制的有机结合和高度统一。社会主义之所以能够代替和最终战胜资本主义，归根结蒂是由于它能够通过建立和不断完善社会主义的生产关系，创造出比资本主义更高的劳动生产率，使全体人民可以彻底摆脱剥削和贫困，可以过上更加富裕和文明的生活。显而易见，如果一个社会主义国家的生产力长期处于缓慢发展的或停滞不前的局面，人民长期过着比较贫困的生活，人民群众的积极性、创造性就难以发挥出来，社会主义制度也难以真正巩固。社会主义的历史任务，不仅要消灭剥削制度和剥削阶级，而且要逐步消灭一切阶级差别、消灭城乡差别、工农差别、脑力劳动和体力劳动差别以及其他重大社会差别和事实上的不平等，而这只有大大发展社会生产力才能做到。列宁曾经强调指出，当无产阶级夺取政权和生产资料私有制的社会主义改造任务基本完成以后，"最主要最根本的利益就是增加产品数量，大大提高社会生产力"。[①] 由于我们的国家原来是一个经济和文化都十分落后的国家，因此在生产资料私有制的社会主义改造基本完成以后，就更加需要集中主要精力搞经济建设。这一切说明，是否把工作重点放到经济建设上来，能否较快地实现四个现代化，这是关系到我国社会主义的发展前途和人民根本利益的大事。

在新中国成立以后的一个时期里，我们在进行社会主义改造的同时，曾经花了很大的力量来进行大规模的经济建设，并取得了光辉的成就。然而，在社会主义改造基本完成以后，我们的工作中心本应转到经济建设上来的历史条件下，却对阶级状况和阶级斗争作了完全错误的估量，并没有把经济建设作为全党全国的中心任务，而是始终把阶级斗争放在首位。虽然1956年召开的党的八大正确地作出了我国社会的主要矛盾已经不是资产阶级与无产阶级的矛盾，而是人民日益增长的物质文化需要同落后的社会生产力之间的矛盾的科学论断，但后来在理论上、实践上却没有坚持这一

---

① 《列宁选集》第4卷，第586页。

科学论断，而是错误地把资产阶级与无产阶级的矛盾作为主要矛盾，实行"以阶级斗争为纲"的方针。而到了"文化大革命"时期，甚至提出了反对所谓"唯生产力论"的荒谬论点，从而导致十年内乱，给社会主义事业和人民的生活带来了不可估量的损失。现在，我们的党和国家已经深刻吸取了这一沉痛的历史教训，并且通过新宪法，作出新时期全国人民总任务的科学规定，把全国工作的着重点从"以阶级斗争为纲"转移到社会主义经济建设上来，其意义是极其重大的。

第二，新时期全国人民的总任务明确规定了作为共产主义初级阶段的社会主义建设的三个主要目标。

建设以四个现代化为标志的高度物质文明，建设以共产主义思想为核心的高度社会主义精神文明，建设以高度民主为特征的社会主义政治制度，这是新时期全国人民需要为之共同努力奋斗以求完全实现的三位一体的总任务。这三项任务缺一不可。它们彼此之间互相制约，互相促进。

在这三项主要目标中，实现四个现代化是最根本的任务；而四个现代化的重心是社会主义现代化的经济建设。正如邓小平同志在党的十二大开幕词中讲到我国20世纪80年代的三大任务时所说："核心是经济建设，它是解决国际国内问题的基础。"因为，只有高度发展的生产力，才能为精神文明建设与高度民主的政治制度建设提供必不可少的物质基础；才能为国防现代化、为不断满足人民日益增长的物质文化生活提供必不可少的物质条件。根据党十二大的具体规划，到20世纪末，我国工农业总产值将翻两番，即由1980年的7100亿元增加到2000年的28000亿元左右。这个目标实现后，我国国民经济的现代化过程将取得重大进展，城乡人民的收入将成倍增长，人民的物质文化生活将要达到"小康"水平。到那时，尽管我国的人均产值水平和发达的工业国相比还不高，但是对于原来经济十分落后，又有着十亿三千万人口的大国来说，这却是一个宏伟计划，它将鼓舞着我国人民为此而努力奋斗。

新时期总任务规定，在建设高度物质文明的同时，还要努力建设高度的社会主义精神文明。原因表现在以下几个方面。首先，精神文明和物质文明在社会主义建设中的关系是非常密切的。马克思说过，在改造世界的生产活动中，"生产者也改变着，炼出新的品质，通过生产而发展和改造着自身，造成新的力量和新的观念，造成新的交往方式，新的需要和新的语言"。[①] 物

---

① 《马克思恩格斯全集》第46卷上册，第494页。

质文明建设是社会主义精神文明建设不可缺少的基础；而社会主义精神文明建设对物质文明建设既起着巨大的推动作用，又能保证它的正确发展方向。如果忽视建设社会主义精神文明这一伟大任务，人们的注意力就会仅仅限于物质文明建设，甚至仅仅限于对物质利益的追求，人们从事生产斗争就会失去精神动力，就难以充分调动和发挥人民群众进行经济建设的积极性、主动性和创造性。因此，两种文明的建设，既互为条件（相互促进，相互制约），又互为目的。其次，社会主义精神文明是社会主义的重要特征，是社会主义制度优越性的重要表现。正如毛泽东同志所指出的："共产主义是无产阶级的整个思想体系，同时又是一种新的社会制度。"如果没有共产主义思想，就不会有共产主义的运动；而没有共产主义的思想和运动，也就不会有社会主义和共产主义制度的建立、巩固和发展。如果我们忽视对精神文明的建设，人们对社会主义的理解就会陷入片面性，我们的社会就要失去理想和目标，失去战斗的意志，就难以抵制各种腐化因素的侵袭，社会主义制度就有可能走上变质的斜路。再次，重视社会主义精神文明建设，以满足人们日益增长的文化生活的需要，是社会主义革命的根本目的之一。精神生活与物质生活是紧密联系在一起的。不能设想没有物质生活的精神生活，也不能设想没有精神生活的物质生活。人们不仅要求过着富裕的物质生活，要求衣食住行现代化；同样也要求过着丰富的精神生活，要求发展国家的科学、教育、文化、卫生、体育等文化事业，希望使自己成为有理想、有道德、有文化、守纪律的文明人。社会主义革命的最终目的之一，就是要为满足人们的这种文化生活的需要创造生活条件；社会主义建设的直接任务之一，就是要努力满足人们的这种要求。最后，我们要十分重视精神文明的建设，并把它明确地规定为新时期的三大任务之一，也是在思想理论上、在政治上拨乱反正的需要。林彪、江青反革命集团既是物质文明建设的死敌，也是精神文明建设的死敌。他们所操纵的"文化大革命"就是一场毁灭文化的大灾难，他们在这方面所散布的言论，仍然在某些干部和群众思想中残存着，从而影响着社会主义精神文明建设的开展。同时，就文明队伍中的思想倾向来说，当文明的党中央把全党和全国的工作着重点转移到现代化经济建设上来以后，在一些人的思想中和行动上，又一度出现过轻视和忽视以共产主义思想为核心的社会主义精神文明的建设。党中央多次郑重指出，在建设高度物质文明的同时，一定要努力建设高度的社会主义精神文明，其重要的理论与实践意义之一，就是为了防止和纠正一种倾向掩盖另一种倾向，避免在社会主义建设的任务问题上出现偏差。总之，上述这四个方面的情况说明，党中央把建设高度的社会主义精神文明提高到建设社会主义的战略方针的高度，是对科学社会主义理论的重大发展。新宪法的序言对新时期总任务所作的科学规定以及在总纲中对社会主义精神文明建设所作的全面的具体的规定，必将有效地保障社会主义精神文明建设的顺利进行。

努力建设高度的社会主义民主，是新时期总任务所明确规定的另一个主要目标。所谓"高度民主"不仅区别于新民主主义革命时期的民主，而且在性质上根本不同于资产阶级民主，要比它优胜得多，进步得多，用列宁的话来说，就是要比它民主百万倍，是人类历史上最高类型的民主。因为，社会主义民主具有下列几个根本区别于资产阶级民主的本质特征：它不是为私有制服务，而是为建立、巩固、完善公有制服务；它不是为剥削少数人谋利，而是为最广大的人民群众谋取政治、经济、文化和社会利益；它不仅包括政治民主，而且包括经济民主和社会民主；它不是通过资产阶级的代表人物具体掌握国家政权，而是通过各级人民代表具体行使国家权力，而人民的代表来自人民，能真正代表人民；社会主义民主具有真实性和广泛性，有充分的物质条件作保证，而资产阶级民主则相反。"高度民主"应当标志着社会主义民主自身已经发展到一个更为成熟的阶段，无论就其内容或形式而言，这种民主都应当达到相当完善的程度，实现广大人民切实地有效地真正当家作主；充分地、广泛地实现人民群众对一切经济、文化、社会事务的直接民主管理。从这个意义上来说，我们国家的社会主义民主现在还没有达到这样一个水平，离这样一个发展程度，还有很大一个差距。因此我们要把建设高度民主，即高度发达的社会主义民主，作为新时期总任务的重要内容之一。如果我们的社会主义民主已经达到高度民主所要求的发展水平，那我们就完全没有必要极其严肃、郑重地把建设高度民主作为总任务的三大目标之一提出来。"高度民主"的上述这两个方面的含义表明，我们既要反对那种把社会主义民主与资产阶级民主混为一谈，甚至认为社会主义民主还不如资产阶级民主的错误观点，又要反对那种不如实承认我们现在的民主还很不完善，而是认为现在的民主已经是十全十美，自己不愿意，甚至反对别人为进一步发展社会主义民主而努力的错误态度。

我们要建设高度的社会主义民主，面临着以下几个方面的具体任务：（1）要进一步健全和完善实行民主集中制的人民代表大会制度，使其成为名副其实的能集中和反映全国人民意志和愿望的，有崇高权威的国家权力机关。与此同时,还要健全和完善我们的各级行政机关和司法机关。这是建设高度民主的中心环节和根本任务。因为,民主问题首先是一个国家制度问题。人民代表大会制度是我们国家的政体,是我们国家的根本政治制度,是人民行使当家作主权力,管理一切国家大事的政权组织形式。在这方面,主要是应对国家机构,首先是权力机关,有计划、有步骤进行政治体制改革,如加强各级人民代表大会及其常委会的权力,废除国家领导职务终身制,健全选举制度,健全人民对国家机构和国家干部的监督制,保障人民代表的权利,实行政社分开,扩大民族区域自治权等等,以及进行领导体制改革,如行政机关实行严格的责任制,解决党政不分,以及权力过分集中,兼职副职过多、机构重叠、人浮于事的弊病,改革干部制度,实现干部"四化"(革命化、年轻化、知识化、专业化),等等。这里中心的问题是要全面地彻底地贯彻执行民主集中制这一组织原则和活动原则。一方面,要使国家机构能真正集中人民的意志和愿望,体现人民当家做主;另一方面,又要保证国家机构的权威和工作的高效率,以有效地领导和组织社会主义建设。(2)要把社会主义民主扩展到人民的政治生活、经济生活、文化生活和社会生活的各个方面,保证人民群众在他们各自所参加的政治、经济、文化、社会生活中,对各方面的事业享有不同形式和不同程度的管理权,如发展厂矿企业的职工代表大会制度,健全居民委员会和村民委员会,发展社会自治等等。这是社会主义民主区别于资产阶级民主的一个重要特点,是高度的社会主义民主的一个重要内容。(3)要按照民主原则建立起人与人之间的平等的政治关系,如民族平等,男女平等,公民在法律面前平等、上级与下级、干部与群众平等……为此,就应当采取法律的政治的各种手段,充分保障公民的各项民主自由权利不受侵犯,充分保障少数民族、妇女等各个方面的法定权利不受侵犯;要建立起公民与社会与国家的正确的权利与义务关系,保证这种关系不受破坏;要坚持与发扬运用民主的方法,即讨论、评判、说服、教育的方法,正确处理各种人民内部矛盾,并使民主成为人民群众进行自我教育的方法。(4)要把社会主义民主的建设同社会主义法制的建设紧密结合起来,使民主制度化法律化。前面所说的社会主义民主三个方面的基本内容(特别是作为政体的人民代表大会制度)都要形成制度,都要运用有极大权威的法律手段予以保障。只有这样,社会主义民主才能成为任何人都不敢侵犯的力量。从广义上来说,法制建设也是属于民主建设这个范畴。我们是一个有十亿三千万人口的大国。这么多的人怎么当家作主呢?都当领导不行,都当代表也不行，根本途径和方法之一，就是实行以法治国，就是通过制定法律，把人民的意志和愿望全面地反映和体现在法律中，通过国家机关、政党组织、社会团体及广大公民严格依法办事，来行使人民的意志，按人民的意志治理国家。因此，我们讲建设高度民主，是包括健全社会主义法制在内的。法制是否健全的标志有两条。一是有法可依。要根据社会主义革命和建设事业的需要，建立一整套门类齐全、体系完整、内容全面、形式科学的法律，使各个方面的工作都有章可循。二是有法必依，执法必严，违法必究。要做到任何组织、任何个人都不能违背法律，保证法律具有崇高的权威和尊严。在这两个方面（尤其是后者），我们都面临着长期而艰巨的任务。

把建设高度民主作为新时期总任务的三大目标之一，是历史经验的总结，具有重要的理论和实践意义。建设高度民主的社会主义政治制度，是社会主义革命的根本任务之一。但是推翻旧政权，建立新政权，并不是这一任务的最后完成，而只是在完成这一任务时走了具有决定性意义的一步。然而，过去我们却往往把新政权的建立，看作是这一任务已经完成，以为初步建立起来的社会主义民主既然比资本主义民主要民主"百万倍"，因而也无需再进一步去发展和完善这一政治制度。而实践证明这种认识是错误的。建设高度的社会主义民主，这在任何一个国家，都必然是一个长期的发展过程，绝不可能一蹴而就。特别是在我们这样一个封建历史很长，经济文化落后的国家，要完成这一任务就更长期、更复杂、更艰巨。而过去我们并没有认识到这一点，结果吃了大亏。今天，我们把建设高度的社会主义民主作为总任务的重要内容提出来，正是认真吸取了这一教训。

第三，新时期全国人民的总任务明确规定了达到三个主要目标的基本条件和方法，就是要坚持四项基本原则，发展民主与健全法制，自力更生，艰苦奋斗。

历史已经证明，中国新民主主义革命的胜利和社会主义事业的胜利，都是中国共产党领导中国人民，在马列主义、毛泽东思想的指引下取得的。历史也已经证明，只有社会主义能够救中国；只有坚持人民民主专政，才能保证我们国家沿着社会主义道路前进。因此，四项基本原则是我国各族人民团结前进的共同的政治基础，也是社会主义现代化建设顺利进行的根本保证。

在新的历史时期中，要把我们这样一个原来是经济和文化十分落后的现在有十亿多人口的大国，建设成为现代化的社会主义强国，这是人类历史上最伟大的创造性工程之一。要保证我们的事业取得胜利，一个最基本的政治条件，就是要紧紧依靠全国各族人民群众的力量，团结一切可以团结的人，调动一切积极因素，为实现总任务，同心同德，共同奋斗。列宁曾指出："生气勃勃的创造性的社会主义是人民群众自己创立的。"① 我国的社会主义现代化建设事业，代表了全国各族人民的共同意志和根本利益。我们的党心、军心、民心，全国十亿人口之心，都强烈希望国家富强。历史已经证明，在民主革命时期，我们依靠人民的力量，推翻了压在中国人民头上的三座大山；历史也将证明，在社会主义时期，我们依靠全国各族人民的力量，也一定能够实现新时期总任务的三个主要目标。我们要把十亿人民建设社会主义的积极性、主动性、创造性都调动起来，就必须充分发扬社会主义民主，切实保障人民当家作主的权力。而社会主义法制是社会主义民主的保障。从理论上说，民主既是目的，又是手段。建设高度的社会主义民主，既是新时期的总任务之一；同时，社会主义的物质文明和精神文明的建设，又要依靠继续发展社会主义民主来支持和保证。

我们要开创社会主义现代化建设的新局面，胜利完成新时期的总任务，必须坚持自力更生的方针，主要依靠自己的力量来发展社会主义事业，找出适合中国国情的具有自己特色的社会主义建设道路。无产阶级的革命事业是国际性的事业，需要各国人民相互支持。但是完成这一事业，首先需要各国人民立足于本国，依靠本国的力量和本国人民的努力。对于我们这样一个大国来说，尤其必须主要依靠自己的力量发展革命和建设事业，否则是不可能取得胜利的，胜利了也不可能巩固。在经济建设中，我们一定要坚持对外开放，按照平等互利原则发展对外经济技术交流，但目的是增强自力更生的能力，促进民族经济的发展。我们在任何时候都需要争取外援，需要学习外国一切对我们有益的先进事物，反对闭关自守和盲目排外；同时，又要把方针放在自力更生的基点上，反对任何崇洋媚外的意识和行为，坚决抵制资本主义思想的侵蚀。

依靠全国人民的艰苦奋斗，也是发展社会主义事业，胜利完成新时期总任务的一条基本方针。社会主义生产的根本目的，是在生产和社会财富增长的基础上逐步提高全体国民的物质文化生活水平，我们必须坚持这一点。但是同时，我们又要根据生产的发展，不断扩大资金积累和再生产，

---

① 《列宁全集》第26卷，第269页。

以保证生产发展的一定速度，这是全国人民的长远利益和根本利益之所在。我们要把这两个方面兼顾起来，根本的办法，是充分发扬全国人民艰苦奋斗的精神。

新宪法的序言，把新时期的总任务明确规定下来，就为全国人民指明了前进的方向和奋斗的目标，为统一全国人民的思想和行动提供了法律根据，为顺利实现新时期的总任务提供了法律保障。

后　记

"八二宪法"对于我国总任务的规定是"今后国家的根本任务是集中力量进行社会主义现代化建设。中国各族人民将继续在中国共产党的领导下，在马克思列宁主义、毛泽东思想指引下，坚持人民民主专政，坚持社会主义道路，不断完善社会主义的各项制度，发展社会主义民主，健全社会主义法制，自力更生，艰苦奋斗，逐步实现工业、农业、国防和科学技术的现代化，把我国建设成为高度文明、高度民主的社会主义国家。"经过几次修正案的修正，目前宪法对新时期总任务的最新表述为："国家的根本任务是，沿着中国特色社会主义道路，集中力量进行社会主义现代化建设。中国各族人民将继续在中国共产党领导下，在马克思列宁主义、毛泽东思想、邓小平理论和'三个代表'重要思想指引下，坚持人民民主专政，坚持社会主义道路，坚持改革开放，不断完善社会主义的各项制度，发展社会主义市场经济，发展社会主义民主，健全社会主义法制，自力更生，艰苦奋斗，逐步实现工业、农业、国防和科学技术的现代化，推动物质文明、政治文明和精神文明协调发展，把我国建设成为富强、民主、文明的社会主义国家。"

其中，1989年动乱以后小平南巡，邓小平思想取得了巨大胜利。1993年的宪法修正案第一次在"序言"中对全国人民的总任务进行了修正，正是对邓小平思想的一种宪法性确认，突出了建设有中国特色社会主义的理论和党的基本路线。该次修宪增加了"我国正处在社会主义的初级阶段""根据建设有中国特色社会主义的理论"的规定，将"高度文明、高度民主"的奋斗目标改为"富强、文明、民主"。1999年修宪发生在邓小平逝世，香港、澳门回归之后，该次修宪在总任务方面确立了"邓小平理论"的指导地位，将"我国正处于社会主义初级阶段"修改为"我国将长期处于社会主义初级阶段"。2004年修宪正值我国第三代领导人和第四代领导人的更替之际，这次修正宪法将江泽民同志的"三个代表"重要思想规定为我国宪法的指导思想，同时也将其作为与马列主义、毛泽东思想、邓小平理论并列的党的指导思想。宪法序言规定，中国革命和建设的成就，是"在马克思列宁主义、毛泽东思想、邓小平理论和'三个代表'重要思想指引下"取得的。"沿着建设有中国特色社会主义道路"修改为"沿着中国特色社会主义道路"。同时规定了我国进行政治文明建设，将政治文明提高到宪法高度，与物质文明和精神文明并列。确定了我国要"推动物质文明、政治文明和精神文明协调发展"的大方向。对于宪法中关于总任务部分的修改体现了我国历任领导人思想认识随着经济建设发展所发生的深化和改变。

坚持和发展四项基本原则

新宪法的序言明确指出:"中国各族人民将继续在中国共产党领导下,在马克思列宁主义、毛泽东思想指引下,坚持人民民主专政,坚持社会主义道路,不断完善社会主义的各项制度,发展社会主义民主,健全社会主义法制,自力更生,艰苦奋斗,逐步实现工业、农业、国防和科学技术的现代化,把我国建设成为高度文明、高度民主的社会主义国家。"这开头的四句话,即四项基本原则,是我国新宪法所遵循的总的原则和指导思想。

党中央提出的四项基本原则,是我国人民在党的领导下进行长期革命斗争的经验总结,是经过实践反复检验的颠扑不破的真理;它科学地反映了客观的历史发展规律,是指引全国人民从胜利走向胜利的指路明灯。在国家根本大法的序言中,极其庄严地记载和确认这一历史的基本经验,并且明确规定,中国人民将继续坚持四项基本原则,为实现新的历史时期的根本任务而努力奋斗。这样,就为我国各项经济制度和政治制度的建立、巩固和不断完善确立了一个总的原则,为全中国人民的前进道路指明了一个正确的方向。

为什么坚持四项基本原则应该成为我国新宪法的总的原则和指导思想?为什么今天我们特别强调宪法要坚持四项基本原则,它的现实意义在哪里?现在公布的新宪法关于四项基本原则是怎样具体规定的?它同1978年宪法有什么不同,为什么要作这样的修改?这些都是需要加以研究并作出回答的问题。

宪法是国家的根本大法,它的主要内容是确定一个国家的根本经济制度和政治制度,确认公民的基本权利和义务,规定国家机构的性质、任务以及组织与活动的根本原则。现代国家的经济制度基本上是两种，或者是资本主义，或者是社会主义。我国的经济制度是属于社会主义的性质。经济制度的一些主要内容和主要原则，要在宪法中具体规定下来。但是总的原则是坚持走社会主义道路，这一点决定着我国经济制度的根本性质和发展方向。现代的国家制度，不是无产阶级专政，就是资产阶级专政。资产阶级不承认他们的国家是资产阶级专政，而是什么"全体人民的国家"，那是骗人的。工人阶级领导的、以工农联盟为基础的人民民主专政，是我们国家的国家制度。在宪法中明确我们国家的这一根本性质，肯定人民民主专政这一政治原则，对于进一步改革和完善国家的政治制度是完全必要的。在现代，任何一个国家也都有自己的政党制度，不是无产阶级政党掌握政权，就是资产阶级政党掌握政权，二者必居其一。资产阶级总是想掩盖他们是一个阶级独自掌握政权，而且他们往往在宪法中明确规定这一点，但他们却拥有各种手段和办法来保证资产阶级政党把政权掌握在自己手里。在现代，任何一个政党也都有自己的一套主义，它们总是要按照自己的主义来指导国家的全部活动。无产阶级政党是这样，资产阶级政党也是这样。所以，事情很清楚，任何国家的经济制度和政治制度都具有一定的阶级性质，任何国家也都有与此相适应的一套政党领导制度和指导思想。问题是在于，资产阶级的国家是少数人对绝大多数人实行政治统治。为了麻痹广大劳动人民的革命意志，因此他们总是要千方百计来掩盖他们国家的经济制度和政治制度的阶级本质，否认资产阶级政党在国家生活中独占领导地位，否认资产阶级的思想体系在国家活动中的不可动摇的指导作用。我们的国家是人民大众当家作主的国家，因此我们就有必要清楚地规定我们国家的经济和政治制度的阶级本质，明确地确认中国共产党的领导地位和马克思列宁主义、毛泽东思想的指导作用，并在国家的根本大法中加以庄严记载和明确规定。这样做，有利于提高广大人民的认识和觉悟，有利于统一全国人民的思想和行动，并且明确地、清楚地为宪法的全部内容确立一个必须遵循的总的原则和根本指导思想，这是完全符合广大人民群众的利益与愿望的。

　　新中国成立三十二年来，我们走过了一条伟大而曲折的历史道路。我们既取得了光辉的成就，也遭受过严重的挫折；既积累了丰富的经验，也饱尝过沉痛的教训。我们的经验教训，集中到一点，就是要不要坚持四项基本原则和怎样正确坚持这四项基本原则。在这个问题上，我们始终需要同两个方面的错误倾向作斗争。一是要同来自右的方面否定四项基本原则的错误思想和行为作斗争,一是要同来自"左"的方面歪曲四项基本原则的错误思想和行为作斗争。我们强调坚持四项基本原则是新宪法的总的指导思想,一方面,这固然是制定或修改一部社会主义类型的宪法所必然面临的重要课题,是保证宪法的内容能够符合人民利益所必需;另一方面,这样突出强调坚持四项基本原则也并不是无的放矢,而是有着鲜明的针对性,有重大的现实意义。

毋庸讳言,在我们的社会里,在为数不多的一些人中,存在着一股否定四项基本原则的错误思潮。他们认为,社会主义公有制,还不如资本主义私有制优越,社会主义的政治制度还不如资本主义的政治制度先进;他们主张共产党同资产阶级政党轮流执政,要求放弃马列主义、毛泽东思想在国家生活中的指导作用。近几年,党中央郑重提出并反复强调要坚持四项基本原则,首先就是针对这种思潮而发的。正如《关于建国以来党的若干历史问题的决议》所指出的:"我们总结建国以来三十二年历史经验的根本目的,就是要在坚持社会主义道路,坚持人民民主专政即无产阶级专政,坚持共产党的领导,坚持马克思列宁主义、毛泽东思想这四项基本原则的基础上,把全党全军和全国各族人民的意志和力量进一步集中到建设社会主义现代化强国这个伟大目标上来。四项基本原则,是全党团结和全国各族人民团结的共同的政治基础,也是社会主义现代化建设事业顺利进行的根本保证。一切偏离四项基本原则的言论和行动都是不能允许的。"新宪法正是贯彻了这一精神。草案对四项基本原则的历史作用作了高度概括,并集中地规定在序言中。序言明确指出,中国新民主主义革命的胜利和社会主义事业的胜利,都是中国共产党领导中国人民,在马列主义、毛泽东思想的指引下取得的。中国人民今后将继续坚持四项基本原则,把我国建设成为一个现代化的社会主义强国。在宪法中把四项基本原则的内容集中加以概括的表述,予以肯定,这在新中国的制宪史上还是第一次。因此,关于坚持四项基本原则的规定,新宪法同过去的几部宪法相比较,显得更为庄重、鲜明、突出。这样,我们就能运用国家的根本大法这一武器,有力地同一切企图偏离、否定或破坏四项基本原则的错误倾向作斗争。

另一方面,坚持四项基本原则,还意味着要同来自"左"的错误倾向作斗争。在这方面,新中国成立以来我们的经验教训十分深刻。"文化大革命"的主要教训,就是林彪、江青反革命集团打着"最最革命"的旗号,对四项基本原则进行肆意歪曲和疯狂破坏。他们所大批特批的"资本主义"，正是我们所要坚持的社会主义；他们天天叫喊的"无产阶级专政"，正是地地道道的封建法西斯专政；他们坚持的"党的领导"，实际是要把党政不分、以党代政推向极端，使党彻底脱离群众；他们竭力维护的"毛泽东思想的绝对权威"，实际是想把这一伟大思想加以神化，从而使它威信扫地。"文化大革命"的历史悲剧证明，从"左"的方面对四项基本原则进行歪曲、破坏，同样可以把我们引向亡国亡党的道路。1975年宪法所存在的问题，也正是在这几个基本方面，在很大程度上渗进了和反映了"四人帮"的思想理论和政治方针。1978年宪法虽然是在粉碎"四人帮"以后制定的，但是，由于当时历史条件的限制，它没有能够彻底抛弃1975年宪法中"左"的错误理论、政治和口号。我们对1978年宪法进行修改，中心的问题，也就是要在坚持四项基本原则的前提下，在社会主义制度、人民民主专政、党的领导和马列主义、毛泽东思想的指导这些基本的方面，彻底抛弃"左"的一套理论、政治和口号的影响，全面体现十一届三中全会以来党所逐步确立的一条适合我国国情的社会主义现代化建设的正确道路。如果我们不把握住这一点，看不到新宪法对四项基本原则的重大发展，看不到或不承认坚持四项基本原则既要反对来自右的方面的破坏，又要反对来自"左"的方面的破坏，我们就不能全面理解在新宪法中强调要坚持四项基本原则的重大现实意义和深远历史意义；就说不清楚新宪法对1978年宪法做了哪些修改，究竟为什么要作这样的修改。

社会主义制度和人民民主专政是我国的根本制度，因此新宪法不仅在序言中加以肯定，而且把它贯穿于全部条文中，成为规定其他一切具体制度的基础。新宪法总纲第1条就规定："中华人民共和国是工人阶级领导的、以工农联盟为基础的人民民主专政的社会主义国家。""社会主义制度是中华人民共和国的根本制度。禁止任何组织或者个人破坏社会主义制度。"

坚持社会主义道路是坚持四项基本原则的第一条。历史经验证明，只有社会主义能够救中国。只有充分发挥社会主义经济制度的优越性，才能保证我国顺利实现四个现代化，创造社会主义高度的物质文明和精神文明；也只有奠定公有制和按劳分配的经济基础，才能建立起与此相适应的高度民主的社会主义政治制度，真正实现广大人民当家作主。因此，坚持四项基本原则，首先就是坚持社会主义道路。新宪法规定："中华人民共和国的社会主义经济制度的基础是生产资料的社会主义公有制，即全民所有制和劳动群众集体所有制。""社会主义公有制消灭了人剥削人的制度，实行各尽所能，按劳分配的原则。"（第6条）全民所有制经济"是国民经济中的主导力量"（第7条）。"城市的土地属于国家所有。农村和城市郊区的土地，除由法律规定属于国家所有以外，属于集体所有；宅基地和自留地、自留山，也属于集体所有。""任何组织或者个人不得侵占、买卖、出租或者以其他形式非法转让土地。"（第10条）"社会主义的公共财产神圣不可侵犯。"（第12条）"国家在社会主义公有制基础上实行计划经济。"（第15条）所有这些规定都清楚地表明了我国经济制度的社会主义性质。

但是，社会主义制度是一种崭新的社会制度，它只能在实践中逐步得到发展和完善。党的十一届三中全会以来，党和国家根据我国的实际情况和三十多年来正反两方面的经验，对社会主义的经济体制进行了一系列重大改革。新宪法从原则上记录了这方面改革的积极成果，并肯定了继续改革的方向。例如，新宪法规定："农村人民公社、工业生产合作社和其他生产、供销、信用、消费等各种形式的合作社经济，是社会主义劳动群众集体所有制经济。参加农村集体经济组织的劳动者，有权在法律规定的范围内经营自留地、自留山、家庭副业和饲养自留畜。"（第8条）"在法律规定范围内的城乡劳动者个体经济，是社会主义公有制经济的补充。"（第11条）国家通过各种办法，"完善经济管理体制和企业经济管理制度，实行各种形式的社会主义责任制。"（第14条）"国家通过经济计划的综合平衡和市场调节的辅助作用，保证国民经济按比例地协调发展。"（第15条）国营经济"有经营管理的自主权"（第16条）；集体经济组织"有独立进行经济活动的自主权"（第17条）。此外，还规定，允许外国的经济组织或个人在中国投资，同中国的企业或者其他经济组织进行各种形式的经济合作（第18条）等等。所有这些规定，都是1978年宪法没有的，是彻底否定极"左"经济政策的产物，是同我国现阶段生产力发展水平相适应的，是社会主义经济制度在我国不断发展和完善的表现。

坚持四项基本原则的第二条，是坚持人民民主专政。政治是经济的集中表现。人民民主专政是实现社会主义的政治保证；要坚持社会主义道路，没有人民民主专政的国家制度是不可能的。什么是人民民主专政？它是属于"国体"这个范畴，它概括了我们国家的性质和各阶级在国家中的地位，其基本特点包括以下几个方面。第一，工人阶级是国家的领导力量，它对国家的领导是通过共产党来实现的。因为工人阶级是历史上最先进的、最有远大前途的阶级，只有按照它的立场和意志改造社会和治理国家，才能保证国家坚定不移地走社会主义道路。第二，我们国家的基础是工人阶级和广大农民的联盟。其他非农业的劳动者也属于工农联盟的范围，这个联盟是十分广泛的联盟，人民民主专政的基础是极其广阔而雄厚的。第三，全体人民都是我们国家的主人，国家的权力属于人民，人民在自己的内部实行广泛的民主，一切国家机关，包括权力机关、行政机关、审批机关、检察机关、军事机关，都是执行人民意志的工具。第四，因为阶级斗争还在一定范围内长期存在，因此国家除了反对外来侵略以外，还必须同敌视、破坏社会主义事业的敌对分子作坚决的斗争，国家的专政职能不能削弱。只有对极少数敌人实行专政，才能保卫社会主义制度和人民的权利免受侵犯。总之，人民民主专政的国家制度是我国坚持社会主义道路的根本条件。新宪法不仅在序言和总纲中对坚持人民民主专政作了原则性的规定，而且其他章节的许多规定，都体现和贯彻了坚持人民民主专政的原则精神。

1978年宪法否定了1975年宪法关于"全面专政"的反动理论，但是在序言中仍然保留了所谓"无产阶级专政下的继续革命"的错误口号；在阶级关系上也没有完全摆脱"左"的影响，也没有对公民的民主自由权利作出充分的保障；对国家机构的民主化作出必要的改革。新宪法在总结新中国成立以来正反两方面经验，特别是"文化大革命"深刻教训的基础上根据马克思主义关于人民民主专政的科学理论，对建设高度民主的社会主义政治制度，作出了一系列新的重大决定。例如，新宪法在总纲中规定，国营企业有权"通过职工代表大会和其他形式，实行民主管理"；集体经济组织的劳动者，有权"选举和罢免管理人员，决定经营管理的重大问题"。在"公民的基本权利和义务"一章中，恢复了"公民在法律面前一律平等"的法制原则，强调公民的权利和义务不可分离；对保障公民的人身自由、通信自由、宗教信仰自由、人格尊严不受侵犯；等等，都作了新的规定。在"国家机构"一章中，加强了人民代表大会制度，扩大了全国人大常委会的职权；对人民代表的权利和义务作了全面的规定；取消了国家领导职务事实上的终身制；扩大了地方政权机关的权力；加强了民族区域自治；恢复了独立行使审判权和检察权的原则；决定设置乡政权，实行"政社分开"；在基层建立群众性的自治组织；等等。所有这些新的重大规定，都是坚持人民民主专政这一政治原则的具体化、制度化、法律化，都是逐步建设高度民主的社会主义政治制度的重大措施和步骤，都是在人民民主专政的理论和实践上，拨乱反正，彻底否定"四人帮"极"左"政策的产物和表现。

坚持四项基本原则的第三条，是坚持党的领导。党的领导也是四项基本原则最重要的一条。因为没有共产党的领导，就不可能坚持社会主义道路；共产党的领导，是社会主义事业取得胜利的根本保证。党的领导地位，是由党的性质和斗争历史形成的。党是工人阶级的先锋部队，它除了全国广大人民的利益，自己没有别的什么特殊利益。无论是在民主革命时期，还是在社会主义革命和建设时期，党始终在全心全意为人民服务，为人民谋利益。我们的国家需要由党来领导，这是中国人民在长期奋斗中所作出的历史性选择。新宪法的序言对党的领导作出明确的规定，完全符合广大人民的利益和愿望。

我们要加强党的领导，就必须改善党的领导，这是历史给我们提出的一条重要经验。改善党对国家生活的领导，最中心的一环，就是要克服党政不分、以党代政的严重弊端，改变那种把党的领导与国家权力机关的作用混同起来的作法。新宪法正确地总结了这方面的历史经验，作出了许多重要决定来改变这种状况。例如新宪法取消了1978年宪法第2条（"中国共产党是全中国人民的领导核心。工人阶级经过自己的先锋队中国共产党实现对国家的领导"）、第19条（"中华人民共和国武装力量由中国共产党中央委员会主席统帅"）、第22条（"根据中国共产党中央委员会的提议，决定国务院总理的人选"）、第56条（"公民必须拥护中国共产党的领导"）。这些条文表面上看来是为了加强党的领导，实际上是党政不分、以党代政的法律化，客观效果是有损于党的领导。党的性质和职能根本不同于国家权力机关和行政机关。党的领导只能通过自己思想路线和方针政策的正确，通过国家权力机关接收党的方针政策主张，通过党员模范地执行国家的法律来实现；而不应该依靠宪法条文作出具有法律强制性的规定，来要求公民拥护党的领导，来保证实现党的领导。

坚持四项基本原则的第四条，是坚持马克思列宁主义、毛泽东思想。中国共产党是以马克思列宁主义、毛泽东思想武装起来的无产阶级先锋队。党之所以能够成为中国人民的领导核心，就是因为它有正确的思想理论，能够运用马列主义、毛泽东思想的科学世界观作为揭示事物规律，观察国家命运，指导革命和建设的工具。新宪法的全部内容，就是马列主义、毛泽东思想的基本原理和中国当前实际相结合的产物。我国公民既然拥护社会主义道路，承认共产党的领导，也就必然要承认马列主义、毛泽东思想在国家生活中的指导作用。马列主义、毛泽东思想是一种意识形态。我们不能强迫人们信仰这种理论。事实上，这是思想领域的问题，强迫人们信仰也是做不到的。我们不主张通过法律条文作出规定，要求人们信仰或拥护马列主义、毛泽东思想。因此，新宪法取消了1978年宪法的第2条（"中华人民共和国的指导思想是马克思主义、列宁主义、毛泽东思想。"），但是，在新宪法序言中明确规定要坚持马列主义、毛泽东思想则是完全正确的、必要的。宪法的序言具有总的原则和总的指导思想的性质，我们不强制要求每个公民信仰马列主义、毛泽东思想，但是要求每个公民承认马列主义、毛泽东思想对整个国家生活的指导作用。

后 记

"八二宪法"确立的四项基本原则具体而言就是坚持社会主义道路，坚持人民民主专政即无产阶级专政，坚持共产党的领导，坚持马克思列宁主义、毛泽东思想。这四项基本原则是从宪法序言中明确规定的新宪法所遵循的总的指导思想和原则中归纳出来的。正如上一篇文章的后记中所指出的，"八二宪法"颁布之后的四次修宪历程已经使该指导思想和原则的具体表述发生了深化和改变。这种改变无疑是符合历史需要及新的时代潮流的，它反映了我们执政党认识的深化和进步。但是，修宪并不能改变四项基本原则。

现行宪法是1982年12月4日由五届全国人大五次会议通过的。从形式上看，这部宪法是对1978年宪法的修改；实际上则不然，它不是以1978年宪法为基础的，而是以1954年宪法为基础，在党中央的领导下，经过全民讨论，把党的主张和人民的意见结合起来、统一起来，重新制定的新宪法，说它是对1978年宪法的全面修改也可以。

为了使新宪法真正能够成为新的历史时期治国安邦的总章程，首要的问题是必须把握正确的政治方向。邓小平同志从宪法修改工作一开始就明确提出，必须把四项基本原则写进宪法。

在粉碎"四人帮"后，社会上和党内出现一些思想动向。一方面，在一部分人中，仍然存在着思想僵化或半僵化状态，阻碍着十一届三中全会路线的贯彻；另一方面，极少数"四人帮"的党羽，利用中国共产党发扬民主的机会和十年动乱给党和国家造成的困难，宣扬无政府主义和资产阶级自由化的主张，反对社会主义制度，反对共产党的领导，反对无产阶级专政的政权，反对毛泽东思想的指导地位，从右的方面歪曲和反对十一届三中全会的路线。在这样两种思想倾向的影响下，造成了一部分青年思想混乱。针对这种情况，1979年3月30日，邓小平代表中共中央在北京召开的理论工作务实会上作了题为《坚持四项基本原则》的讲话。1987年10月，中共第十三次全国代表大会把"四项基本原则"作为重要内容写进了党在社会主义初级阶段的基本路线中，即：领导和团结全国各族人民，以经济建设为中心，坚持四项基本原则，坚持改革开放，自力更生，艰苦创业，为把中国建设成为富强、民主、文明的社会主义现代化国家而奋斗（即：一个中心、两个基本点）。

1992年10月18日，中共第十四次全国代表大会通过的新党章，把建设有中国特色社会主义的理论和党的"一个中心、两个基本点"的基本路线正式载入党章。

二十多年来，根据经济社会发展的客观要求，1988年4月七届全国人大一次会议、1993年3月八届全国人大一次会议、1999年3月九届全国人大二次会议、2004年3月十届全国人大二次会议先后四次对宪法部分内容作了修改。

这四次修宪产生的31条修正案中，涉及宪法序言内容有5条，为修改总数的16%。与四项基本原则相关的修正是："邓小平理论"进入宪法序言，并与马列主义、毛泽东思想一起作为中国改革开放和现代化建设的指导思想（1999年修宪条款）；确立了"三个代表"重要思想作为国家长期坚持的指导思想（2004年修宪条款）。这些修改反映了全党全国人民对什么是社会主义、怎样建设社会主义这个根本问题认识的深化，从而使宪法更加完善，更加适应改革开放和社会主义现代化建设的发展要求，成为体现时代特征、符合国情、与时俱进的宪法，并没有因此而影响宪法的稳定，也没有因此而损害宪法的权威和尊严，更没有动摇四项基本原则的地位。

巩固和扩大广泛的统一战线

在民主革命时期，统一战线是使我国革命取得胜利的"三大法宝"之一，在社会主义建设时期，它仍然发挥着十分重大的作用，是建设社会主义现代化强国的重要保证。

新中国成立以来，我们制定的四部宪法，在序言中，都有关于统一战线的规定。但是，同其他许多问题一样，四部宪法关于这个问题的不同规定，反映了我们在统一战线问题上是走过了一条曲折的道路。1954年宪法的序言共六段，其中一段是专讲统一战线，内容全面、准确，在当时条件下，是完全正确的。1975年宪法，关于这个问题，只有半句话，即："我们要巩固工人阶级领导的以工农联盟为基础的各族人民的大团结，发展革命统一战线。"当时，林彪、江青一伙肆意污蔑我们党的统一战线工作是搞投降主义。宪法虽然提了一下要发展统一战线，实际情况却是把党的统战工作破坏殆尽。1978年宪法关于统一战线的内容虽然比1975年宪法前进了一步，但并没有完全从"左"的错误中摆脱出来，其主要表现是没有如实地肯定我国阶级状况所发生的根本变化，并把这一点反映到统一战线的内容中去。这次制定的新宪法关于统一战线的规定，有两个最显著的特点：一个是充分体现了新时期统一战线的政治基础比过去任何时期都更加广泛；一个是第一次在国家的根本大法上明确肯定中国人民政治协商会议的性质、地位和作用。

新宪法序言指出："在长期的革命和建设过程中，已经结成由中国共产党领导的，有各民主党派和各人民团体参加的，包括全体社会主义劳动者、拥护社会主义的爱国者和拥护祖国统一的爱国者的广泛的统一战线，这个统一战线将继续巩固和发展。"这一规定，正确地反映了我国统一战线发展的历史，确切地体现了新时期统一战线的广泛性，明确地提出了新时期统一战线的新任务。

随着生产资料私有制的社会主义改造的基本完成和社会主义经济建设的发展，我国的阶级状况发生了根本性变化。我国工人阶级的队伍扩大了，觉悟水平提高了，工人阶级的领导地位也大大加强了。我国的农民前进在社会主义道路上，觉悟也有很大提高，统一战线的基础工农联盟更加巩固与扩大。我国的知识分子从总体上说已经是工人阶级的一部分，工农联盟就包括了知识分子。资产阶级中有劳动能力的绝大多数人，已经改造成为自食其力的劳动者。资产阶级作为一个阶级已经不再存在。他们中的大多数人是属于"社会主义劳动者"这个范畴，一部分是属于拥护社会主义的爱国者。

与上述阶级状况的根本变化相适应，我国各民主党派的性质也发生了重大变化。我国有八个民主党派，它们主要产生于抗日战争后期，在政治上主要代表和反映民主资产阶级、上层小资产阶级的政治利益和要求。它们在民主革命中都有过光荣的历史，在社会主义改造与建设中也作了重要的贡献。随着国内阶级状况的根本变化，我国各民主党派现在都已经成为各自所联系的一部分社会主义劳动者和一部分拥护社会主义的爱国者的政治联盟，成为在中国共产党领导下为社会主义服务的政治力量。

新宪法序言指出："台湾是中华人民共和国的神圣领土的一部分。完成统一祖国的大业是包括台湾同胞在内的全中国人民的神圣职责。"台湾同胞、港澳同胞和海外侨胞心向祖国，爱国主义觉悟不断提高，他们在实现统一祖国的宏伟事业、支持祖国现代化建设和加强国际反霸权主义斗争方面，越来越发挥着重要的作用。他们中间的只要是拥护祖国统一的爱国者，即使对社会主义制度还有某些怀疑，都是我们团结的对象，都可以参加到统一战线的队伍中来。

基于上述各个方面的变化，我国的统一战线已经进入一个新的发展时期，具有如下两个不同于以前的特点：一是新时期统一战线的政治基础和群众基础比以往任何时期更为广泛，它已经达到了全中华民族一切有爱国心的人民在内的最宏大的规模；二是我国的统一战线主要已经不是阶级与阶级的联盟，而是已经发展成为党与非党的政治联盟。新宪法序言对统一战线问题作了新的概括，明确规定我国的统一战线，"包括全体社会主义劳动者，拥护社会主义的爱国者和拥护祖国统一的爱国者"，正是体现了上述这两个特点。

要把我国建设成为一个工业、农业、国防和科学技术现代化的、高度文明和高度民主的社会主义国家，这是一个极其宏伟、极其艰巨的任务。新时期我国统一战线的任务，就是要调动一切积极因素，努力化消极因素为积极因素，团结一切可以团结的力量，同心同德，群策群力，维护和发展安定团结的政治局面，为把我国建设成为现代化的社会主义强国而共同奋斗。我们的党是领导我国社会主义事业的核心力量。但是，只有在党的领导下，团结一切可以团结的力量共同奋斗，艰巨的社会主义事业才有可能成功。在新的历史时期，我国统战工作的范围大致包括以下十个方面：各民主党派、无党派知名人士、非党的知识分子干部、起义和投诚的原国民党军政人员、原工商业者、少数民族上层人物、爱国的宗教领袖人物、去台湾人员留在大陆的家属和亲友、港澳同胞和台湾同胞、归国华侨和海外侨胞等。这十个方面大概有上亿人口。一般说来，他们比较有知识，有广泛的社会关系与社会影响，有为国家出力的良好愿望，可以为国家的建设贡献力量。把所有这些力量都团结在党的周围，我们就能组成一支浩浩荡荡的大军，克服各种困难，争取更大的胜利。

新宪法规定："中国人民政治协商会议是有广泛代表性的统一战线组织，过去发挥了重要的历史作用，今后在国家政治生活、社会生活和对外友好活动中，在进行社会主义现代化建设、维护国家的统一和团结的斗争中，将进一步发挥它的重要作用。"政协不是统一战线的唯一组织，但却是它的重要组织，这是由人民政协本身的历史和它的性质、地位、任务与作用决定的。

中国人民政治协商会议产生于新中国成立前夕。1948年，在第三次国内革命战争取得了决定性胜利的形势下，中国共产党中央发布"五一"口号，提出："各民主党派、各人民团体及社会贤达，迅速召开新的政治协商会议，讨论并实现召集人民代表大会，成立民主联合政府。"这一号召，立即得到各民主党派、各人民团体、无党派人士、少数民族、海外侨胞的热烈响应。这年8月，各方面的代表人士从全国各地以及海外先后来到解放区，与中国共产党共同进行新政协的筹备工作。1949年6月15日，新政协筹备会在北京正式成立，有23个单位134人参加，选出了毛泽东、朱德、李济深等21人组成的常务委员会，下设六个小组，分别拟定各项文件与方案。9月17日，召开第二次筹备会，审议并基本通过了各项文件。9月21日至30日，召开政协第一届全体会议，共有代表660余人参加。会议选举了以毛泽东为主席的中央人民政府委员会，制定了起临时宪法作用的《共同纲领》，并通过了中国人民政治协商会议宣言，庄严宣告了中华人民共和国的成立。

从新中国成立到现在，人民政协的性质自始至终都是人民民主统一战线的组织。但是，这中间曾发生过一次重要变化。从1949年10月到1954年9月这段时期里，政协全体会议曾代行全国人民代表大会的职权，因为它所通过的《共同纲领》起着临时宪法的作用，中央人民政府是由它选举产生的。因此，这一时期，政协既是统一战线组织，又具有国家最高权力机关的性质。然而当政协选举产生中央人民政府委员会并由它行使国家权力，由它对外代表中华人民共和国，对内领导各级国家政权机关，并由它行使制定和解释国家的法律、法令，监督行政机关、司法机关行使权力以后，政协又不是代行全国人民代表大会的全部职权。1954年9月，在普选基础上召开了第一届全国人民代表大会第一次会议，通过了《中华人民共和国宪法》，选举产生了其他中央一级国家机构，结束了政协代行全国人民代表大会职权的任务。政协的性质和任务虽然发生了这一变化，但从那时以来，政协作为团结各族人民、各民主党派、各人民团体、爱国人士以及海外侨胞的人民民主统一战线组织的性质始终没有变。它既不同于国家机关，又不同于一般的人民团体。它在我国的政治生活中起着特殊的、极其重要的作用。

政协的历史作用，是同新中国成立后各个时期的形式与任务密切联系在一起的。政协成立之初在建立人民的国家这一伟大历史任务中，曾作出重要贡献；新中国成立后，它在社会主义改造和社会主义建设中，曾经发挥过重要作用。"文化大革命"期间，由于林彪、江青反革命集团的干扰和破坏，政协长期没有开展活动。粉碎"四人帮"以后，特别是党的十一届三中全会以来，随着思想理论上的拨乱反正，随着党和国家工作重点的转移，统一战线才逐步恢复和发展起来，人民政协才重新恢复和活跃起来。1978年，在召开五届人大一次会议的同时，召开了五届政协一次会议，修改了政协章程，确定了政协在新的历史条件下的各项任务，使人民政协进入了一个新的历史发展时期。

在制定1954年宪法的时候，有人曾经提出，宪法序言中应增加关于政协的地位与任务的规定，但是这一建议没有被采纳。当时认为，既然政协是统一战线的组织，就应由参加政协的各党派、各团体通过协商，自行做出有关这个组织的各种规定。现在看来，在宪法序言中明确规定人民政协的地位与作用很有必要。明确政协的法律地位，运用宪法的手段来保障政协开展工作，就能更充分地发挥政协的作用，使我国的统一战线工作得到重要的组织保障。

十一届三中全会以来，在党中央的正确领导下，统一战线工作已经取得很大成绩。在落实各项统战政策方面，成效很显著。如各种错划右派，平反冤假错案，贯彻民族政策、宗教政策、知识分子政策、原工商业者政策和起义、投诚人员政策，等等，有力地调动了各种积极因素为社会主义现代化建设服务，大大巩固和发展了安定团结的政治局面；人民政协、各民主党派和有关团体的工作都已经全面恢复和活跃起来；有力地开展了对台湾和港澳的统战工作；对各方面党外人士普遍进行了四项基本原则和爱国主义教育；等等。总之，被林彪、四人帮摧残的统一战线，现在已经恢复到生气勃勃的局面，有些方面比"文化大革命"前还有新发展。同其他各方面的工作一样，我国统一战线工作在指导思想上已经完成拨乱反正的艰巨任务，实现历史性伟大转变。以新宪法的制定为标志，我们的统战工作将开创一个新局面。

在新的历史时期，我们要巩固和扩大广泛的统一战线，必须认真做到以下几点。

（一）要搞好统一战线的理论与政策的宣传教育，以提高全党同志尤其是各级党员领导干部对新时期统一战线重要性的认识。民主革命时期，我们依靠"三大法宝"，取得了革命胜利，夺取了政权；今后我们要完成建设现代化社会主义强国，实现祖国统一和国际上反对霸权主义、保卫世界和平三大历史任务，仍然需要在工人、农民、知识分子亲密团结的基础上，团结一切可以团结的人，组成最广泛的统一战线。只要阶级还没有最后消灭，共产党还存在，就要实行和坚持党与非党的合作，就要实行和坚持统一战线。单靠共产党人孤军奋战，不搞爱国统一战线，搞关门主义、孤家寡人的策略，绝对不能完成三大历史任务。在今天和今后一个时期里，"左"的思想仍然是阻碍统战工作胜利开展的主要倾向，必须着重克服。

（二）要放手让人民政协以及各民主党派和有关人民团体独立自主地开展工作，让它们充分发挥主动性、积极性和创造性。要加强党对这些组织的政治思想领导，但党的统战部门不要干涉、包办、代替它们的工作。统一战线工作本身也有一个走群众路线的问题。事实证明，只要各级党的组织放手，同时给它们以方针、政策和方法上的指导与帮助，人民政协以及各民主党派，有关人民团体就会大有可为，成百万党外人士的智慧与力量就会更好地发挥出来。在新的历史时期,我们应该努力创造出能打开统战工作新局面的各种新的工作方式。

(三)要继续坚持和认真贯彻执行"长期共存,互相监督,肝胆相照,荣辱与共"的方针。要切实尊重人民政协、各民主党派、有关人民团体在宪法赋予的权利与义务范围内的政治自由、组织独立和法律上的平等地位。有关国家大事,党的重大方针、政策,统一战线的许多工作和问题,都要提到人民政协去协商,广泛提取和采纳各种正确的意见和建议。参加人民政协的共产党员,不论其职位多高,同参加政协的其他成员都是平等的,决不可自居领导地位、不平等相待,因而破坏政协的民主协商的原则和风气;要广开言路,广开才路,坚持不抓辫子、不扣帽子、不打棍子的"三不主义",让各方面的意见、要求、批评、建议都充分反映出来,以利于政府集中正确的意见,及时发现和纠正工作中的缺点和错误,把人民政协真正办成能充分发扬人民民主、联系各方面人民群众的一个重要组织。

后 记

"八二宪法"颁布之后的四次修宪产生的31条修正案中,1993年修宪增加了"中国共产党领导下的多党合作和政治协商将长期存在和发展",由此在重新确认中国八大民主党派统一战线性质的基础上,首次确认了民主党派的在多党合作与政治协商的政治框架下与中共合作的政治、法律资格。

而2004年十届人大二次会议通过的修改宪法部分内容,增加规定"社会主义事业的建设者"是我国爱国统一战线的团结对象,从而将爱国统一战线的性质由"三者联盟"转变为"四者联盟",增加了"社会主义事业的建设者",此次修宪意义重大而深远。爱国统一战线性质由"三者联盟"变为"四者联盟",其内涵深邃,爱国统一战线的包容性、社会性、群众性不断拓展创新。

统一战线包括的"劳动者""建设者"和两种"爱国者",一层比一层更广泛,社会主义事业的建设者包括全体社会主义劳动者和在社会变革中出现的新的社会阶层。这样修改,有利于最广泛、最充分地调动一切积极因素。

由于这种修正,统一战线的对象不再限于大陆范围内,而是扩展到了海外,也不再限于体制之内。改革开放以来,我们党提出的"拥护祖国统一的爱国者""社会主义事业建设者"两个重要概念，对新时期统一战线产生了极为深远的影响。"拥护祖国统一的爱国者"的提出，使统一战线由大陆范围内扩展到大陆范围外，形成了两个范围的联盟；"社会主义事业建设者"的提出，使统一战线由体制内拓展到体制外。与此相适应，统一战线的工作范围不断扩大，目前已形成包括民主党派、无党派人士、党外知识分子、少数民族人士、宗教界人士、非公有制经济人士、港澳台同胞和海外侨胞在内的15个方面，体现了邓小平同志"宽有利，而不是窄有利"的思想，有利于形成全体中华儿女的大团结大联合。

贾庆林同志指出，改革开放30年，是中国特色社会主义事业蓬勃发展的30年，也是新时期爱国统一战线不断巩固壮大的30年。要深入把握统一战线改革开放30年的宝贵经验：必须坚持中国共产党的领导，确保统一战线正确的政治方向；必须坚持中国特色社会主义理论体系，巩固统一战线广大成员团结奋斗的共同思想政治基础；必须坚持把促进科学发展作为第一要务，充分发挥统一战线的独特优势和作用；必须坚持高举爱国主义、社会主义旗帜，形成海内外中华儿女的大团结大联合；必须坚持尊重、维护和照顾同盟者利益，不断巩固党与党外人士联盟；必须坚持和而不同、求同存异的理念，始终保持统一战线宽松稳定、团结和谐的良好氛围。

统一战线历来是为实现党的中心任务服务的，其主要任务必须随着党的工作重心的转移而不断调整和变化。新民主主义革命时期，统一战线的主要任务是为推翻帝国主义、封建主义、官僚资本主义，建立人民民主专政的国家政权服务。社会主义改造时期，统一战线的主要任务是为顺利完成对农业、手工业和资本主义工商业的社会主义改造，实现由新民主主义向社会主义转变服务。改革开放以后，随着党和国家工作重心的转移，统一战线的主要任务也由为阶级斗争服务转移到为改革发展稳定和谐服务，为建设中国特色社会主义事业服务。这一转变是根本性、战略性的。

随着计划经济体制向社会主义市场经济体制的转变和社会结构的调整，随着城市化、信息化的发展，统一战线的工作从主要由统战部门承担向党政有关部门、社区、社团共同承担转变，从政治领域向经济、科技、文化等领域拓展，从主要在大中城市开展逐步向中小城市甚至乡镇延伸，从主要做"单位人"工作向同时做"社会人"工作方向发展。这种转变使统战工作在新时期越来越灵活多样，也越来越能更大功效地发挥自己的作用。

人民民主专政的理论与实践

坚持人民民主专政（实际上即无产阶级专政），是我们党和国家所坚持的四项基本原则之一。新中国成立以后我们制定的三部宪法，都有关于表明国家性质的这一内容的规定。1954年宪法的序言和总纲第1条是提"人民民主专政"和"人民民主国家"。1975年宪法和1978年宪法都是提"无产阶级专政"。新宪法在序言中是提"人民民主专政实质上即无产阶级专政"。总纲第一条则是提"人民民主专政"。究竟人民民主专政和无产阶级专政有什么不同？为什么现在又要重提人民民主专政？显然，这不是一个简单的提法问题，而是包含着重要的理论意义和实践意义。

马克思主义认为，革命的根本问题是国家政权问题。无产阶级通过阶级斗争推翻资产阶级的反动统治，建立其无产阶级专政的国家政权，这是无产阶级革命取得胜利的基本标志。无产阶级只有依靠和凭借自己所掌握和领导的国家政权，才能粉碎被推翻的剥削阶级和一切敌对势力的反抗，防御来自国外的侵略，包围革命的胜利果实；才能组织社会主义的技能攻击、政治、文化建设，逐步实现对整个社会的全面而深刻的改造；才能最终实现共产主义的历史使命。这是无产阶级解放自己并解放全人类的必由之路，是一条社会主义革命的普遍规律，是一个放之四海皆准的普遍真理。

然而，正如列宁所说："一切民族都将走到社会主义，这是不可避免的，但是一切民族的走法却不完全一样，在民主的这种或那种形式上，在无产阶级政党的这种或那种类型上，在社会生活各方面的社会主义改造的速度上，每个民族都会有自己的特点。"[①] 无产阶级专政学说，是马克思主

---

① 《列宁全集》第23卷，第64~65页。

义创始人总结当时国际无产阶级革命经验而创立的，它就必然要在各国革命人民的斗争实践中不断得到丰富和发展。历史证明，在不同的国家里，由于各种具体情况、具体条件不同，实现无产阶级政党的具体形式是不会相同的，不可能有一个适用于一切国家的固定不变的模式。我国的人民民主专政，就是无产阶级专政的一种具体形式，就是中国"类型"的无产阶级专政。人民民主专政的理论和实践，就是无产阶级专政学说作为马克思主义的基本理论和基本实践在中国的具体化。人民民主专政作为无产阶级专政的一种重要形式，是中国共产党领导中国人民经过长期、复杂、艰巨的革命斗争而做出的一个创造，是马克思主义的基本原理与中国革命的具体实践相结合的产物。

中国的社会历史情况，不仅与马克思、恩格斯在世时欧美比较发达的资本主义国家的具体情况不同，也同列宁在世时俄国的具体情况不同。在近代，我国是一个经济和文化都十分落后的半殖民地半封建国家。"在内部没有民主制度，而受封建制度压迫；在外部没有民族独立，而受帝国主义压迫。"[①] 它在阶级状况和阶级关系方面具有下列几个主要特点。（1）国家政权是掌握在受帝国主义支持的封建地主阶级和官僚资产阶级手里。由于官僚资产阶级是受不同的帝国主义的支持，因此它的内部不同派系和集团之间的矛盾可以利用。（2）工业只占国民经济总产值的百分之十左右，无产阶级的人数很少，只有四百万人，但它的革命性强，战斗力好。（3）个体农业和手工业占国民经济总产值的百分之九十左右，农民占全国人口的百分之八十以上，他们深受三座大山的压迫，有着强烈的革命要求。（4）民族资产阶级有两面性。一方面，它受帝国主义和封建主义的压迫与束缚，因而具有一定的革命性；另一方面，它同帝国主义和封建主义又有密切的联系，因而又具有一定的妥协性。

中国革命就是在这样的社会历史条件下进行的。这就从根本上决定了革命的中心问题是农民问题，革命战争实质上是一场农民战争；无产阶级只有同农民结成联盟，才能实现对革命的领导权。同时，也只有在工农联盟的基础上，团结城市小资产阶级和民主资产阶级，才能最大限度地壮大革命的队伍，孤立敌人的营垒，以夺取革命的胜利。正是基于这种认识，我们党经历了曲折的道路，终于提出了作为革命三大法宝之一的统一战线思想，逐步形成了人民民主专政理论。

---

① 《毛泽东选集》第 2 卷，第 507 页。

毛泽东同志在1949年7月1日所发表的《论人民民主专政》一文中指出："人民是什么？在中国，在现阶段，是工人阶级、农民阶级、城市小资产阶级和民主资产阶级。这些阶级在工人阶级和共产党的领导下，团结起来，组成自己的国家，选举自己的政府，向着帝国主义走狗即地主阶级和官僚资产阶级以及代表这些阶级的国民党反对派及其帮凶们实行专政。""总结我们的经验，集中到一点，就是工人阶级（经过共产党）领导的以工农联盟为基础的人民民主专政。这个专政必须和国际革命力量团结一致。这就是我们的公式，这就是我们的主要经验，这就是我们的主要纲领。"这是关于人民民主专政的最准确、最简明、最严谨的概括和表述。新中国成立前，我们的革命根据地政权就是按照这个公式组成的；新中国成立后，我们的全国性政权也是按照这个公式组成的。

我国的人民民主专政，在实践中，经历了五个发展时期、两个历史阶段。一是抗日战争时期。它的特点是：一切抗日的阶级、阶层和社会团体都是属于人民的范围，日本帝国主义、汉奸、亲日派则是人民的敌人；因此政权的阶级基础最广泛，甚至包括中小地主阶级在内。抗日时期的"三三制"政权机构中就有地主阶级的政治代表——开明士绅参加。二是解放战争时期。它的特点是：美帝国主义和它的走狗即官僚资产阶级、地主阶级以及代表这些阶级的国民党反对派，都是人民的敌人；一切反对这些敌人的阶级、阶层和社会团体，都属于人民的范围。这一时期，开始了土地改革，地主阶级处于被消灭的过程中。三是新中国成立后的国民经济恢复时期（即1949年到1953年）。它的特点是：新中国的成立，结束了半封建、半殖民地社会的历史，从此建立了新民主主义的社会制度，全国政权是新民主主义性质的政权，施行的《共同纲领》是新民主主义性质的纲领；当时政权的任务，一个是没收官僚资本，一个是进行新解放区的土地改革。四是社会主义改造时期（即1953年到1956年）。它的特点是：政权的任务是实现"一化三改"，即逐步实现国家的社会主义工业化，逐步实现国家对农业、手工业和资本主义工商业的社会主义改造。当时，资本主义私有制和民族资产阶级是处于被消灭的过程中。五是开始全面建设社会主义的时期。它的特点是：社会主义的经济基础已经在我国建立起来，地主阶级和资产阶级作为剥削阶级已经被消灭，国家政权的根本任务应当是集中力量进行社会主义现代化建设。在我国人民民主专政经历的上述五个发展时期中，前三个时期是属于新民主主义革命阶段，后两个时期是属于社会主义革命和建设阶段。两个阶段的本质区别是在于：前者政权的任务不是消灭资本主义和资产阶级；后者则是要消灭资本主义和资产阶级。

但是，不管我国的人民民主专政处于哪一个发展时期或哪一个历史阶段，它的一个共同的本质的特征，就是这一政权都始终是由工人阶级所领导，而它的领导是通过共产党来实现的，政权的指导思想是马克思主义，政权的最终目标是逐步实现社会主义和共产主义。正是这一本质特征，决定着我国的人民民主专政不是属于资产阶级专政这个总的范畴，而是属于无产阶级专政这个总的范畴，我国的人民民主专政实质上是无产阶级专政。另一方面，我国的人民民主专政又有着自己的不同于其他国家的重要特点，这就是我国的人民民主专政的国家政权不仅在理论上而且在实际上自始至终存在着两个联盟：一个是工农联盟，一个是工农两个阶级同民族资产阶级的联盟（1956年以前）。这是人民民主专政区别于其他国家的无产阶级专政的一个基本特点，也正是根据这一基本特点，所以我们说，人民民主专政是无产阶级专政在我国的最好形式；人民民主专政理论是无产阶级专政学说在我国的继承和发展。

马克思和恩格斯在世时，当时的英国，无产者已占人口的绝大多数；而在法国和德国，农民和城市小资产阶级还占人口的很大比例。因此他们曾经提出无产阶级专政的具体形式在法国和德国应当和英国有所不同，应当同农民、小生产者建立联盟。马克思和恩格斯还曾提出过，1871年的巴黎公社，无产阶级应当同广大农民结成联盟。但是，由于当时巴黎公社领导人的指导思想和当时的具体条件，巴黎公社并没有做到这一点。俄国也是一个农民和小资产阶级人口很多的资本主义国家。列宁根据马克思主义关于无产阶级专政可以有多种形式的理论，创造性地运用于俄国的实际，反复强调了工农联盟的重要性，甚至把工农联盟提到了无产阶级专政"最高原则"的高度，并且创制了"苏维埃"这种政权形式。但是十月革命的胜利，主要是依靠工人阶级的力量，通过城市武装起义取得的。中国革命则具有自己的特点，它的胜利主要是依靠了农民的力量，是通过农村包围城市，通过无产阶级领导的农民革命战争，通过在广大农村建立红色政权一块块打碎旧国家机器来实现的。因此，我国的人民民主专政理论体系中关于工农联盟的实现及其一系列争取的方针政策，无疑是给马克思主义总的理论宝库增添了新的财富。

在马克思主义发展史和国际共产主义运动史上，我国人民民主专政的理论和实践的一个最突出最鲜明的特点，还是工农两个阶级同民族资产阶级的联盟。马克思和列宁都曾设想过，无产阶级夺取政权后，是否可以用

"赎买"的办法把资本主义经济改造为社会主义经济。列宁还提出过，无产阶级专政建立以后，也一般可以不限制和剥夺资产阶级的选举权。但是，主要由于当时俄国资产阶级本身的反动性以及其他一些原因，马克思和列宁的设想并没有在十月革命胜利后的俄国得到实现。在我国，在人民民主专政所经历过的两个历史阶段中，我们自始至终坚持了工农两个阶级同民族资产阶级的联盟，自始至终重视并保障了民族资产阶级在国家政权和国家政治生活中应有的地位和作用。特别是在社会主义革命时期，虽然民族资产阶级已经成为社会主义革命的对象，但是我们把革命对象同专政对象严加区别，坚定不移地把民族资产阶级作为人民的一部分，保障他们享有同其他人民完全一样的各项民主自由权利，并十分重视吸收他们的成员及其代表积极参加国家的政治、经济、文化和社会事务的管理。对于资本主义工商业的改造，由于我们的党和国家采取了一整套正确的方针、政策和步骤，因而在社会没有多大震动，生产力没有遭受什么破坏的情况下，顺利地完成了对资本主义经济的和平改造，并把民族资产阶级中的绝大多数人改造成自食其力的劳动者，使民族资产阶级作为一个阶级，在我国归于消灭。所有这一切，都是国际共产主义运动史上的伟大创举，是对马克思主义关于无产阶级专政学说的独特贡献。

从1956年起，党的许多文件和国家的宪法及其他重要文件，开始使用无产阶级专政的提法，在党的十一届三中全会以后，党中央经过再三地慎重考虑，认为今后在我国还是提人民民主专政为好。这一点，已经反映在《关于建国以来党的若干历史问题的决议》中；这次新宪法又改提无产阶级专政为人民民主专政。无疑，这一决定是有重大意义的，会在国内和国际产生深远影响。我们认为这样做的好处，主要有以下几点。

第一，人民民主专政完全符合我国的国情，坚持这一提法，有利于汲取历史上的经验和教训，发扬优良传统，肃清极"左"影响。人民民主或者是无产阶级专政在我国的最好形式，是无产阶级专政学说在我国的继承和发展。人民民主专政的理论在我国革命的历史上是同"左"倾错误作斗争的产物。"左"倾路线的代表人物曾极力主张革命力量应当"纯粹又纯粹"，那么不应当作为依靠力量，民族资产阶级不可以作为团结对象，其实质是壮大敌人的营垒，使无产阶级陷于孤军作战的境地。实践证明，这只能把革命引向失败。毛泽东同志把以工人阶级为领导的以工农联盟为基础的团结小资产阶级和民族资产阶级在内的人民民主专政，作为我们的公式，我们的主要经验，我们的主要纲领，是十分正确的，因为这是我们的社会主义事业取得胜利的基本保证。但是，从1957年起，我们在人民民主专政的问题上，在政权组成的阶级结构和压迫对象上，开始出现"左"的倾向，开始丢掉我们自己的成果经验和优良传统。后来，这种"左"的错误被林彪、江青一伙所利用，加以恶性发展，在十年动乱期间，提出所谓"政权就是镇压之权"和"全面专政"的反动理论和口号，人民民主专政的提法也被他们抛弃不用了。十一届三中全会以后，党中央鉴于历史上正反两个方面的经验和教训，决定恢复使用人民民主专政这个符合我国国情、概括体现我们自己的成功经验的提法，是完全正确的。

第二，人民民主专政更能确切地表达出我国政权的性质、内容和职能，坚持这一提法，有利于在实际工作中防止人们产生误解或有意歪曲。过去，人们常常提出这样的问题：既然是"无产阶级专政"，那么农民呢？他们是行使这个专政的力量，还是被专政的对象？民族资产阶级就更是这样，他们在这个政权中的地位和作用，更容易引起误解。人民民主专政的提法则不同，它在字面上不是只提"无产阶级"，而是提"人民"，这就清楚表明，广大人民都享有民主权利，都是国家的主人，都有权行使这个专政。同时，无产阶级专政是一个政权概念，一个国家概念，它本来就应该包括"民主"与"专政"这样两个方面的内容和职能。自列宁曾强调指出：无产阶级专政应当"是新型民主的（对无产者和一般穷人是民主的）国家和新型专政的（对资产阶级是专政）国家。"[1] 毛泽东同志也反复说过："对人民内部的民主方面和对反对派的专政方面，互相结合起来，就是人民民主专政。"[2] 人民民主专政的提法与无产阶级专政的提法不同，在字面上，不仅有"专政"，而且有"民主"，这就清楚明白地表明，我们的国家政权既有民主的职能，又有专政的职能，不能只要一个方面，丢掉另一个方面。因此，从名实应当相符的要求来看，人民民主专政的提法比较科学。一方面，它可以使广大干部和群众易于全面理解和掌握我们国家政权的性质、内容和职能；另一方面，它又可以防止少数别有用心的人进行歪曲和篡改。

第三，人民民主专政符合我国新的历史时期的实际情况和今后历史发展的方向。坚持这一提法，有利于保证我们的国家政权具有更为广泛而深厚的群众基础。在我国，剥削阶级作为阶级已经消灭。十一届三中全会以

---

[1] 《列宁选集》第3卷，第200页。
[2] 《毛泽东选集》第4卷，第1412页。

后，原来戴帽的地主分子和富农分子现在已经全部摘掉帽子，享有了公民权。现在，人民的范围越来越大，专政对象的范围越来越缩小，而且这个发展的总趋势是不可逆转的。国家政权的民主职能和专政职能这两个方面，任何时候都不能把它们割裂开来和对立起来。但是，从我国新时期的特点和长远发展方向来看，社会主义民主将越来越显示出它的重要意义。从这个方面来看，使用人民民主专政的提法，更能符合新时期的需要和广大人民群众的意愿。

后　记

现行宪法第 1 条规定，我们国家是人民民主专政的社会主义国家。这一点在"八二宪法"的四次修正过程中都没有改变过。人民民主专政是共产党革命实践的宝贵经验，是对马克思列宁主义国家学说的重大理论成果。早在1935 年，毛泽东于《论反对日本帝国主义的策略》中提出了"人民共和国"的口号及各项政策。1948 年 6 月，在党中央发出的《关于重印〈左派幼稚病〉第二章前言的通知》中，首次使用了"人民民主专政"这个概念。后来毛泽东在多次著述，特别是在 1949 年"七一"社论《论人民民主专政》一文里，对此作了精辟的系统论述。毛泽东的论述为即将建立的新中国的政权奠定了理论基础。1949 年作为开国时期大宪章的《中国人民政治协商会议共同纲领》规定中华人民共和国是人民民主专政的共和国。它的序言写道："中国人民民主专政是中国工人阶级、农民阶级、小资产阶级、民族资产阶级及其他爱国民主分子的人民民主统一战线的政权，而以工农联盟为基础，以工人阶级为领导。"这当然与现行宪法第 1 条规定的人民民主专政并不完全相同。1954 年宪法中的人民民主专政也与现行宪法规定的人民民主专政不完全相同。虽然 1954 年宪法所表现的阶级力量对比关系与共同纲领相比，已有较大改变，但 1954 年宪法通过之际，我国还存在着民族资产阶级。不过，无论是现行宪法，或者是 1954 年宪法还是共同纲领，它们有两个根本点是相同的：首先，都确认了中国政府的政权是以工人阶级为领导和以工农联盟为基础；其次，这个政权都是以劳动者为核心，团结一切可以团结的力量，向着一小撮与人民为敌的反动势力实行的专政。1956 年 9 月，刘少奇代表中共中央在八大《政治报告》中指出：在中华人民共和国成立以后，"人民民主专政实质上已经成为无产阶级专政的一种形式"。这意味着新中国成立后，人民政权已经执行着消灭剥削、消灭资产阶级，建设社会主义的任务。所以它实质上是无产阶级专政。另一方面，新中国由资本主义到社会主义的过渡，基本上是以和平的方式完成的。民族资产阶级是在联合、团结的过程中被改造，最后被消灭的。所以这个政权在形式上仍然是人民民主专政。所以说，人民民主专政是具有中国特色的无产阶级专政。因此在我国，称"人民民主专政国家"更为适宜。

　　我国自1956年9月以后，"人民民主专政"一词在文件、报刊以及讲话里，很快被抛弃了，而普遍代之以"无产阶级专政"来表述我国的政权。1975年和1978年两部宪法的第1条，都规定我国是"无产阶级专政的社会主义国家"。这是"左"倾思潮泛滥的一个典型表现。尤其在"文化大革命"时期，"念念不忘无产阶级专政！""无产阶级专政万岁！"等成了一般场合必呼的政治口号。当时，党制定了"四个存在"、阶级斗争年年讲月月讲天天讲的错误路线，形成了"无产阶级专政下继续革命"的错误理论。彭真同志曾于1982年4月22日，在五届全国人大常委会第23次会议上所作的《宪法草案的说明》中，谈到了恢复使用"人民民主专政"时指出："现在的规定，更确切地符合我们的国情和阶级状况，也可以避免对无产阶级专政的曲解。"所以，恢复使用"人民民主专政"的提法，有着深远的意义。其实，现行宪法颁布20多年来，人民民主专政的内涵仍然处于演变与发展之中。随着改革开放的深化，工人阶级（通过中国共产党）的领导力量更加增强了；工人、农民、知识分子三支基本的社会力量在社会主义建设事业中越来越发挥伟大的作用。爱国统一战线更加巩固。1993年通过宪法修正案第4条，又将"中国共产党领导的多党合作和政治协商制度将长期存在和发展"的内容载入宪法。这些都标志着人民民主专政基础的日益巩固。足以显示人民民主专政内涵的还表现为，这个政权所承担的任务及其建设主义的职能的发展变化方面。现行宪法序言第七段规定了人民民主专政国家必须完成的总任务。在这个总任务中，还包含了一系列具体任务，例如：完善各项制度、发展民主、健全法制等等。事实上，宪法提出的具体任务20多年来以通过修正案的方式不断在演变发展之中，例如增加了"坚持改革开放""发展社会主义市场"等。与此同时，国家的专政作用也一直在加强。人民民主专政的重要表现形式就是全国人民代表大会，2004年修改宪法将全国人大代表的产生方式修改为："全国人大由省、自治区、直辖市、特别行政区和军队的代表组成。各少数民族都应当有适当名额的代表"，这是对香港和澳门回归后全国人大组成发生变化这一客观事实的确认。

国家的一切权力属于人民

新宪法第2条规定："中华人民共和国的一切权力属于人民"，"人民行使国家权力的机关是全国人民代表大会和地方各级人民代表大会"，"人民依照法律规定，通过各种途径和形式，管理国家事务，管理经济和文化事业，管理社会事务"。这一条，在新宪法中是具有纲领性的。新宪法不仅坚持了"国家的一切权力属于人民"这一社会主义国家政权的根本原则，而且还作了一系列新的规定，对政治制度作了许多重大改革，以具体保证这一根本原则得到充分体现。

历史上，"国家的一切权力属于人民"这一思想与原则，最早是由资产阶级提出来的。在欧洲，法国启蒙思想家卢梭曾提出"人民主权"理论，和"朕即国家"的封建专制主义相对抗；在中国，革命先行者孙中山曾提出"民权主义"，向几千年"乾纲独断"的封建皇权挑战。这些，在历史上都是有巨大进步意义的。但是，资产阶级革命是以资本主义的生产关系代替封建主义生产关系，这就决定了他们在革命后新建立起来的国家，不过是资产阶级共和国；在这样的国家里，一切权力只能是属于资产阶级。

社会主义革命不是以一种剥削制度代替另一种剥削制度，而是以公有制代替私有制，彻底消灭人剥削人的不合理现象。建立在这个基础之上的国家，就理所当然地应当是人民群众当家作主。国家是人民的国家，人民是国家的主人，这是我们政权的本质特征。这一本质特征最集中的表现，就是"国家的一切权力属于人民"。人民的权力是广大群众通过长期艰苦斗争得来的胜利成果，也是在建设社会主义的伟大事业中发挥人民群众的历史性作用的前提条件。国家的一切权力有没有真正掌握在人民手里，这是检验高度民主的社会主义政治制度是否成熟的主要尺度，也是决定人民民主专政的国家政权是否具有强大生命力的基本因素。

在我国，国家的一切权力属于人民，首先是通过人民代表大会制度体现出来的。我们的国家叫"中华人民共和国"。人民是国家的主人，人民行使权力要通过"共和"政体来实现；而人民代表大会制就是我国共和政体的具体形式。我们是一个有十亿人口的大国，不可能任何国家事务都由人民直接决定。这么多的人，怎样行使自己的权力呢？这就只能通过民主选举，选出各级人民代表，由他们组成权力机关，代表人民行使国家权力。各级人民代表大会制定体现人民意志的法律和其他法规（狭义上的法律只能由全国人大及其常委会制定）并组织各级政府及其他国家机关来执行这些法律和法规，行使国家管理和司法、检察等国家权力。各级人民代表大会作为国家的权力机关，国家的一切重大问题都应由它讨论并作出决定。因此，人民代表大会制度是否健全，它们的实际作用发挥得怎样，这是衡量我们的国家是否真正是"一切权力属于人民"的根本标志。

由于种种历史原因，长期以来，我国的人民代表大会制度并没有起到它应当起到的作用。在一些人的心目中甚至是一种可有可无的摆设。如果这一制度在过去真正具有很大的权威，就不应当出现随便剥夺一位国家主席人身自由的怪事，甚至也不会发生"文化大革命"这样的历史悲剧。《关于建国以来党的若干历史问题的决议》总结了这方面的教训，并明确指出：逐步建设高度民主的社会主义政治制度的重要任务之一，就是要"使各级人民代表大会及其常设机构成为有权威的人民权力机关"。新宪法正是根据这一精神，为健全人民代表大会制度，为维护它的权威，作出了很多重要规定。

要使各级人民代表大会及其常设机构成为有权威的人民权力机关，关键是要克服过去那种党政不分、以党代政的弊病。新宪法在充分肯定我们国家必须坚持四项基本原则的前提下，同时又在序言和总纲第5条中明确规定，我们的党同一切国家机关、人民武装力量、社会团体和企事业组织一样，也毫不例外地必须以宪法作为自己的根本活动准则，也必须遵守宪法和法律，并负有维护宪法尊严、保证宪法实施的职责，而没有超越宪法和法律的特权。在宪法中如此明确地规定执政党同宪法和法律的关系，同国家权力机关的关系，这在新中国的制宪史上还是第一次。正如彭真同志所说，在我国，"宪法和法律是党的主张和人民意志的统一"。我们国家的宪法和法律是党的路线、方针、政策的具体化、规范化、条文化；但是党的主张又只有经过全国人大和它的常委会通过和决定，才能成为法律，成为国家意志。各级党的组织不应该是凌驾于各级国家权力机关之上，直接向权力机关和其他国家及机关发布指示和命令，或者抛开权力机关和行政机关直接向人民发号施令，而是要通过民主的方法（即充分讨论、协商）和民主的程序，使非党的人民代表接受自己的正确主张和建议（不正确的主张和建议就可以不采纳），来实现党的核心领导作用。坚持共产党的领导，最根本的是靠党的思想理论和路线、方针、政策的正确，是靠党充分尊重人民群众的国家主人翁地位、尊重他们的民主权利、密切同人民群众的联系，是靠党员的模范和带头作用。党不能代替人民当家作主，而是要支持人民群众自己当家作主。因此，只有各级党的组织切实尊重"一切权力属于人民"的原则，正确处理自己同各级人民代表大会及其常设机构的关系，才能从根本上维护各级人民代表大会及其常设机构的应有权威，使它们名副其实地成为人民的权力机关。

为了加强国家权力机关的建设，新宪法对人民代表大会制度作出的一项重大改革，是扩大全国人大常务委员会的权力。由于现在全国人大的代表人数多（法定不超过3500人），每年只能举行一次会议，而且会期不能太长，因而不可能经常地、全面地开展工作，而只能集中精力讨论和解决国家政治生活中那些带有根本性的问题。这就使得全国人大在客观上难以适应加强国家权力机关建设的需要，而采取扩大全国人大常委会的职权则是一个适合我国具体情况的比较好的办法。新宪法规定，全国人大常委会可以行使国家的立法权，有权制定和修改除应当由全国人大制定的法律以外的其他法律；在全国人大闭会期间还有权对全国人大制定的法律进行部分修改和补充；有权监督宪法的实施；在全国人大闭会期间有权审查和批准国民经济和社会发展计划、国家预算的部分调整方案；有权根据国务院总理提名，决定部长、委员会主任等的任免；等等。这一改革，有利于最高国家权力机关迅速地、及时地决定国家各种大事，有利于立法工作的全面开展，有利于对其他国家机关的工作和对宪法和法律的实施进行经常的监督。当然，这并不意味着削弱全国人大作为最高国家权力机关的地位和作用。全国人大常委会和全国人大的关系，不是前者领导后者；而是相反，前者是后者的常设机构，全国人大常委会的职权是全国人大通过宪法所赋予的，它要向全国人大负责并报告工作，受全国人大监督；全国人大有权"改变或者撤销全国人民代表大会常务委员会不适当的决定"。

新宪法在扩大全国人大常委会职权的同时，并没有忽视全国人大本身的建设，没有忽视全国人大如何充分发挥作用。新宪法对全国人大代表的权利和义务作了不少新的规定，就是为了做到这一点。各级人民代表大会是由人民代表所组成的。人民代表的素质如何，他们敢不敢于真正代表人民说话，按照人民的意愿行使权力，同人民代表大会是否能够充分发挥作用密切相关。为此，新宪法规定：全国人大代表有权提出立法性议案，有权对其他国家机关提出质询；他们享有代表的豁免权即非经全国人大主席团或常委会许可，不受逮捕和刑事审判；他们的发言和表决不受法律追究。同时，新宪法又规定，代表必须同所选举单位和人民保持密切联系，听取和反映人民的意见和要求，并协助宪法和法律的实施。切实保障人民代表充分享有这些权利，履行他们的义务，就可以大大提高他们代表人民的利益和愿望处理国家大事的实际能力，大大增强他们为人民服务的高度责任感和献身精神。这对完善人民代表大会制度是十分必要的。

为了逐步完善人民代表大会制度，新宪法还采取了其他一些重要措施，如在全国人大除原有的民族、法律、华侨等委员会以外，增设财政经济、教育、科学、文化卫生、外事等专门委员会；扩大省一级人民代表大会和它们的常委会的职权，赋予他们以制定和颁布地方性法规的权力；规定县级人民代表大会的代表实行直接选举；县级以上地方各级人大设立常委会；等等。所有这些规定，都有利于发展社会主义民主和完善人民代表大会制度。

新宪法第2条，把"人民依照法律的规定，通过各种途径和形式，管理国家事务，管理经济和文化事业，管理社会事务"明确规定为"一切权力属于人民"这一原则的不可缺少的一个重要内容，是对过去三部宪法的一个重要发展。在这一规定中，包含了关于发展人民的直接民主的精神。《关于建国以来党的若干历史问题的决议》指出，要"在基层政权和基层社会生活中逐步实现人民的直接民主，特别要着重发展各城乡企业中劳动群众对于企业事务的民主管理"。所谓人民的"直接民主"就是人民群众每个人都能实际上参与讨论和决定政治、经济、文化事务以及同他们的生活和利益直接有关的各种公共事务。它同代表制民主是相对而言的。在我们的国家里，把各级权力机关的代表制度同基层政权和基层社会生活中的直接民主结合起来，并充分发挥各自的作用，就能按照"一切权力属于人民"的根本原则，有效地实现人民对所有国家事务的一切经济、文化、社会事务的管理和监督。人民的直接民主，是社会主义民主不同于资产阶级民主的一个重要原则。在资本主义社会里，企业都是属于资本家私人所有,劳动人民根本不可能享有经济和文化事业的权力。而在我们的社会里,公有制经济却为人民的直接民主开辟了无限广阔的发展前景。

新宪法规定:"国营企业依照法律规定,通过职工代表大会和其他形式,实行民主管理。"(第16条)"集体经济组织依照法律规定实行民主管理,由它的全体劳动者选举和罢免管理人员,决定经营管理的重大问题。"(第17条)。现在,职工代表大会等民主管理形式,正在一些厂矿企业中试行和逐步推广,经验正在日益积累。在广大农村,今后人民公社实行政社分开,公社将成为单纯的集体经济组织,八亿农民对公社事务的民主管理就将出现一个前所未有的新局面。完全可以肯定,随着经济管理民主化不断完善,生产者真正成为城乡企业的主人,就一定会充分调动他们的社会主义积极性和创造性,大大提高城乡企业和集体经济组织的管理水平,有力地促进我国的社会主义现代化建设。

后 记

人民主权学说的出现,是国家学说发展史上的一大飞跃,是资产阶级反对封建专制主义的锐利思想武器,是资产阶级民主思想的核心。因此,从1776年美国《独立宣言》宣布人的天赋权利不可转让、1789年法国《人权宣言》宣布"整个主权的本原主要是寄托于国民"以来,西方国家在形式上一般都承认人民主权,并将其作为资产阶级民主的一项首要原则,而且在宪法中明确规定主权在民。如法国第五共和国宪法规定"国家主权属于人民";日本1946年宪法规定,"兹宣布主权属于国民";意大利现行宪法规定,"主权属于人民,由人民在宪法所规定的形式和范围内实现之";等等。我国宪法在这方面的表述则是"一切权力属于人民"。"一切权力属于人民"的原则,是无产阶级在创建自己的政权过程中,批判性地继承资产阶级民主思想的基础上,对人民主权原则的创造性运用和发展,是我国政治制度的法理基础,是我国社会主义国家性质的最好诠释,也是实现人民当家作主这一中华民族百年梦想的体现。1949年9月29日中国人民政治协商会议第一届全体会议通过了《中国人民政治协商会议共同纲领》。这个纲领在1954年宪法颁布之前,起了临时宪法的作用。《共同纲领》中规定了"国家政权属于人民"。这是我国现行宪法中"国家一切权力属于人民"原则的最初表达。新中国第一部宪法1954年宪法第2条明确规定:中华人民共和国的一切权力属于人民。人民行使权力的机关是全国人民代表大会和地方各级人民代表大会。全国人民代表大会、地方各级人民代表大会和其他国家机关，一律实行民主集中制。在党的十七届二中全会上，胡锦涛同志提出深化政治体制改革，发展社会主义民主政治，切实保证国家的一切权力属于人民。新中国成立六十多年来，我们一直以"国家一切权力属于人民"原则作为我们政治制度的合法性依据以及建设社会主义民主政治的指导思想，在发扬社会主义民主、弘扬社会主义价值观方面取得巨大成绩。"一切国家权力属于人民"的原则，表现在国家生活和社会生活的不同层面、不同领域，归根结底就是要保证人民当家作主的权利。当前，我国社会主义民主政治正在不断蓬勃发展，人民当家作主的权利也受到了前所未有的保障。比如，这一原则首先集中体现在我国根本政治制度——人民代表大会制度上，人大代表的构成越来越能够体现社会各个阶层的利益要求，不同阶层的群众都有权进入国家权力机关，人民代表大会制度也越来越成为人民"参政议政"的重要制度渠道。

国体和政体的相互关系

国体和政体的问题，是被剥削阶级的思想家和政治家搞得混乱不堪的问题。因为他们的国家观建立在历史唯心论的基础上，他们不承认也不敢承认国家的阶级本质，当然就不可能对国体和政体问题得出科学的结论。例如，过去有的资产阶级学者认为：国体指国家的形态，政体指国家的政治形态。按照这种说法，美国与苏联同为共和国体，英国与日本同属君主国体；但英美又同属民主政体，苏联与战前日本则被认为同属"独裁"政体。显然，这是把国体和政体混为一谈；他们所讲的国体实际上还是政体。由于他们说来说去说不清楚，特别是为了坚持抹杀国家的阶级属性，因此资产阶级的思想家越到后来越不愿讲国体，而只讲政体，并根据政体对古往今来的国家做这样和那样的分类。

马克思主义的国家观，是建立在唯物史观的基础上，认为国家总是要掌握在那些经济上占据支配地位的阶级手里，从而把国家变成统治阶级维护有利于自己的经济制度和经济利益的工具。历史上有五种基本社会经济形态，所以就有与此相适应的各种类型的国家，即奴隶制国家、封建制国家、资本主义国家和社会主义国家。五种社会形态中的原始社会，因为还没有私有制、没有剥削、没有阶级，因而也就没有国家。马克思主义正是从这样的观点出发，认为所谓"国体"，就是指国家的阶级本质，即社会各阶级在国家中的地位：是指哪个（或哪些）阶级处于统治地位，掌握国家权力；哪些阶级处于被统治和被压迫的地位。所谓"政体"则是指国家政权的组织形式，即统治阶级采取什么形式去组织反对敌人、保护自己的政权机关。历史事实证明，马克思主义关于国体和政体的观点是完全正确的。

宪法的内容，主要是确定一个国家的根本制度和根本任务、公民基本的权利和义务、国家机构的设置、职权和组织与活动原则。因此宪法又叫"国家法"。这就决定了宪法的重要任务之一，是规定这个国家的国体和政体。虽然世界上绝大多数国家的宪法，在序言和具体条文中并不出现"国体"和"政体"这样的字眼，但是宪法的内容总是要这样或那样地体现和反映出这个国家的国体和政体。

新宪法同新中国成立以后我们所颁布的三部宪法一样，也明确规定了我国的国体和政体。不同的是，这次的宪法在认真总结新中国成立三十二年来正反两方面经验的基础上，根据发展变化了的政治经济形势，并以马克思主义关于国体和政体的理论作指导，在国体和政体的内容方面，对1978年宪法，作了一系列重要修改。

在国体上，新宪法对1978年宪法的修改，主要有以下三点。

新宪法的第1条明确规定："中华人民共和国是工人阶级领导的、以工农联盟为基础的人民民主专政的社会主义国家。"这一条是我国国体的最概括表述。和1978年宪法不同的是，以前提"无产阶级专政"，现在提"人民民主专政"。这一改变是具有重大意义的。新宪法序言指明，人民民主专政实质上即无产阶级专政。指出这一点，是着重强调，人民民主专政同无产阶级专政并不是根本不同的两回事。准确地说，我国的人民民主专政是无产阶级专政的一种具体形式。我国农民占人口的绝大多数，无论是民主革命时期还是新中国成立以后，我们建立了一个以工农联盟为基础的、包括民族资产阶级在内的最广泛统一战线；剥削阶级被消灭后，我们国家的基础更为广泛。因此，宪法总纲现在的提法，能更准确地反映我国的国情和阶级状况；同时"人民民主专政"的提法，不仅用"人民"代替了"无产阶级"，而且包括了民主与专政两个方面，这也可以防止对无产阶级专政的曲解和滥用。

新宪法的序言，对统一战线问题，也作了不同于以前的概括和表述。按照新宪法的规定，我国现阶段，有权管理国家各方面的事业的人民，"包括全体社会主义劳动者，拥护社会主义的爱国者和拥护祖国统一的爱国者"，他们占年满十八周岁的公民人数的百分之九十九点九以上。新宪法做出这样的概括，更清楚地表明统一战线和人民这个概念的内容的广泛性。

社会主义国家是广大人民当家作主的国家。广大人民在国家中的主人翁地位，集中地表现为国家的一切权力属于人民。因此，我国国体的中心问题，是如何在法律上、制度上以及在现实生活中保证广大人民享有最广泛的和最真实的管理国家一切事物的最高权力。新宪法总纲的第2条和1978年宪法相比，有一个不同的地方，就是除了明确规定"中华人民共和国的一切权力属于人民"，"人民行使国家权力的机关是全国人民代表大会和地方各级人民代表大会"以外，还明确指出"人民依照法律的规定，通过各种途径和形式，管理国家事务，管理经济和文化事业，管理社会事务"。与此相适应，新宪法还指出："国营企业依照法律规定，通过职工代表大会和其他形式，实行民主管理。"（第16条）"集体经济组织依照法律规定实行民主管理，由他的全体劳动者选举和罢免管理人员，决定经营管理的重大问题。"（第17条）宪法的这些规定，都清楚地表明了，在我国，人民享有管理国家各项事业的权力的广泛性和真实性，而这正是社会政治制度的一个基本特点，是社会主义民主优越于资产阶级民主的一个重要标志。在资本主义制度下，生产资料是属于资本家所有，因此他们除了实行代议制民主（这种民主也只是资本家所享有）以外，绝不可能让劳动人民享有管理经济和文化事业和管理社会事务的权力。有些资产阶级国家的法律中，虽然有所谓的"共同决定制度"，标榜劳资双方共同管理企业，但这丝毫改变不了企业的资本主义性质，对工人来说，仍是一种骗局。

一个是要团结一切可以团结的力量，使人民的队伍尽量扩大，使国家的群众基础尽可能广阔和深厚；一个是要保证全体人民都能最广泛、最真实地享有各项民主自由权利，首先是享有管理国家事务和管理经济、文化、社会事务的最高权力。这两条，是社会主义国家国体问题的本质和核心。新宪法鉴于新中国成立以来正反两方面的经验，特别是"左"倾错误的教训，对这两个方面的问题做出了新的规定；与此相适应，在理论上和口号上，新宪法则决定改提无产阶级专政为人民民主专政。所有这些，都完全符合马克思主义关于国体问题的基本原理，符合建设高度民主的社会主义政治制度的客观要求，符合全国人民的根本利益和愿望。

国家同宇宙间的任何事物一样，既有它的内容，也有它的形式。国体就是它的内容，政体就是它的形式。内容决定形式，形式反作用于内容，这就是国体和政体的辩证关系。

我们考察国家问题，首先要注重它的内容，因为只有这样，我们才能揭示国家的本质，了解国家的作用，掌握国家产生、发展和消亡的规律，彻底划清马克思主义国家观和资本主义国家观的界限。比如，我国权力机关的各级人民代表，都是真正来自于人民，是真正能够代表人民利益的；而资产阶级议会的议员，几乎绝大多数都是资本家或者是他们的代理人和政治代表，他们当然不可能替广大劳动人民谋利益。这种事实，最能反映出一个国家的阶级实质。抓住国家的阶级本质，揭露资产阶级国家的反动性，宣传社会主义国家的优越性，对于提高全世界劳动人民的革命意识，是十分必要的。

但是内容与形式是一个统一的整体。世界上没有无内容的形式，也没有无形式的内容。我们注重国家的阶级内容，但丝毫不是意味着我们可以忽视国家的形式。国体决定政体，但国体又要求有一种最好的政体来为它服务。过去，我们在国体上也有过错误，这主要是在阶级关系、在团结一切可以团结的力量方面，在人民是否真正享有管理国家一切事务的权力方面，长时期里存在着"左"的倾向，这种"左"的错误后来被林彪、江青一伙所利用，在"文化大革命"中使它得到恶性发展，而出现那种所谓的"知识分子都是臭老九""民主党派都是牛鬼蛇神"的种种怪事。但是，从全局看，我们在国体与政体问题上的失误，主要还是政体，是对政体重视不够，甚至对一些最基本的民主制度、民主原则、民主程序、民主方法，都加以轻视、蔑视甚至鄙视，轻则斥之为形式主义，重则扣上一顶资产阶级思想影响的帽子。这就不可避免地要使许多重要的社会主义民主形式遭到破坏而不能发挥它们应有的作用。比如，在选举中，往往是"上面定名单，下面画圈圈"；人民代表很少联系到自己的选民，听取他们的意见和呼声，实际上是很难代表人民，而在一定程度上只是代表自己；国家领导人职务名义上是定期选举，事实上成了终身制。之所以出现这种种情况，就是没有好好研究国体与政体的相互关系，没有划清必要的形式同形式主义的界限，没有重视各种民主形式对保证人民真正当家作主的重要意义。

从根本上说，政体是由国体决定的，即一个国家阶级关系怎样，什么阶级占据统治地位，是决定政体的主要根据。但是，政体还要受一个国家的历史传统、民族关系、阶级力量对比等各种因素的影响。因此，同一类型国家，又会出现不同的政体。"在奴隶占有制国家内，有君主制，贵族共和制，甚至有民主共和制"，[①] 但主要的是君主制，雅典奴隶制时期之所以出现贵族共和制与民主共和制，同原始公社制度的传统影响有关，封建社会的典型政体也是君主专制，但在欧洲的中世纪也出现过像意大利的威

---

① 《列宁选集》第4卷，第49页。

尼斯、佛罗伦萨、热那亚等共和制的城邦国家。现代资本主义国家采取的政体，主要有两类：一是共和政体，二是君主立宪政体。后者主要是某些国家（如英国、日本等）在资产阶级革命中，向封建地主阶级妥协的产物。所谓君主立宪制，实质上是一种民主制，因为"女王"也好，"天皇"也好，只是一个象征，实权还是掌握在资产阶级议会手中。资本主义国家不可能出现君主专制，因为资产阶级国家是建立在生产自由竞争、劳动力自由买卖、商品自由交换为特征的资本主义生产关系基础上的。工人在人身上是自由的，资本家没有权力像奴隶主支配奴隶或封建主支配农奴那样来支配他们。资产阶级需要有政治上的"民主、自由"，来保障他们的资本主义生产方式的自由发展。

工人阶级推翻资产阶级的统治，建立自己的政权，只能采取民主共和政体，这是马克思主义的一贯主张。采取这种政体的深刻的经济根源就是生产资料的公有制，社会主义的生产关系要求广大人民群众真正当家作主，它同一个人或者少数几个人实行独裁和专制是不相容的。我国实行的人民代表大会制，就是民主共和政体的一种具体形式。在我国，全国人民代表大会和地方各级人民代表大会是人民行使国家权力的机关，它由民主选举产生，对人民负责，受人民监督。国家行政机关、审判机关、检察机关都由国家权力机关产生，对它负责，受它监督。人民代表大会制度的根本组织原则和活动原则是民主集中制，是在高度民主的基础上实行高度的集中。人民代表大会制度在民主革命时期的根据地里就已经存在并积累了许多重要经验；新中国成立以后，这一制度进一步得到了发展。它是比较符合我国国情和群众习惯的共和政体形式。由于我们过去在理论上对于国体决定政体，要求有完善的政体为它服务这一点认识不足，对社会主义国家的政体很少进行认真研究和总结经验教训满足于我们的人民代表是来自于人民，而对于人民代表大会制度如何进一步完善使之真正成为有权威的人民行使国家权力的机关缺少应有的重视，因此长期以来人民代表大会制度存在着许多弊端，严重地影响了它在全国人民心目中的威望，致使一些人把它看作是一种摆设。十一届六中全会通过的《关于建国以来党的若干历史问题的决议》，深刻总结了这方面的历史教训，鲜明地提出了要建设一个高度民主的社会主义政治制度，就一定要"是各级人民代表大会及其常设机构成为有权威的人民权力机关"。

新宪法根据《关于建国以来党的若干历史问题的决议》的精神，为健全我国的人民代表大会制度采取了一系列措施，做出了许多新的重要规定。如：详细规定了全国人大代表所享有的权利和应尽的义务，取消了国家领导人职务事实上的终身制，扩大了全国人大常委会的职权，决定县级以上的地方人大设常委会，扩大了省、自治区、直辖市人民代表大会及其常设机构的职权，恢复设立国家主席，新建立中央军事委员会，按照政社分开的原则设立乡政权，等等。所有这些规定，都体现了我国政治体制的重大改革和新的发展，必将使我国的人民代表大会制度更趋完善，使我国的政体更好地与国体相适应，以保障我国社会主义现代化建设的顺利进行。

后 记

正如"八二宪法"所明确规定的，我国的国体是工人阶级领导的、以工农联盟为基础的人民民主专政的社会主义国家。我国的政体是人民代表大会制度。在这个问题的表述上，四次修宪都没有撼动过。现行宪法第1条规定："中华人民共和国是工人阶级领导的、以工农联盟为基础的人民民主专政的社会主义国家。社会主义制度是中华人民共和国的根本制度。禁止任何组织或者个人破坏社会主义制度。"这是对我国现行国体的比较完备的纲领性的表述，在这一国体中最为重要的内容有三项：坚持工人阶级（经过共产党）的领导、坚持人民民主专政、坚持社会主义制度（或道路），这是对我国国体运行的基本规定。现行宪法第2条规定："中华人民共和国的一切权力属于人民。人民行使国家权力的机关是全国人民代表大会和地方各级人民代表大会。人民依照法律规定，通过各种途径和形式，管理国家事务，管理经济和文化事业，管理社会事务。"第3条规定："中华人民共和国的国家机关实行民主集中制的原则。全国人民代表大会和地方各级人民代表大会都由民主选举产生，对人民负责，受人民监督。国家行政机关、审判机关、检察机关都由人民代表大会产生，对它负责，受它监督。中央和地方的国家机构职权的划分，遵循在中央的统一领导下，充分发挥地方的主动性、积极性的原则。"这两条共七款是对我国现行政体的比较完备的纲领性的表述，在这一政体中最为重要的内容有五项：我国的一切权力属于人民、人民行使国家权力的机关是各级人民代表大会、人民依法管理国家与社会事务和经济与文化事业、我国国家机关实行民主集中制原则、我国国家机关由人民代表大会产生并对人民负责和受人民监督。这是对我国政体运行的基本规定。

我国的政体和国体理论,虽然修宪时表述没有改变过,但经过几代中共领导人的发展,内涵逐步丰满起来了。毛泽东关于我国国体和政体运行的基本理论与基本主张,是同马克思列宁主义的国家理论既一脉相承又与时俱进的理论结晶。"八二宪法"对国体和政体的表述就是这些结晶的具体表现。邓小平在我国现行宪法制定前后,对我国国体和政体运行的基本理论,作了进一步的阐发。他从坚持四项基本原则的视角阐明了我国国体的确立是立国之本的思想,并从我国国体决定政体的实际出发阐明了我国政体运行的现实必然性的思想,同时通过我国和西方国家的比较中阐明了我国国体和政体运行的优势与稳定性的思想。江泽民任总书记期间,进一步对这一问题进行了阐述。1990年3月,他在《关于坚持和完善人民代表大会制度》一文中指出:"我们党是执政的党,党的执政地位,是通过党对国家政权机关的领导来实现的。如果放弃了这种领导,就谈不上执政地位。各级政权机关,包括人大、政府、法院、检察院和军队,都必须接受党的领导,任何削弱、淡化党的领导的想法和做法,都是错误的。当然,党同政权机关的性质不同,职能不同,组织形式和工作方式也不同,党不能代替人大行使国家权力。党的政治领导、思想领导、组织领导,要通过政治原则、政治方向、重大决策的领导和思想政治工作、向政权机关推荐重要干部等来实现。要善于把党的有关国家重大事务的主张经过法律程序变成国家意志。"江泽民还阐明了我党执政和各民主党派参政也是我国国体和政体运行的重要内容的思想。他在2000年12月的《坚持和完善共产党领导的多党合作和政治协商制度》一文中,从这一内含着国体和政体运行的政党制度的特点与优点的角度指出:"共产党领导、多党派合作,共产党执政、多党派参政,各民主党派不是在野党和反对党,而是同共产党亲密合作的友党和参政党……这既避免了多党竞争、相互倾轧造成的政治动荡,又避免了一党专制、缺少监督导致的种种弊端。我国政党制度的巨大优势就在这里,同国外一党制和多党制的根本区别也在这里。"胡锦涛同志则代表我们党把我国国体和政体的运行纳入到政治文明建设的全新视野作出了新的阐发。党的十六大明确提出了建设社会主义政治文明问题。认为推进政治文明建设,最根本的是要坚持党的领导、人民当家作主和依法治国的有机统一;推进政治文明建设,要坚持走中国特色的政治发展道路;推进政治文明建设,要坚持和发展我国社会主义政治制度的特点和优势。这些论述同毛泽东、邓小平、江泽民关于我国国体和政体运行的基本理论既是一脉相承又是与时俱进的，它们作为中国共产党关于我国国体和政体运行的基本理论，必将对新世纪我国社会主义政治文明建设和国体与政体的健康、有效、稳定的运行，起着重大指导作用，也必将推进我国的宪政文明。

国家机构必须认真实行民主集中制

新宪法第3条规定："中华人民共和国的国家机构实行民主集中制的原则。全国人民代表大会和地方各级人民代表大会都由民主选举产生，对人民负责，受人民监督。国家行政机关、审判机关、检察机关都由人民代表大会产生，对它负责，受它监督。中央和地方的国家机构职权的划分，遵循在中央的统一领导下，充分发挥地方的主动性、积极性的原则。"

民主集中制是我国国家机构的组织原则与活动原则。所谓组织原则，是指庞大复杂的国家机构应当依照什么原则来组建，如何划分每个国家机关的职权，怎样处理国家机构同人民的关系以及各国家机关上下左右彼此之间的关系。所谓活动原则，是指各国家机关依照什么原则来进行活动，开展工作。而我国国家机构的组织原则与活动原则就是民主集中制。

我国的政体（即政权组织形式）是属于共和政体一类，其具体形式就是人民代表大会制。我国的各级人民代表大会以及其他国家机关，都是实行民主集中制。不仅如此，民主集中制也是我们党的一项根本的组织与活动原则。刘少奇同志在党的七大所作的《关于修改党章的报告》指出："党内的民主集中制，照党章规定，即是在民主基础上的集中和在集中指导下的民主。它是民主的，又是集中的。它反映党的领导者与被领导者的关系，反应党的上级组织与下级组织的关系，反映党员个人与党的整体的关系，反应党的中央、党的各级组织与党员群众的关系。"而且，民主集中制还是我国一些社会组织如政协、工会、共青团的组织原则和活动原则。因此，在我国的全部政治生活中如何坚决地和正确地实行民主集中制，是一个非常重要的问题。

鉴于过去党和国家的民主集中制曾经遭受严重破坏的历史教训，党的十一届六中全会通过的《关于建国以来党的若干历史问题的决议》明确提出："必须根据民主集中制的原则加强各级国家机关的建设。"这次新宪法的规定，就是采纳了党中央的这一建议。和过去的三部宪法相比，新宪法在民主集中制的问题上，有很大发展。这种发展主要表现在两个方面。一是在"总纲"中新宪法的第3条增写了第2、3、4款，即对权力机关与人民的关系、权力机关与其他国家机关的关系、中央机关与地方机关的关系作了总的规定，这是过去三部宪法没有的。二是在整部宪法中，特别是在"国家机构"一章中，作了很多新的规定，来更好地体现民主集中制的原则。

民主集中制作为国家机构的组织原则，主要是体现在新宪法的第3条的第2、3、4款的内容上。下面分别从三个方面来看民主集中制的具体内容以及新宪法作了哪些新的规定。

首先，关于权力机关与人民的关系。

新宪法规定："全国人民代表大会和地方各级人民代表大会都由民主选举产生，对人民负责，受人民监督"，这是民主；各级权力机关代表人民行使国家权力，它们所制定的法律和各种规章以及做出的各种决定，人民群众又必须服从，必须遵守，这又是集中。在这里，新宪法的规定，是突出强调了民主的一面，这是完全必要的。在我国，国家的一切权力属于人民。切实做到权力机关真正由人民选举产生，对广大人民高度负责，有效地接受人民的监督，这对保证人民大众在我国真正当家作主，保证权力机关真正代表人民的利益行使权力，具有决定性意义。但是，要切实做到这几点，并不是一件容易的事情，需要采取许多具体措施。例如，关于民主选举，近年来我们采取了不少改革办法，来努力消除以前那种"上面定名单，下面画圈圈"的弊端，已经取得显著成效。为了切实做到上述几点，新宪法又进一步采取了以下一些措施。一是扩大了直接民主，规定："县、不设区的市、市辖区、乡、民族乡、镇的人民代表大会代表由选民直接选举。"（第97条）二是完善了"罢免权"的内容，规定原选举单位和选民有权依照法律规定的程序随时撤换自己选出的各级人大代表（如第77条、第102条、第104条）。罢免权的完善，有利于保证各级人民代表服从原选举单位和选民的意志，代表人民的利益和希望努力工作。三是加强了对全国人大代表的人身自由、言论自由等方面的保护。规定他们非经全国人大主席团或常委会许可不受逮捕或者刑事审判；他们在全国人大各种会议上的发言和表决，不受法律追究。这对保证人大代表敢于坚持真理,忠实地履行职责,有重要作用。关于权力机关同人民的关系,属于加强集中统一领导方面的措施,主要是在序言和总纲中增写了广大公民必须严格遵守权力机关指定的宪法和法律条款。

其次,关于权力机关同其他国家机关的关系。

新宪法规定:"国家行政机关、审判机关、检察机关,都由人民代表大会产生,对它负责,受它监督。"这一规定同时具有两方面的意义,一方面强调了民主,另一方面也加强了集中。各级人民代表大会是人民通过民主选举产生的,是具体代表人民行使国家权力的。其他国家机构由它产生,并要求对它负责,受它监督,这实际上也就是意味着对广大人民负责,受广大人民监督,他们的一切行动都必须服从全国绝大多数人的意志,都必须为全国绝大多数人的利益服务。这是民主的一面。为了突出地体现出人民享有管理国家大事的最高权力,并保证他们实际享有这种权利,新宪法还采取了若干新措施。新宪法第73条规定,全国人大代表和全国人大常委会组成人员,在全国人大或者常委会开会期间,有权向国务院或者国务院各部、各委员会提出质询,受质询的机关必须负责答复。第71条规定,全国人大和它的常务委员会认为必要的时候,可以组织关于特定问题的调查委员会,并根据调查委员会的报告,做出相应的决议;调查委员会进行调查的时候,一切有关的国家机关、社会团体和公民都有义务向它提供必要材料。这些措施都有利于保证权力机关、人民代表真正代表广大人民去监督政府和其他国家机关。另一方面,我们说规定其他国家机关都由权力机关产生,对它负责,受它监督,这是强调了集中,这是因为,我国国家机构的体制,同美国那种严格实行三权分立的国家不同。我国的权力机关同其他国家机关之间不是平行关系,而是领导与被领导关系。这种权力比较集中的体制,是由社会主义国家实行生产资料公有制这种经济条件决定的,是有利于实现人民当家作主的,是有利于国家机关实行集中统一领导,并保证全国上下思想一致与行动一致,以有力的推动各方面建设事业发展的。因此,在这个意义上我们说,规定其他国家机关都由权力机关产生,对它负责,受它监督,又是强调了集中。上述这一规定,就是在各国家机关的相互关系上,体现出我们的国家是实行高度民主与高度集中相结合。新宪法在明确规定并具体保证由人民代表大会统一行使国家权力这一前提下,对于国家行政权、审判权、检察权和武装力量的领导权,也都作了明确的划分,使国家权力机关和行政机关、审判机关、检察机关等其他机关能够协调一致的工作。全国人大、国家主席、国务院、中央军委、最高人民法院和最高人民检察院，都在它们各自的职权范围内进行工作。国家机构的这种合理分工、相互配合、相互制约，既可避免权力过分集中，又可以使国家的各项工作有效地进行。

最后，关于中央机关同地方机关的关系。

新宪法规定："中央和地方的国家机构划分，遵循在中央统一领导下，充分发挥地方的主动性、积极性的原则。"这一原则本身是一个完整的整体，要求人们全面理解与掌握。新宪法在这个问题上的许多规定正是这样做的，防止了任何一种片面性。但是新宪法在中央机关与地方机关的关系问题上，着重是扩大了地方国家机关的权力。具体表现在两个方面。一是大大扩大了民族自治地方的自治权，如规定自治地方的人民代表大会有权依照当地民族的政治、经济和文化特点，制定自治条例和单行条例；自治机关有管理地方财政自治权；可以在国家计划的指导下，自主地安排和管理地方性经济建设事业；可以自主地管理本自治地方的教育、科学、文化、卫生、体育事业；可以组织本地方维护社会治安的公安队伍；等等。二是扩大了非自治地方国家机关的职权。例如，第100条规定："省、自治区、直辖市的人民代表大会和它们的常务委员会，在不同宪法、法律、行政法规相抵触的前提下，可以制定地方性法规，报全国人民代表大会常务委员会备案。"在中央和地方的关系上，着重扩大了地方的职权，主要是从我国的具体国情出发，同时也是吸取了过去的经验教训。我国疆域辽阔，人口众多，各地情况复杂，政治经济和文化发展很不平衡。如果权力过分集中在中央，地方上事无大小都要向中央请示，由中央决定，不利于充分发挥地方的主动性、积极性，不利于地方因地制宜地贯彻中央的法律和政策。新中国成立以来我们在中央与地方的关系上，主要是强调中央集权过多，注意地方分权不够，这是对社会主义民主长期不重视的一种反映和表现。新宪法在中央集权与地方分权的问题上，做出了一系列扩大地方国家机关职权的规定，是新时期建设高度的社会主义民主的一个重要步骤。

民主集中制作为我国国家机构的活动原则，内容是丰富的。在这方面，同过去的几部宪法相比，新宪法也有重要发展。

首先，国家机关内部在讨论决定问题时，必须实行民主集中制。在这个问题上，新宪法采取了两种具体形式，一种是通常所说的委员制，即由领导机构的集体共同讨论决定一切重大问题，每个委员只有一票投票权，实行少数服从多数。我国的权力机关、审判机关、检察机关都是采取这种形式。另一种形式就是通常所说的首长负责制，如新宪法规定："国务院实行总理负责制。各部、各委员会实行部长、主任负责制。""中央军事委员会实行主席负责制。"这种形式要求重大问题也要由集体讨论，在民主的基础上实行集中，但不是少数服从多数，而是首长有最后决定权。从理论上说，两种形式都是属于民主制的范畴。不能认为首长负责制不是实行民主集中制，因为重大问题，都要经过集体讨论，广泛发扬民主，集中大家智慧。如果国务院的重大问题不开全体会议或者常务会议讨论，中央军委的重大问题不开军委会议讨论，而都是凭首长个人说了算（非常情况除外），那是不符合宪法精神和民主集中制原则的。这是新宪法对民主集中制的一个重要发展，其目的是为了使国家机关能够更有效地领导和组织社会主义建设事业。行政机关是一种执行机关，其性质要求实行严格的责任制，以提高其工作效率。这种责任制对于发扬社会主义民主是完全必要的。因为人民通过国家权力机关做出决定以后，只有这些决定得到行政机关迅速有效的执行，人民的意志才能得到更好的实现。

其次，国家机关必须实行群众路线的工作方法。一切为了人民群众，一切依靠人民群众，这是社会主义国家的国家机构的本质特征。我们的国家机关在领导人民群众进行一切实际工作的时候，要形成正确的领导意见，做出正确的重大决定，必须从群众中来，到群众中去，实行领导与群众意见相结合，民主与集中相结合，既把群众的意见集中起来，化为系统的意见，又到群众中坚持下去，在群众的行动中考验这些意见是否正确。只有如此循环往复，才能使领导的认识更正确、更生动、更丰富。国家机关实行群众路线，是民主集中制在工作方法上的具体体现。我们这次制定新宪法，就是实行领导与群众相结合、民主与集中相结合的群众路线的工作方法的又一典范。新宪法第27条规定："一切国家机关和国家工作人员必须依靠人民群众的支持，经常保持同人民的密切联系，倾听人民的意见和建议，接受人民的监督，努力为人民服务。"从工作方法的角度说，就是强调国家机关要实行群众路线。此外，新宪法第76条规定，全国人大代表应当同原选举单位和人民保持密切的联系，听取和反映人民的意见和要求，努力地为人民服务；第41条规定，全国公民不仅对于任何国家机关和国家工作人员的违法失职行为，有向有关国家机关提出申诉、控告或者检举的权利，而且还有提出批评和建议的权利。这些规定是过去几部宪法没有的。这些新的规定，有利于保证国家机关保持同人民群众的密切联系，认真实行群众路线。

我们要认真贯彻国家机关的民主集中制原则，必须提高理论认识，使行动建立在高度自觉的基础上。正确认识与掌握以下问题，具有重要意义。

第一，必须划清民主集中制与官僚集中制的界限。民主集中制是社会主义国家的国家机构的组织与活动原则。这一原则不可能存在于资本主义国家的国家机构中。从表面来看，资产阶级的国家机构，也是既有民主又有集中。例如，资产阶级的议会在进行活动的时候，也是要就各种问题，充分展开讨论，最后按照少数服从多数的原则，进行集中，做出决定。资本主义国家的总统或首相决定问题，也往往先要在内阁会议上充分讨论，但是他们的民主是资产阶级的民主，是少数人的民主。他们的任何一项工作，既不是一切为了人民群众，也不是一切依靠人民群众。严格地说，他们的民主只是局限于少数资产阶级的官吏或官僚（包括他们所谓的民意代表和各级议员）。所以，我们叫他们这种集中制叫官僚集中制。我们所实行的民主集中制则完全不同，是以高度的民主作为基础，是一切为了广大人民群众，一切依靠广大人民群众。和官僚集中制不同之处，一是出发点不同，二是民主的范围不同。由此可见，社会主义民主集中制，决不能仅仅局限于在少数干部或者领导成员中发扬民主，而必须是以依靠广大人民群众的智慧和力量为基础。不认真地、切实地做到这一点，就划不清民主集中制与官僚集中制的界限，民主集中制就有蜕变为官僚集中制的危险。

第二，不能把民主集中制的民主与集中这两个方面割裂开来或对立起来。我们的目的，是要建立一个既有民主又有集中、既有自由又有纪律、既有统一意志又有个人心情舒畅那样一种生动活泼的政治局面。我们的国家机关，只有充分发扬民主，又实行高度的集中，才能保证自己工作的正确方向与卓有成效，才能保证整个国家、整个社会出现上述那种生动活泼的政治局面。我们之所以强调要把民主与集中这两个方面辩证地统一起来，有机地结合起来，反对只肯定或重视一个方面而否定或忽视另一个方面的错误倾向，首先是因为，两者在客观上是相互依存、相互促进的。没有民主，不尊重群众和集体的智慧，就不可能实行正确的集中；没有集中，整个国家就没有统一意志和统一行动，民主本身也会失去必要的正确领导和指导。这种情况是不以人们意志为转移的。如果不认识两者相互依存的客观规律性，就会容易出现各种片面性，就不可能正确实行民主集中制，就会给实践带来严重危害。

后　记

　　我国政体的组织原则是民主集中制原则，这不仅是宪法明文规定，亦是理论学界与实务界的共识。"八二宪法"颁行之后近三十年来的研究已经取得基本共识：现行宪法规定的民主集中制是一种原则规定，是一种少数服从多数的组织原则。宪法基本原则贯穿宪法始终，决定宪法的其他原则和规范，具有普遍性。而从宪法整体框架看，民主集中制原则是宪法的具体原则，而不是宪法基本原则。一般认为宪法基本原则包括人民主权原则、基本人权原则、法治原则和权力分立与制衡原则等四个基本原则。我国宪法第3条规定："中华人民共和国的国家机构实行民主集中制原则。全国人民代表大会和地方各级人民代表大会都由民主选举产生，对人民负责，受人民监督。国家行政机关、审判机关、检察机关都由人民代表大会产生，对它负责，受它监督。中央和地方的国家机构职权的划分，遵循在中央的统一领导下，充分发挥地方的主动性、积极性的原则。"从宪法的这一规定可以看出，民主集中制原则是我国人民代表大会政体的组织原则。承认其为具体原则，并不是降低否认民主集中制原则的价值，而恰恰相反，是要把民主集中制原则所要求的少数服从多数程序规则运用于国家政体运行中，即人民按自己意志在民主基础上选举自己的代表，人民代表大会以少数服从多数的规则决议国家事务，制定法律，选举国家机构。正如上文阐述的民主的过程本身是一种集中权威的过程，民主集中制在根源上属于民主范畴，是民主政治不可或缺的重要范式。

　　宪法规定的民主集中制也是一种权利，每个人都有表达意愿的权利。因此基本人权的实现从某种意义上决定着民主集中制的发挥。实现和保障人权是宪政国家中国家机构的任务。江泽民在中共十五大政治报告中指出："领导和支持人民掌握管理国家的权力，实行民主选举、民主决策、民主管理和民主监督，保证人民依法享有广泛的权利和自由，尊重和保障人权。"国家机构的组织与活动原则必须符合实现和保障人权要求。从这个意义上说，民主集中制原则要服从和服务于基本人权原则。因此，2004年修改宪法，将"国家尊重和保障人权"（第24修正案）加入到宪法之中，无疑是宪法的一大进步，将极大地促进民主集中制的发展和完善。

　　此外，由于宪法本身就是为了保障权利和限制权力而存在的。我国宪法规定一切权力属于人民,由人民代表机关代表人民行使国家权力的民主集中制。因此法治状况的发展也极大地制约着民主集中制的实现。1993年3月15日,九届人大二次会议对我国现行宪法进行修正,规定"中华人民共和国实行依法治国,建设社会主义法治国家",(第13修正案)正式将法治原则写入宪法。这一修宪条款对民主集中制的发展的积极作用也是显而易见的。

维护社会主义法制的统一和尊严

新宪法"总纲"第5条规定："国家维护社会主义法制的统一和尊严。"法制的统一和尊严，是两个含义彼此不同但又互相联系的概念。第5条第2款规定："一切法律、行政法规和地方性法规都不得同宪法相抵触"，这是指法制的统一。第5条第3款规定："一切国家机关和武装力量、各政党和各社会团体、各企事业组织都必须遵守宪法和法律。一切违反宪法和法律的行为，都必须予以追究"；第5条第4款规定："任何组织或者个人都不得有超越宪法和法律的特权"，这是指法制的尊严。

维护法制的统一，是社会主义法制的一项重要原则。它的主要含义是，法律应由国家统一制定，统一实施，对于一切地区、一切部门和一切人都有普遍的约束力。苏联十月革命胜利后，列宁曾针对当时俄国的情况指出："法制应当是统一的。我国全部生活中和一切不文明现象中的主要症结是放任半野蛮人的旧俄国观点和习惯，他们总希望保持卡卢加的法制，使之与喀山的法制有所不同。"① 社会主义法制的统一原则，是社会主义国家经济、政治高度统一的必然反映，是社会主义法律得到普遍遵守以充分发挥它在革命与建设中的作用的客观要求。只有维护法制的统一，才能保证国家对经济、政治、文化、军事等各项事业的集中统一领导，才能保证党和国家方针、政策在全国范围内统一实施，才能保证宪法和法律具有极大的权威与尊严。

法制统一原则，首先表现在立法上。按照新的宪法规定，"全国人民代表大会和全国人民代表大会常务委员会行使国家立法权"（第58条）。

---

① 《列宁全集》第33卷，第326页。

这一规定的含义是，狭义上的"法律"，只有全国人大和它的常务委员会才能制定，其他任何机关都不能制定法律，无权行使国家的立法权。按照新宪法规定，在立法权限上全国人大高于它的常务委员会。全国人大有权"修改宪法"，"制定和修改刑事、民事、国家机构的和其他的基本法律"（第62条）；全国人大常委会则有权"制定和修改除应由全国人民代表大会指定的法律以外的其他法律"；还有权"在全国人民代表大会闭会期间，对全国人民代表大会指定的法律进行部分修改和补充，但是不得同该法律的基本原则相抵触"（第67条）。新宪法所指的"基本法律"，主要是指刑法、刑事诉讼法、民法、民事诉讼法、全国人大组织法、国务院组织法、地方各级人大和地方各级人民政府组织法、人民法院组织法、人民检察院组织法、选举法和民族区域自治法等。

新宪法规定，国务院有权"根据宪法和法律，规定行政措施，规定行政法规，发布决定和命令"（第89条）。同时，宪法又规定："省、直辖市的人民代表大会和他们的常务委员会，在不同宪法、法律、行政法规相抵触的前提下，可以指定地方性法规，报全国人大常委会备案"。（第100条）"民族自治地方的人民代表大会有权依照当地民族的政治、经济和文化的特点，制定自治条例和单行条例。"（第116条）但是国务院制定的行政法规和发布的决定、命令，不得同宪法、法律相抵触；省、直辖市制定的地方性行政法规和自治区制定的自治条例和单行条例，不得与宪法、法律和国务院指定的行政法规和决定、命令相抵触。所有这些，都是属于广义上的"法律"。

由此可见，按照新宪法的规定，从广义上的"法律"来说，我国实行的是二级立法：全国人大和它的常委会是第一级，省、直辖市、自治区的人大及其常委会是第二级。宪法规定，自治州、自治县可以制定自己的自治条例和单行条例，但要报省或自治区的人民代表大会常务委员会批准后才能生效，所以自治州和自治县可以不算是一级立法，这样，我们就在国家权力机关的立法权限与各种法律的效力上，形成一个严密的等级体系，全国人民代表大会是我们的最高立法机关，而宪法则具有最高的法律效力。严格确立和坚决维护这样一个立法权限和法律效力的等级体系，这是维护法制统一的前提条件。

这里，有三个问题值得研究。

一、究竟什么是"法"，这个概念的外延是什么？我们经常要说"依法办事"，要"严格遵守社会主义的法律"，这里所说的"法"和"法律"

到底是指哪些国家机关所制定的规范性文件？有的同志认为，凡是国家权力机关或国家机关所制定或者颁布的规章，包括县和乡一级所制定的规章（如决议、命令、指示、规定、条例等等）都是属于广义上的"法"或者"法律"这个范畴。我们认为这种理解过于宽泛。因为，按照新宪法的规定，只有省、直辖市、自治区的人民代表大会及其常务委员会才有权制定"地方性法规"和"民族自治条例和单行条例"，县和乡这两级的权力机关并没有这种权力。我国过去的几部宪法更没有规定县、乡两级政权有这种权力。从实践方面考虑，如果把"法"这个概念的外延解释的过于宽泛，甚至乡一级政权机关做出的适用于本乡这个范围的决议、规定等等都算作我们国家的"法"或者"法律"，对法的内容和体系搞得这样复杂，既不利于维护法制的同一，也不利于树立法律的尊严。

二、"法"这个概念的内涵是什么？有些地方也还值得进一步明确，按照马克思主义关于法的定义，法是国家机关制定或者认可的、体现统治阶级意志的、依靠国家强制力保证实施的行为规范的总和。因此，只有国家机关所制定的那些"规范性文件"才是法。而那些并不是作为人人必须遵守的行为准则的个别性法律文件，不能属于"法"的范围。例如，权力机关关于颁发勋章和奖章、授予荣誉称号、任命领导人以及诸如此类的"法律文件"，就都是一种"个别性法律文件"，是一种适用法律规范的文件。发布这种文件，不是立法活动，而是一种适用法律的活动。因为，它是就个别事件或者个别人发布的法律文件；它们的内容不是一种"行为规范"或"行为准则"；它只对特定的对象有效，并不要求也不可能要求人人都要遵守。

三、怎样才能维护法制的统一，保证宪法所建立的立法权限和法律效力的等级体系不被破坏，这是一个十分重要的问题。例如，宪法规定"一切法律、行政法规和地方性法规都不得同宪法相抵触"，如果发生这种情况怎么办，要不要严肃处理，由什么机关负责处理，如何正确加以处理，这些都是值得认真研究的。宪法规定"解释宪法，监督宪法的实施"是全国人大常委会的一项重要职权。因此，全国人大常委会在这方面担负着繁重的任务。首先，应该十分重视这项工作。在这一点上，某些资本主义国家的经验可以借鉴。例如，美国联邦及各州的最高法院，对违宪的法律进行审查并做出裁决就比较认真。据统计，美国国会共立法四万多件，其中有六十多个法律和法律性文件被联邦最高法院宣告无效；美国五十多个州中，到现在共有一千多个法律或者法律性条文因违反宪法而被最高法院宣告无效。又如，西德宪法法院自成立以后的二十五年期间，共受理了约三万多件控诉案，其中被宣布为违反宪法的法律、法令和判决约四百多件。这些活动和措施，对维护资产阶级宪法的尊严和法制的统一是起重大作用的。在我国，除了需要有非常严肃认真地对待这项工作以外，建立必要的组织以及某些具体的制度和办法，以保证这方面的工作能够卓有成效地开展，看来也是十分必要的。

法制的统一原则，除了表现在立法上，同时还表现在法律的实施中。它要求一切国家机关、政党、社会团体都要统一服从和严格遵守国家的宪法和法律；任何组织和个人都不得滥用国家权力，都没有超越宪法和法律的任何特权。保证社会主义法律在全国范围内得到普遍而严格的执行与遵守，是实现法制统一的重要标志。如果我们允许某些组织和个人可以不严格遵守宪法和法律，可以各搞一套，自行其是，当然也就无所谓法制的统一。然而，这一点又正是维护社会主义法制尊严的最根本要求。所以我们说，法制的统一和法制的尊严是密切不可分离的。仅就这一点而言，甚至可以说，这是一个问题的两个方面。

维护宪法和法律的权威和尊严，是健全社会主义法制的一个根本问题。如果法律缺乏应有的权威和尊严，人们可以随意违反，那么法律制定的再好，也不过是一纸空文。这是人们的常识所能理解的，也是新中国成立以来的经验，特别是"文化大革命"的教训所充分证明了的。正如《关于建国以来党的若干历史问题的决议》所指出，"文化大革命"之所以能够发生并且持续十年之久，除了有复杂的社会历史原因以及毛泽东领导上的错误这个原因以外，民主与法制不健全是"文化大革命"得以发生的一个重要条件。这是十分正确的。如果当时我们国家的民主制度和法律制度很健全，具有极大的权威，是任何人都不可侵犯的力量，那么它就应该而且完全可以防止毛泽东同志犯"文化大革命"那样严重的错误，它就应该而且完全可以制止林彪、江青、康生这伙野心家的胡作非为，坏事做绝。这里的关键是民主与法制没有树立起它应有的权威和尊严。因为"文化大革命"前我们并不是一点法律、一点制度都没有的。但是"文化大革命"一来就轻而易举地被废弃了。林彪、江青反革命集团横行时，一系列明目张胆地违反宪法的行为，居然成了"革命行动"，造成了"根本大法，根本没用"的悲剧。

正是基于这一历史深刻的教训，新宪法把"国家维护社会主义法制统一和尊严"作为一项重要原则和任务，庄严地规定在"总纲"中。这样，作为一项重要原则，全国人民就可以更好地运用宪法这个武器，同各种轻视和蔑视社会主义法制的言论和行动作斗争，而不管这种言论和行动来自什么组织和个人。此外，为了维护社会主义法制的尊严，新宪法还做了许多其他新的重要规定，如恢复了人民法院独立行使审判权和人民检察院独立行使检察权的规定；恢复了公民在法律面前一律平等的规定；充实了关于公民享有申诉权、控告权和检举权的规定；决定设立审计机关，独立行使审计监督权；加强了关于立法程序的规定，如宪法的修改要由全国人民代表大会常务委员会或者五分之一以上的全国人民代表大会的代表提议，并由全国人大以全体代表三分之二以上多数通过。所有这些规定都有利于维护社会主义法制的尊严。

维护法制的尊严，既是建设高度民主的社会主义政治制度的重要标志，也是实现这一历史任务的可靠保障。因此，广大干部群众强烈要求切实维护法制的权威和尊严，这是十分自然的。在这次宪法修改草案的全民讨论中，不少人提出：草案的内容很好，但是担心难以做到。虽然这种想法不是丝毫没有道理的，但是从根本上说这种担心是不必要的。应当承认，我国是一个经历了几千年封建社会的国家，直到现在，特权思想，家长制作风，个人专断习气以及无政府主义思想，还在一些人的身上严重存在。因此，要维护法制的尊严，一定会遇到各种阻力，也必然是一场艰巨的、持久的斗争。但是我们应当看到，在我国发展民主与健全法制是大势所趋，人心所向，是任何人也无法阻挡的历史潮流。我们的党和国家充分理解人民的意愿和深刻洞察历史的趋向，一直在领导全国人民为发展民主和健全法制而不懈努力。这次新宪法的制定，就是一个新的证明。我们有理由充分相信，社会主义法制的崇高尊严是完全能够在我国的政治生活中逐步树立起来的。

后　记

法制的统一是国家统一的基本条件，没有法律制度的统一，各地按地方保护主义原则各行其是，各个部门都搞部门本位主义，整个国家就无秩序可言，就会处于分裂状态。所以法制的统一关系国家的命运。法制的统一要求全国各地方、各部门的法规、规章，统一于宪法和法律，不得与宪法和法律相抵触。法制的统一还要求从法的制定到执法、司法、守法和法的实施的全过程，都要严格符合"有法可依、有法必依、执法必严、违法必纠"的基本要求。而这其中行政立法和行政执法活动能不能严格按照法制统一的要求办事，做到行政法规、规章不与宪法、法律相冲突，立法执法活动都严格依法办事，正是保证法制统一的关键所在。没有行政机关的依法行政，就没有国家法制的统一。法的尊严表现在法作为广大人民意志的体现，它具有至高无上的权威。国家的立法权、行政权和司法权都必须服从法律的权威，严格依法办事。行政机关及其工作人员掌握有行政管理权，这一权力是人民通过法律授予的，因此行政机关和行政机关工作人员就只能在法律允许的范围内，按法律规定的程序进行管理活动。法律对他们来说是制约他们的管理行为，保证管理权的正确行使的权威，而不是他们用以治人，可以任意摆弄的工具。可见行政机关的依法行政，是维护法的权威和尊严的要求；反过来行政机关若不依法行政，滥用行政权，就会动摇法的权威的尊严，就是对法治的破坏。宪法在一个国家的法律体系中处于最高权威的地位。正是宪法确立了我国依法治国，建立社会主义法治国家的基本的治国方略（第13修正案）。依法治国作为一条宪法原则，只有在依法立法、依法司法和依法行政的过程中，才能得到落实。而依法行政则是落实这一原则的关键所在。只有行政机关以维护宪法的权威为出发点，在全部行政管理活动中严格按宪法和法律的规定办事，国家才有法治可言，依法治国的宪法原则才有可能落实，宪法才有其真正权威的地位。

当前和今后一个时期，应当在继续加强立法工作的同时，把加强宪法和法律实施，维护社会主义法制的统一、尊严、权威，摆在更为突出的位置。这是在新的历史条件下全面落实依法治国基本方略，加快建设社会主义法治国家的客观要求，是全党全社会的共同任务。改革开放30余年来，在邓小平理论和"三个代表"重要思想指导下，经过各方面共同的、不懈的努力，我国立法工作取得举世瞩目的成就。以宪法为统帅，由宪法及宪法相关法、民商法、行政法、经济法、社会法、刑法、诉讼与非诉讼程序法七个法律部门和法律、行政法规、地方性法规三个位阶层次构成的中国特色社会主义法律体系，已经基本形成。我国政治、经济、文化和社会生活的主要方面已经基本上实现了有法可依。

总的来说，近三十年来"八二宪法"实施及修正的历史说明，维护社会主义法制的统一、尊严权威，要重点抓好以下四个环节。

一是依法执政。这是新的历史条件下党执政的一个基本方式。依法执政，要求党的各级组织和干部带头贯彻实施宪法和法律，带头维护宪法和法律的权威，为全社会作出表率；督促、支持和保障国家机关依法行使职权，在法制轨道上推动各项工作的开展，保障公民和法人的合法权益；正确处理重大决策、重大政策与宪法和法律之间的关系，善于使党的主张和人民的意志相统一并通过法定程序成为国家意志，善于运用国家政权处理国家事务。各级党组织和全体党员要自觉在宪法和法律范围内活动，模范遵守宪法和法律。

二是依法行政。就是要使政府的组织、政府的权力、政府的运行、政府的行为和活动，都以宪法和法律为依据，都受宪法和法律的规范和约束。

三是公正司法。司法权威是法制权威的重要体现。要坚持以公正树权威，充分发挥社会主义司法的职能作用，维护公平，伸张正义。坚持司法为民、公正司法，深化司法体制和工作机制改革，优化司法职权配置，规范司法行为，建设公正高效权威的社会主义司法制度，保证审判机关、检察机关依法独立公正地行使审判权、检察权。加强政法队伍建设，做到严格、公正、文明执法，为促进社会和谐、维护社会公平正义提供有力的司法保障。

四是社会主义法治理念教育。党员、干部特别是行使立法、执法、司法、监督等权力的国家机关工作人员要真正树立并自觉实践社会主义法治理念，带动全社会增强法治观念、弘扬法治精神。大力提高各级领导干部和公职人员依法办事、依法管理的能力和水平。

巩固和发展社会主义经济制度

新宪法"总纲"的一个重要内容，是确定我国社会主义经济制度的基本原则和社会主义经济建设的基本方针政策。和过去的几部宪法相比，关于这方面的内容，新宪法有重大发展。从篇幅看，"总纲"部分属于经济方面的条文，1954年宪法共十三条，1975年宪法六条，1978年宪法七条，而新宪法则是十四条。这从一个方面反映出，新宪法重视巩固和发展社会主义经济制度。从内容看，新宪法正确地反映了社会主义经济制度在我国已经确立起来并正在继续发展壮大的事实，肯定了生产资料的公有制是我国社会主义经济制度的基础；同时，又认真总结了新中国成立以来我们在经济制度和经济建设方面的经验和教训，肯定了十一届三中全会以来进行经济体制改革的成功经验和胜利成果，并为今后经济体制改革全面深入地发展下去确立了原则。按照新宪法所确定的方向前进，我们就一定能够建设和发展具有中国特色的社会主义经济，使我们的国家逐步地富强起来。而且，我们也可以从有关经济方面的条文充分看出，新宪法是一部适应新的历史时期社会主义现代化建设需要的宪法。

制定新宪法有关经济方面的条款，贯穿着以下几条主要原则。

一、新宪法关于我国经济制度的规定，首先是坚持了社会主义原则。新宪法规定："中华人民共和国的社会主义经济制度的基础是生产资料的社会主义公有制，即全民所有制和劳动群众集体所有制。社会主义公有制消灭了人剥削人的制度，实行各尽所能，按劳分配的原则。"（第6条）生产资料公有制和按劳分配原则，是社会主义最基本的特征，是社会主义区别于资本主义制度和其他剥削制度的主要标志。新宪法肯定了这两条，就从根本上保证了我国经济制度的社会主义性质。又如，新宪法规定："国营经济是社会主义全民所有制经济,是国民经济中的主导力量"(第7条);在自然资源中,矿藏水流完全属于国家所有;森林、山地、草原、荒地、滩涂等除由法律规定属于集体所有的以外,都属于国家所有。城市的土地属于国家所有,农村和城市郊区的土地,除由法律规定属于国家所有的以外,属集体所有。宅基地和自留地、自留山,归农户长期使用,但是不归农户私有。"任何组织或者个人不许侵占、买卖、租赁或者以其他形式非法转让土地。"此外,新宪法还规定国家保护个体经济的合法权利和利益,但要"通过行政管理,指导、帮助和监督个体经济"。所有这些规定,都能保证劳动群众集体所有制经济沿着社会主义道路前进,保证个体经济为社会主义服务,保证农业发展的社会主义方向,保证整个国民经济的发展符合劳动人民的整体利益和长远利益。

二、任何社会的经济制度,都必须同一定的生产力发展状况相适应。这是一条马克思主义的基本原理。过去我们在经济方面的一系列"左"倾错误,归根到底是严重违背了这条客观规律。新宪法正是根据这一基本原理,从我国的生产力发展水平还很低这一客观现状出发,在总结正反两方面经验,包括十一届三中全会以来我国经济体制改革所取得的成功经验的基础上,对1978年宪法作了一系列重大修改,从而彻底纠正了过去在经济制度方面的"左"的错误。例如,新宪法规定:"在法律规定范围内的城乡劳动者个体经济,是社会主义公有制经济的补充。国家保护个体经济的合法权利和利益。"(第11条)"农村人民公社、农业生产合作社和其他生产、供销、信用、消费等各种形式的合作经济,都是社会主义劳动群众集体所有制经济。"(第8条)新宪法上述关于坚持国营经济主导地位和发展多种经济形式相结合的规定,就正是从我国生产力发展水平总的来说还比较低又很不平衡这一具体国情出发的。只有多种经济形式的合理配置和发展,才能最广泛、最充分调动各个方面的积极性,以大大地发展生产;才能活跃与繁荣城乡经济,方便人民生活。

三、按照物质利益原则,注意调整好各方面的物质利益关系。马克思主义认为,人们从事一切活动,从根本上说,都是为了物质利益,或者说是由物质利益推动的。不过,在不同的社会里,物质利益具有完全不同的性质和情况。在资本主义社会里,"使他们连在一起并发生关系的唯一力量是他们的利己心,是他们的特殊利益,是他们的私人利益"。在社会主义制度下,情况就完全不同了。由于实行生产资料的公有,国家的整体利益也就成了劳动者个人的根本利益。然而在这个前提下,生产单位与劳动者个人，还应有局部利益和个人利益。对于这种局部利益与个人利益，也一定要重视。那种认为在社会主义制度下不应讲物质利益的观点，那种不重视统筹安排兼顾国家、集体、个人三者利益的观点，绝不是马克思主义的观点。经济体制改革的目的，是充分调动各个方面的积极性以促进社会主义现代化建设。只有从承认并尊重物质利益的原则出发，正确地调整好国家、集体、个人三者的利益，使它们互相协调，互相配合，互相促进，才能把中央、地方、部门、企业和劳动者的积极性都充分调动起来，科学地组织起来，使其发挥出最有效的作用。新宪法在经济方面的许多重要规定，就是从这一原则出发的。例如，在经营管理方面，实行各种形式的责任制，扩大企业的自主权，就是鲜明地体现出这一原则。

四、我国地域辽阔，人口众多，城乡之间以及各地区、各部门、各企业之间，经济技术文化的发展很不平衡。这是我国的一个方面的重要国情。我们的经济体制改革，还要从这一具体国情出发。因此，我国经济的发展，既要有原则性，又要有灵活性；既要有统一性，又要有多样性。要在中央的集中统一领导下，充分发挥地方、部门、企业和劳动者的积极性。这是确定新宪法有关经济方面的条文的一个重要精神。例如，新宪法规定："国营企业在服从国家的统一领导和全面完成国家计划的前提下，在法律规定的范围内，有经营自主权。"（第 16 条）"集体经济组织在接受国家计划指导和遵守有关法律的前提下，有独立进行经济活动的自主权"（第 17 条），要"实行各种形式的责任制"（第 14 条）。又如，新宪法还规定："国家在社会主义公有制基础上实行计划经济。国家通过计划经济的综合平衡和市场调节的辅助作用，保证国民经济按比例地协调发展。"（第 15 条）所有这些规定，都是从我国的具体国情出发，贯彻了原则性与灵活性相结合的精神。同时，从方法论上来看，所有这些规定都是很全面的，坚持了两点论和重点论，反对和防止任何一种片面性。例如，坚持国营经济的主导地位和发展多种经济形式相结合；计划经济为主，市场调节为辅；自力更生为主，争取外援为辅；在发展生产的基础上，改善人民生活。这些原则，充分体现了唯物辩证法，同林彪、"四人帮"搞的那套唯心主义、形而上学根本对立。因此，我们在理解与贯彻执行新宪法关于我国经济制度各规定的时候，必须注意防止和反对各种片面性。

以上四条，即：保证经济制度的社会主义性质；尊重生产关系必须与生产力发展水平相适应的客观规律；按照物质利益原则，注意调整好各方面的物质利益关系；要从我国地域辽阔，人口众多，经济技术文化发展很不平衡的具体国情出发；就是实行经济体制改革的基本出发点和依据，也是新宪法在经济制度和经济建设方面作出一系列新的重要规定的基本出发点和依据。或者说，新宪法主要是根据这四条的精神来规定有关方面的条文。把握了这四条也就把握了新宪法在经济方面的立法旨意。

新宪法有关经济制度和经济建设方面的条文，涉及内容十分广泛。和过去几部宪法相比，其新的规定，具体表现在以下几个方面，这些方面是需要着重理解与贯彻执行的。

（一）所有制与经济形式

新宪法规定，我国的社会主义公有制有全民所有制和劳动群众集体所有制这两种形式。这一点上，和过去没什么不同。新的发展，主要是体现在两个问题上。一是规定劳动群众集体所有制有多种形式。在农村，除了人民公社的形式以外，允许存在和发展农业合作社和其他生产、供销、信用、消费等各种形式的合作经济。在城镇，也不是由国营企业包办一切，而是在商业、服务业、手工业、工业、建筑业、运输业等行业中，允许发展集体所有制的合作经济。二是规定在农村和城市，劳动者个体经济在相当长时期内还有必要存在并有一定程度的发展。据统计，城镇个体劳动者，1957年有104万人。"文革"期间由于"左"的错误，到1978年只剩下15万人。十一届三中全会以后，人数逐渐增多，到1981年已达113万人，对发展经济起了明显的积极作用。这样，我国就存在着三种经济：国营经济、集体经济、个体经济。它们在一定范围内各有其优越性，其作用和地位虽然各不相同，但都是不可缺少的。个体经济在整个国民经济中所占比重很小，它的存在并不妨碍社会主义公有制是我国经济制度的基础和公有制的顺利发展。坚持在国营经济占主导地位的前提下，发展多种形式的经济，将有力地促进整个国民经济的发展与繁荣。在我国，之所以要在相当长的时期内必须采取全民所有制和劳动群众集体所有制两种形式，而劳动群众的集体所有制又必须采取多种形式，同时，还允许个体经济存在并有一定的发展，这是从我国的具体国情和生产力发展的"多层次"状况出发的。所谓我国的国情，就是生产力还很落后，经济发展不平衡，可耕地面积相对来说少，资源很多尚未开发，人口中农民所占比例大。所谓生产力发展的"多层次"状况，是指在近代工业中是以机械化为主，而在农业或手工业中则是以半机械化和手工劳动为主。这就是我国长时期必须强调多种经济形式的基本出发点。

（二）经济为主，市场调节为辅

计划经济是社会主义经济的基本制度，是社会主义的一个重要特征，是社会主义制度优越于资本主义制度的一个重要表现。在我国，社会主义公有制已经确立，这就为消除社会生产的无政府状态，实行计划经济，提供了客观可能性和必要性。在资本主义制度下，一方面，在资本家的企业里存在着有组织的分工；另一方面，整个社会的生产又受着自发力量的支配。在那里，社会劳动在各个部门的分配，完全听任市场来调节；以国民经济不断遭到严重破坏为代价，才能得到勉强维持。而在公有制的条件下，由于消除了占有形式同社会化生产的矛盾，在生产和需要之间建立起了直接的联系，因此国民经济就不仅可能而且需要有计划、按比例地向前发展。但是，在我国，计划管理体制的具体形态又必须适合我国存在着多种经济形式的具体情况和生产力发展的现实水平。因而新宪法在明确肯定"国家在社会公有制基础上实行计划经济"的同时，又规定"国家通过经济计划的综合平衡和市场调节的辅助作用，保证国民经济按比例地协调发展"。这就是说，国家应当把基本的生产和流通纳入统一的计划，包括指令性计划和指导性计划；而在统一计划以外的其他产品，则允许生产这些产品的企业根据供求的变化灵活地自行安排生产。"以市场调节为辅"的规定，是我国过去几部宪法从来没有的。这是我们在经济制度方面拨乱反正的一项重要成果。过去，我们在计划工作中存在的主要问题之一，就是计划包括的东西太多，由市场去调节的太少，因而造成两方面的不良后果，一方面是该纳入计划的没有严格地把它们管好，从而削弱了计划的科学性和权威性；另一方面是把一些不该纳入计划的也去管了，从而造成小商品的品种单调、质量下降。这些说明，在通过经济计划实行综合平衡的同时，还要利用市场调节的辅助作用。但是，我们一定要正确处理好"为主"与"为辅"的关系。否定必须以计划经济为主，公有制经济就会处于分散状态，而从根本上影响它们的正常发展，就会出现生产的无政府状态，不能保证国民经济按比例地协调发展。

（三）自力更生为主，争取外援为辅

发展的历史充分证明，商品生产高度发展以后，任何一个国家，不论其社会制度怎样，都不可能在与世隔绝的情况下迅速发展自己的经济。因为，一个国家不可能拥有发展本国经济的全部资源，不可能掌握世界上所

有的先进技术,也不可能生产本国需要的全部产品。同时,各国的自然条件和经济发展的具体情况千差万别,各国都有自己的优势和劣势;为了达到以最小的劳动消耗取得最大的生产成果,就应当发挥本国的优势,大量生产那些经济效益好的产品,在国际市场上换取某些自己需要的产品。各国之间日益加强经济交往,是历史发展的必然趋势。我们要在20世纪末实现工农业年总产值翻两番,有十分有利的条件;但是还存在着资金不足和技术水平不高的困难,这就是必须利用一些可以利用的外资,以弥补国内资金的不足,积极引进一些先进技术,以推动我国技术的进步的原因。因此,实行对外开放,按照平等互利的原则扩大对外经济技术交流,是我国坚定不移的战略方针。十一届三中全会以来,我们坚决地执行这一方针,已经取得了很大成绩。例如,我国同外国合资经营的项目现在已经有800多个。1981年的进出口贸易总额已达735亿元,比1978年的355亿元增加了一倍多。为了保证今后对外经济技术交流长期地顺利开展下去,新宪法第18条规定:"中华人民共和国允许外国的企业和其他经济组织或者个人依照中华人民共和国法律的规定在中国投资,同中国的企业或其他经济组织进行各种形式的经济合作。""在中国境内的外国企业和其他经济组织以及中外合资经营的企业,都必须遵守中华人民共和国的法律。他们的合法的权利和利益受中华人民共和国法律的保护。"把允许外国企业或个人在中国投资并保障他们的合法权益,庄严地写进宪法,这在我国还是头一次。这一规定对于促进与发展我国的对外经济技术交流将起很大作用。当然,我们进行社会主义现代化建设,必须立足于自力更生,主要依靠自己艰苦奋斗,扩大对外经济技术交流,是为了增强自力更生的能力,促进民族经济的发展,而决不能损害民族经济。因此,在这个问题上我们必须注意防止和反对两种错误的倾向,一是闭关自守,二是崇洋媚外。

(四) 正确处理积累和消费的关系

新宪法明确规定:"国家合理安排积累和消费,兼顾国家、集体、个人的利益,在发展生产的基础上,逐步改善人民的物质生活和文化生活。"正确理解与贯彻这一规定,也是十分重要的。社会主义生产和建设的根本目的,是不断满足人民日益增长的物质文化需要。因此,我们一定要在生产发展的基础上,保证人民的物质生活和文化生活得到逐步改善。忽视与漠视人民生活水平的不断提高,是不符合社会主义原则的。而且从长远观点看,也不可能保证生产的持续发展。但是,另一方面,城乡人民生活水平的提高，又只能靠发展生产，而不能靠减少国家必不可少的建设资金。否则将损害人民的根本利益和长远利益。因为，如果国家没有足够的建设资金，并适当地加以集中利用，以保证国家的重点建设，那么要实现新时期的战略目标，就是一句空话。因此，今后职工平均收入增长的幅度，只能低于劳动生产率提高的幅度；不能不顾生产和利润的实际状况而滥发奖金和各种津贴。而农民收入的增加也不能再主要依靠提高农产品价格和降低征购派购基数和扩大议价范围。总之，在这个问题上，必须兼顾国家、集体、个人的利益，对积累和消费加以合理安排。

从全面的和长远的观点看问题，正确认识和处理好以上四个方面的关系对于巩固与发展社会主义的经济制度，对于保证现代化经济建设顺利进行并达到预期目的，具有决定性意义。

此外，新宪法在经济制度和经济建设方面还有其他一些不同于以前几部宪法的新规定。例如，第10条关于土地所有权的规定，是符合我国具体国情的，也是一个创造，因为这和许多社会主义国家实行土地国有不同。在我国，土地所有权问题是涉及八亿农民的问题。从没收私人土地到变成集体所有，除了国有以外，都变成集体所有，这是一个历史性的进步。新宪法规定，其精神是，或国有或者集体所有但不准个人私有。从历史传统与现实状况出发，在今后很长一个时期内不实行全部土地国有，是符合国家整体利益的。又如新宪法第13条规定："国家依照法律规定保护公民私有财产的继承权。"这是恢复了1954年宪法的规定，这对有效地保护公民私有财产所有权，是完全必要的。它将为我国今后制定《继承法》提供宪法依据。

后　记

在"八二宪法"框架下的31条修正案中，涉及经济制度和经济政策的内容有21条，主要涉及国家对非公经济的政策、分配政策、市场经济体制等内容，占修正案总数的67.7%。宪法修正案成为中国经济政策变动的历史记录。

纵观我国整个宪法修改史，对经济制度的修改也一直是重中之重。在我国宪法前后八次修改修正中，只有1979年、1980年的修正未涉及经济制度。

由于经济制度的基础、决定社会经济制度性质的关键是生产资料所有制，我国宪法中有关经济制度内容的变动主要表现在生产资料所有制及其相关条文的变动上。1954年宪法将我国当时各种主要经济成分在国民经济中的地位和前途以及国家对农业、手工业和资本主义工商业实行社会主义改造的具体步骤，作了明确的规定。宪法规定国营经济是全民所有制的社会主义经济，是国民经济中的领导力量。国家保证优先发展国营经济。合作社经济是劳动群众集体所有或部分集体所有的经济，国家保障合作社的财产，鼓励、指导和帮助合作社经济的发展，并以发展生产合作社为改造个体农业和个体手工业的主要道路。国家依法保护农民和手工业者的生产资料所有权，鼓励他们根据自愿的原则组织生产合作、供销合作和信用合作。国家依法保护资本家的生产资料所有权和其他资本的所有权，对资本主义工商业采取利用、限制和改造的政策，鼓励它们转变为各种形式的国家资本主义经济，逐步以全民所有制代替资本家所有制。

1975年宪法确认了在经济制度方面的社会主义原则，规定我国现阶段主要有社会主义全民所有制和社会主义劳动群众集体所有制，同时也规定了非农业的个体劳动者可以从事不剥削他人的个体劳动，人民公社社员可以经营少量的自留地和家庭副业。但是，它忽视了发展生产力这个极为重要的任务，离开生产力的状况强调生产关系的变革和上层建筑的变革，取消农业个体经济，对非农业个体劳动者经济和农村社员的自留地和家庭副业予以极大的限制。1978年宪法把保卫社会主义公有制的斗争提到了更加突出的位置，在所有制方面的规定与1975年宪法的有关规定基本相同。

我国现行宪法是1982年在1954年宪法基础上修改而成的。它肯定生产资料公有制是社会主义经济制度的基础，规定"中华人民共和国的社会主义经济制度的基础是生产资料的社会主义公有制，即全民所有制和劳动群众集体所有制"。"社会主义公有制消灭人剥削人的制度，实行各尽所能，按劳分配的原则。""社会主义全民所有制经济是国民经济中的主导力量。"宪法指出：在法律规定范围内的城乡劳动者个体经济，是社会主义公有制经济的补充。宪法在明确肯定"国家在社会主义公有制基础上实行计划经济"的同时，规定"国家通过经济计划的综合平衡和市场调节的辅助作用，保证国民经济按比例地协调发展"，允许外国的企业和其他经济组织或者个人依照我国的法律规定在我国办投资企业，规定了外资企业、中外合资、中外合作企业的合法地位。为了调动生产单位和劳动者的积极性、主动性，推进社会主义现代化建设，宪法规定："国营企业在服从国家的统一领导和全面完成国家计划的前提下，在法律规定的范围内，有经营管理的自主权。""集体经济组织在接受国家计划指导和遵守有关法律的前提下，有独立进行经济活动的自主权。"此外，宪法还规定要"实行各种形式的社会主义责任制"。

1982年宪法至今先后被四次修正。1988年宪法修正案共两条，全是经济制度方面的：一、宪法第11条增加规定："国家允许私营经济在法律规定的范围内存在和发展。私营经济是社会主义公有制经济的补充。国家保护私营经济的合法的权利和利益，对私营经济实行引导、监督和管理。"二、宪法第10条第4款"任何组织或者个人不得侵占、买卖、出租或者以其他形式非法转让土地"修改为"任何组织或者个人不得侵占、买卖或者以其他形式非法转让土地。土地的使用权可以依照法律的规定转让"。这一修正使我国以社会主义公有制为主体、多种经济成分并存和共同发展的经济格局得以构成。

1993年宪法修正案九条，其中七条是涉及经济方面，可以总结为四个方面：第一，在宪法序言中正式写上了"我国正处于社会主义初级阶段""建设有中国特色社会主义的理论"和"坚持改革开放"等内容；第二，将宪法中的"国营经济""国营企业"全部改为"国有经济""国有企业"；第三，将宪法中的"农村人民公社、农业生产合作社"修改为"农村中的家庭联产承包为主的责任制"；第四，将宪法中关于国家实行"计划经济"的规定修改为国家实行"社会主义市场经济""国家加强经济立法，完善宏观调控"。这次宪法修正将改革开放以来对重大经济制度和经济体制的改革以法律形式加以确定，表明宪法对我国的国情有了进一步认识。

1999年宪法修正案的六项主要内容有四项是经济方面的：一、将"我国将长期处于社会主义初级阶段"的判断写入了宪法序言；二、在宪法第6条加上了"国家在社会主义初级阶段，坚持公有制为主体、多种所有制经济共同发展的基本经济制度，坚持按劳分配为主体、多种分配方式并存的分配制度"；三、将宪法第8条中的"农村中的家庭联产承包为主的责任制"由"农村集体经济组织实行家庭承包经营为基础、统分结合的双层经营体制"取代；四、在宪法第11条中明确写上"在法律规定范围内的个体经济、私营经济等非公有制经济，是社会主义市场经济的重要组成部分"。这次宪法修正的意义在于：对我国国情的判断又在1993年宪法修正基础上进了一步；明确规定了国家在社会主义初级阶段的基本经济制度和与之相适应的分配制度；将农村集体经济组织的经营体制进一步具体化、科学化；将非公有制经济作为社会主义市场经济的重要组成部分，进一步提高了非公有制经济的地位。

2004年宪法修正案的十四项内容中有五项是经济方面的：一、在宪法序言第七自然段中"逐步实现工业、农业、国防和科学技术的现代化"之后，增加"推动物质文明、政治文明和精神文明协调发展"的内容。二、建立对土地实行征收和征用的补偿制度（第20修正案）。宪法第22修正案规定："国家为了公共利益的需要，可以依照法律规定对土地实行征收或者征用并给予补偿。"三、修改国家对非公有制经济的政策，规定："国家保护个体经济、私营经济等非公有制经济的合法的权利和利益。国家鼓励、支持和引导非公有制经济的发展，并对非公有制经济依法实行监督和管理。"（第21修正案）四、加强对公民私有财产权的保护。对公民私有财产权的宪法保护是近年来社会各界广泛关注的焦点问题。此次修改，在一定程度上回应了社会的关注。第22修正案规定："公民的合法的私有财产不受侵犯。""国家依照法律规定保护公民的私有财产权和继承权。""国家为了公共利益的需要，可以依照法律规定对公民的私有财产实行征收或者征用并给予补偿。"五、增加规定"国家建立健全同经济发展水平相适应的社会保障制度"。

建设高度的社会主义精神文明

建设高度的物质文明，建设高度的社会主义精神文明，建设高度的社会主义民主，这是我国新的历史时期三位一体的总任务。把建设社会主义精神文明作为新时期总任务的重要内容之一，并在总纲中作出全面具体规定，这是新宪法不同于以前几部宪法的一个重要特点。社会主义精神文明是社会主义的主要特征，是社会主义制度优越性的重要表现。精神文明和物质文明在社会主义建设中的关系是十分密切的。物质文明的建设是社会主义精神文明建设不可缺少的基础。社会主义精神文明对物质文明的建设不但起着巨大的推动作用，而且能保证它的正确发展方向。"文化大革命"的十年混乱，把人们的是非善恶美丑的标准都搞颠倒了，不仅破坏和延误了人们对马克思主义科学真理和共产主义崇高理想的信念的追求，而且使得极端个人主义和无政府主义等腐朽思想泛滥成灾。而要清除这方面的严重后果，需要做很长时间的努力。因此，在全党全国的工作重点转移到现代化经济建设上来以后，我们在建设高度物质文明的同时，一定要努力建设高度的社会主义精神文明，这是建设社会主义的一个战略方针问题。是否坚持这一方针，将关系到社会主义事业的兴衰和成败。现在，新宪法对建设社会主义精神文明的方针和任务，全面而系统地作出规定，使其具体化、制度化、法律化，并要求全国上下切实执行，这就为新时期胜利地开展社会主义精神文明的建设，提供了可靠的保障。

社会主义精神文明的建设，大体上可以分为文化建设和思想建设两个方面。这两个方面是相互渗透和相互促进的。文化建设是提高人民群众思想觉悟和道德水平的重要条件，而思想建设决定着文化建设的发展方向，决定着整个精神文明的社会主义性质。在理论上和实践上，我们都应强调两者的统一，而不应当用一个方面去否定或贬低另一个方面。文化建设方面，新宪法有四条，分别对教育、科学、卫生、体育以及文学艺术、新闻广播电视、出版发行、图书馆以及博物馆和其他文化事业的发展作了具体的规定。思想建设方面的任务，新宪法第24条作了概括。它规定："国家通过普及理想教育、道德教育、文化教育、法律和法制教育，通过在城乡不同的范围的群众中制定和执行各种守则、公约，加强社会主义精神文明的建设。"这就是要努力使越来越多的公民成为有理想、有道德、有文化、守纪律的公民，从而树立起新的社会道德风尚，形成我们民族的、革命的、朝气蓬勃的精神面貌。这一条还规定，国家提倡"五爱"公德（即爱祖国、爱人民、爱劳动、爱科学、爱社会主义），要在人民中实行"五个主义"（即爱国主义、集体主义、国际主义、共产主义、辩证唯物主义和历史唯物主义）的教育，反对资本主义腐朽思想、封建主义残余思想和其他腐朽思想。

发展社会主义的教育事业，提高全国人民的科学文化水平，不仅是整个科学文化发展的基础，是人民群众思想觉悟提高的条件，而且是物质文明发展的不可缺少的前提。发展教育事业，应贯彻两条腿走路的方针。一方面要搞好正规的学校教育，另一方面也要搞好各种形式的业余教育；一方面，国家要用足够的力量举办教育事业，另一方面，又要发动各种社会力量，包括集体经济组织、国家企业事业组织、其他社会组织以及经国家批准的私人办学者，依靠广大群众采取各种形式来举办教育事业。只有这样，教育事业才能得到全面迅速的发展。这些精神，已经充分体现在"总纲"关于发展教育事业的条文中。同时，新宪法还规定："中华人民共和国公民有受教育的权利和义务。"这也是过去几部宪法从未有过的新规定。这当然不是说，权利就是义务，义务就是权利。所谓受教育是公民的一种权利，意味着国家有义务为公民享受教育权逐步地提供充分的条件；所谓受教育是公民的一种义务，意味着国家有职责要求公民履行这一义务。例如，适龄儿童有接受初等教育的义务，成年劳动者有接受适当形式的政治、文化、科学、技术、业务教育的义务，就业前的公民有接受就业训练的义务，等等。这些义务，公民都应该很好地履行。明确规定受教育既是公民应该享有的权利，又是他们必须履行的义务，有利于培养社会主义国家公民正确的权利义务观念，有利于发展社会主义教育事业。

四个现代化的关键是科学技术现代化。我们党和国家在认真总结历史经验的基础上，明确提出，在今后二十年内，一定要牢牢抓住农业、能源、交通、教育和科学这几个根本环节，把它们作为经济发展的战略重点。在综合平衡的基础上，把这几个方面的问题解决好了，就可以促进消费品生产较快增长，带动整个工业和其他各项生产建设事业的发展，保障人民生活的改善。因此，"总纲"专列一条对发展科学技术作出规定。发展科学，包括发展自然科学和社会科学。这两个方面，我们应当并重；不能只注意一个方面，而忽视另一个方面。一个值得注意的问题是，现今资本主义国家比一些社会主义国家对发展社会科学要更加重视。例如，高等学校在校人数、文科生所占比例，资本主义国家就要比我们社会主义国家多得多。我们的国家是以马克思列宁主义、毛泽东思想作为自己的根本指导思想，这就要求我们这样的社会主义国家，必须在十分重视发展自然科学的同时，也要求十分重视发展社会科学。要加强对马克思主义基本理论、哲学、经济学、法学、政治学、社会学、民族学、文艺学、史学、教育学、宗教学以及国际问题等方面的基本理论与重大现实问题的研究，用创造性的研究成果为建设高度文明、高度民主的社会主义国家服务，为全面开创社会主义现代化建设的新局面做出贡献。同时，新宪法还规定，国家"奖励科学研究成果和技术发明创造"。这对促进科技事业的发展，将产生巨大影响。

卫生和体育事业对于保护人民健康，增强人民体质，提高学习和工作效率十分重要；文学艺术、新闻、出版等各项文化事业对于在人民群众中普及理想教育、道德教育、文化教育、纪律和法制教育，对于丰富和提高人民的精神生活也十分重要。它们的发展，既要依靠国家的力量，又要依靠各种社会力量，需要开展广泛的群众性活动。这些原则和要求，都已经写进了有关条文。

共产主义思想是社会主义精神文明的核心。我们的国家现在已经建立起了社会主义制度。这一制度代表了全国人民的根本利益，得到了全国人民的衷心拥护。完善与发展这一制度是全国人民的共同愿望。这就需要而且能够普遍加强对于广大干部和群众的共产主义教育。只有这样，才能保证我国的经济建设、文化建设、政治建设坚持社会主义方向，才能使我们社会各方面的发展得到并保持巨大的精神推动力。一方面，我们要大力开展共产主义的思想教育，帮助越来越多的公民树立共产主义的理想和信念，培养共产主义的道德观念，养成全心全意为人民服务的劳动态度，造就为共产主义事业而勇于献身的精神，等等。另一方面，我们又要严格执行社会主义时期的按劳分配和经济责任制等各项社会主义政策。我们应当把这两个方面统一起来。

新宪法关于建设社会主义精神文明的要求，不仅集中反映在"总纲"里，而且在"公民的基本权利和义务"一章中的许多条目，也包含着建设社会主义精神文明的要求。例如："公民必须遵守宪法和法律，保守国家秘密，爱护公共财产，遵守劳动纪律，遵守公共秩序，尊重社会公德"（第53条），"父母有抚养教育未成年子女的义务，成年子女有赡养扶助父母的义务。禁止破坏婚姻自由，禁止虐待老人、妇女和儿童。""公民的人格尊严不受侵犯。禁止用任何方法对公民进行侮辱、诽谤和诬告陷害。"这些都是社会主义精神文明极其重要的内容。我们的宪法详细规定了公民应当享有的各方面的权利，同时又要求每个公民严格履行自己应尽的义务；国家充分保证公民行使自己的权利与自由；但不允许损害国家的、集体的或其他公民合法的权利与自由。建立起同社会主义政治制度相适应的权利义务观念和组织纪律观念，正是社会主义精神文明建设的重要组成部分。

为了顺利完成建设高度的社会主义精神文明的历史任务，充分发挥知识分子的作用，具有决定性意义。为此，新宪法不仅在"序言"中明确指出工人、农民、知识分子是建设社会主义的三支基本的社会力量以外，而且在"总纲"中还专列一条，明确规定："国家培养为社会主义服务的各种专业人才，扩大知识分子队伍，创造条件，充分发挥他们在社会主义现代化建设中的作用。"这样的规定，是过去几部宪法从来没有的。知识分子在历史上曾经是极少数人，发展到现在已经成为一支庞大的队伍。这支队伍还将继续扩大。这种历史发展的趋势，是文明不断发展、进步的重要条件和重要标志。新宪法规定，今后要采取各种措施，来扩大知识分子的队伍，这是符合建设高度的社会主义精神文明的客观需要的，也是符合社会不断进步的客观规律的。我们要充分发挥知识分子的作用，就必须为他们"创造条件"。这里所说的"条件"，最主要的是三个方面。一是政治条件，即要在政治上充分信任他们，使他们得到应当得到的政治地位和待遇。由于几千年旧社会的影响，特别是"文化大革命"中轻视科学与鄙视知识分子的"左"的思想影响不可能很快消除，就必须长期地坚持不懈地同各种歧视知识分子的错误思想作斗争。二是工作条件，即要把他们摆在适当的工作岗位上，用其所长，这也是落实知识分子政策的关键之一。一定要提拔重用知识分子。但是提拔重用并不是说一律都要把他们中的优秀人才安置在行政领导岗位上。他们中间有的有组织领导才能，其中一些人可以在一定时间内担负一定的领导工作；凡不具有组织领导才干的知识分子，就不应让其担负行政领导工作，而要让他们集中精力钻研专门业务，以充分发挥他们的特长。三是生活条件，即提高他们的物质生活待遇，依照按劳分配的原则，保证他们得到应当得到的工资报酬，并改善住房等各方面生活条件，保证他们能够专心致志地工作，以贡献出最大的力量。

法制是人类文明的一项重要内容。正如董必武同志所说："讲到文明，法制要算一项。"宪法与人类文明的发展更有着密切的联系。因为，它是在资产阶级革命中作为封建专制政治的对立物而产生的，是伴随着近代民主政治而出现的，是人类文明发展到高级阶段的一个重要表现。文明创造了宪法，并为宪法的发展提供物质的精神的动力；宪法体现了文明，积极地为保卫和促进人类文明服务。人类的物质文明是宪法产生与发展的间接动力；人类的精神文明则是宪法产生和发展的直接动力。从世界各国宪法发展的总趋势看，各国宪法都日益重视对精神文明的认可与保障。关于精神文明，特别是其中的思想建设部分，在新宪法中做出现在这样全方面的具体规定，占有如此突出的地位，在世界各国宪法中是很少见的，突出地体现了我国新宪法的社会主义的本质特征。用国家的根本大法来确认和调整社会主义精神文明的建设，将具有十分重要的意义。它表明，党和国家关于建设社会主义精神文明的任务与方针，已经不是仅仅停留在一般性口号或者限于政策性规定的限度内，而是上升到了宪法的高度，成为制定教育、科学、文化、卫生、体育以及思想建设各方面具体法规的立法依据，成为同轻视精神文明建设，歧视知识分子的错误思想与行为作斗争的有力武器，成为用国家强制力保证其实施的全国上下必须共同遵守的行为准则。

后　记

现行宪法颁布实施28年来的历史实践证明：现行宪法是把我国社会主义精神文明建设提高到新水平的根本法律保障。对建设社会主义精神文明作全面的、科学的规定，是我国现行宪法的一大特色，充分体现了我们党"两手抓、两手都要硬"的思想。江泽民同志提出的"三个代表"以及胡锦涛同志提出的科学发展观以及建设和谐社会都是对新时代社会主义精神文明的一种深度阐释。对建设社会主义精神文明的基本方面和基本措施作出完整的规定，是建设具有中国特色社会主义的重要方面，这不仅在我国宪法和法制史上是前所未有的，在社会主义类型宪法中也是首创。以往几部宪法虽然也不同程度地规定了某些属于精神文明建设的条款，但是无论在范围方面还是在表述方面，都不能同现行宪法关于社会主义精神文明建设的规定相比。这表明了党领导全国各族人民在建设社会主义的实践过程中，深化了对社会主义制度的认识，并作为国家的意志确定在宪法这个国家根本大法之中。

宪法是国家的根本大法，是治国安邦的总章程。我国现行宪法在"序言"中把建设社会主义精神文明作为国家的一项根本任务，是社会主义社会的一个重要特征。这是我们党对马克思主义理论的重大发展。宪法在"总纲"中从文化和思想两个方面，全面地明确地规定国家建设社会主义精神文明的基本政策和措施，在经济制度和政治制度的一系列条款中，直接规定了建设社会主义精神文明的内容，在公民的基本权利和义务中规定了社会主义精神文明的具体要求。纵观世界各国宪法，对建设精神文明作如此全面的、完备的、科学的规定，是绝无仅有的。宪法具有最高的法律效力，自然具有最高的规范作用。我们要坚持从宪法的高度来正确认识社会主义精神文明建设的地位和作用，弄清宪法对社会主义精神文明建设的规范作用。无论何时，如果忽视建设社会主义精神文明这个伟大任务，就会使人们的注意力仅仅限于物质利益的追求，会阻碍物质文明建设，就不能保证社会主义方向，就会"走弯路"。这一点在经济高速发展的今天，尤其重要。现行宪法把建设社会主义精神文明作为我国人民的一项根本任务和必须努力实现的法定目标，这对于建设有中国特色的社会主义，对于我们今天实现新时代的社会和谐发展，都具有深远的历史意义和积极重要的推动作用。

我们依据宪法努力建设的是推动社会主义现代化建设的精神文明，是坚持四项基本原则的精神文明，是促进全面改革和开放的精神文明。在新时代，它仍具有巨大的现实意义。它同党在社会主义初级阶段的基本路线以及国家根本任务的基本内容是相一致的，是为实现基本路线服务的。在我国只有努力建设适应基本路线要求的社会主义精神文明，才能够在发展生产的目的、途径和方针政策等方面体现社会主义性质和坚持社会主义方向；才能够提高民族的科学文化水平，增强管理社会和管理国家的能力；才能够抵制各种腐朽思想的侵蚀，从而改变社会风气，造就一代新人。否则的话，现代化建设就会迷失方向，人们将丧失理想和共同的目标，科学文化将停滞不前，社会将走到畸形发展和变质的道路上去。

正确认识和行使国家的专政职能

人民民主专政，除了在人民内部实行民主的一面，还有全体人民对于人民敌人实行专政的一面。为了保障社会主义现代化建设的顺利进行，保障广大人民的民主权利与人身安全不受侵害，保障社会主义制度不被破坏和颠覆，坚持国家的专政职能是完全必要的。新宪法第28条规定："国家维护社会秩序，镇压叛国和其他反革命的活动，制裁危害社会治安、破坏社会主义经济和其他犯罪的活动，惩办和改造犯罪分子。"这一条是讲如何同犯罪分子作斗争，中心的内容是对敌专政。

关于这一方面内容，同过去的三部宪法相比，新宪法有重大发展，主要表现在以下三个问题上。

一、新宪法明确规定了我国的专政对象已经不再是完整的反动阶级，人数也大为减少。关于这个问题，1954年宪法的规定是正确的。因为当时新中国成立才短短的四年，生产资料所有制的社会主义改造正在进行，国家还不十分巩固。因此这部宪法规定"在一定时期内剥夺封建地主和官僚资本家的政治权利"，是必要的。按照当时我们党中央的方针政策，是要通过思想改造，经过群众评议，在一个比较短的时期里，分期分批地摘掉地主分子的帽子，恢复他们的政治权利。但是，后来由于在阶级斗争上"左"的错误，使得这项工作迟迟没有认真进行。到了"文化大革命"期间，这项工作更不可能正常开展。因此1975年宪法仍然规定：在一定时期内剥夺地主、富农、反动资本家和其他坏分子的政治权利。这一规定是完全错误的，使得绝大多数已经改造好的地富分子没有摘掉帽子，继续作为专政对象。1978年宪法同1975年宪法相比，在这一点上，没有什么本质的不同。只有在党的十一届三中全会以后，这项工作才得到彻底的拨乱反正。现在，只是极少数地富分子尚未摘掉帽子和给予政治权利。新宪法正是准确地反映了这一现实情况，确切地表示了现在专政对象已经不再是完整的反动阶级。

二、新宪法在规定同各种犯罪活动作斗争时，突出地提出了要同破坏社会主义经济的犯罪活动作斗争。这也是过去几部宪法所没有的。新宪法强调这一点，具有重大现实意义和深远历史意义。近两三年的事实表明，在少数地区，走私、投机倒把、贪污贿赂、盗窃公物等严重破坏经济的犯罪活动相当猖獗，令人触目惊心。这种犯罪活动，严重破坏国家的经济建设，给国家和人民利益造成巨大损失；严重扰乱市场、妨碍经济建设的顺利发展；严重破坏社会秩序和安定团结，毒化人们的思想，污染社会风气；严重腐蚀着党的组织和干部队伍，损害党、政府和军队的威信。进行这种犯罪活动的，除了社会上不法分子，还有党内、政府和军队内部极少数被资本主义思想腐蚀的腐化变质分子。据最高人民法院的统计，1982年1月至9月，地方各级人民法院审判的经济犯罪案件中，犯罪活动总金额十万元以上的250件；犯罪中非法所得万元以上的1062人，原是国家工作人员的3700人（其中县级以上负责干部29人）。这种破坏经济的犯罪活动，不是一般的反社会行为，而是在我国实行对外开放、对内搞活经济这种新的历史条件下阶级斗争的重要表现。因此，坚决打击经济领域中的严重犯罪活动，在共产党员和国家工作人员中进行坚持共产主义纯洁性、反对腐化变质的斗争，是关系到我国社会主义现代化建设的成败、关系到我们党和国家的盛衰兴亡的重大问题。在新的历史时期里，我们从思想上到行动上一定要坚持两手：一手是坚持对外开放、对内搞活经济的政策，另一手是坚决打击经济领域和政治文化领域中危害社会主义的严重犯罪活动。我们切不可把这两者对立起来，只肯定或重视一个方面而否定或忽视另一个方面。由于我国特定的历史条件，打击经济领域的严重犯罪活动，必然是长期的和持久的，也必然是艰巨的和复杂的。新宪法在规定同各种犯罪活动作斗争时，突出地强调要打击各种破坏经济的犯罪活动，是十分必要的。

三、新宪法在规定对各种犯罪活动进行斗争时，要求"惩办和改造犯罪分子"。把惩办与改造并提，这也是一个重要发展。因为过去三部宪法只是提对各种犯罪分子必须"惩办"，从未提过"改造"。这是历史经验的总结，有着重要的理论和实践意义。运用各种刑罚手段同犯罪分子作斗争，必须包括"惩办"与"改造"这两个方面的意义和作用。只注意惩办，不重视改造，是完全错误的。给予犯罪分子以刑事制裁，以警戒其本人以及社会上其他的人不犯罪，当然是非常重要的；但是，忽视对正在服刑期间的犯罪分子进行教育改造，就不能更有效地发挥刑罚手段的预防犯罪和消灭犯罪的作用。新中国成立以来，经过劳改机关改造的犯罪分子有八百多万，这是一个很大的数目。能否把这些人都改造成为自食其力、遵纪守法、对国家有用的新人，使这些人回到社会上不再进行违法犯罪活动，这是一项绝对不可轻视的、意义极其重大的工作。过去，我国对罪犯的改造，曾经取得过堪称世界第一流的伟大成绩，很多犯罪分子刑满释放后，能安分守法，积极参加社会主义建设，有的还成了工农业生产战线上的积极分子。但是，也要看到，由于"文化大革命"的破坏，一度曾大大影响对罪犯改造工作的质量。我们要彻底改变这种状况，开创劳改工作的新局面，首先就要求十分重视对罪犯的改造工作。劳动改造机关必须认真贯彻"改造第一、生产第二"的方针，把改造人放在首位。要有针对性地进行政治思想教育和感化教育，要保障他们没有被剥夺或者被停止行使各项公民权利，要实行革命人道主义原则，实行文明管理，关心他们的生活，组织他们学政治、学文化、学技术。要真正把每一个劳改场所都办成改造人、教育人的大学校。新宪法关于对犯罪分子必须实行"惩办和改造"的规定，为今后开创改造罪犯的新局面，提供了宪法依据与保障。

根据过去的经验教训，在新的历史时期里，我们要正确认识和行使国家的专政职能，必须在思想上正确掌握以下几个理论问题。

第一、必须正确认识与处理民主与专政的辩证关系。毛泽东同志说过："对人民内部的民主方面和对反动派的专政方面，互相结合起来，就是人民民主专政。"① 列宁也曾指出：苏维埃政权就是"无产阶级专政与劳动者的新民主相结合"②。这就是说，无产阶级专政的国家，民主与专政之间存在着既相对立、又相统一，既有区别、又有联系的辩证统一关系。民主与专政之间的对立和区别的主要表现，一是对象不同，民主的对象是人民，专政的对象是敌对分子。二是方法不同，民主的方法，也就是讨论、说服、批评、教育的方法；专政的方法，则是强迫、压服的方法。因此，我们必须把民主与专政严格区别开来，决不可相互混淆。民主与专政的统一和联系的主要表现，一是两者相互依存，它们共处于一个统一体中，各

---

① 《毛泽东选集》第 4 卷，第 1412 页。
② 《列宁选集》第 3 卷，第 591 页。

以对方作为自己存在的前提。如果没有对敌专政,人民的政权就有得而复失的危险;如果不建立人民当家作主的政权,对敌专政就不可能实行。二是两者相互促进:只有充分发扬民主,把广大人民的积极性、主动性充分发挥出来,才能对敌对分子实行有效的专政;只有对敌对分子实行强有力的专政,才能有效地保障人民的民主自由权利。三是两者相互转化:在一定条件下,民主的对象可以转变成专政的对象,专政的对象也可以转变成民主的对象。因此,我们又绝不能把民主与专政割裂开来或对立起来,肯定一个方面而否定另一个方面。在社会主义社会里,从总的发展趋势看,民主的范围总是不断在扩大,专政的范围总是逐渐在缩小。但是,只有到了共产主义社会,由于阶级和阶级差别的完全消灭,阶级斗争完全熄灭,才能对社会上的一切人实行民主,而不需要对任何人实行专政。然而到那时候,国家就消亡了,民主也就消亡了。因此,列宁说:"完全的民主等于没有任何民主。这不是怪论,而是真理。"[①] 在理论上,我们必须这样提出问题和认识问题,否则就要犯严重的错误。从实际生活来看,尽管现在以及今后一个很长的历史时期里,敌对分子的人数和人民相比,是很少的,但是,他们加在一起,还有一个不小的数量,特别是他们破坏力很大。如果我们放弃对敌专政,就会给人民带来极大的危害。

第二、必须正确认识并不是所有的正在服刑的犯罪分子都是专政对象。在我们的社会里,存在着敌我之间和人民内部这两类性质完全不同的矛盾,这是一个客观事实。有的人不承认两类矛盾学说的科学意义和实践意义,是完全错误的。严格区分和正确处理两类矛盾的学说,是一种政治理论,它必然对司法工作存在着指导意义;但两类矛盾的概念并不是一种法律概念和法律术语,因此我们没有必要也不主张在审判工作与劳改工作中,具体地、明确地区分什么是敌我矛盾、什么是人民内部矛盾。然而,我们又必须肯定,犯罪分子中有敌对分子,有敌我矛盾,但只是少数。这就是指那些反革命分子、敌特分子、叛国分子,以及那些蓄意破坏和推翻社会主义制度的破坏经济的严重犯罪分子和破坏社会治安的其他严重刑事犯罪分子。除此以外的大多数的一般犯罪分子,仍然属于人民内部矛盾,他们的根本利益仍然同广大人民群众的根本利益是一致的,只是在局部问题上产生了对抗,危害了人民利益,因而要受到一定的刑罚制裁。他们在服刑期间,其政治权利并没有被剥夺,而只是暂时"停止行使"。从总体

[①] 《马克思主义国家论》,第30页。

上和原则上对正在服刑的犯罪分子做这样的区分是具有重要意义的。这就否定了那种以为所有的犯罪分子都是人民的敌人，都是专政对象的错误观念，而这种错误观念是不利于教育改造大多少犯罪分子的。既然大多数犯罪分子仍然属于人民内部矛盾的性质，因此在指导思想和方针上，就应该在坚持依法实行刑事制裁、依法定罪量刑的前提下，十分重视对他们的政治思想教育，以促进其改造。由此可见，新宪法第28条关于镇压叛国和其他反革命的活动、制裁其他犯罪活动、惩办和改造犯罪分子的规定，主要讲的是国家的专政职能，但这并不是说所有的犯罪分子都是专政对象。惩办犯罪分子与对敌人实行专政，这是两个既有密切联系，又有一定区别的不同的概念。明确这一点是十分重要的。

第三、必须正确认识和处理阶级斗争的问题。新宪法序言规定："在我国，剥削阶级作为阶级已经被消灭，但是阶级斗争还将在一定范围内长期存在。中国人民对敌视和破坏我国社会主义制度的国内外的敌对势力和敌对分子，必须进行斗争。"这一规定，是我们党和国家关于我国现阶段阶级斗争问题的基本方针的最概括的表述。这一方针，同我们过去长期实行过的"以阶级斗争为纲"的错误方针，是根本对立的。其主要精神，是既反对把阶级斗争扩大化的观点，又反对认为阶级斗争已经熄灭的观点；既要看到，现在还有形形色色的敌对分子从经济上、政治上、思想文化上、社会生活上进行着蓄意破坏和推翻社会主义制度的活动，对这种活动必须斗争；同时又要看到，我国现阶段的阶级斗争，主要表现为人民同这些敌对分子的斗争，而这种敌对分子在我们的社会里人数很少。我们决不可任意夸大阶级斗争的表现范围。而要防止重犯阶级斗争扩大化的错误，就必须十分谨慎地区别和处理敌我矛盾和人民内部矛盾。总之，正如胡耀邦同志在党的十二大的报告中所指出的，正确认识和处理我国当前仍然存在的阶级斗争，是保障广大人民的民主权利，对极少数敌对分子实行有效专政的一个关键。

第四、必须加强法制观念，依法行使国家的专政职能。过去，我们曾经把进行阶级斗争同严格依法办事、健全革命法制对立起来和割裂开来，以致造成"文化大革命"期间那种在阶级斗争的名义下，无法无天，乱斗一气，严重侵犯亿万公民的民主自由权利的严重后果。按照我国宪法的规定，国家的专政职能，由国家的司法机关（包括人民法院、人民检察院和公安机关）行使，其他任何别的机关和组织都无权行使这一权力。而在十年内乱期间，这一法制原则遭到了严重破坏，我们必须吸取这一教训。就是司法机关行使国家的专政职能,也必须严格依照刑事法规的实体法和程序法办事,不应有丝毫的违背。归根到底,健全社会主义法制是正确实现国家专政职能最可靠的保证。

后 记

1982年颁布的现行宪法第1条明确规定,中华人民共和国是"人民民主专政的社会主义国家"。1982年宪法被认为是全面拨乱反正、开始改革开放的一部宪法,它抛弃了"阶级斗争为纲"和"无产阶级专政下继续革命"的理论,明确宣布"今后国家的根本任务是集中力量进行社会主义现代化建设",具有划时代的伟大意义。彭真同志曾于1982年4月22日,在五届全国人大常委会第23次会议上所作的《宪法草案的说明》中,言及恢复使用"人民民主专政"时指出:"现在的规定,更确切地符合我们的国情和阶级状况,也可以避免对无产阶级专政的曲解。"所以,恢复使用"人民民主专政"的提法,有着深远的意义。

现行宪法颁布近30年来,人民民主专政仍然处于演变与发展之中。首先,随着改革开放的深化,工人阶级(通过中国共产党)的领导力量更加增强了;工人、农民、知识分子三支基本的社会力量在社会主义建设事业中越来越发挥伟大的作用。爱国统一战线更加巩固。1993年通过宪法修正案第4条,又将"中国共产党领导的多党合作和政治协商制度将长期存在和发展"的内容载入宪法。这些都标志着人民民主专政基础的日益巩固。

其次,共和国政权所承担的任务及其建设社会主义的职能的发展变化也表现了人民民主专政内容的发展变化。现行宪法序言第七段规定了人民民主专政国家必须完成的实现"四化"的总任务。在这个总任务中还包含了一系列具体任务,例如:完善各项制度、发展民主、健全法制等等。事实上,宪法提出的具体任务近30年来以通过修正案的方式不断在演变发展之中,例如增加了"坚持改革开放"、"发展社会主义市场"等。

第三,在专政所针对的主要犯罪类型方面,1999年通过的宪法第17修正案将"反革命活动"改为"危害国家安全的犯罪",从而使"八二宪法"第28条的表述变为"国家维护社会秩序,镇压叛国和其他危害国家安全的犯罪活动,制裁危害社会治安、破坏社会主义经济和其他犯罪的活动,惩办和改造犯罪分子。"

第四，与此同时，国家的专政作用也在加强。为了维护社会秩序和广大人民的利益，人民政权曾开展了"严打"，运用手段对那些严重破坏社会主义的敌对势力进行打击。

最后，在新时期，强调加强国防也应该是人民民主专政应有之义，以抵御国际反华势力对我国造成的潜在威胁。

正确认识"公民在法律面前一律平等"

人们对事物的认识和世界上其他一切事物的发展相同，总是曲折前进的。从新中国成立到现在，我们对"公民在法律面前一律平等"这一法制原则的认识就是这样。这一原则，曾被庄严地记载在1954年宪法中。可是在1975年宪法和1978年宪法中却被取消了；这次颁布的新宪法又重新肯定了这一法制原则。三十年来，我们在这个问题上所走过的正是一条"之"字形道路。

党的十一届三中全会以后，通过实践是检验真理的唯一标准的讨论，法学界出现了一个"百家争鸣"的学术上的新春天。一系列过去无人敢于问津的理论禁区纷纷被冲破。"公民在法律面前一律平等"就是最先被突破并得到拨乱反正的重大法学理论问题。20世纪50年代后期，人们曾给这一法制原则戴了两顶帽子。一是认为，这是资产阶级的法制原则，我们不能用；二是认为这一原则没有阶级性，是主张"革命同反革命讲平等"。现在，这两顶帽子已经摘掉；人们对于这两个问题，已经有了比较一致和正确的认识。

的确，作为宪法的一项重要原则，"公民在法律面前一律平等"，是由资产阶级提出来的。正如列宁所说："资产阶级在同中世纪的、封建的、农奴制的等级特权做斗争的时候，提出了全体公民权利平等的要求"[1]，但是，决不能说凡是资产阶级提出来或使用过的概念和口号，我们就都不能用，一用就是"资产阶级的旧法观念"。比如，民主、自由、人权、人道主义以及宪法、选举等等概念，不都是资产阶级提出来并使用过的吗？而

---

[1] 《列宁全集》第20卷，第138页。

我们赋予这些概念以新的含义、新的阶级内容以后，却仍然可以而且实际上也都在使用。资产阶级讲"法律面前人人平等"，我们也讲"法律面前人人平等"从字面上看完全一样，但是两者在内容上却有着本质的区别。由于它们是分别建立在私有制和公有制的完全不同的经济基础之上，因此它们的阶级内容、社会作用和实现程度都不相同。在资本主义社会里，法律上所规定的形式上的平等，同现实生活中存在着的经济上的不平等，是矛盾的；而社会主义消灭了人剥削人的现象，因而也就可能实现经济上的平等和法律上的平等的高度一致和统一。这是两者的原则界限。由此出发，还有两个显著不同。一是在资本主义条件下，即使是在法律上，公民享有权利的多少，也要受到财产、种族、性别等各种限制；而这种现象在我们的社会里是不存在的。二是劳动人民在行使权利时，在资产阶级统治的国家里没有必要的物质手段予以保障；而在我们的社会里，确有这种物质保障。

说"公民在法律面前一律平等"是一种超阶级的观点，也是不对的。社会主义的法律是广大人民共同意志的表现。我们在制定法律的时候，明确规定保护什么、反对什么，什么是合法、什么是非法，都是从广大人民的利益出发，而并不反映反动阶级、反动势力和反动分子的利益和意志。"法律面前人人平等"的意思，并不是说法律内容没有阶级性，或者任何人都享有平等的立法权；而是说，当具有阶级性的法律被制定出来以后，它在实施过程中应当讲平等，即对所有的公民，包括那些被依法剥夺了政治权利的人，不论他们什么阶级出身、社会地位、政治历史以及民族、性别等有什么不同，都要一律平等地按照法律的规定办事，任何人也不例外，不能对某些人是一套法律、一种标准，对其他人又是另一套法律、另一种标准。由于只有坚持"法律面前人人平等"的原则，才能维护法律的统一和尊严，保证具有阶级性的法律得到切实实施，因此法制的平等原则不仅同法律的阶级性没有矛盾，而且有利于实现法律的阶级性。

实践证明，坚持社会主义法制的平等原则，具有多方面的重要意义。首先，它充分显示出社会主义法律制度的优越性，因而有利于提高广大人民群众的政治思想觉悟，树立他们的国家主人翁责任感；其次，它鲜明地反对法外特权，因而有利于同那些具有特权思想、特权作风的特权人物作斗争，防止这种病毒侵蚀我们的干部队伍，防止某些人蜕化变质；第三，它鲜明地反对法外歧视，因而有利于坚持"事实是依据，法律是准绳"的司法原则，防止发生冤假错案；第四，它要求人人都严格依法办事，既充分享有他们应当享有的法律规定的权利，又切实履行他们应当履行的法律规定的义务，因而有利于维护法律的应有权威，以健全社会主义法制。

由于近几年来，"公民在法律面前一律平等"这一法制原则，在理论上被搞乱了的是非得到了澄清，人们对于这一原则的重要意义的认识越来越深刻，因此，从党内到党外，从干部到群众，都强烈要求坚持这一原则。现在新宪法重新肯定这一原则，完全符合人民的利益和愿望。

现在的问题是，"公民在法律面前一律平等"作为一项社会主义法制的重要原则，究竟应当如何比较全面而准确地理解它的内容和含义，人们的认识还很不一致。而这方面的问题是必须搞清的，否则就不能正确地把握和实施这一原则，会带来这样或那样的弊病。这方面，主要有以下三个问题值得进一步研究。

（一）有的同志认为，"公民在法律面前一律平等"也包括所有公民在立法上一律平等。我们认为，这种观点是难以成立的。因为，所谓立法上也人人平等，就应当包括这样两个方面的内容：一是所有公民都有权参与法律的制定；二是所制定出来的法律必须反映和体现所有公民的根本利益和愿望。而在社会主义制度下，这两条是根本做不到也是不允许那样做的。

首先，在我国，那些被剥夺了政治权利的人，无权参与法律的制定。虽然这样的人为数已经不多，他们在占十八周岁以上公民人数的比例大概只有万分之一，但是，只要还有这样的人存在，就不能说在立法上所有公民都是平等的。

其次，在我国，社会主义的法律只能反映和体现无产阶级和全体人民的根本利益和共同意志，而绝不能反映和体现极少数敌对分子的利益和意志。在这个问题上人民和敌人是不可能平等的。社会主义的法律剥夺少数反动分子的政治权利，也突出地表明，法律规范本身不是对所有公民都一律平等。

正是基于以上两个基本事实，那种认为所有公民，包括那些被剥夺政治权利的公民，在立法上也一律平等的观点，在逻辑上是说不通的。与此相反，我们说"公民在法律面前一律平等"是指的实施法律，包括司法、执法、守法，在逻辑上则是完全站得住的。拿司法机关适用法律来说，不论是对什么样的公民，即使是对那些被剥夺了政治权利的人，在适用法律时都一律平等对待，即在处理各种刑事或民事案件时，是把法律的同一尺度，平等地适用于所有公民身上，而没有任何例外。

对于具体情况进行具体分析，这是马克思主义的活的灵魂。我们研究问题，应当采取这种方法。有的同志问，既然立法上不能人人平等，那么为什么司法上能够人人平等呢？原因就在于，"立法"和"司法"是两个完全不同的概念，它们之间虽有密切的联系，但两者的内容不同、含义不同、要求也不同，决不能混为一谈。因此这就没有理由认为，既然司法上能平等，立法上也就一定要平等，一定会平等。现实的具体情况是，对于占人口百分之九十九点九以上的人民群众来说，立法和司法都是平等的。对于极少数被剥夺政治权利的人来说，立法上不能讲平等，是由于社会主义社会仍然存在阶级斗争，是法律阶级性的体现；在司法上对那些被剥夺政治权利的人也讲平等，则是维护社会主义法制的统一和尊严所必需的。这两者都是从实际出发，从保障全体人民的根本利益出发，具体情况具体对待。

　　这里还有一个如何全面理解马克思主义平等观的问题。列宁说"如果把平等正确地了解为消灭阶级，那么无产阶级争取平等的斗争以及平等的口号就具有伟大的意义。"[①] 在社会主义社会里，当生产资料私有制的改造完成以后，当地主和资本家作为剥削阶级已被消灭，生产资料就开始归全体社会成员共同享有，分配上则实行按劳取酬。因此应该承认，在经济方面，所有公民都是平等的（当然，还存在着消费水平方面的"不平等"，那是另外一个问题）。但是，在政治上就不可能做到人人平等。因为，剥削阶级作为阶级被消灭后，阶级斗争在一定范围内还会存在，社会上还有反革命分子、间谍分子、特务分子、贪污盗窃分子以及其他严重破坏社会秩序的犯罪分子，对于这些人在政治上、法律上当然不能讲民主、讲自由、讲平等。这也是马克思主义的一贯主张。在这里，经济和政治是既有联系又有区别，具体情况也应当具体分析、具体对待。那种以社会主义制度消灭了剥削阶级，实现了经济上的平等为理由，因而认为在政治上所有公民（包括反革命在内）都应平等，在立法上所有公民也都应平等，这种看法不但和现实生活严重脱节，而且同马克思主义的平等观相距甚远，这种观点，在理论上必然导致抹杀法律阶级性，否定坚持人民民主专政的必要性；在实践上只会给我们的事业带来损害。这次提出的新宪法没有采纳这种观点，而且为了能够更加清楚地表示出在立法上不能讲人人平等，在文字表达上也做了仔细斟酌。1954年宪法提出"公民在法律上一律平等"，

---

① 《列宁全集》第25卷，第458页。

现在改为"公民在法律面前一律平等"。这样做，无疑是正确的。

（二）有的同志认为，立法上在人民内部也不能讲平等。这种观点也是不够妥当的。在我国当前条件下，立法上不能讲平等，只能是对那些被剥夺政治权利的人。至于人民内部，在立法上应当认为是平等的。这主要是因为，人民彼此之间平等地享有立法权，而社会主义的法律又充分体现了全国人民的根本利益和共同意志。

人民在立法上的平等权利，最主要的是人民通过选举产生自己的代表，组成最高国家权力机关即全国人民代表大会，再由它集中全体人民的意志，并把这种意志制定成法律而体现出来的。拿选举来说，例如，按照我国1953年选举法的规定，省每八十万人选举全国人民大会代表一人，而工业城市则每十万人就可以选举全国人民代表大会代表一人，对省、市、县人民代表的选举也做出了类似的规定。又如，按照1979年选举法的规定，自治州、县、自治县人大代表的名额，按照农村每一代表所代表的人口数四倍于镇每一代表所代表的人口数的原则分配；省、自治区人大代表的名额，按照农村每一代表所代表的人口数五倍于城市每一代表所代表的人口数的原则分配；全国人大代表名额在农村和城市之间的比例，则是一比八。这种工农代表在比例上的差别，是由于现在我国人口总数中还是农村人口占绝大多数的缘故，这并不表明工人和农民在立法上是不平等的。新宪法规定："中华人民共和国年满十八周岁的公民，不分民族、种族、性别、职业、家庭出身、宗教信仰、教育程度、财产状况、居住期限，都有选举权和被选举权；但是依照法律被剥夺政治权利的人除外。"（第34条）这一条清楚表明，在选举上只是对那些被剥夺政治权利的人不能讲平等，而在人民内部则不受职业、家庭成分等方面的限制，都有平等的选举权和被选举权。而且都是每人一票，每一票的效力也相同；大家也都有被选为人民代表或国家机关负责人的权利；当选为代表后，也都有平等的发言权、提案权和表决权。这些情况表明，不仅工人和农民，而且包括其他方面的人民群众在内，都由平等的选举权和平等的立法权。这里有一个原则性与灵活性相结合的问题。原则性是人民都有平等的选举权和被选举权，都有直接或间接参与制定法律的平等权利；灵活性则是在代表人数比例上按照具体情况可以有一定差别。后者是在平等前提下的某种"不平等"，严格说来是一种"不平均"，而这类情况在任何时候都是不可避免要存在的。

人民在立法上的平等权利，还表现在人民所制定出来的法律反映着全体人民的共同意志和根本利益。有的同志认为，社会主义的法律只反映劳动人民的意志，甚至只反映工人阶级的意志，当然是错误的、有害的。在我国的现阶段，人民的范围很广。按照新宪法规定，它包括全体社会主义劳动者，拥护社会主义的爱国者和拥护祖国统一的爱国者。我们的法律应当是反映所有这些人的根本利益和共同意志，只是不反映那些被剥夺政治权利的人的利益和意志。有人可能会问，社会主义的法律，也反映拥护祖国统一的爱国者的根本利益吗？回答应当是肯定的，因为建立一个具有高度民主和高度文明的，独立而繁荣昌盛的伟大的祖国，这是一切拥护祖国统一的爱国者的衷心愿望和根本利益所在。人民在立法上的平等，是建立在全体人民根本利益一致的基础上。

　　唯物辩证法告诉我们，世界上的任何事物都不是绝对的，而是相对的，平等问题也是这样。在立法上，人民和敌人是不能讲平等的，这是绝对的；但是，人民在立法上的平等又具有相对性。首先应当肯定，人民在立法上是平等的，这是从本质上说的。因为不可能使每一个公民都直接参与立法工作。公民参与立法工作，一般说，都是通过自己选举的代表行使立法权的。因此，人民在立法上享有平等权利，彼此之间在实际享有的程度和方式上还有一定差异。由于每个人的具体条件不同，有的人可以成为人民代表亲身参与立法工作，有的则要通过这些代表来表达自己的意志；有的人可以担任国家公职，而大多数人就只能通过这些人来行使人民的权力；各级人民代表可以享有某些法律规定的特殊权利，如代表的豁免权，而一般人却享受不到这些权利；还有工农代表和民族代表的比例不同，如此等等。但是，我们不能根据这些事实就认为，人民在立法上是不平等的。那样讲，不仅会模糊人民和敌人的原则界限，抹杀平等和"平均"的界限，混淆绝对和相对的界限，在理论上站不住脚；而且在政治上也有损于民族和人民的团结。

　　（三）"公民在法律面前一律平等"作为一项宪法原则，它的内涵是十分丰富的，不能理解得过于狭窄。例如，有的同志认为，宪法所规定的"公民在法律面前一律平等"，同人民法院组织法所规定的"公民在适用法律上一律平等"，完全是一回事，没有任何区别，这种看法是不全面的。"公民在法律面前一律平等"作为一项宪法原则，同"公民在适用法律上一律平等"作为一项司法原则，两者相比，前者的内容更加广泛；它不仅包括司法上的平等，而且还应包括执法和守法上的平等。这就是说，不仅司法机关办案要实行这一原则，而且行政机关处理问题也要实行这一原则。如对违反行政法规的人需要给予纪律处分时，也要严格依法办事，不能因人而异；在升学、招工这些方面，也不能背离国家的法律和规章，另立标准，搞土政策，使一部分人享有特权，使另一部分人受到歧视。所谓在守法上也要实行这一原则，是指任何公民都要严格遵守宪法和法律，每个人都不例外，既享有自己应有的权利，又要尽自己应尽的义务。正是从上述事实出发，我认为，今后在阐述或解释宪法所规定的平等原则时，用"实施法律要平等"，比"适用法律要平等"较为准确。因为"实施法律"的提法，可以包括"适用"法律、"执行"法律和"遵守"法律在内。

同时，所谓适用法律要平等，应当包括"惩罚"和"保护"两个方面。例如，就司法机关适用法律来说，平等原则的含义，既包括对所有公民的各种权利和权益在遭到侵害的时候，一律平等地予以保护；同时，对所有公民的违法或犯罪行为，又必须平等地追究其法律责任，依法予以同样的制裁。关于这一点，不少资产阶级宪法也有明确规定。例如，法国的《人权宣言》就说："法律对于所有的人，无论是施行保护或处罚都是一样的。"（第6条）我国1979年通过的人民法院组织法规定：公民"在适用法律上一律平等，不允许有任何特权"。在这里特别强调反特权是必要的，因为反对法外特权的问题最突出。但是，我们再次应当全面理解和贯彻执行。因为，适用法律平等，既反对法外特权，也反对法外歧视。

此外，还应指出，所谓适用法律平等，既包括刑事案件，也包括民事案件；既包括适用刑法和民法等实体法，也包括适用刑事诉讼法和民事诉讼法等程序法。过去，有的同志在解释适用法律平等的原则时，只讲在处理刑事案件中定罪量刑要平等，而不讲在民事案件以及在刑事诉讼和民事诉讼的程序上，也要讲平等，那是不够全面的。

后 记

我国现行宪法有关公民在法律面前一律平等的规定，正是为了反对过去曾经存在过的特权思想和特权现象而确立的，但同时又不得不肩负起反对绝对平均主义的沉重使命。中华人民共和国公民不仅在法律面前人人平等，在其他法规、国务院规章、条例等面前也是人人平等的。我国现行宪法第33条第2款规定："中华人民共和国公民在法律面前一律平等。"这是对平等权的一般性规定，除了该一般性规定，现行宪法还有其他一些相关的具体性规定，主要有以下几点。第33条第4款规定："任何公民享有宪法和法律规定的权利，同时必须履行宪法和法律规定的义务。"第5条第5款规定："任何组织或者个人都不得有超越宪法和法律的特权。"第4条第1款中规定："中华人民共和国各民族一律平等"；"禁止对任何民族的歧视和压迫"。第48条第1款规定："中华人民共和国妇女在政治的、经济的、文化的、社会的和家庭的生活等各方面享有同男子平等的权利。"其第2款又进一步具体规定："国家保护妇女的权利和利益，实行男女同工同酬，培养和选拔妇女干部。"第34条规定："中华人民共和国年满十八周岁的公民，不分民族、种族、性别、职业、家庭出生、宗教信仰、教育程度、财产状况、居住期限都有选举权和被选举权；但是依照法律被剥夺政治权利的人除外。"第36条第2款规定："不得歧视信仰宗教的公民和不信仰宗教的公民。"这些条款分散于宪法规范体系的各个部分，与一般性规定共同构成了我国现行宪法有关平等权的一个独立完整的规范系统。在这个规范系统中既有关于平等权的一般性规定，又有关于民族平等、男女平等、政治权利平等的具体性规定；既有授权性规范又有禁止性规范；既有关于平等权正面规定又有关于禁止特权、禁止歧视的规定，内容相对详尽、完备，理论上为我国公民平等权的保护提供了强有力的法律保障。

近些年来，整个社会的贫富分化不断加剧。这在很大程度上并非源于公民在天生智力和工作努力程度上的差异，而与公民所处的位置、家庭出身、亲戚朋友关系等社会性因素密切相关，即公民的发展机会不均等。随着社会的不断发展，党和政府正在把建设和谐社会作为一项新的追求。促进社会和谐，让每一位公民都享有平等的权利并能够切实得到保障，是不可缺少的一个环节。一个相对和谐的社会，其公民的权利应当是相对均等的，其决策和立法不能只顾强势群体的利益和需求，还要充分考虑大众的普遍权利与愿望。要通过有效益的法治和政策调节，保障每一个公民拥有相对均等权利，为弱势群体切实提供国家保障，从而不断减少不和谐因素。

公民的权利和义务的一致性

新宪法第33条规定："任何公民享有宪法和法律规定的权利，同时必须履行宪法和法律规定的义务。"这一内容是新中国成立后我们制定的三部宪法都没有的。这就是说，在我们的社会里，公民的权利和义务是不可分离的。为什么要把这一点庄严地规定在我们的宪法里，这是需要认真研究的。

权利和义务是法律制度的一对重要范畴。确认和保障公民的基本权利和义务，是宪法的重要内容之一。一般说来，宪法既要具体规定公民可以享有的各项基本权利，又要具体规定公民必须履行的各项基本义务。在宪法中，只规定权利，不规定义务，或者相反，只规定义务，不规定权利，这种情况是不多的。这是因为，权利和义务本来就是一个不可分割的统一整体。正如马克思所说，没有无义务的权利，也没有无权利的义务。如果宪法只规定其中的一个方面，也不利于维护统治阶级的根本利益。

虽然权利和义务是一个不可分离的统一整体，但在不同历史类型的国家里，它们之间相互关系的性质和情况又根本不同。在奴隶社会里，奴隶只不过是奴隶主的私有财产，是一种"会说话的工具"。这样的生产关系，就决定了奴隶制国家的法律保障奴隶主有一切权利，并直接占有奴隶的人身，可以把奴隶当作牲口一样使唤，而奴隶只有义务，没有任何权利。

在封建社会里，农民被迫束缚在封建地主的土地上，人身完全依附于地主。这样的生产关系，就决定了封建制国家的法律，公开地宣布和维护封建等级特权，公开地直接地剥夺农民的基本权利，而强迫他们承担各种沉重不堪的义务。

在资本主义社会里，主要的生产资料属资本家所有。劳动者虽然摆脱了封建的人身依附关系，得到了人身自由，但他们自由到一无所有的地步，除了把自己的劳动力作为商品出卖之外，别无其他活路。资产阶级废除了封建制的等级划分和等级特权，但是由于私有制仍然存在，因而在废除封建等级特权的同时，又意味着资本特权的确立。正如恩格斯所指出："他们一定得把历代的一切封建特权和政治垄断权合成一个金钱的大特权和大垄断权。"[①]"有钱能使鬼推磨"是资本主义制度的一大特征。在这种社会里，公民实际享有权利和应尽义务的多少，主要是由财产状况决定的。资产阶级利用自己在经济上所占据的统治地位，完全能够采取法律上的和法律以外的各种办法，使自己享有政治、文化、社会等方面的特权，广大人民群众则被迫承担各种繁重的义务。

在资本主义社会里，公民的权利和义务不仅不是平等的，而且是根本对立的。这种对立性，在本质上是反映着极少数剥削者和压迫者，同占人口绝大多数的被剥削者和被压迫者的根本对立。例如，从公民履行义务来看，对资产阶级来说，行使权利和履行义务是一致的，不是根本对立的（当然资产阶级各个集团之间还存在着利害冲突），但是对无产阶级和其他劳动人民来说，情况就完全不一样了。劳动人民无论是遵守体现着资产阶级利益和意志的宪法和法律，还是纳税、服兵役，都只能使资本主义的经济制度和政治制度得到进一步的巩固和加强，使劳动人民自己受剥削、受压迫的程度更加沉重和长期化。再从权利方面来看，资产阶级给劳动人民以权利，有一个根本的界限，这就是：劳动人民可以有这样或那样的权利，包括投票选举资产阶级的代表人物当议员或总统，可以组织自己的政党，可以出版马克思主义的书籍，但是绝对没有推翻资本主义的基本政治制度和资本主义私有制的权利。因为，资产阶级的宪法规定私有制和资本主义的政治制度是神圣不可侵犯的。如果劳动人民想逾越这个基本界限，资本主义国家的统治者就会动用各种手段，直到使用全部国家暴力机器来对付无产阶级和劳动人民。在历史上，这种事例是很多的。第一次出现这种情况是在法国。1848年5月，当15万巴黎工人走上街头反对法国制宪议会时，就立即遭到了资产阶级的血腥屠杀。他们在六月起义中又被杀害了一万一千多人，被捕的有二万五千多人，其中二千五百多人被流放在海外的殖民地。对此，恩格斯愤怒地指出："资产阶级第一次表明了，当无产阶级敢作为一个具有自己利益和要求的单独阶级来反对它的时候，它会

---

① 《马克思恩格斯全集》第2卷，第647页。

以何等疯狂的残暴手段来向无产阶级报复。"①

在社会主义社会里，生产资料已经属于全社会所有，并且实行"各尽所能，按劳分配"的制度，阶级剥削和阶级压迫已经消灭。马克思指出："工人阶级的解放斗争不是要争取阶级特权和垄断权，而是要争取平等的权利和义务，并消灭任何阶级统治。"② 这就决定了在社会主义制度下，公民的权利和义务相互之间是一致的和密切结合的，不再存在过去那种彼此分裂与对立的现象。社会主义的经济制度、政治制度和法律制度，既不允许只尽义务、不享受权利的现象存在；也不允许只享受权利、不尽义务的现象存在。社会主义的宪法充分确认和保障公民享有广泛的、真实的、平等的各项政治、经济、文化、教育的权利，是为了增强广大人民当家作主的责任感，调动他们建设社会主义的积极性和创造性；社会主义的宪法要求公民必须履行遵守宪法和法律、保守国家秘密、爱护公共财产、遵守劳动纪律、遵守公共秩序、尊重社会公德和优良风俗习惯，以及纳税、服兵役等义务，也是为了更好地建设现代化的社会主义强国。在这里，公民享有权利和履行义务，都是为了一个共同的目的：保障社会主义制度的巩固和发展，促进国家的繁荣和富强，不断提高全体人民的物质生活和文化生活的水平。

在社会主义制度下，公民享受权利和履行义务的一致性，还表现在权利和义务的彼此促进和相互制约上。因为，公民享有的政治、经济、文化教育的权利越广泛和越有保障，就越能使广大公民亲身感到社会主义制度的优越性，就越能提高他们的政治觉悟、思想水平和工作劳动热情，因而也就更能促进他们自觉地、忠实地履行自己应尽的义务。同时，公民的权利是受物质和文化条件所制约的。正如马克思所说："权利永远不能超出社会的经济结构以及由经济结构所制约的社会的文化发展。"③ 公民越能自觉地、忠实地履行自己的义务，就越能加速国家的经济建设和文化建设，因而也就越能创造出更为充分的经济、文化条件，使他们应当享有和实际所能够享有的各种权利得到不断扩大和得到更可靠的保障。

在社会主义制度下，国家和人民的根本利益的一致性，决定着公民的权利和义务的高度统一。因为在这里，公民享受权利与履行义务之间，反映着国家利益和个人利益不可分离。和一切剥削阶级的国家根本不同，社

---

① 《马克思恩格斯全集》第2卷，第326页。
② 《马克思恩格斯全集》第2卷，第136页。
③ 《马克思恩格斯全集》第3卷，第12页。

会主义的国家同人民之间存在着一种完全是新型的关系：国家为人民，人民爱国家；国家是人民的国家，人民是国家的主人；国家和人民是一个休戚与共的整体。在这里，国家的利益和前途同人民的利益和前途，是完全分不开的。国家一切活动的当前的和最终的目标，都是为了保障人民当家作主的权利，提高人民的物质和文化生活水平；而广大人民则把建设国家使其繁荣富强当作自己的神圣事业，把对国家应尽的义务看成是自己义不容辞的职责。

由于公民的权利与义务不可分离是社会主义社会权利和义务相互关系的根本特点，因此有不少社会主义国家的宪法都有专门的条文，明确规定公民的权利和义务不可分离。例如，《南斯拉夫社会主义联邦共和国宪法》规定："本宪法规定的人和公民的自由和权利，在人们的相互支持中，通过履行一人对大家和大家对一人的义务和责任而加以实现"，"每个人都有义务尊重其他人的自由和权利并对此承担责任。"（第153条）《朝鲜民主主义人民共和国社会主义宪法》规定："朝鲜民主主义人民共和国公民的权利和义务以'一人为全体，全体为一人'的集体主义原则为基础。"（第49条）

在我们的国家里，权利与义务的关系，是体现着国家利益、集体利益和个人利益之间的关系，整体和局部的关系，民主和集中、自由和纪律的关系，等等。正确处理权利和义务的关系，充分认识权利和义务的一致性，提高正确行使权利和严格履行义务的自觉性，把正确行使权利和忠实履行义务结合起来，就能调动广大人民群众建设社会主义的积极性，就能巩固和发展安定团结的政治局面，就能促进高度的精神文明的建设，也大大有利于建设高度民主和健全法制的社会主义政治制度。我们是在一个有着两千多年封建社会的历史、一百多年半封建半殖民地社会历史的国度里建设社会主义的。根深蒂固的专制主义与小生产的影响与流毒至今依然存在，并经常在我们社会生活的各个领域和各个方面显露出来。因此，在权利与义务的相互关系问题上，我们必须同时和两种错误思想做斗争。一方面，我们要反对特权思想和特权作风；另一方面，我们也要反对无政府主义。某些存在有特权思想的干部，总是以"特殊公民"自居，错误地认为宪法所确认的公民应尽的义务是专为普通老百姓规定的，自己可以不必严格履行这些义务。他们之中有的人不仅自己搞特权，还千方百计支持、纵容自己的子女亲属搞特权；他们对待人民群众则只是强调多尽义务，却不关心群众的经济、政治、文化或社会各方面权利的实现。一些有无政府主义思想的人也总是只讲要权利，不想尽义务，以为行使民主自由权利可以不受法律的任何约束；总觉得我们的社会里权利太少、义务太多；以为大家只管享受权利，不必去尽义务，国家就会富强，人民就能幸福。上述两种错误思想的共同特点，在理论认识上，都是把权利与义务割裂开来、对立起来，是形而上学在作怪；在思想意识上，都是把一切权利看成应由自己享受，一切义务都应由别人去履行，是一种典型的个人利己主义。同时，还要看到，我们同特权思想和无政府主义思想作斗争，是一个长期的历史任务。从这些情况出发，新宪法明确规定公民的权利和义务不可分离的原则，是有重要现实意义和深远历史意义的。

这里，还必须指出，不仅在"公民的基本权利和义务"一章中贯穿着权利和义务不可分离的原则；而且，这一原则也贯穿在整个宪法中。比如，新宪法规定："全国人民代表大会代表，非经全国人民代表大会会议主席团许可，在全国人民代表大会闭会期间非经全国人民代表大会常务委员会许可，不受逮捕或者刑事审判"（第74条），"全国人民代表大会代表在全国人民代表大会各种会议上的发言和表决，不受法律追究"（第75条）。这是全国人大代表的权利，必须充分保障；同时，新宪法又规定："全国人民代表大会代表应当同原选举单位和人民保持密切的联系，听取和反映人民的意见和要求，努力为人民服务。"这是全国人大代表应尽的义务，他们也必须切实履行。同样，一切国家机关和人民武装力量、各政党和各社会团体、各企事业组织，在我国政治生活和社会生活中各自的地位、作用和权利，都得到宪法和法律的确认与保障；同时，它们又都有遵守宪法和法律、维护宪法的尊严、保证宪法和法律的实施，以及其他的职责和义务。它们的全部活动，都应该强调公民的权利与义务的一致性，都应该贯彻权利和义务不可分离的原则。

后　记

1982年宪法对原有的基本权利体系作了较大的调整，其基本特点在于以下几个方面。第一，结构顺序有所变动。"八二宪法"之前的三部宪法将"公民的基本权利和义务"作为第三章放在"国家机构"一章之后，而"八二宪法"则把它改为第二章，和"总纲"连接在一起，表明公民的宪法地位的提高，同时也意味着公民的基本权利和义务是国家制度的基本延伸。第二，条款有所增加，内容更加充实。"五四宪法"权利条文是14

条,"七五宪法"是 2 条,"七八宪法"是 12 条,"八二宪法"增加到 18 条。而且内容更加充实、具体、明确。第三,强调基本权利的实现条件。"八二宪法"确定了基本权利实现的相应的物质保障和法律保障,使基本权利的实现具有现实性。第四,强调权利和义务的一致性。"八二宪法"明确规定,公民享有宪法和法律规定的权利,同时还必须履行宪法和法律所规定的义务。另外还要求公民在行使权利和自由的时候,不得损害国家的、社会的、集体的利益,不得损害其他公民的合法权利和自由。

现行宪法相对于以往的任何一部宪法而言,在公民的权利和义务方面的规定可以说都进行了很大的修正和完善。但是,时代的发展已经使实际情况发生了巨大的变化,政治上,我们的民主法治制度建设有了长足进展;经济上,计划经济体制的旧有格局已然被打破,正在建立和完善市场经济体制;法律上,我们的立法取得了举世瞩目的成就,许多领域基本上改变了过去那种无法可依的状况,各种立法蓬勃发展;文化上,随着改革开放政策的实行和逐步深入,以义务为本位的传统文化受到了巨大的冲击,现代的民主、法治、人权等意识日益地为社会民众所接受和认同;对外方面,我们加入了 WTO,使我们的发展与国际社会的进步联系在一起。我们已经批准了《公民经济、社会、文化权利国际公约》,正在批准《公民权利和政治权利国际公约》。这两个重要的国家人权公约的批准,意味着在对人权的保护方面,我们要承担国际义务,要向国际标准靠拢。所有这些,最终会导致我国的社会已经或将要发生巨大的变化,确切地说就是引起我们的社会发生转型,而大部分的变化都将围绕着人权保护而展开。人的主体性地位将不断得到加强和重视。2004 年宪法第 24 修正案使人权保护入宪就是一个有力的证明。但是这一修正案只是一个原则性的规定,宪法对人权的维护,集中地通过更明确地规定公民的基本权利义务,并保障这些权利义务的实现来体现。因此,这就要求宪法在回应我国社会所发生的巨大变化对其产生的影响时,应当对公民基本权利的体系进行大的完善。

保障公民的宗教信仰自由

宗教信仰自由是公民的一项基本自由权利。新中国成立以来我们制定的三部宪法都有这方面的规定。新宪法（第36条）在过去规定的基础上又作了一些补充和修改。这样，条文的内容就变得更加全面和具体了。

马克思曾经说过："宗教是人民的鸦片。"既然这样，那我们的国家为什么还要保障公民有宗教信仰自由呢？

的确，马克思主义者都是无神论者，认为根本没有什么神、上帝和灵魂世界的存在。这同有神论是根本对立的。所以，共产党人根本不赞同任何宗教。但是宗教是一种社会意识形态，是对现实世界和社会生活的一种不真实的、歪曲的和虚幻的反映。一部分人民群众信仰宗教，是属于思想领域的问题，我们只能采取民主的方法加以引导和教育，而决不能采取行政命令和法律手段禁止人民不信教，不能用简单粗暴的方法来对待群众的宗教信仰。马克思主义对宗教的批判，矛头主要指向那些生产宗教的社会历史条件，指向那种需要宗教来维护其生存基础的社会制度。对于广大信教群众，马克思主义者一向是寄予同情的。马克思曾经说过："宗教是被压迫生灵的叹息"，"宗教的苦难既是现实苦难的表现，又是对这种现实苦难的抗议"。① 所谓"宗教是人民的鸦片"，也主要是说的这个意思。

宗教问题，是在一定历史条件下产生的一个社会问题。它的产生，归根到底是由社会的物质生活条件决定的。在原始社会里，由于生产力非常低，人们在同自然界作斗争时感到无能为力，也没有足够的知识去解释像雷电、地雷、洪水等各种自然现象，于是就产生一种错觉，以为在自然界

---

① 《马克思恩格斯全集》第1卷，第453页。

之外还存在一种超自然的力量在主宰着一切。这样，就逐渐地在人们的意识中形成了宗教的观念。人类进入阶级社会以后，被剥削阶级在同剥削阶级进行斗争时，不少人也像原始人对于自然一样感到无能为力，因而也就产生一种错觉，以为在现实社会之外还有一种超社会的力量在主宰着人类的命运。正如列宁所指出的："被剥削阶级在跟剥削者斗争时的软弱无力，必然会产生对优美的来世生活的信仰，正如野蛮人在跟大自然斗争时的软弱无力会产生对上帝、魔鬼、奇迹等的信仰一样。"① 因此，从根本上讲，宗教是人们对于自然和社会的发展规律缺少科学认识的产物。正是从这样的事实出发，马克思主义认为，宗教并不是一种永恒的现象。随着人们对自然界和人类社会认识的一步步深入，以及控制和改造自然界和人类社会能力与水平的逐渐提高，宗教这种社会现象终究是要消亡的。但是，只要还有宗教存在的社会条件，宗教或宗教观念就不会消失；而且它的消亡是一个需要经历很长时期的发展过程。正如马克思所说："只有当实际日常生活的关系，在人们面前表现为人与人之间和人与自然之间极明白而合理的关系的时候，现实世界的宗教反映才会消失。只有当社会生活过程即物质生产过程的形态，作为自由结合的人的产物，处于人的有意识有计划的控制之下的时候，它才会把自己的神秘的纱幕揭掉。但是，这需要有一定社会物质基础或一系列物质生存条件，而这些条件本身又是长期的、痛苦的历史发展的自然产物。"②

既然这样，马克思主义者就决不主张用任何强制手段来取缔宗教；而且认为，只有通过领导广大群众参加到消灭阶级剥削与阶级压迫、建设社会主义的物质文明与精神文明的斗争中去，使他们在改造自然和改造社会的过程中提高自己的认识，并且通过长期的细致的思想工作和加强无神论与科学知识的广泛宣传，提高广大群众对自然界和人类社会发展规律的科学认识，才是解决这一问题的正确途径。一百多年以前，杜林就曾经主张，在社会主义社会不允许宗教存在。布朗基主义者也叫喊要"向宗教宣战"。当时恩格斯尖锐地指出，这是一种愚蠢的举动，其结果只能提高人们对于宗教的兴趣，妨碍宗教的消亡。他说："取缔手段是巩固不良信念的最好手段"，是"给神的唯一效劳"。历史事实充分证明，马克思主义的这种看法是完全正确的。

---

① 《社会主义与宗教》，三联书店，1954，第1页。
② 《马克思恩格斯全集》第23卷，第96~97页。

在我国，宗教有着悠久的历史，而且有相当一部分群众信仰宗教。尤其是在某些兄弟民族中，大多数人都不同程度地信仰宗教或受宗教的一定影响，因此宗教问题又同民族问题联系在一起。所以，正确处理宗教问题，对于加强人民的团结和民族的团结，都有非常重要的意义。只有坚定不移地实行宗教信仰自由的政策，我们才能使广大的信教群众和不信教群众，使国内各个民族，在爱国主义旗帜下，在社会主义道路上，紧密团结在一起，相互尊重，友好合作，为建设现代化的社会主义强国而共同奋斗。

正是因为这样，保障公民的宗教信仰自由，是我们党和国家的一贯方针。在我国，革命根据地时期的所有宪法性文件以及新中国成立以后制定的几部宪法，都对宗教信仰自由有明确规定。不仅如此，我国还采取刑法的手段来保障公民的这一自由权利。如《中华人民共和国刑法》规定："国家工作人员非法剥夺公民的正当的宗教信仰自由和侵犯少数民族的风俗习惯，情节严重的，处二年以下有期徒刑或拘役。"（第147条）

宗教信仰问题是一个极其复杂的问题。我们对于公民的宗教信仰自由，必须有一个全面的正确的理解。

首先，必须肯定，公民既有信仰任何宗教的自由，也有不信仰任何宗教的自由；人们有宣传信教的自由，也有宣传不信教和无神论的自由。国家对这两方面的自由都要加以保护。而且就个人来说，不信教的人不应干涉别人的信教自由，信教的人也不能强迫不信教的人信教。为此，新宪法明确规定："任何国家机关、社会团体和个人不得强制公民信仰宗教或者不信仰宗教，不得歧视信仰宗教的公民和不信仰宗教的公民。"肯定这一点十分必要。在我们这样的制度下，用这样或那样的方法，强迫不信教的人信教，当然是不能允许的。即使是在资本主义社会里，其中绝大多数国家的宪法也都有这方面的内容。比如，瑞士宪法第49条就规定："任何人不得强迫加入宗教团体，受宗教教育，履行宗教行为，也不得因其宗教信仰受到任何性质的处分。"

其次，新宪法还规定："国家保护正常的宗教活动。任何人不得利用宗教进行破坏社会秩序、损害公民身体健康、妨碍国家教育制度的活动。"在近代，宗教同国家分离、同教育分离，不得干预政治、干预教育，已经成为绝大多数资本主义国家关于宗教制度的一项重要原则，是资产阶级革命所取得的一项重要成果。对于社会主义国家来说，肯定这一原则，更应该是理所当然的。无论从我国当前的实际情况来看，还是从长远的需要考虑，做出这样的明确规定，对于巩固社会主义制度，维护广大人民的利益，都是十分必要的。同时，这也是完全符合绝大多数信教群众的利益和愿望的。

第三，必须对宗教活动和封建迷信活动加以严格区别。新宪法关于"国家保护正常的宗教活动"这一规定，就包含有这样的一层意思。因为国家只保护"正常的宗教活动"；而"正常的宗教活动"同迷信活动是根本不同的。宗教是一种迷信，但不是所有的迷信都是宗教。宗教是一种思想信仰，它有正式的组织、成文的教义和规范化的活动仪式，而封建迷信却不具有上述宗教的特点。封建迷信活动往往诈骗钱财，坑害人命，破坏治安，影响生产，有的甚至在政治上造谣惑众，是阶级斗争的一种反映。对于封建迷信活动必须制止，情节严重的要依法制裁。我国刑法第99条规定："组织、利用封建迷信、会道门进行反革命活动的，处五年以下有期徒刑、拘役、管制或者剥夺政治权利。"第165条规定："神汉、巫婆借迷信活动进行造谣、诈骗钱财活动的，处两年以下有期徒刑、拘役或者管制；情节严重的，处两年以上七年以下有期徒刑。"当然，也要看到，同封建迷信活动作斗争，政策性很强，必须划清各种界限，加以区别对待。对于迷信组织应当取缔；对迷信职业者应通过教育使其从事生产劳动或其他正当职业，其中触犯刑律者应依法追究刑事责任；对于受骗群众，则只能进行教育和说服工作；对于少数民族的风俗习惯要尊重，不能和封建迷信混为一谈。

第四，宗教"不受外国势力的支配"，这也是我们必须坚持的一条原则。宗教问题，是一个国际性问题。现在全世界大约有百分之六十六的人信仰宗教。正确处理宗教问题，对于加强我国同外国的友好往来，也有积极意义。但是，在我国，热爱祖国、拥护社会主义，是不信教公民和信教公民在政治上的共同点；宗教活动必须服从国家和民族的整体利益。因此，中国的宗教应由中国的宗教信徒自传、自治、自养，不能容许任何外国的组织或个人进行干涉。这对维护国家和人民的利益是完全必要的。

后 记

新中国成立以来，我国的几部宪法都对公民的宗教信仰自由做出了规定。1954年宪法第88条规定，"中华人民共和国公民有宗教信仰的自由。"1975年宪法第28条和1978年宪法第46条分别规定，我国公民"有信仰宗教的自由和不信仰宗教、宣传无神论的自由"。1982年宪法则再行规定，"中华人民共和国公民有宗教信仰自由"。"任何国家机关、社会团体和个人不得强迫公民信仰宗教或者不信仰宗教，不得歧视信仰宗教的公民和不信仰宗教的公民。"

宪法在对宗教信仰自由予以保护的同时，也强调对宗教信仰的限制。比如现行宪法第36条规定："国家保护正常的宗教活动。任何人不得利用宗教破坏社会秩序、损害公民身体健康、妨碍国家教育制度的活动。"这些表明，公民有宪法义务不从事政府认为对社会有害的宗教活动。

中国对宗教活动的管理实行登记制并进行事后监督。1994年的《宗教活动场所管理条例》第2条规定，设立宗教活动场所首先必须进行登记。第4条规定："任何人不得利用宗教活动场所进行破坏国家统一、民族团结、社会安定、损害公民身体健康和妨碍国家教育制度的活动。"县级以上政府的宗教事务部门指导并监督条例的执行情况，并对违反规定的活动按情节轻重给予警告、停止活动、撤销登记的处罚，情节严重的可提请同级政府予以取缔。（第13条与第14条）当事人如对行政处理决定不服，可申请行政复议或提起行政诉讼。（第16条）另外，为了保持社会安定，外国人的宗教活动受到更严格的限制。1994年的《外国人宗教活动管理规定》第8条规定，外国人"不得在中国境内成立宗教组织、设立宗教办事机构、设立宗教活动场所或者开办宗教院校，不得在中国公民中发展教徒、委任宗教教职人员和进行其他传教活动"。

1997年3月14日，第八届全国人大第五次会议修订了刑法有关条款，并对刑法第300条作了如下修正："组织和利用会道门、邪教组织或者利用迷信破坏国家法律、行政法规实施"或"蒙骗他人，致人死亡的"，处三年以上七年以下有期徒刑；"情节特别严重的，处七年以上有期徒刑"。另外，"组织和利用会道门、邪教组织或者利用迷信奸淫妇女、诈骗财物的"，分别依照刑法第236条（强奸罪）和第266条（诈骗公私财物罪）定罪处罚。1999年10月30日，第九届全国人大常委会第十二次会议进一步通过了《关于取缔邪教组织、防范和惩治邪教活动的决定》。

1999年10月和2001年6月，"为依法惩处组织和利用邪教组织进行犯罪活动"，最高法院和最高检察院两次联合发布了《关于办理组织和利用邪教组织犯罪案件具体应用法律若干问题的解释》（以下简称《解释》），对法院如何审理有关案件进一步给予指导。根据1999年《解释》第1条的定义，"邪教组织"是指"冒用宗教、气功或者其他名义建立，神化首要分子，利用制造、散布迷信邪说等手段蛊惑、蒙骗他人，发展、控制成员，危害社会的非法组织"。如果实施下列行为，"邪教组织"的活动即可根据刑法第 300 条定罪："（一）聚众围攻、冲击国家机关、企业事业单位，扰乱国家机关、企业事业单位的工作、生产、经营、教学和科研秩序的；（二）非法举行集会、游行、示威，煽动、欺骗、组织其成员或者其他人聚众围攻、冲击、强占、哄闹公共场所及宗教活动场所，扰乱社会秩序的；（三）抗拒有关部门取缔或者已经被有关部门取缔，又恢复或者另行建立邪教组织，或者继续进行邪教活动的；（四）煽动、欺骗、组织其成员或者其他人不履行法定义务，情节严重的；（五）出版、印刷、复制、发行宣扬邪教内容出版物，以及印制邪教组织标志的；（六）其他破坏国家法律、行政法规实施行为的。"（第 2 条）《解释》还进一步定义了刑法第 300 条中关于"情节特别严重"的情形。(第 2 条与第 3 条)

怎样理解"公民有劳动的权利和义务"

新宪法第42条规定："中华人民共和国公民有劳动的权利和义务。"劳动权是公民的一项基本权利。新中国成立以后，我们制定的三部宪法，都有关于这一公民权的规定。但是，明确提出劳动既是公民的权利，又是公民的义务，这在我国还是第一次。这个问题究竟应当怎样理解呢？

劳动既是权利又是义务，虽然在我国之前的宪法中从来没有规定过，学术理论界也从来没有这样提出过，但是，有些国家的宪法，都有这样的规定。在社会主义类型的宪法中，最早提出劳动应该是公民的义务，是1918年的《俄罗斯社会主义联邦苏维埃共和国宪法》。该宪法第18条规定："俄罗斯社会主义联邦苏维埃共和国承认劳动为共和国全体公民的义务并宣布下列口号'不劳动者不得食'。"以后在其他一些社会主义国家的宪法中也有这方面的明确规定。例如，《朝鲜民主主义人民共和国宪法》第56条规定："公民有劳动的权利。一切有劳动能力的公民按照希望和才能选择职业，由国家保障安全的工作和劳动条件。公民各尽其能地工作，按劳动的数量和质量受分配"；同时，第69条规定："劳动是公民的神圣义务和荣誉。公民必须自觉地诚实地参加劳动，严格遵守劳动纪律和工作时间。"又如，《罗马尼亚社会主义共和国宪法》第18条规定："公民有劳动权"；同时，该宪法第5条又规定："劳动是每一个公民的光荣责任"。此外，如苏联1979年宪法（第40条和第60条），东德1968年宪法（第24条），保加利亚1971年宪法（第40条和第59条），波兰1952年宪法（第14条），也有类似规定，都强调"劳动权利和劳动义务是一个整体"。

为了搞清这个问题，首先要明确，究竟什么是公民的权利，什么是公民的义务，以及它们之间的相互关系。宪法和法律所规定的权利，是指：

法律关系的主体具有做出一定行为或者要求他人做出一定行为或不许做出一定行为的能力或资格。宪法和法律所规定的义务,是指:法律关系的主体应该从事一定的行为或不应该从事一定行为的责任。权利和义务是一组相对称的概念,它们之间的关系是对立的统一,两者既严格区别,又密切联系。因此,我们讲劳动既是公民的权利,又是公民的义务,绝不是说,权利和义务是一回事,劳动权利和劳动义务是一个东西。如果作这样的理解,那么公民就无法正确地去履行自己的劳动义务。斯大林曾经说过:"大家都有按个人能力劳动的平等义务,一切劳动者都有按劳取酬的平等权利(社会主义社会)";"大家都有按个人能力劳动的平等义务,一切劳动者都有各取所需的平等权利(共产主义社会)"。① 斯大林的这一论述也清楚表明,劳动权利和劳动义务,各有自己的特定含义,是不能也不会相互混淆的。

所谓公民的劳动权,主要是指有劳动能力的公民有获得工作、并按照工作的数量和质量取得报酬的权利。与此相对应,国家则有义务采取各种措施来保障公民享受这种权利。为此,新宪法规定:"国家通过各种途径,创造劳动就业条件,加强劳动保护,改善劳动条件,并在发展生产的基础上,提高劳动报酬和福利待遇。"(第42条)从新中国成立到现在,总的说来,我们的国家是尽了很大努力来保障公民享受这一权利。例如,在就业方面,至1979年,北京市的在业人口已经由解放初期的四十三万三千人,增加到二百九十四万九千多人,比1949年增长五点八倍。城市人口抚养系数也由解放初期平均每个在业人员抚养二点八人,下降到零点六二人(见1979年10月3日《北京日报》)。仅1981年全国城镇共安排了八百二十万人就业。在提高职工工资待遇方面,至1979年,全国职工工资总额已达到六百四十七亿元,比1978年增长了百分之十三点七(见1980年4月30日《人民日报》)。1981年,全国全民所有制单位职工的工资总额又比1980年增长了百分之五点二。与此相适应,农民收入也有很大增长。1981年,农民每人收入全年平均达到二百二十三元,比1980年的一百九十一元增长百分之十六点八。② 新中国成立以来,由于就业人数增加,工资水平提高,人民的生活已有很大改善。如在1980年,全国城乡平均每人的消费水平,扣除物价因素,比1952年提高近一倍。③

---

① 《斯大林全集》第13卷,第314页。
② 见1982年5月6日《光明日报》。
③ 见《关于建国以来党的若干历史问题的决议》。

劳动作为公民的一项基本义务,最根本的一点,就是要以国家主人翁的高度责任心和创造精神进行工作。为此,新宪法明确规定:"劳动是一切有劳动能力的公民的光荣职责。国营企业和城乡集体经济组织的劳动者都应当以国家主人翁的态度对待自己的劳动。"在生产和工作中,劳动者应当遵守劳动纪律,彼此团结互助,不断提高劳动效率和劳动生产率,注意节约原材料、能源和资金,爱护国家和集体的财产,正确处理国家、集体和个人三者的关系。

为什么社会主义国家的宪法要突出强调并明确规定劳动既是公民的一项基本权利,又是公民的一项基本义务呢?这是因为:

一、按照马克思主义的观点,劳动是社会一切物质财富和精神财富的源泉,是整个社会赖以存在和发展的基础。劳动创造了人类,创造了历史,创造了文明,还将创造更辉煌的未来。我们的国家要富强,人民要幸福,全靠劳动者的忘我劳动。因此,劳动就应当成为一切有劳动能力的公民的神圣职责。

二、社会主义制度区别于以往一切剥削制度,它彻底地消灭了人剥削人的现象。劳动者的劳动已经不再是为奴隶主、地主或资本家创造财富,供其享受,而是为了不断提高全体劳动者自己的物质生活和精神生活的水平。

三、劳动的权利和劳动的义务是相互依存、相互促进的。因为,国家越能采取各种措施创造就业机会,改善劳动条件,提高劳动报酬,就越能激发劳动者的国家主人翁感,更好地调动他们的劳动积极性、主动性和创造性;劳动者越能自觉地、忠实地履行自己的劳动义务,就越能替国家创造更多的物质财富,从而为增加就业机会,改善劳动条件,提高劳动报酬,提供更多的物质保证。宪法明确规定劳动不单纯是公民应当享受的权利,而且还是公民应当履行的义务,这就有利于使劳动权利和劳动义务在广大公民的思想和行动中融为一体,使其相互促进。

四、在社会主义社会里,虽然在绝大多数劳动者的心目中,劳动不再被认为是什么"下贱"的事情,而已经成为光荣而豪迈的事业。但是,旧社会轻视劳动的思想流毒和不能以国家主人翁的态度对待劳动的现象,在我们的社会里依然存在。因此,我们用国家的根本大法明确规定劳动既是公民的权利,也是公民的义务,强调劳动是公民的光荣职责,就有利于同这些错误思想和不良现象作斗争。

五、公民在劳动方面应当承担的各种义务是多方面的,并且要在劳动法规以及工厂法、人民公社法等许多具体法律中加以规定。宪法确认劳动既是权利又是义务，就能够为制定各方面的法律，提供立法依据。

后 记

"八二宪法""基本权利"章节部分直接对劳动权予以了规定，但在总则部分的很多条款，却在内在意义上构成了理解我国劳动权的重要背景。

宪法第1条规定：中华人民共和国是工人阶级领导的、以工农联盟为基础的人民民主专政的社会主义国家。该条是对我国国体的基本规定。其中"工人阶级"和"工农联盟"在本质上正是劳动者和劳动者联盟。劳动者通过劳动不仅获得了自己的物质保障、供养了国家的主人，最终通过劳动获得了自我意识、得到了主体性的承认，甚至成为了国家的主人。

宪法第6条规定：中华人民共和国的社会主义经济制度的基础是生产资料的社会主义公有制，即全民所有制和劳动群众集体所有制。社会主义公有制消灭人剥削人的制度，实行各尽所能、按劳分配的原则。

国家在社会主义初级阶段，坚持公有制为主体、多种所有制经济共同发展的基本经济制度，坚持按劳分配为主体、多种分配方式并存的分配制度。（1999年宪法第14修正案）

这一关于我国基本经济制度的规定，与劳动权的规范内涵也构成了直接联系。社会主义公有制的确立，消灭了人剥削人的制度，各尽所能、按劳分配成为社会主义经济的一项基本经济制度。宪法修改草案再一次把它肯定下来。

从该条及其解释来看，首先，可以将"公民有劳动的义务"的内涵与分配制度联系在一起解释：有劳动能力者不劳动不能参与社会资源的分配。因此，劳动义务显然不仅仅是一种道德义务，而是至少具备经济意义：劳动对于维持自身社会生活的必须性与重要性。其次，该条也表明"公民有劳动的义务"在社会主义初级阶段并非是对一切公民的要求，因为允许"多种分配方式并存"。值得注意的是，该表述是1999年修改宪法后增加的内容，这里的"多种分配方式"按照对修宪增加该款产生了决定影响的中共十五大报告的表述就是："把按劳分配和按生产要素分配结合起来，坚持效率优先、兼顾公平，有利于优化资源配置，促进经济发展，保持社会稳定。依法保护合法收入，允许和鼓励一部分人通过诚实劳动和合法经营先富起来，允许和鼓励资本、技术等生产要素参与收益分配。"

宪法第24条第2款规定："国家提倡爱祖国、爱人民、爱劳动、爱科学、爱社会主义的公德。"

该条是对劳动的一种正面的政治道德的弘扬。提倡"爱劳动"的基本主旨在于"培养全心全意为人民服务的劳动态度和工作态度"[①]。

此外，我国宪法有关劳动权的条款主要是第42条，从这一条的位置来看，其位于宪法第二章"公民的基本权利和义务"的中部（该章共24个条款，从第33条到第56条）。劳动权正好处于自由权与社会权的分界处，一般认为，宪法第35条到第40条是有关自由权的内容，从第42条到第47条是有关社会权的内容。

宪法上其他与劳动权有关的条款包括以下两条。一、第43条：中华人民共和国劳动者有休息的权利。国家发展劳动者休息和休养的设施，规定职工的工作时间和休假制度。二、第45条第3款：国家和社会帮助安排盲、聋、哑和其他有残疾的公民的劳动、生活和教育。前者规定了劳动者的休息权，学理上普遍认为这应属于劳动权的延伸，即属于劳动条件的一种（因为这种休息是劳动间歇的休息，与退出劳动的休息——退休不同）。后者是残疾人的劳动保护，当然也属于公民劳动权的应有之义，单独强调显示了其保护强度势必高于健康公民的劳动权。

近年来为了实现宪法规定的劳动的权利与义务制定的最重要的法律就是《中华人民共和国劳动法》（1994年7月5日第八届全国人民代表大会常务委员会第八次会议通过，1994年7月5日中华人民共和国主席令第二十八号公布，自1995年1月1日起施行）。

此外还需要注意的是，中国入世后，融入经济全球化大潮，与劳动关系密切联系的社会关系日趋多元化、复杂化、紧张化。劳动法的调整范围与人权保障、社会稳定以及劳动法价值实现的程度的内在联系也越发密切。

[①] 见肖蔚云、王禹、张翔编《宪法学参考资料》（上），北京大学出版社，2003，第99页。

新宪法为什么没有规定"罢工自由"

新宪法不再保留"罢工自由"的规定，我们认为这样做是比较妥当的。

我们的国家是广大人民当家作主的社会主义国家。在通常情况下，广大人民群众不宜采取罢工的手段来反对国家机关或企事业单位中的官僚主义。因为罢工的弊病确实很大。它严重影响正常的生产秩序和工作秩序，会给国民经济造成严重损失。特别是经过"文化大革命"这场十年浩劫，现在我们的国家就好像一个大病初愈的人，很需要有一个长时间的休养生息。实现四化是当前和今后全国人民的最高利益所在。而一般说来，罢工不利于我们顺利建设现代化的、高度民主和高度文明的社会主义强国。

在资本主义制度下，生产资料是属于资本家所有，国家政权是代表着资产阶级的利益，是统治劳动人民的工具。毫无疑问，在这样的社会里，工人阶级组织罢工，是反抗资本主义剥削、推翻资产阶级统治的重要手段。而在社会主义制度下，国家政权是代表着工人阶级和广大人民的利益，生产资料是属于全民或集体所有。在这种情况下罢工，使国民经济遭受损失，既有害于整个国家和全体人民的利益，也有害于每一个人的切身利益。我们在研究社会主义宪法是否需要明确规定公民享有罢工自由的问题时，不能不考虑两种社会制度存在着根本区别这一基本事实。

社会主义民主的内容和形式是多种多样的。在宪法中不能把罢工自由作为公民的一项基本权利明确加以规定，并不意味着社会主义民主因此就不健全、不完善了；也并不表明我们的党和国家就不重视发展和发扬社会主义民主。现在公布的新宪法充分说明，我们正在继续逐步完善社会主义民主。如健全人民代表大会制度、保障公民各项民主自由权利等方面，现在的宪法不仅比 1975 年和 1978 年宪法有很大变化，而且同较为完善的 1954 年宪法相比也是前进了一大步。这就说明，党和国家正在采取一系列措施来发展社会主义民主。既然民主的形式是多种多样的，因此，究竟哪些民主形式比较适合我们国家的阶级性质、我们国家的具体国情和我们国家当前的现实条件，应当从实际出发，从国家和人民的整体利益出发，全面地权衡利弊得失来决定取舍。有的形式可以充分运用，有的形式则可以不用或尽量少用。同国家机关以及经济组织中的官僚主义作斗争，并非一定需要采取罢工不可。只要我们努力健全民主和法制，我们就可以拥有足够的手段来有效地同官僚主义现象作斗争。

世界上绝大多数社会主义类型的宪法都没有关于罢工自由的规定。我们不能因此就说，这些国家的民主不充分、不完善。在我国，不仅革命根据地时期的宪法性文件没有罢工自由的规定，而且 1954 年宪法也没有这一规定，这也并不表明，这些宪法不重视保障公民的民主自由权利。我国 1975 年宪法开始规定有罢工自由，但正是这部宪法在我国是最不重视保障人民民主自由权利的一部宪法。由此可见，以宪法是否明确规定罢工自由作为一个国家的公民是否有充分的民主自由权利的一个重要标志，是很难说得通的。

1921 年，列宁在关于《工会在新经济政策条件下的作用和任务》一文中曾指出：在"资本主义制度下，罢工斗争的最终目的显然是破坏国家机器，推翻现有的阶级的国家政权。而在我们这种过渡形式的无产阶级国家中，工人阶级的任何斗争，比如，同这个国家的官僚主义弊病，同它的错误和缺点，同资本家力图逃避国家监督的阶级野心作斗争等等，其最终目的只能是巩固无产阶级国家和无产阶级国家政权。因此，无论共产党、苏维埃政权或工会决不能忘记，而且也不应当向工人和劳动群众隐瞒这一点，在无产阶级执政的国家里采取罢工斗争，其原因只能是无产阶级国家中还存在着官僚主义弊病，它的机关中还存在着各种资本主义旧残余，这是一方面；另一方面，由于劳动群众在政治上不开化和文化落后。""所以当工人阶级的个别部分同工人国家的个别机关发生摩擦和冲突时，工会的任务就是要尽快地圆满解决冲突，使工会所代表的工人获得最大限度的利益，但要无损于其他部分工人和无害于工人国家及整个经济发展，因为只有这种发展，才能为工人阶级的物质福利和精神福利打下基础。调解工人阶级个别部分同工人国家个别机关之间的摩擦和冲突，其唯一正确、合理和适当的方法，就是工会通过它的相应机关直接参与，或者是根据双方明确提出的要求和建议，同有关经济机关进行谈判，或者向上级国家机关申诉。"他紧接着还指出："如果经济机关的不正确做法、某些工人的落后、反革命分子的从中挑拨或者工会组织本身的缺乏预见，在国营企业中造成了罢工等公开的冲突"，那么，工会的任务就是尽快促成冲突的解决，例如，消灭不正确的做法，满足群众合理的可以办到的要求，对群众进行政治教育等。① 列宁以上论述的基本思想是：在资本主义制度下，需要采取罢工斗争来推翻旧政权；在社会主义制度下，虽然由于国家机关中还存在官僚主义、劳动群众在政治上还不开化，或者反革命分子的从中挑拨等等原因，发生罢工是难以完全避免的；但是从无损于其他部分工人和无损于工人国家及其整个经济发展的利益出发，调整工人阶级个别部分同工人国家个别之间的摩擦和冲突，其"唯一正确、合理和适当的方法"，应当是"进行谈判"或"向上级国家机关申诉"。很清楚，列宁在这里完全没有主张或提倡用罢工的方法来解决社会主义制度下各种矛盾的意思，而且要求采取各种措施"有效地防止"发生这种事情。无疑，列宁对这个问题的论述是非常深刻、非常全面的，因而是完全正确的。

在我们国家里，不把"罢工自由"作为一项公民的基本权利写进宪法，并不意味着在任何情况和条件下，任何罢工都是违法行为。我们的宪法和法律并没有禁止罢工，宪法没有规定罢工自由，只是表明我们的国家不主张用罢工的方法来同官僚主义作斗争，而是要及时采取各种有力措施把矛盾解决在萌芽状态里，要着重通过说服的方法，教育职工从大局出发，以尽可能避免罢工这种情况的发生。

"游行"或"示威"同"罢工"有所不同。一般说来，只要正确行使这一权利，就不至于影响正常的生产秩序和工作秩序，使国家的经济建设受到损害。以后，我们要制定出关于游行与示威方面的具体法规。公民按照法定的程序正确行使游行与示威的自由权利，应当受到宪法的充分保障。为了维护宪法的权威与尊严，凡是根本做不到、或者目前做不到、或者事实上比较难以行得通的事情，就不要写进宪法；凡是宪法应该做出规定而又能够做到的事情，就应当写进宪法，并且坚决保证其实现。有人主张我们的宪法也不应当把游行、示威作为公民的一项基本权利写进宪法，这种意见是不正确的。同样，以为宪法既然规定公民有游行与示威的自由，也就应该明确规定公民有罢工的自由，这一理由也是难以成立的，原

---

① 《列宁选集》第4卷，第584~585页。

因就在于两种情况有所不同。

后 记

当前，关于罢工权问题的讨论被纳入了集体劳动权中团体争议权的讨论范畴之中。由于我国曾有宪法规定罢工自由的历史，所以后来现行宪法删除罢工自由的规定以及在《经济、社会、文化权利国际公约》中对罢工权进行保留，就引起了很大的争议。根据修宪资料，删除罢工自由（罢工权）的理由主要是认为"既然工人阶级是国家的领导阶级，工人的利益就应当同国家的利益是一致的，所以，工人没有罢工的可行性"，这种观点在当时就引起很大的争议，这种争议今天更甚。随着时代的发展和认识的深入，笔者今天对于罢工权的观点也已经有所发展了。

1954年宪法在公民的权利中没有罢工的规定。中国共产党用政策处理着这一时期的罢工现象。1956年11月15日在党第八届中央委员会第二次全体会上，毛泽东同志提出："要允许工人罢工，允许群众示威。游行示威在宪法上是有根据的。以后修改宪法，我主张加一个罢工自由，要允许工人罢工。这样，有利于解决国家、厂长同群众的矛盾。"毛泽东同志的这一思想对后来宪法修改写进罢工权有一定的作用。

1975年宪法第28条规定，"公民有言论、通信、出版、集会、结社、游行、示威、罢工的自由"。这是在宪法上首次规定罢工权。紧接着1978年宪法第45条又规定："公民有言论、通信、出版、集会、结社、游行、示威、罢工的自由，有运用'大鸣、大放、大辩论、大字报'的权利。"这两部宪法将"罢工的自由"作为一种带有政治色彩的权利确认下来。虽然是宪法笼统地规定罢工自由，未限定权利主体，未规定行使罢工权的条件，未界定是劳动法范围内的罢工还是政治性罢工，也没有配套性法规。这种立法形式在世界上迄今为止是独一无二的。但它的意义无疑是重大的。1980年通过了对1978年宪法第45条进行修改的决议案，取消了原有的"有运用'大鸣、大放、大辩论、大字报'的权利"的规定，但保留了罢工自由的规定。

1982年通过的新宪法中，将"罢工自由"权利取消。现行《劳动法》《工会法》等都没有明确将罢工作为职工和工会的权利。作为1982年宪法起草和制定工作的参与者，张友渔先生曾专门作了说明："1975年宪法规定的'罢工自由'是极'左'思想的产物，是不符合社会主义发展的利益的，是不符合我们国家的具体情况的。我们国家的企业属于人民……罢工后停止生产，是对包括工人阶级在内的全体人民利益的一种破坏。有人说这是对官僚主义的惩罚。不对。对付官僚主义的办法，可以通过正常的途径，如揭发检举、控告、申诉等去求得解决，而不应该采用罢工的方式。"[1] 阐述了相同观点的还有董正超、何华辉、杨海坤等诸先生。有人认为我国的罢工行为是非法的。但法律也从来没有禁止过公民的罢工行为。

现行法律中，《中华人民共和国戒严法》第13条规定了戒严期间可对部分公民政治自由进行限制，其中就包括"戒严地区禁止罢工、罢市、罢课"。而《中华人民共和国香港特别行政区基本法》和《中华人民共和国澳门特别行政区基本法》都明确规定香港和澳门居民"享有言论、新闻、出版的自由，结社、集会、游行、示威的自由，组织和参加工会、罢工的权利和自由"。

在国际社会，罢工制度是伴随着产业工人运动的兴起和蓬勃发展而逐渐形成的。目前，多数工业国家都通过宪法对罢工权进行了规定。1946年法兰西共和国宪法规定"罢工之权利在法律规定范围内行使之"，1947年意大利共和国宪法第40条规定"罢工权应在调整此项权利的法律范围内行使之"，1978年西班牙宪法第28条规定"承认劳动者为保卫自身利益举行罢工的权利"，1946年巴西联邦共和国宪法第158条规定"罢工权应予以承认，其行使方式以法律规定之"。我国于2001年经全国人大常委批准加入的《经济、社会及文化权利国际公约》第八条，要求缔约国承诺保证公民"有权罢工，但应按照各个国家的法律行使此项权利"，对此，我国未作保留，罢工权已经成为了我国公民的当然权利。

当然，在具体的立法中应当坚持做到以下几点：一、罢工须经工会领导和组织，经过工会会员大会以无记名投票，经全体会员多数同意，方可进行；二、必须经过正当渠道以后，没有得到有效反对，才可以进行；三、必须以正当目的，合法罢工的目的仅局限于满足经济利益，如改善劳动条件，提高福利待遇等，禁止以政治、宗教或其非经济为目的罢工；四、必须以妥当行为。

在纯粹公有制时代，工人都在国有企业中工作，对企业的罢工自然容易被联想为对国家的罢工，但是，在当前存在私有经济的情况下，无法以工人与国家的利益一致性来否定工人对私营企业的罢工。当然，罢工权入

---

[1] 张友渔：《关于修改宪法的几个问题》，《宪法论文集》，群众出版社，1982，第14页。

宪的路径除了修宪之外，从宪法第37条的人身自由中推导出罢工权也是一种思路。我们的最终目标是建立高度民主的法治社会，随着我国经济发展，我国公民权利和劳动者权利必然会得到进一步保障。工人阶级对社会经济的发展有着巨大的作用，只有保障他们的各项权利，才能激发他们的生产积极性和创造性。

正确行使公民的自由和权利

新宪法第51条规定:"中华人民共和国公民在行使自由和权利的时候,不得损害国家的、社会的、集体的利益和其他公民的合法的自由和权利。"这一内容是过去几部宪法都没有的,是一个十分重要的新规定。

从世界各国的情况来看,资本主义类型的宪法一般都有类似这样的条文规定,其表达形式基本上有两种。一种是强调公民的自由和权利不得被滥用。如日本国宪法(1964年)第12条规定:"本宪法对于国民所保障之自由及权利,使国民不断努力而保持之。又国民不得滥用之,且常负有公共福利而予以利用之责任。"另一种是强调公民的自由和权利必须依法行使。如《埃及共和国宪法》(1956年)第44条规定:"保证言论和科学研究的自由。在法律范围内,人人都有权表达自己的思想,并且用语言、文字或绘画予以发表。"第45条规定:"新闻和出版的自由受到保障,但必须依照人民的利益,而且在法律范围之内。"

社会主义类型的宪法情况有所不同。早期的社会主义宪法一般说来没有这样的规定,如苏联1918年、1924年和1936年宪法。后来,情况有所变化。一部分社会主义国家的宪法有了这方面的内容,如南斯拉夫宪法的第203条,罗马尼亚宪法的第29条。苏联自己的情况也有了变化。例如,苏联1977年宪法就有了这方面的内容。如该宪法第59条规定:"权利和自由的实施同公民履行自己的义务是不可分的。苏联公民必须遵守苏联宪法和苏联法律,尊重社会主义公共生活规则,无愧于苏联公民的崇高称号。"第65条规定:"苏联公民必须尊重他人的权利和合法利益,对反社会行为毫不妥协,全力协助维护社会秩序。"

早期社会主义性质的宪法没有关于公民的自由和权利必须依法行使的条文规定,可能和这样一种情况有关,这就是马克思主义的经典作家曾多次揭露过，资产阶级宪法一方面详细规定公民有的各项自由和权利，另一方面又以"但书"等对公民行使自由和权利作出各种限制，以此揭露资产阶级民主与自由的虚伪性和局限性。当然，这种批判是正确的，因为它可以从一个方面揭示出资产阶级宪法所规定的自由和权利的阶级性质。为了同资产阶级宪法的上述做法划清界限，为了充分显示出社会主义宪法关于公民享有自由与权利的广泛性与真实性，因此就认为没有必要或不适宜在社会主义的宪法中规定自由和权利必须依法行使。而在现在看来，这种想法和做法是没有什么必要的。因为资产阶级宪法规定自由必须依法行使同社会主义宪法规定自由必须依法行使，性质和情况是完全不同的。从根本上说，资产阶级法律所保障的是资本家阶级进行经济剥削与政治压迫的自由，限制的则是劳动人民进行反抗和革命的自由；社会主义法律保障的是劳动人民建设社会主义新生活的自由，限制的则是反动分子从事破坏活动的自由以及人民内部少数人搞无政府主义的自由。此外，早期社会主义性质的宪法没有关于公民的自由和权利必须依法行使的条文规定，也同缺少实践经验密切相关。后来，社会主义的实践经验越来越表明，为了同敌对分子的破坏活动以及人民内部少数人滥用自由与权利的错误行为作斗争，在宪法中明确规定公民的自由与权利的行使不得危害国家、集体和其他公民的利益，是十分必要的。

我国的1954年宪法主要是参照了苏联的1936年宪法；而且，我们自己在这个问题上当时也缺乏实践经验。这次制定新宪法，情况有了很大不同。因为，"文化大革命"的教训对我们来说实在是太深刻了。林彪、江青反革命集团一手煽动起来的那种不受任何法律约束的绝对自由和极端民主的无政府主义，横行了十年之久，曾给国家和人民造成了深重的灾难。以致直到今天，我们还面临着同资产阶级自由化思潮作斗争的艰巨任务。一个重要措施，就是通过宪法和法律规定公民行使自由和权利不得损害国家的、社会的、集体的利益和其他公民的合法的自由和权利，并运用这一条，来有效地同滥用公民的自由与权利的行为作斗争。

新宪法第51条，没有关于"公民的自由和权利必须依法行使"这样的措辞；但这一条已经包含了这样的意思在内。究竟应当怎样判断一个公民在行使自由和权利的时候，是符合还是损害了国家的、社会的、集体的利益和其他公民的合法的自由和权利？基本的标准，就看他在行使自由和权利的时候，是依法还是违法，是合乎还是不合乎宪法和法律所规定的具体要求和界限。一般说来，凡是符合法律规定的，就是没有损害国家的或集体的利益；凡是不符合法律规定的，就是有损于国家的或集体的利益，我们应该强调这样一个准则，否则就难以避免有人任意作出各种解释和判断。正如马克思所说："自由就是从事一切对别人没有害处的活动的权利。每个人所能进行的对别人没有害处的活动的界限是由法律规定的，正像地界是由界标确定的一样。"① 但是，宪法关于公民的自由和权利的规定总是比较原则的，这就需要大量制定各种法律，如出版法、新闻法、结社法、游行法等等，使公民在行使宪法所规定的自由和权利时，有具体的规章可循。只有这样，公民的民主自由权利才能得到具体保障，而滥用自由与权利的行为也才能准确的认定与有效的制止。然而，制定与完善各种民权法规，需要经验积累，需要有个过程，这就增加了正确掌握与执行新宪法第51条规定的难度，就要求我们在贯彻与掌握这一条文时必须非常谨慎，既不能因为缺少具体法律就不敢运用这一条规定去同各种滥用自由和权利的行为作斗争，又不能轻率地给人乱扣帽子。

我们强调自由必须依法实现，这里就有一个自由和法律的关系问题。这是一个十分重要的理论问题，如果不搞清两者的关系，人们的思想就很容易出现各种糊涂的认识，从而给实践带来危害。例如，有的人就这样提出问题：既然讲自由，那就应当是每个人想说什么就说什么，想干什么就干什么，不应该受"任何外来强制"，不应该受任何东西包括法律在内的任何约束，否则就不叫自由。这种所谓"绝对自由"的观点，当然是不正确的。因为权威和服从在任何时候都是需要的。原始社会需要，阶级社会需要，即使到了将来的共产主义社会，也需要有权威和服从。因而人们的自由就不可能是绝对的，总是要受到来自各个方面的一定限制和约束，而这是维护社会共同生活所必需的。就其阶级实质来说，"绝对自由"的观点是一种小资产阶级的意识形态。小资产阶级在经济上的个体经营和分散性，决定了他们在思想和作风上的自由散漫，幻想绝对自由。但绝对自由终究是幻想，在人民彼此依存的人类社会里，是完全行不通的。

就法律与自由的相互关系来说，有"绝对自由"观点的人，是把遵守宪法和法律同公民行使政治自由权利看作是绝对对立、彼此不能相容的。其实，这是不懂得两者的辩证关系，不懂得两者之间的一致性。那么，在社会主义制度下，法律与自由的根本一致性和高度统一性究竟具体表现在哪里呢？主要表现在以下几个方面。

---

① 《马克思恩格斯选集》第1卷，第436页。

首先，法律与自由的一致性，体现了人民的共同意志和公民个人意志自由的辩证统一。法律是统治阶级意志的体现。但法律所体现的不是统治阶级中单个人的意志，而是他们的共同意志。这种共同意志，同统治阶级中每一成员的个人意志是辩证的统一，两个方面缺一不可。社会主义的法律是工人阶级和广大人民群众意志的体现。如果我们的国家不通过制定和执行法律，来形成一种共同意志，整个国家的经济、政治、文化建设就不会有一个共同的奋斗目标，就很难形成统一的思想和行动，就会出现无政府主义的状态，国家就无法建设好。但是同时，国家又要保证每个公民在共同遵守法律的前提下，充分享有各方面的自由和权利，借以发挥每个人的积极性、主动性、创造性，使整个社会主义社会既有统一意志，万众一心，步调一致；又有个人自由，大家心情舒畅，个个生气勃勃。

其次，法律与自由的一致性，反映了权利与义务的高度统一。在社会主义制度下，每个公民可以充分享有各方面的民主自由权利，同时又要履行严格遵守宪法和法律的义务。而只有实现这种权利与义务的高度统一与和谐一致，才能建立、维护与发展社会主义社会的公共秩序、公共道德、公共利益。在我们的国家里，公民享有权利和履行义务之间，体现着国家利益与个人利益的密切结合和不可分离。公民正确地行使自己的政治自由权利，忠实地履行遵守宪法和法律的义务，既是国家的根本利益所在，也是每个公民的根本利益所在。如果每个公民只享受民主自由权利，而不严格履行遵守法律的义务，国家的政治安定、秩序良好、经济繁荣、文化昌明，就无从谈起；而在这种情况下，公民享有或行使政治自由和权利就丝毫没有保障。

再次，法律与自由的一致性，体现了自由与必然的辩证关系。共产党具有科学的世界观，它的利益同社会进步的利益是完全一致的，因此它能正确认识与掌握事物发展的客观规律。社会主义的法律是党领导人民制定的，因而社会主义的法律能够正确反映事物发展的客观规律，它是人民自觉地改造自然与改造社会的重要工具。自由是对必然的认识和改造。因此，没有法律、不按法律办事，凡事都由少数领导人说了算，就不能很好地按客观规律办事，人们就难以获得认识与改造世界的自由。

最后，健全社会主义法制，是维护社会安全的重要手段，而社会安全是公民享有和行使自由和权利的基本条件。事情很清楚，如果我们不建立起良好的法律秩序，人们的自由和权利就没有保障。因为，允许有随便伤害别人的自由，被伤害的人就不自由；允许有偷盗的自由，被偷盗的人就不自由；允许有诽谤别人的自由，被诽谤的人就是不自由；允许有强奸妇女的自由，妇女就没有自由。关于这一点，杰出的资产阶级启蒙思想家卢梭曾有过一段精彩的论述。他说："在热内亚的监狱的大门上和犯罪的船上的锁链上，都可以看到 Libertas（自由）这个字。这样的题词，真是又好又恰当。事实上，唯有各国为非作歹的人才会妨碍公民得到自由。一个国家若把所有这样的人都送去在犯罪船上罚作划船工的话，人们便会享有最完全的自由了。"实际上，一个搞极端民主与绝对自由的不遵纪守法的人，看来好像自由，其实最不自由。因为，你不尊重法律对别人安全的保障，你自己的安全也得不到法律的保障；你破坏了法律秩序和社会安全，因而也必然要给自己带来不自由；你想蔑视法律，为所欲为，势必走上违法与犯罪的道路，遭到法律的惩处。

总之，以上事实充分说明，在社会主义制度下，法律与自由是完全一致的，是高度统一的。健全革命法制，强调自由必须依法实现，不是妨碍了公民的自由，而是公民实际享有并充分行使自由与权利的可靠保障。在一定意义上，我们甚至可以说，没有社会主义的法律，就不会有社会主义的自由。

由此可见，新宪法规定，公民在行使自由和权利的时候，不得有损国家的、社会的、集体的利益和其他公民的合法的自由和权利，是有正确的理论作为科学根据的。提高广大公民对这个问题的认识，就能从根本上保障新宪法第 51 条的规定得到切实执行，保证大家能够依法正确行使自己的自由和权利。

后　记

我国《宪法》第 51 条规定："中华人民共和国公民在行使自由和权力的时候，不得损害国家的、社会的、集体的利益和其他公民的合法的自由和权利。"我国《民法通则》第 7 条也规定，民事活动应当尊重社会公德，不得损害社会公共利益，破坏国家经济计划，扰乱社会经济秩序。

自由和权利是社会的，个人自由应以社会自由为前提和基础。人的一切活动都必须在一定的社会组织中进行，个人的自由只有在集体中和社会里才有可能实现、才有意义；自由和权利是相对的、有限度的；自由特别是政治自由只有与法律联系在一起才能存在，在一个法治社会里，自由仅仅是：一个人能够做他应做的事情，而不被强迫去做他不应该做的事情。

《宪法》关于公民正确行使自由和权利原则的规定是非常必要的。因为法律是行为准则，它告诉人们什么是合法，什么是非法的；哪些事情可以做，哪些事情不可以做。公民只有依照宪法和法律的规定去行使自己的自由和权利，才能全面地、完整地实现自己的权利和自由。

权利和自由都是相对的、具体的和受限制的，世界上不存在什么绝对的、抽象的和不受任何限制的权利和自由。作为一个国家的公民，要正确行使自己的权利，同时还要自觉履行应该承担的义务。每个国家在保障公民权利和自由的同时，都还要求公民履行一定的义务，承担一定的责任。这种义务和责任，在法律上就表现为对公民权利和自由的某种限制。马克思曾指出："权利永远不能超出社会的经济结构以及由经济结构所制约的社会的文化发展。"因此，宪法只能从现有的经济文化发展水平出发，确认公民能够享有的权利和自由，规定实现公民权利的某些物质保证条件。任何脱离现实条件的要求，看不到权利与经济发展的关系，都是不实际的。总的来说，在正确行使公民的权利与自由方面，应当坚持如下几点。

一、要坚持权利和义务统一的原则。要明确，在我国没有无义务的权利，也没有无权利的义务；既然享有权利，那么就要承担相应的义务；那种法外特权思想和行为，在我国是没有地位的。

二、不容许滥用权利。权利是不能超出社会经济和由经济所制约的社会文化的发展的。

三、要自觉履行义务。宪法第33条规定："任何公民享有宪法和法律规定的权利，同时必须履行宪法和法律规定的义务。"由于在我国作为社会基本制度的社会主义制度的建立和发展，这就确立了人民是国家和社会的主人地位，就保证了公民权利和义务的一致和统一，从而就决定了权利和义务的不可分离。公民在行使权利的同时，自觉履行义务，也就是实践和体现社会主义制度下法律面前人人平等的原则。

人民代表的权利与义务

新宪法对全国人民代表大会代表的权利与义务作了比较全面的规定。这是对1978年宪法的一个重大修改，具有重要意义。

全国人民代表大会是我国的最高国家权力机关。国家的一切权力属于人民，主要是通过各级人民代表大会的职能和活动体现出来的。全国人民代表大会是否能够真正起到它应当起到的决定一切国家大事的作用，对保证人民当家作主，具有决定性意义。过去很长一个时期，各级人民代表大会制度不够健全，其中一个重要表现，就是很多代表并没有发挥他们应当发挥的作用。各级人民代表大会是由各级人民代表组成的。人民代表的素质如何，他们能否真正代表人民的意志在权力机关中充分发挥作用，对各级权力机关的建设影响很大。我们要保证人民代表真正能代表人民开展工作，一个重要条件就是在法律上明确规定人民代表的权利与义务，并切实加以保障。

世界各国宪法，通常要对最高国家权力机关的代表的权利作出规定。资产阶级学者一般称代表的权利为"议员的特殊保障"。这种制度是在资产阶级反对封建主义的革命过程中产生并逐渐发展起来的。它最早出现在英国。这种制度第一次正式规定在宪法中，是英国1689年的《权利法案》。它规定："国会内之演说自由、辩论或议事之自由，不应在国会以外之任何法院或任何地方，受到弹劾或询问。"在这方面，对后世有很大影响的另一个国家是美国。1787年的美国宪法规定："两院议员，除犯有叛国罪、重罪及妨碍治安罪外，在各该院开会期间及往返于各该院的途中，不受逮捕。各该院议员对于其在两院内所发表的演说或辩论，于任何其他地方不受询问。"从资产阶级取得革命胜利直到今天，资产阶级始终重视这种"议员的特殊保障"，目的是巩固与健全他们的政治制度。事实上也的确起到了这方面的作用。虽然这种制度的阶级本质不同，但他们在这方面积累的经验，不少是值得我们借鉴的。

宪法中明确规定人民代表的权利与义务，在社会主义类型宪法的发展史上，也出现很早。1918年苏俄宪法虽然没有对苏维埃代表的权利作出特别规定，但它规定了全苏维埃代表大会的常设机构全俄中央执行委员会的委员，非经全俄中央执行委员会主席团或主席的同意不得被逮捕，非根据全俄中央执行委员会的决议不能受法庭审判。第一次正式规定人民代表的权利与义务的社会主义类型宪法，是1936年的苏联宪法。它明确规定："苏联最高苏维埃代表，非经苏联最高苏维埃的同意，而在苏联最高苏维埃休会期间，非经苏联最高苏维埃主席团同意，不得加以审判或逮捕。"（第52条）同时又规定："苏联政府或苏联部长会议各部部长，对于苏联最高苏维埃代表向其所提出之质问，须在三日内在该关系院予以口头或书面答复。"（第71条）从那时以来，所有社会主义国家的宪法，都有这方面的规定。不同的是，有的国家的宪法规定得全面和具体一些，有的则规定得比较简略。同资本主义国家不同，社会主义国家保障人民代表享有一定的特殊权利，是对他们的信任和支持，是为保证人民代表能充分行使职权创造条件，是为了健全人民代表大会制度以更好地为广大人民谋利益。

在我国，早在革命根据地时期，一些宪法性文件，就已经有这方面的规定。例如，1939年1月通过的《陕甘宁边区各级议会组织条例》第19条就是有关这方面的内容。1941年11月修正通过的这个条例，又在内容上加以丰富和发展，改为两条，即第24条："各级参议会议员，在议会中之言论，对外不负责任。"第25条："各级参议员在任期内，除现行犯外，非经各级参议会或常驻委员之许可，不得逮捕或羁押。"

从新中国成立到现在，对四部宪法作一比较，在人民代表的权利与义务的规定上，要数现在制定的新宪法最为完善。1954年宪法关于这方面的内容有三条，即质询权、免逮捕权和接受选民监督。1975年宪法对此只字未提。1978年宪法虽有两条这方面的规定，即质询权、接受选民监督，但也很不完备。而这次通过的新宪法共有五条是有关这方面的规定，比1945年宪法更完善。新宪法共一百三十八条，而这方面的内容竟有五条之多，也足见这个问题的重要性。新宪法关于全国人民代表大会代表的权利的规定，包括三个方面的内容。

一、质询权。

新宪法规定："全国人民代表大会代表在全国人民代表大会开会期间，

全国人民代表大会常务委员会组成人员在常务委员会开会期间，有权依照法律规定的程序提出对国务院或者国务院各部、各委员会的质询案。受质询的机关必须负责答复。"1954年宪法和1978年宪法，都有关于质询权的规定。从过去实际执行来看，情况基本上是好的，所遇阻力不是很大。存在问题主要是由于各种原因，包括人民代表对很多情况不是很了解，因此难以提出问题，因而这方面的权利行使并不充分。在五届人大第三次会议上，人民代表就宝钢建设和北京国际贸易中心的建设，向冶金部和对外贸易部提出质询，由这两个部的负责人亲自到会听取并回答质询，质询情况在报纸上作了必要的公开报道。这一做法是前所未有的，取得了很好的实际效果，得到了人民代表和广大人民群众的一致好评。这种形式是应当推广的，虽然这只是一种形式，并不是件件事情都要这样。现在世界上其他国家的宪法绝大多数都有关于议员（或代表）享有质询权的规定。有的国家为了保障这一权利，还作了某些硬性规定。如罗马尼亚宪法第58条规定："被提问或者被质询的人，有义务在最多三日的期限内并且无论如何在该次会议期间，用口头或者书面答复。"菲律宾宪法第8条规定："每个月至少应有一次或按照国民议会规则所规定的次数进行质询的时间，这应列入国民议会的议事日程。"在资本主义国家，议员进行质询大致有两种形式，一是限于议员与政府成员之间的询问、对答，不进行辩论；一是在质询中引起辩论，辩论的结果，有时会引起对内阁或某些内阁成员是否信任的表决。后者对资产阶级的统治来说，有弊也有利。弊在有时由于党派和派系斗争而引起政局和统治的不稳定；利在相互制约，避免独裁、专制，可以维护资产阶级的民主与法制。

二、人身特殊保障。

新宪法规定："全国人民代表大会代表，非经全国人民代表大会会议主席团许可，在全国人民代表大会闭会期间非经全国人民代表大会常务委员会许可，不受逮捕或者刑事审判。"（第74条）按照我国1982年12月10日通过的《中华人民共和国人民代表大会组织法》的规定，如果代表是因为现行犯被拘留，执行拘留的公安机关必须立即向全国人民代表大会主席团或者全国人大常委会报告。这种人身特殊保障，有利于提高人民代表的身份和威望，支持他们放手大胆工作，避免因人民代表履行职责而遭受非法侵害。议员（或代表）的人身特殊保障，是世界各国宪法普遍采用的制度。但是具体做法又有一些差别。其一是适用范围有所不同。多数国家只限于议员（或代表）本人；个别国家如英国规定，享有这项权利的还包括议员一家。这样的规定，不适用于多数资本主义国家，当然更不适用于社会主义制度。因为这项规定明显地带有封建特权的烙印。然而对代表（或议员）本人的人身特殊保障，性质则完全不同，它是保障民主能够更好地实施的一项措施。其二是适用期限有所不同。有的国家的这种豁免权只适于会议或包括会议前后。如法国宪法第 26 条规定："任何议员在议会开会期间，非经所属议院的同意，不得因其犯有刑事罪或轻罪而加以追诉或逮捕，但现行犯除外。"美国宪法第 1 条规定，除会期外，还包括往返途中。有的国家的这种豁免权适用于整个代表（或议员）的任期。如朝鲜宪法规定："最高人民会议议员非经最高人民会议的许可，在其闭会期间非经最高人民会议常设会议的许可不受逮捕。"我国的规定属于后者，即适用于代表的整个任期。

三、言论免责权和表决免责权。

新宪法规定："全国人民代表大会代表在全国人民代表大会各种会议上的发言和表决，不受法律追究。"（第 75 条）这种言论免责权，在资本主义类型宪法中大多数有这方面的规定。其原因是，在资产阶级革命过程中，争取言论自由，包括议员在议会中的言论自由，是一个十分尖锐和突出的问题，也是反封建斗争中最早得到的一批胜利成果。在现今资本主义世界中，这个问题已经基本解决，已经不再是什么新鲜的问题。当然，这种自由和权利只是资产阶级的自由和权利，是维护整个资本主义剥削制度的一种重要工具和手段。在社会主义类型的宪法中，有的有这方面的规定，如南斯拉夫宪法第 306 条。有的则没有这方面的规定，如朝鲜、罗马尼亚现行宪法以及 1936 年苏联宪法等。我国 1954 年宪法也没有这种规定。之所以出现这种情况，可能主要有两方面的原因。一是认为代表的发言和表决不受法律追究，这对于社会主义的政治制度来说，是一个不成问题的问题，没有必要规定进去。一是认为界限不好掌握，规定进去比较被动。从我国的历史经验来看，新宪法作出保障人民代表在人民代表大会上的发言和表决不受法律追究，有很强的针对性和现实意义。长期以来，由于种种原因，我国的民主与法制不健全，其重要表现之一，是权力机关的作用没有充分发挥，有的代表不能完全按照自己认为是符合人民利益的意见进行发言和表决，存在着这样那样的顾虑。无疑，新宪法作出保障人民代表的发言和表决不受法律追究的规定，将有利地保障和促进人民代表更好地履行自己的职责。

新宪法关于全国人民代表大会代表的义务的规定，主要是两个方面的内容。

一、和人民保持密切联系。

新宪法规定:"全国人民代表大会代表必须模范地遵守宪法和法律,保守国家秘密,并且在自己参加的生产、工作和社会活动中,协助宪法和法律的实施。"(第76条)这一规定是我国过去几部宪法都没有的,是我国自己实践经验的总结。过去,有些人民代表之所以不能很好地发挥作用,重要原因之一,是不能同自己选区的人民群众保持密切联系,很少主动地同他们进行广泛的接触,因而不了解他们的意见和要求。这种情况对于那些自己的选区不是自己工作或生活所在地(如生活、工作在北京,选区却在上海或四川)的人民代表来说就是这样。因此,有些代表并不能代表人民特别是自己选区群众的意见,而实际上只能代表自己。新宪法第76条的规定,主要就是针对这种情况而制定的。关于代表与选民的关系,世界各国的主张和做法,大致分为两种。其一是,代表为本选区选民的受托人,他在代议机关的活动应以本选区选民的意志为转移。南斯拉夫属于这种情况。其二是,代表是全体国民的代表,代表个人不受本选区选民的约束,多数国家是属于这种情况。有些国家的宪法为了强调这一点,宪法还明确加以规定。如1919年德国魏玛宪法第21条规定:"议员为全体人民之代表,服从其良心所主张,并不受其他请托之约束。"我国是属于第二种情况。按照新宪法的规定,全国人民代表大会的代表虽然要同原选举单位的人民保持密切联系,听取和反映他们的意见和要求,接受他们的监督;但是全国人大代表在权力机关活动中的发言和表决不受本选举单位的约束,而是按照全国人民的利益和意志行事。

二、接受选举单位的监督。

新宪法规定:"全国人民代表大会代表受原选举单位的监督。原选举单位有权依照法律规定的程序罢免本单位选出的代表。"(第77条)为了保障人民代表真正代表人民,为了及时发现和撤换那些违法乱纪或者严重失职的代表,宪法庄严的规定代表有接受选民监督的义务是十分必要的。

此外,新宪法还规定:"全国人民代表大会必须模范地遵守宪法和法律,保守国家秘密,并且在自己参加的生产、工作和社会活动中,协助宪法和法律的实施。"(第76条)这也是全国人民代表应尽的重要义务。

新宪法的制定,为全国人大代表的权利与义务作出了原则的规定。五届人大五次会议通过的新的《中华人民共和国全国人民代表大会组织法》对全国人民代表的权利与义务,又作了若干具体的规定,主要有三点。一是罢免程序。组织法规定，罢免全国人大代表，须经原选举单位以全体代表的过半数通过；在省一级人民代表大会闭会期间，人大常委会可以罢免本级人民代表大会选出的个别全国人大代表；被罢免的代表可以出席上述会议或者书面申述意见；罢免代表的决议，须报全国人大常委会备案。二是拘留现行犯，事后应报全国人大主席团或者是全国人大常委会。三是全国人大代表参加会议或履行代表义务，可适当给予补贴和物质上的便利。但仅仅有这样的规定还不够。鉴于这个问题的极端重要性，今后随着实践经验的进一步丰富，还应该制定像《人民代表的权利与义务条例》这样的法规，对需要具体明确的一系列问题作出详细的规定，才能使这方面的制度进一步完善，才能使已有的原则规定具体化并得到落实。例如，各级人民代表每年都应该有一定时间（比如三四个月）深入到自己选区的选民中听取意见和要求，到有关机关了解、掌握情况或进行专题调查研究。没有这样的安排和活动，人大代表在人民代表大会上的发言权是不大的。又如，新宪法规定全国人民代表有质询权，有免捕权，有发言和表决不受追究权，这些规定的具体含义、各种具体政策界限、各种具体程序，都应该有具体法规加以明确。

后　记

除了文章中列举的人大代表的几项主要权利和义务之外。宪法还具体规定了如下人大代表专属的权利义务。

（一）人大代表的权利

1. 审议权。

审议是对列入会议议程的各项报告和议案进行讨论、发表意见、表明意愿和立场，给予肯定、否定或者提出修改意见的活动。在人民代表大会会议上，代表参加审议人大常委会、政府、法院和检察院的工作报告，审查和批准国民经济和社会发展计划及计划执行情况的报告、国家预算和预算执行情况的报告，是代表参与决定国家事务的重要职责，也是行使代表权利的重要方面。代表应当本着为人民负责的精神，对报告和议案实事求是地肯定成绩，指出问题，提出修改意见。

2. 提案权。

人民代表大会立法和决定重大问题，一般要经过提出议案、审议议案、表决议案和公布法律（法规）和决定、决议的程序。其中，提出议案是审议、决定问题的前提。法律除规定有关国家机关和人大的机构有权提出议案外，还规定了代表有权联名提出议案，提议组织特定问题调查委员会。

3. 表决权。

表决，是指代表大会在通过报告和议案、决定有关事项时，由代表明确表示赞成或反对意见，并以法定标准来确定结果的行为。表决权则是指代表对交付表决的报告和议案、有关事项表明各种意愿（包括赞成、反对或弃权）的权利。表决权利的行使，会直接产生法律后果，是表决结果的直接依据。根据全国人大议事规则的规定，全体代表过半数是衡量一件议案是否获得通过的标准。只有两类问题的决定更严于过半数标准：一是在修改宪法时，宪法修正案的通过，需要全体代表的三分之二以上赞成。二是全国人民代表大会的任期届满时，如遇不能进行选举的非常情况，可以决定推迟选举，延长本届全国人大的任期。延长任期的决定，须由常委会组成人员的三分之二以上通过。

参加表决，是人大权利的重要组成部分。人大代表应当珍惜这一权利，"投好神圣的一票"。首先要积极参加表决。由于表决采用绝对多数原则，即通过议案的标准是"全体代表过半数"，而非"到会代表的过半数"，不参加表决表面看是既非赞成也非反对，但在确定表决结果上，与投反对票作用相同。不参加投票的人越多，达到通过议案所需的法定票数越难，甚至妨碍议案的通过。其次代表在行使表决权时，要充分反映选民或选举单位的意见，同时又要胸怀全局，从全体人民利益出发考虑问题，处理好局部利益与整体利益的关系。

4. 选举权。

选举权是指代表参加产生国家机关领导人员及其他人员的权利。由全国人大选举的国家机关领导人员有：国家主席、副主席，全国人大常委会组成人员，中央军事委员会主席，最高人民法院院长和最高人民检察院检察长。根据国家主席的提名，决定国务院总理人选；根据国务院总理的提名，决定国务院副总理、国务委员、各部部长、委员会主任、审计长、秘书长的人选；根据中央军事委员主席的提名，决定中央军事委员会其他组成人员的人选。县级以上地方各级人大选举本级人大常委会组成人员，省长、副省长，自治区主席、副主席，市长、副市长，州长、副州长，县长、副县长，区长、副区长，本级人民法院院长和人民检察院检察长，检察长须报上一级检察院检察长提请该级人大常委会批准。乡、民族乡、镇人大选举人大主席、副主席，乡长、副乡长，镇长、副镇长。全国人大的选举，候选人由主席团提名。地方各级人大的选举，候选人由主席团和各级人大代表联名提名，实行差额选举。

5. 罢免权。

罢免，是指由选举和任命产生的国家机关有关工作人员在任期届满以前，依法解除其职务的法律行为。罢免的范围大致与选举和任命产生的国家机关工作人员的范围相同。罢免国家机关工作人员是人大各种监督手段中最严厉的监督手段，也是最后的监督措施。因此，实施罢免，必须采取严肃、慎重的方针，在程序上从严掌握。既要对违法失职、失去人民信任的人员依法予以罢免，保证人大代表依法行使罢免权，又应坚持"对人的处理采取慎重态度"。为体现这些精神，法律对罢免程序作了比较严格的规定，在全国人大，只有主席团、三个代表团或十分之一以上的代表联名才有权提出罢免案。罢免案应以书面形式在代表大会期间提出，并写明罢免对象和理由。由大会主席团提请大会审议，再由大会全体会议表决；或由主席团提议，经全体会议决定，组织特定问题调查委员会，由本级人大下次会议根据调查委员会的报告审议决定。在罢免案提请大会全体会议表决前，被罢免的人员可以在主席团会议或大会全体会议上进行申辩。

6. 建议权、批评权。

人大代表的建议、批评和意见，是代表向本级人大或者其常委会提出的对各方面工作的看法、意见的总称。代表对各方面的工作提出建议、批评和意见，是督促国家机关及其工作人员联系群众、改进工作的主要形式。代表的建议、批评和意见可以个人提出，可以在大会会议期间提出，也可以在大会会议闭会期间提出。

7. 人大代表在闭会期间活动的权利。

代表在会议期间的工作和闭会期间的活动，都是执行代表职务。全国人大组织法、地方组织法和代表法不但规定了代表在代表大会会议期间的工作和享有的权利，也规定了在代表大会会议闭会期间的活动的权利。闭会期间的活动是大会会议期活动的延伸，也是大会会议期间开展工作的基础和条件。

法律规定的代表在代表大会会议闭会期间的活动是多方面的，其中主要是参加视察和专题调研，应邀参加执法检查、列席有关会议，对各方面工作提出建议、批评和意见等。

(二) 人大代表的义务

1. 模范地遵守宪法和法律。

"依法治国，建设社会主义法治国家"的治国方略，已被庄严载入宪法。法治国家的基本特征，是宪法和法律具有极高的权威和尊严，坚持法律面前人人平等，任何人、任何组织都没有超越法律的特权。我国近290万全国和地方各级人大代表，许多人是立法的直接参与者，是建设法治国家的中坚力量，责无旁贷地应当模范地遵守宪法和法律，带头宣传和执行法律，在自己参加的生产、工作和社会活动中，协助宪法和法律的实施。人大代表这方面的表率作用对于在全社会形成普遍的法治意识，推进依法治国的进程，保证国家的长治久安具有深远意义。

2. 保守国家秘密。

国家秘密是关系国家的安全和利益，依照法定程序确定，在一定时间内只限一定范围内的人员知悉的事项。主要是：(1) 国家事务重大决策中的秘密事项；(2) 国防建设和武装力量活动中的秘密事项；(3) 外交和外事活动中的秘密事项；(4) 国民经济和社会发展中的秘密事项；(5) 科学技术中的秘密事项；(6) 维护国家安全活动和追查刑事犯罪中的秘密事项；(7) 其他经国家保密工作部门确定应当保守的国家秘密事项。由于这些国家秘密直接关系到国家的安全和利益，因而法律规定，一切国家机关、武装力量、政党、社会团体、企业事业组织和公民都有保守国家秘密的义务。人大代表来自社会的各个方面，一是相当多的人分别接触上述各种国家秘密，二是代表在参与国家事务的决策中，也会了解和掌握某些国家秘密。作为国家权力机关的组成人员，人大代表应当严格地保守国家秘密，模范地遵守保密制度，如不在私人交往和通信中泄露国家秘密；不得携带属于国家秘密的文件、资料和其他物品外出；不得违反有关保密规定；不在公共场所谈论国家秘密等。

3. 联系群众。

人民把意愿和要求委托给代表，再由代表将这些意愿和要求反映到国家权力机关中去。代表必须密切联系群众，才能真正了解社情民意，了解人民的意愿所在，为人民行使好权利。代表也只有密切联系群众，才会把自己置于群众的监督之下，取得工作的动力，增强工作的责任感。为此，宪法和有关法律规定，全国人大代表和地方各级人大代表，应当与原选区选民或者原选举单位的人民群众，保持密切联系，听取和反映他们的意见和要求，努力为人民服务。

4. 参加人民代表大会会议。

代表是人民委派到权力机关的使者，参加人民代表大会会议，参与审议各项报告和议案，是代表的神圣权利，也是代表的法定义务，不能无故出席和缺席。代表法规定：代表应当出席本级人民代表大会会议，依法行使代表的职权。"代表未经批准两次不出席本级人民代表大会会议的"，其代表资格终止。同样的，代表如果对人大审议的议案漠不关心，在选举和表决议案时不投票，也属于失职行为。

此外，"八二宪法"颁布以来，为了使人大代表更好地行使自己的权利、履行自己的义务，2004年宪法修正案将全国人大代表的产生方式修改为："全国人大由省、自治区、直辖市、特别行政区和军队的代表组成。各少数民族都应当有适当名额的代表"；从而对香港和澳门回归后全国人大组成发生的变化进行了宪法确认。再有，1993年宪法修正案将县级人大的任期由三年改为五年。2004年宪法修正案又进一步将乡、民族乡、镇的人民代表大会的任期改为五年。这样，我国各级人大的任期都已统一为五年。

为什么要恢复设立国家主席

新宪法同1975、1978年宪法相比，最重要的变化之一，是恢复设立国家主席。

这次修改宪法，究竟要不要恢复设立国家主席，曾引起国内和国际上的普遍关注。之所以出现这种情况，是因为国家元首制度是国家制度的重要组成部分；而新中国成立以来，关于这个问题，我们走过了一条曲折的道路，出现过一些很不正常的现象。

为了说明这个问题，有必要简略地回顾一下新中国成立以来我国元首制度和设置国家主席的历史演变过程。这一过程可以明确地分为以下四个阶段。

第一阶段，从新中国成立到1954年9月，我们没有国家主席的设置。1949年9月由全国政协选举中央人民政府委员会，行使国家权力。中央人民政府委员会对外代表中华人民共和国，对内领导各级国家政权。由政协全体会议选出的中央人民政府主席主持中央人民政府委员会的会议，并领导其工作。政务院在中央人民政府委员会休会期间，对中央人民政府负责。中央人民政府主席，既领导委员会的工作，又领导政府工作。因此，新中国成立初期，我国的集体领导制度是由中央人民政府委员会和中央人民政府主席的职权和活动来体现的。那时国家领导体制的主要特点，是实现高度集中统一领导。这在当时是完全必要的。

第二阶段，到了1954年，情况有很大变化。为了适应经济建设的需要，使国家的政治生活进一步民主化，这年9月在全国普选的基础上召开了第一届全国人民代表大会，开始在我国建立国家主席制度。按照1954年宪法的规定，国家主席对外代表国家，统率军队，有权召开最高国务会议，根据全国人大和常委会的决定，公布法律，任免有关人员等；国务院要受全国人大的领导和监督,向它负责并报告工作。这一时期国家领导体制的主要特点,一方面是继承了新中国成立初期集体领导制度的优良传统;另一方面是按照分权原则,在权力机关与执行机关之间以及权力机关内部,分工更为细密;实质是,在国家机构方面社会主义民主有了进一步发展。实践证明,1954年宪法所确立的国家领导体制是科学的、正确的。

第三阶段,是1975年宪法颁布后,不再设国家主席。原来由国家主席行使的对全国武装力量的统率权和对政府总理的提名权,改属于党的主席和党中央;对外代表权改属于全国人大常委会。由国家主席行使的其他职权,或者是交给了其他部门,或者被撤销,成了一笔没有着落的糊涂账。例如,"授予国家的勋章和荣誉称号,发布大赦令和特赦令,发布戒严令,宣布战争状态,发布动员令"等,这样一些本应由国家元首行使的职权,究竟由谁来行使,就没有明确规定。从实质上看,取消国家主席的设置,是在我国政治生活极不正常的历史条件下出现的,是民主与法制的一个倒退。

第四阶段,是以这次新宪法的通过为标志,恢复设置国家主席,但又具有一些与过去不同的特点。它是国家机构实行改革并使其较过去更为完善的一项重要政策。

那么,设立国家主席究竟有什么好处?概括起来,主要有以下几点。

一、设置国家主席,有利于完善国家机构的分工,提高整个国家活动的权威与效能。人和国家机构都是一个严密的有机整体。国家机构之间的分工,包括立法、司法、行政等方面。国家主席的地位是整个国家的最高代表,它的地位和职权是其他国家机关所不能代替的。如果一个国家没有一个元首,或是国家元首的设立不明确,职权分工不清楚,国家没有一个集中的代表,国家活动的效能就会受到影响。在我国,如果没有国家主席,应当由他行使的职权,就要交给委员长或总理,这样势必加重他们的很多礼仪性、程序性的工作,而影响他们集中精力做好主持人大常委会的工作和抓好政府工作。设置国家主席对于完善国家机构的分工,避免权力过分集中,保证国家生活的民主化,都是很有必要的。在国家的对内活动中,如果没有一个国家元首去履行他应当由他行使的某些职权,也有损于国家活动的权威与尊严。

二、设置国家主席,有利于更好地开展对外交往。在现代,国际交往十分频繁。如果国家没有元首,或谁是元首很不明确,就会给国际活动带来很多不便。因为涉及国与国之间互相关系的许多重大问题的处理,如宣战、媾和、结盟、缔约，都需要国家的最高代表亲自出面，才能显示出自己国家的权威与尊严。在对外交往活动中，如果国家没有元首出面来与对方进行规格相同的活动，如接待外国元首的访问，派遣和召回驻外全权代表，接受外国使节等，就会有损于国家的威严，有失国际礼仪。

三、设置国家主席，符合人民的习惯与愿望，有利于维系国家的团结和稳定。任何国家都要有个"头"，自古以来都是如此。人们总是希望自己的国家有一个道德品质高尚、能真正全心全意为整个国家谋福利的人来作为全国的最高代表者，作为自己国家的具有权威性的象征。这是长期历史形成的一种人们较为普遍具有的心理、习惯和愿望，一种具有传统意义的政治形式。保持这种传统的政治形式，有利于维系整个国家的团结和安定。正是出于这种考虑，古往今来不少国家都竭力来保持自己国家的政治形式的稳定，十分重视维护国家元首制度的连续性、继承性和极大的权威。直到20世纪的今天，许多资产阶级民主制度高度发展的国家，如英国、日本、西班牙、瑞典、挪威、丹麦等国，仍然千方百计保持自己的国家有一个女王、天皇或国王，也正是出于这样的动机。我们的国家是人民当家作主的社会主义国家，当然和一切剥削阶级的国家有本质的不同。但是，人们也希望有一个具有崇高品德的完全可以依赖的国家元首作为国家的最高代表者。新中国成立以来，国家主席的设置已有二十多年历史，广大人民群众是拥护这一制度的，对国家主席是十分信赖的。因此，在我国恢复设立国家主席，完全符合我国各族人民的习惯和愿望。

按照新宪法的规定，我国国家主席制度具有以下几个方面的内容与特点。

一、关于国家主席的地位。

我国的国家主席一方面处于国家最崇高的地位；另一方面，他在行使职权时，又必须根据全国人大和全国人大常委会的决定。个人与集体相结合的国家元首制度，是我国元首制度的一个本质特点，在社会主义元首制度中也是一种独创。

二、关于国家主席的职权。

新宪法同1954年宪法相比，现在的职权比过去要小，取消了国家主席召开最高国务会议、统率全国武装力量等职权。现在国家主席的职权，对内主要是："根据全国人民代表大会的决定和全国人民代表大会常务委员会的决定，公布法律，任免国务院总理、副总理、国务委员、各部部长、各委员会主任、审计长、秘书长，授予国家的勋章和荣誉称号，发布特赦令，宣布进入紧急状态，宣布战争状态，发布动员令。"（第80条）此外，全国人民代表大会决定国务院总理的人选，由国家主席提名（第62条）。对外，主要是"接受外国使节；根据全国人民代表大会常务委员会的决定，派遣和召回驻外全权代表，批准和废除同外国缔结的条约和重要协定"（第81条）。很明显，现在的规定，实际上是国家主席不单独决定国家重大事务，不再承担实际责任。过去，最高国务会议可以对国家重大事务进行讨论，提出意见。因此，当时国家主席有权干预国家的行政工作。其弊病是使政府工作处于多元化的领导体制下，国家主席也会陷入行政事务中。而且，最高国务会议得出的结论，所提出的意见，究竟是否有约束力，对立法和行政有多大影响，其法律地位也很含混。新宪法规定，国家设立中央军事委员会，领导全国武装力量。中央军委实行主席负责制，军委主席由全国人大选举和罢免。这就明确了军队在国家体制中的地位，使人民军队的人民性质更为鲜明，有利于加强武装力量的革命化、现代化、正规化建设，同时也便于应付当前世界动荡不定的局势。国家主席不再统率武装力量，军委主席直接向全国人大和人大常委会负责，就可以免去国家主席应当承担的军事指挥和国防建设的实际责任。总之，新宪法对国家主席的职权作出这样的安排，一方面，使国家机构之间的分工更加合理、明确，有利于实行严格的工作责任制，提高工作效率；另一方面，使国家主席处于比较超脱的地位，不承担立法、行政、军事的责任，有利于维护国家主席的最高象征的地位。

三、关于国家主席的产生、罢免和任期。

现今世界各国国家元首的产生方式，可以区分为两大类，一是世袭继承。这是实行资产阶级君主制国家的元首产生的共同特点。这种现象之所以直到今天还存在，一方面是资产阶级在革命过程中同封建势力妥协的产物和表现；同时，这也是某些资本主义国家的统治者为了保持政治制度的连续性以求国家的稳定。二是选举产生。共和制国家的元首的产生方式属于这一类。这里又可分为两类：一类是由代议机关选举，即间接选举；一类是由选民直接选举。我国新宪法规定，国家主席由全国人民代表大会选举产生，既体现了全国人民代表大会作为我国最高国家权力机关的地位，同时又完全符合我国的具体国情。关于国家元首的罢免问题，也是各国宪法颇为重视的问题。归结起来，罢免问题的意义有两个相反而又相成的方面。一是监督作用，二是保护作用。例如《意大利共和国宪法》第90条规定："共和国总统对其在执行职务时所作出之行为不负责任，唯叛国或违宪行为除外。""在总统叛国或违宪时,得由议会在联席会议上根据议员绝对多数票提出控告。"国家元首要受一定机关(多数为议会或宪法法院)监督;如有违法或犯罪行为,要受追究;但程序一般很严。这就同时表明,只有全国人大有这一权力,其他任何别的机关都不享有这一权力。

关于国家主席的任期,新宪法规定,每届任期五年,只能连续两届。这是对1978年宪法的一个重大修改,将具有极其深远的历史意义。因为,国家主要领导职务事实上的终身制,是封建主义的遗留物,是产生个人崇拜的温床,容易形成国家领导的过于老化,不利于发扬民主与健全法制。

四、关于国家主席的性质。

按照我国新宪法的规定,"中华人民共和国主席"是我国国家机构的一个组成部分。国家主席既是一个握有一定职权的国家领导人,同时它又是一个国家机关。它作为一个国家机关,还有副主席的设置。然而副主席并不是一个独立的国家机构,它的任务是"协助主席工作""受主席的委托,可以代行主席的部分职权"(第82条),如接待外国使节,出访外国等。此外,在国家主席缺位的时候,由副主席继任主席的职位(第84条)。同时,和1954年宪法相比,还增加了一个新的内容,即:"中华人民共和国主席、副主席缺位的时候,由全国人民代表大会补选;在补选以前,由全国人民代表大会常务委员会委员长暂时代理主席职位。"(第84条)新宪法的这些规定,使我国的国家主席制度更为完善和符合实际。

后　记

新中国成立初期到1954年,在国家机构体系中,没有设置专门的国家主席,行使国家主席职权的国家机关是中央人民政府委员会。中央人民政府委员会设主席1名(中央人民政府主席),副主席6名,委员56名,秘书长1名。中央人民政府主席主持中央人民政府委员会会议和领导中央人民政府委员会的工作,在国家政治生活中发挥着重要作用。但中央人民政府主席不是一个独立的国家机关,不是国家元首,而只是中央人民政府委员会的组成人员,不过在实际上中央人民政府主席行使了一部分属于国家元首的职权。因此,在新中国成立至1954年9月,中央人民政府委员会就相当于国家主席。

中华人民共和国设置国家主席开始于1954年9月召开的第一届全国人民代表大会,会议制定了中国第一部宪法。1954年宪法规定,在全国人民代表大会之下设立全国人民代表大会常务委员会和中华人民共和国主席，取消中央人民政府委员会，国家主席是政治体制中一个独立的国家机关，既是国家的代表，又是国家的象征。同时第一部宪法还对国家主席的产生、任期、地位和职权等一系列问题予以明确的规定。

1954年至1965年，中国的国家主席制度基本上得到正常运转。1954年9月至1959年4月，毛泽东和朱德分别担任国家主席和副主席。1959年和1965年，刘少奇两次当选为国家主席。在1954年至1965年期间，国家主席根据全国人民代表大会及其常务委员会的决定，公布了大批的法律法令，召开了多次国务会议，接见外国使节，并进行了其他许多有关的职务活动。1966年至1975年间，由于担任国家主席的刘少奇被迫害致死，国家主席职位长期处于空缺状态。

1975年1月17日，第四届全国人民代表大会第一次会议通过了中华人民共和国成立后的第二部宪法。宪法正式取消了国家主席的建制。1978年3月5日，第五届全国人民代表大会第一次会议通过了中华人民共和国成立后的第三部宪法。该部宪法仍然坚持不设置国家主席。不过，1978年宪法把1954年宪法所规定的由国家主席行使的一些职权，包括：接受外国使节；根据全国人民代表大会或者全国人民代表大会常务委员会的决定，公布法律和法令，派遣和召回驻外全权代表，批准同外国缔结的条约，授予国家的荣誉称号的重要职权，改为由全国人民代表大会常务委员会委员长行使。

1982年12月4日，第五届全国人民代表大会第五次会议通过了中华人民共和国成立后的第四部宪法，恢复设置国家主席、副主席。1982年宪法于1988年4月、1993年3月、1999年3月和2004年4月经过了四次修正，每次都继续坚持国家主席、副主席的设置，从而使国家主席制度得到确立。

中华人民共和国历任主席

中华人民共和国中央人民政府主席

毛泽东（1949年10月1日~1954年9月27日）

中华人民共和国主席

毛泽东（1954年9月27日~1959年4月27日）

刘少奇（1959年4月27日~1968年10月31日）

宋庆龄、董必武（1968年10月31日~1972年2月24日）（副主席代行主席的职权）

董必武（1972年2月24日~1975年1月17日）（以代主席名义行主席职权）

中华人民共和国名誉主席

宋庆龄（1981年5月16日授予）

中华人民共和国主席（1982年以后）

李先念（1983年6月18日~1988年4月8日）

杨尚昆（1988年4月8日~1993年3月27日）

江泽民（1993年3月27日~2003年3月15日）

胡锦涛（2003年3月15日~2013年3月15日）

习近平（2013年3月15日）。

再有，2004年宪法第28条修正案增加规定国家主席的权力，代表国家"进行国事活动"。国家主席对戒严的宣布权也改为对紧急状态的宣布权。

行政机关实行首长负责制的意义

新宪法第 86 条规定："国务院实行总理负责制，各部、各委员会实行部长、主任负责制。"第 105 条规定："地方各级人民政府实行省长、市长、县长、区长、乡长、镇长负责制。"这是我国行政机关在领导制度上的一项重大改革。我国过去的三部宪法并没有明确规定国家行政机关是实行什么样的领导体制。但实际实行的一直是集体负责制。实行这种集体负责制，当然有不少优点。但是实践证明，行政机关实行这种领导制度，弊病很多。全面权衡利弊得失，还是弊多于利。长期以来，我国各级行政机关工作效率不高，和实行这种领导体制有很大关系。

在近代，国家机关的领导体制，根据处理和解决问题的最后决定权是属于一个人还是属于由数人组成的集体，大致上可以区分为两种基本形态：一种是首长负责制，一种是委员合议制。

国家机关实行首长负责制的基本特征，是一切行政措施由首长一人裁决、一人负责。美国的总统制就是属于这种情况。在美国，总统领导下的各部部长，是由总统物色和提名，经参议院同意之后任命。所有各行政部门的首长，都是总统的部属，总统随时可以对他们免职。各部部长分别直接对总统个人负责。总统虽然经常召开各部部长的会议，但会议的任务与职责并不是集体决定政策，而是总统听取各方面的意见，作为决策时参考，因而这些意见只是咨询性的，一切行政事务的最后决定权在总统个人。总统制定和发布各种文件，也不需要部长部署，责任也由总统一人负担。其他国家，如西德联邦政府所实行的总理负责制，意大利内阁实行的总理负责制，都是属于首长负责制这一类型。

国家机关实行委员合议制的基本特征，是一切国家大事的决定，要由委员组成的领导集体作出，并由集体负责。瑞士的委员制就是属于这种情况。根据《瑞士联邦宪法》的规定，联邦最高执行与管理机关是联邦委员会，它由七名委员组成，联邦委员会委员每四年一次由联邦议会从有资格被选为众议员的瑞士公民中选举产生。七名委员的地位平等，权利相同，联邦委员会的事务按照各部由各委员分担，但决定仍由联邦委员会以整体名义通过，由集体决定问题，由集体共同承担责任。联邦总统、副总统由联邦议会从联邦委员会七名委员中选举，任期一年，不得连任。联邦委员会由总统当主席主持会议，但总统只有一票，没有最后决定权。总统对外代表国家，有履行仪式的职责，但他是一个虚位元首，其实际权力和联邦委员会的其他六名委员完全相同。南美的乌拉圭于1956年2月开始采用瑞士式委员制政府。由国会选出九人组成行政委员会，任期为四年，其领袖是由六个重要委员每年轮流担任。九名委员分别担任各部部长。重大问题由行政委员会集体议决。世界上其他国家中基本上属于这种委员合议制的，还有苏联和东欧一些国家。至于部一级的领导体制，绝大多数国家是实行首长负责制。

首长制和合议制，各有长处和短处。首长负责制的优点是权力集中，责任明确，指挥灵敏，决策果断，行动迅速，效率较高。缺点是个人决定问题由于智慧有限，容易失误；而且没有权力上的相互监督与相互制约，容易滥用权力，独断专行。委员合议制的情况恰好相反。它的优点是能够更好的集思广益，考虑与决定问题比较周到全面。其缺点是权力分散，行动迟缓，工作效率低。通常认为，合议制比较适合于立法机关和司法机关。因为立法工作和司法工作一般说来处理决定问题比行政工作要求更为慎重，更为周到；在时间上也允许从容考虑和决定问题。因此，世界上绝大多数的立法机关和司法机关，都是采用合议制。我国也是这样。例如，我国各级人大和人大常委会，都是集体决议问题。在人大常委会中，委员长或主任虽然主持工作、主持会议；但决定问题时委员长或主任只有一票，没有个人的最后决定权。我国的司法机关审理案件，合议庭或审判委员会都是实行合议制。首长制则比较适合于行政机关。因为行政机关是属于执行机关，行政工作一般说来要求处理问题迅速、果断，很多事情不能耽误时机，否则会给工作带来损失。而且行政工作要求不断适应客观情况的迅速发展变化，要求领导机关及时做出决断，并充分发挥自己的主动性和创造性。而合议制则容易出现互相依赖、互相推诿、互相扯皮等弊病，而导致工作效率不高，使应该及时处理的问题得不到及时处理，使可以办得更好一些的事情难以办成。关于这个问题，法国的资产阶级启蒙学者孟德斯鸠曾经说过："行政贵乎迅速，与其付托于多数人，不如付托于一人，立法要深思熟虑，与其付托于一人，不如付托于多数人。"他的这段话是很有道理的。

按照新宪法的规定，我国国务院实行总理负责制，具有以下两个方面的主要内容。第一，总理领导国务院工作。副总理、国务委员协助总理工作。因此，总理是领导，副总理、国务委员只是他的助手。副总理、国务委员的工作对总理负责。各部部长和各委员会主任的工作，也对总理负责。副总理、国务委员、各部部长、各委员会主任，都是由总理提名，由全国人大或者它的常委会通过决定，由国家主席任命。因此，如果总理认为某一副总理、国务委员或部长不称职，可以提请国家最高权力机关免去其职务。第二，新宪法规定：由"总理、副总理、国务委员、秘书长组成国务院常务会议"。"总理召集主持国务院常务会议和国务院全体会议。"国务院的重要问题的决定，应当分别提交这两个会议进行讨论，充分听取大家的意见，然后加以集中，做出决定。如果会议的意见不能取得一致，那么，按照首长负责制的原则，总理有权最后做出决定。

由此可见，我国国务院的领导制度，基本上是属于首长负责制这种国家机关领导体制的类型。但是我国的总理负责制又有自己的鲜明特点，这就是吸取了委员制的长处，尽力避免了首长负责制的短处。在某种意义上甚至可以说，它是首长制与委员制的有机结合。这主要是表现在新宪法明确确立了国务院常务会议和国务院全体会议这两种组织形式和活动方式。按照五届人大五次会议于1982年12月10日通过的《中华人民共和国国务院组织法》第4条的规定，"国务院全体会议由国务院全体成员组成"（即由总理、副总理、国务委员、各部部长、各委员会主任、审计长、秘书长组成）。因此，一般说来，凡属国务院的重大问题，除了那些急需由首长紧急处置的问题以外，都应分别提交国务院常务会议和国务院全体会议充分讨论，集思广益，而后慎重做出决定。虽然不是通过会议按少数服从多数做出有约束力的决定，而是总理最后拍板定案；但是，这两种组织形式和活动方式，绝不是可有可无的。对此，《国务院组织法》还作了明确规定："国务院工作中的重大问题，必须经国务院常务会议和国务院全体会议讨论决定。"如果总理不重视这两种组织形式和活动方式的作用，搞独断专行，那就应当被认为是违宪。因为国务院常务会议和国务院全体会议的地位作用，是宪法所确认的。同时，新宪法规定："中华人民共和国的国家机构实行民主集中制的原则。"因此，民主集中制是我国所有国家机构的根本组织原则和活动原则，国务院当然也不例外。虽然我国的国家机构分别实行合议制（如人大常委会）和首长制（如国务院）这两种不同的领导体制，但国务院的工作也必须按民主集中制的原则精神来进行，这是毫无疑义的。总理的工作按民主集中制办事，主要就是一切重大问题的决定，都应提交国务院常务会议和国务院全体会议认真讨论，把个人负责同集体领导结合起来。不这样做，就是没有按民主集中制的原则精神办事，也是违宪。而且，新宪法第92条还规定，"国务院对全国人民代表大会负责并报告工作；在全国人民代表大会闭会期间，对全国人民代表大会常务委员会负责并报告工作。"这里强调的不是总理个人，而是国务院整体向全国人大及其常委会负责。由此可见，按照我国新宪法的原则精神和具体规定，国务院实行总理负责制和部长、主任负责制是建立在发挥集体作用基础之上的，是同集体领导相结合的行政首长负责制。

此外，新宪法还有一些其他的重要规定，有利于国务院总理负责制的正确实行。如1978年宪法规定，由国务院行使的职权是九个方面，而新宪法则规定为十八个方面。新的内容包括："规定行政措施，制定行政法规，发布决定和命令"；"规定各部和各委员会的任务和职责"；"领导不属于各部和各委员会的全国性的行政工作"；"规定中央和省、自治区、直辖市的国家行政机关的职权的具体划分"；"领导和管理经济工作和城乡建设"；领导和管理"科学""体育""教育""文化""卫生"和"计划生育"工作；"保护少数民族的平等权利和民族自治地方的自治权利"；"保护华侨的正当权利和利益"；"同国外缔结条约和协定"；"审定行政机构的编制"；依法"培训、考核和奖惩工作人员"；"决定省、自治区、直辖市范围内部分地区戒严"。新宪法按照国家机关权责法定的法制原则，对国务院的职权作出全面、明确、具体的规定，有利于指导国务院切实履行自己的职责，有利于权力机关和广大人民群众对国务院的工作实行监督，有利于防止国务院工作失职或越权，因而也有利于总理负责制的正确实施。

列宁曾指出："我们既需要委员会来讨论一些基本问题，也需要个人负责制和个人领导制来避免拖拉现象和推卸责任的现象。"我国的行政工作效率很低，是一个普遍现象，是不利于四化建设的一大祸害。要彻底解决这一问题，需要从多方面进行长期的巨大努力，需要采取各种措施，诸如精简机构、改革干部制度、制定行政法规等等。而行政机关实行首长负责制，是其中的重要措施之一。新宪法规定国务院实行总理负责制和各部、各委员会实行部长、主任负责制，地方各级人民政府实行省长、市长、县长、区长、乡长、镇长负责制，不仅有利于提高国家行政机关的工作效率，同时也将大大推进全国行政机构各个方面领导制度的改革。

后　记

"八二宪法"根据我国国家机关性质的不同，将我国国家机关的责任制分为集体负责制度和首长负责制两种形式。鉴于两种责任制各有优势，宪法规定人民的代表机关实行合议制，而我国的行政机关则实行了首长负责制。它是民主集中制的另一种表现形式。

2001年11月6日，最高人民法院颁行了《地方各级人民法院及专门人民法院院长、副院长引咎辞职规定（试行）》（以下简称《规定》），该规定指出：地方各级人民法院及专门人民法院发生严重枉法裁判案件，致使国家利益、公共利益和人民群众生命财产遭受重大损失或恶劣影响的，在其直接管辖范围内法院院长、副院长应当引咎辞职。同时，在其直接管辖范围内的法院发生其他重大违纪违法案件隐瞒不报或拒不查处，造成严重后果或恶劣影响的，或者不宜继续担任院长、副院长职务的其他情形，院长、副院长也应当引咎辞职。《规定》的实行也许可以暂时缓解社会民众对司法腐败的不满情绪。但是，我们认为，这一举措的意义旨在在法院推行行政首长负责制，结果会导致审判权的行政化。对于属于国务院系统的行政机关，我国宪法都明确规定了应该实现首长负责制。但对于法院，宪法除确立人民法院依法独立行使审判权外，只规定了"人民法院的组织由法律规定"。从条文上来看，立法者已经从逻辑上将法院组织原则排除在首长负责制之外。因此该《规定》有违宪之嫌，并与我国三大诉讼法的条文或立法精神相抵触。

此外，在新的历史时期，健全首长负责制还必须理顺行政首长个人负责与党的领导关系，这是党政关系的重要内容，是社会主义新型党政关系的一个重要组成部分。要完善行政首长负责制，首先就必须理顺个人负责与党的领导之间的关系，在坚持和改善党的领导的前提下，稳健推行行政领导制度的改革，实现真正的首长负责制。列宁认为党的领导首先是政治领导，同时也是组织领导。党的十二大报告，坚持和发展了列宁的这一思想，报告指出"党的领导主要是思想政治和方针政策的领导，是对于干部的选拔、分配、考核和监督，不应当等同于政府和企业的行政工作和生产指挥"。具体到行政首长负责制的实践，那就是：（1）党主要是通过权力机关，把党的路线、方针、政策形成决议，交予行政首长执行；（2）党主要是对行政工作的路线、方针、政策的领导，对于具体的行政执行事务，全部由行政首长依法处理；（3）党通过向权力机关推荐行政首长候选人，将素质好、水平高、政治立场坚定的党员推荐到行政首长的领导岗位上；（4）党对行政首长执行党的路线、方针、政策的效能情况实施政党监督，向权力机关提出建议，这是完善首长负责制与坚持党的领导的统一体。

取消国家领导职务实际终身制的意义

新宪法对国家领导人的任职时间做了限制，规定：中华人民共和国主席、副主席，全国人大常委会委员长、副委员长，国务院总理、副总理、国务委员，最高人民法院院长，最高人民检察院检察长，每届任职五年，连续任职不得超过两届。这是我国国家领导体制的一项重要改革，它对废除实际存在的领导职务终身制，实现国家领导制度的民主化，促进四个现代化建设，有着重大的现实意义和深远的历史意义。

从历史上看，终身制是同专制主义的政治制度联系在一起的。在奴隶制和封建制时代，除某一时期的个别国家（如古希腊、罗马）出现过共和政体外，其他基本上都是君主专制政体。在这种政治制度下，国家元首（国王、皇帝等）绝大多数都是终身的，甚至是世袭的。资产阶级革命摧毁了封建君主专制政体，建立起共和政体的民主制度，国家最高职务由选举产生并且限制任职时间，这是资产阶级革命的一项重大成就，是人类政治生活的一个重大进步。当然，我们也要看到资产阶级共和制政体的阶级实质和历史局限性。资产阶级民主就是建立在资本主义生产关系的基础上的。因此资本主义国家的国家元首和政府首脑的经常更替，本质上是反映了各资本家集团和各派政治势力彼此之间的相互争夺和矛盾的调节，是有利于维护资本主义的政治制度和经济制度，有利于巩固对广大劳动人民的统治。

社会主义民主是建立在生产资料公有制的基础上。它是占人口绝大多数的人民大众真正当家作主，享有管理国家一切大事的权利。它在本质上要比资产阶级民主优越得多、进步得多，是人类发展史上最高类型的民主。这种民主要求实行最彻底，最完备的共和政体。而国家最高领导职务的终身制是和共和制政体完全背离的。

新中国成立以后我们颁布的头三部宪法，明确规定了国家最高领导职务都由选举产生，但是却没有规定限制任职的时间。现在看来这是一个重大失策。如果不硬性规定限制任职的届数，由于各种具体条件和原因，就可能出现国家领导职务实际上的终身制。这种情况也确实在我们的国家里出现了。出现这种情况的条件和原因主要有以下几个方面。

首先，是由于我们在这个问题上缺乏经验。现在，我们对废除国家领导职务事实上的终身制的重大意义的认识，是经历了曲折的道路，饱尝了严厉的教训才逐渐得到的。1956年，毛泽东同志和党中央从总结国际（主要是苏联）无产阶级专政的历史经验中，就已经意识到了社会主义国家政治生活中权力过分集中和个人崇拜的消极后果，并且曾经考虑过废除党和国家领导职务实际上的终身制这个问题。1957年4月，毛泽东同志在一次同党外人士的谈话中，正式提出了不当下届国家主席的问题，并在这年5月一封来信的批示中明确表示："可以考虑修改宪法，主席、副主席连选时可以再任一期"，并要求就此事展开讨论，以打通党内党外一些同志的思想，接受他的主张。后来，由于形式上发生了变化，主要是"左"的错误开始出现并日趋严重，这一考虑就被长期搁置了下来。从此，权力过分集中于个人和个人崇拜现象逐渐形成和发展，以致到"文化大革命"期间，出现了把党和国家领导人实际上的终身制和接班人正式写进党章并试图写进宪法这种极不正常的现象。粉碎了"四人帮"，特别是在十一届三中全会以后，通过拨乱反正，我们才开始认真地、切实地总结这方面的教训。1980年，党的十一届五中全会，明确地提出了废除领导职务实际上存在的终身制。同年，在全国五届人大三次会议上，一批老一辈无产阶级革命家辞去了国家最高一级领导职务，为改革国家领导制度作出了光辉的榜样。这次制定新宪法，终于明确规定了国家领导人的任职时间，把废除国家领导职务事实上的终身制加以制度化法律化。上述这一过程充分说明，只有经过实践，特别是有了"文化大革命"这样惨痛的教训，在这个问题上我们才可能有今天这样的认识。历史上，任何一个统治阶级，其政治经验的积累，都需要有一个过程。这一点是不能忽视和否认的。

其次，过去之所以出现国家领导职务事实上的终身制，同我国革命的具体特点也有一定的关系。我国的革命是在党的领导下，经过长期的艰苦卓绝的斗争，才打倒三大敌人，建立了新中国。在民主革命时期，我们党经受了最严峻的考验，并锻炼出了一大批职业革命家。他们忠于革命事业，具有丰富的斗争经验，在人民中享有很高的威望。新中国成立后，他们理所当然地成了国家的栋梁。在20世纪50年代和60年代，党和国家的中坚力量当时正处于年富力强、精力充沛的时期，因此那时我们的干部状况同革命事业的需要之间，大体上还是相适应的。只有到了20世纪70年代，干部老化问题才尖锐起来，革命接班问题才突出起来。上述这种情况，对我们没有足够重视限制国家领导职务的任期，以避免出现终身制，是有一定影响的。

第三，在我们今天的社会里之所以出现国家领导职务事实上的终身制，和我国的社会历史特点是分不开的。社会主义时期的终身制，就其性质来说，是封建专制主义终身制的残余在我国现阶段领导制度上的一种反映。我国是一个经历了几千年封建社会的国家，缺乏民主与法制的传统，而封建主义的遗毒在人们的思想上却是根深蒂固的。这就不可避免地要给我们的政治生活带来各种消极的后果。一个突出的表现，就是我们在长期内对发展社会主义民主与健全社会主义法治的重要意义认识不足。在这种情况下，当然也不会引起对限制国家领导职务任期问题的重视。同时，那种"一朝为官，终身受禄"的封建思想流毒，也势必腐蚀着我们一些干部和群众的头脑，而把终身制看成是理所当然与习以为常。

在我国，废除国家领导职务事实上的终身制，概括起来，主要有以下几个方面的重要意义。

第一，废除国家领导职务事实上的终身制，有利于消除权力过分集中于个人，防止产生个人专断独行和个人迷信，避免民主集中制和集体领导原则遭受破坏。

事实证明，产生个人专断独行和个人迷信的原因虽然很多，但是存在领导职务实际上的终身制，是一个极其重要的原因。因为，随着领导职务终身制而来的，必然是权力过分集中于个人，这正是产生个人迷信的重要条件。如果一个人长期或终身担任国家最高领导职务，就其本人来说，随着年事的增高，深入实际和接触群众会越来越少，这样就很容易使他忽视集体和群众的作用，而夸大自己个人的作用。就一般干部和群众来说，这种状况也容易使得他们自觉地或不自觉地过分夸大终身领导者的个人作用，把功劳都记到这一个或少数几个领导人身上。同时，在实行领导职务终身制的情况下，下级干部对自己的领导人很容易产生依附思想，对领导者经常是一味奉承不敢批评；而终身领导者也往往觉得自己完全可以不受干部和群众的任何监督。这样，随着终身领导人威望的不断增高，加给他的头衔就会越来越多，对他个人的宣传和颂扬也会越来越突出。这一切都不可避免地会产生个人迷信以及家长制、个人专断和个人凌驾于集体之上的等等现象。其结果必然是民主集中和集体领导原则遭到彻底破坏。现在，新宪法采取严格限制国家最高领导人任职时间的办法，定期更新领导层，上述现象就难以发生。

第二，废除国家领导职务实际上的终身制，可以防止干部队伍老化，使国家最高领导班子永远保持旺盛的活力，以提高国家领导工作的效率。

国家领导人特别是国家最高领导人，担负着指导和组织整个国家事务的重任，需要有充沛的精力和强健的体格。一个人长期或终身任职，年龄必然越来越高，由于受自然规律的限制，无论在体力上还是在精力上，都很难胜任这样繁重的工作。只有按照一定的任期，把那些年事已高的同志换下来，把那些在革命和建设中经过锻炼和考验的、德才兼备、年富力强的同志及时换上去，才能使国家的最高领导班子经常保持旺盛的生命力，才能担负起不断发展的社会主义建设事业的重任。回顾新中国成立初期，我们国家的最高领导人，包括毛泽东、周恩来、刘少奇、朱德等领袖人物在内，绝大多数都处在精力充沛、年富力强的时期。他们都能去亲临第一线，深入实际、深入群众处理和解决国家的重大问题。我们在新中国成立后的头几年，胜利地完成了繁重的社会改革任务，迅速地恢复了过去中国遭受破坏的国民经济，并基本上实现了生产资料私有制的社会主义改造。我们之所以能在短期内取得那样辉煌的成就，是同当时我们国家最高领导人的比较年轻化是分不开的。

第三，废除国家领导职务实际上的终身制，既有利于挑选、培养、锻炼大批新的领袖人物并充分发挥他们的作用，又有利于那些年事已高的老一代领导人在适当的岗位上更好地发挥其作用。

社会主义革命和建设事业是人类历史上空前伟大的事业。为了领导好这一事业，人民需要有自己的杰出领导人。这种领导人，不应当只是一个或少数几个，而应当是一大批。而且社会主义制度也为这种人民领袖人物的出现提供了条件和可能。社会主义时代应当是一个群星灿烂、人才辈出的时代。而事实证明，存在着领导职务事实上的终身制，就必然会压抑新的一代领袖人物的发现、培养和充分发挥他们的作用。"不在其位，不谋其政"，德才兼备的领导人，只有在一定岗位上才能得到考验、锻炼。

对国家主要领导人任职时间实行限制，并不会妨碍某些特殊的杰出人物充分发挥其作用。无产阶级的杰出领导人之所以能够起到比较大的作用，在于他们能科学地认识社会发展的客观规律，正确地反映人民群众的要求；在于他们能够深入实际、深入群众。一个人，包括一些杰出人物在内，如果长久或终身任职，随着他们年事的增高，深入实际和接触群众客观上就会越来越困难，他们才能的增长和充分发挥就会受到很大限制。相反，领导人在年高体弱时退居第二线、第三线，从繁重的日常事务中解脱出来，集中精力考虑国家大事，总结领导、管理国家的经验，为在职的领导人当顾问、当参谋，对中青年干部传帮带，就能更好地发挥他们的作用。

第四，废除国家领导职务实际上的终身制，有利于保持国家方针政策的连续性和国家领导班子的稳定性。有人担心废除国家领导职务终身制会影响国家方针政策的连续性和国家领导班子的稳定性。这种担心是不必要的。事实恰恰相反，只有建立起严格的制度，按照一定的民主程序、定期地更新领导层，才能保证这种连续性和稳定性。这是因为：首先，国家方针政策的正确与否，并不在于某个人在不在位，任职不任职，而在于制定出来的方针政策，是不是符合客观实际和充分反映全国广大人民的利益和愿望。正确的方针政策应当是集中全国人民群众智慧的结果，绝不是某个领导人个人意志的反映。限制国家最高领导人的任职时间有利于国家民主生活正常化，有利于维护民主集中制，因而也有利于国家方针政策的正确制定和正确执行，从而就能够保证方针政策的连续性和领导班子的稳定性。其次，使国家领导人的轮换制度化，就可以使年轻一代不断进入最高领导岗位，就可以按照一定的严格的民主程序、有秩序地解决好最高一级领导人的交接班问题。如果不是这样，而是一个长期或终身任职，新的一批或一代领导人的能力与威望培养和建立不起来，一旦老的领导人不能视事或不幸逝世，就容易发生事情的突变，影响国家政局的稳定，影响方针政策的连续性和领导班子的稳定性。在国际共产主义运动中，无论在外国还是在我国，都有过这方面的教训，我们应当记取。

第五，废除国家领导职务实际上的终身制，有利于克服能上不能下、能官不能民的旧思想、旧传统，有助于废除其他各级国家机关实际存在的领导职务终身制。

长期以来，由于种种原因，在人们的思想中形成了这样一种观念，一个干部只要当了什么"长"，职务就只能上升，不能下降；只能终身为官，不能削官为民，认为这是天经地义。过去我们也讲能上能下，能官能民。

实际上，这远远没有形成为一种制度，一种社会风尚。由于这种思想的影响，一些人就对废除终身制想不通。实行对国家主要领导人任职时间的限制，就可以为其他各级领导干部树立一个较好的榜样，有利于他们树立能上能下、能官能民的全心全意为人民服务的思想。这对促进整个国家领导制度的改革，必将产生巨大而意义深远的影响。

后 记

1980年8月18日邓小平提出要进行党和国家领导制度的改革。1980年8月18日，邓小平在中共中央政治局扩大会议上作题为《党和国家领导制度的改革》的讲话。8月31日政治局讨论通过了邓小平的讲话指出，国务院领导成员的变动，是五届人大三次会议的主要议题之一。中央的正式建议将提交人大会议和政协会议讨论、决定。中央这样做考虑的原因是：(1) 权力不宜过分集中；(2) 兼职副职不宜过多；(3) 着手解决党政不分、以党代政的问题；(4) 从长远着想，解决好交接的问题。邓小平还分析了党和国家领导制度、干部制度方面存在的主要弊端，即官僚主义、权力过分集中、家长制、干部领导职务终身制和形形色色的特权现象。邓小平说，现在正在考虑逐步的还有如下党和国家领导制度的重大改革：(1) 中央将向五届人大三次会议提出修改宪法的建议；(2) 中央已经设立了纪律检查委员会，正在考虑再设一个顾问委员会，连同中央委员会，都由党的全国代表大会选举产生，并明确规定各自的任务和权限；(3) 真正建立从国务院到地方各级政府从上到下的强有力的工作系统。

干部职务终身制，是僵化社会主义模式的一个痼疾。1982年9月党的十二大党章也阐明，"党的各级领导干部，无论是由民主选举产生的，或是由领导机关任命的，他们的职务都不是终身的，都可以变动或解除。"1982年通过的《宪法》规定，各种国家最高职务的每届任期为五年，连续任职不得超过两届。然而，干部职务终身制并没有就此被废止。因为党章只说明了党的各级职务不是终身的，却没有给出具体的任期限制，从法理上说党的领导人仍然可以长期任职。虽然规定了各种国家最高职务只能干满两届，但是由于没有年数合计的限定，终身制问题在实际上还没有消失。

有鉴于此，2006年颁行的《党政领导干部职务任期暂行规定》明文指出，今后从县级直到中央的党、政、人大、政协、纪委、法院、检察院的正职领导干部，在同一职位上连续任职达到两个任期，不再担任同一职务；担任同一层次领导职务累计达到 15 年的，不再担任同一层次领导职务。这就是说，同一个职务最多只能干 10 年，同一层级职务最多干 15 年，不能无休止地干下去。因此，《党政领导干部职务任期暂行规定》以其明确的任期年限规定，最终彻底地废除了干部职务终身制，保证了党政领导干部职务包括党的最高职务在内的更迭轮替制度化、有序化。

公检法三机关的相互关系

新宪法第135条规定："人民法院、人民检察院和公安机关办理刑事案件，应分工负责，互相配合，互相制约，以保证准确有效地执行法律。"这一内容是我国过去三部宪法从来没有的。新宪法把我国刑事诉讼活动的这一基本原则，明确记载在宪法中，把它上升到宪法原则的高度，对健全我国社会主义法制具有重要意义。

公、检、法三机关分工负责，互相配合，互相制约，是我国司法工作体制的一个重要特点。从狭义上说，我国的司法机关，是指人民法院和人民检察院，这两个机关的根本性质，新宪法有明确规定："中华人民共和国人民法院是国家的审判机关。"（第123条）"中华人民共和国人民检察院是国家的法律监督机关。"（第129条）公安机关是属于行政机关的范畴，我国的公安部就是国务院的一个部。但是，从广义上说，我国的司法机关，有包括公安机关在内，因为公安机关行使一部分司法工作职能。在办理刑事案件的过程中，法院、检察院和公安机关各自的职权，我国刑事诉讼法第3条作了具体规定："对刑事案件的侦查、拘留，执行逮捕、预审，由公安机关负责。检察、批准逮捕、检察机关直接受理的案件的侦查、提起公诉，由人民检察院负责。其他任何机关、团体和个人都无权行使这些权力。"

"分工负责"是建立我国司法工作体制，实行公、检、法三机关相互配合，相互制约，以保证办案质量的前提条件。没有三机关的分工负责，当然也无所谓三机关的相互配合与制约。公、检、法三机关的职责分工，在客观上是由于刑事诉讼过程本身存在着侦查、起诉、审判三个主要阶段所决定的。侦查、起诉、审判三项工作，虽然都是刑事诉讼过程中的不可分离的一部分，但它们各自具有显著的不同特点。这三项工作分别由三个机关分管，各司其职，各负其责，显然要比由一个机关负责能更好地提高办案质量。刑事诉讼的全过程由一个机关包办，表面看来简单、省事，实际上弊端很多。因为没有相互监督、相互制约，不仅容易产生主观片面、不负责任等毛病，而且有了错误不易发现也不易纠正。在这个问题上，我们有正反两方面的实践经验。其突出表现，就是曾经先后两次从根本上否定需要有检察院这一司法机关的存在。公、检、法三机关的司法体制是1954年宪法所确立的，但1975年宪法却取消了人民检察院的建制，规定"检察机关的职权由各级公安机关行使"（第25条）。粉碎"四人帮"后，1978年宪法才又恢复人民检察院的建制。当时取消这一建制的主要理由是机构重叠、相互扯皮，不利于迅速、有力地处理刑事案件。这种理由是根本站不住的。在"文化大革命"期间，林彪、江青一伙疯狂叫嚷"砸烂公检法"，对公检法实行军管，以"人保组"甚至用"群专队"代行侦查、起诉、审判职能，从根本上破坏了三机关分工负责的制度，致使冤、假、错案大量发生。这一历史教训是极其深刻的。

在刑事诉讼活动中，公、检、法三机关在分工负责的前提下，必须互相配合、互相制约，所谓相互配合，在指导思想上，就是要树立通力合作，都是为了一个共同的目标的思想：准确、合法、及时揭露、证实与惩罚犯罪。在彼此联系上，公、检、法好比三个车间、三道工序，前道工序要为后道工序创造条件，前后三道工序都要彼此沟通，提供方便，协同动作。如果某一个环节配合不及时、配合得不好，或者一个环节出了差错，都会影响整个工作的质量。

所谓相互制约，根据我国刑事诉讼法规定，就是地方各级人民检察院认为同级人民法院所作的判决、裁定确有错误的时候，应当向上一级人民法院提出抗诉。人民法院对人民检察院提起公诉的案件进行审查后，对于主要事实不清、证据不足的，可以退回补充侦查；对于不需要判刑的，可以要求撤回起诉。人民检察院对于公安机关移送起诉的案件，对于需要补充侦查的，可以退回公安机关补充侦查，也可以自行侦查，直至做出起诉或免予起诉的决定。公安机关对于人民检察院不批准逮捕的，或免予起诉的案件的决定认为有错误的时候，可以要求复议；如果意见不被接受，可以向上一级人民检察院提请复核；如此等等。公、检、法三机关在办理刑事案件的过程中进行相互监督与制约，就可以更好地发挥整个司法机关的集体智慧和力量，有利于防止诉讼活动的各个环节发生错误和偏差。

以上就是新宪法所确认的公、检、法三机关办理刑事案件,应当分工负责、相互配合、相互制约这一诉讼原则的基本内容与基本含义。为了保证这一原则得到切实贯彻实施,在理论认识上和实际工作中必须着重解决如下几个问题:

一、公、检、法三机关的互相配合、互相制约,是一个统一体的矛盾着的两个方面,两者都以对方的存在为自己存在的前提条件。没有配合,就没有制约;没有制约,也就没有配合。它们之间互为表里,相互渗透、相辅相成。在配合中就含有制约的因素,并保证制约顺利进行;通过制约又可以更好地体现和达到相互配合。两者的共同目的,都是为了保证办案质量。肯定其中一个方面而否定另一方面,都不可能实现这个目的。我们之所以不把办理刑事案件的职责交给一个或两个机关,而要由三个机关分工负责,其用意就是要求他们彼此之间相互配合与相互制约,来提高工作效率和工作质量。因此,我们在实际工作中,既要反对只讲配合,忽视制约,把制约看作是互相扯皮、妨碍及时处理案件,因而把制约当成单纯履行一下法律手续的形式主义倾向;又要反对只讲制约,忽视配合,因而相互对立、意气用事,甚至滥用制约,闹无原则纠纷的现象。在原则上,在总体上,我们必须反对一点论,坚持两点论,同时注意防止和反对上述两种错误倾向;但是,在具体场合、具体问题上,又要具体情况具体分析,有什么倾向就反对什么倾向。由于在这个问题上,长期以来存在着"左"的错误,因此在今后一个时期里,我们要注意着重防止和反对忽视互相制约的错误倾向。

二、公、检、法三机关在刑事诉讼中,对一些问题的看法和处理出现意见分歧,是完全正常的。这是因为,犯罪行为是一种十分复杂的社会现象,要做到正确认定事实和适用法律,都不是一件容易的事情;而办案人员或多或少受到法律知识、政策水平、分析能力、办案经验的限制以及彼此之间存在差异,所以对同一案件有不同看法,是经常存在的。公、检、法三机关在办案过程中把对某些难题的不同意见提出来,按照法定程序,实行互相制约,有利于促使有关方面严肃、慎重地处理案件,以提高办案质量。历史经验表明,过去有些人之所以不重视三机关的互相制约,或者不习惯于实行互相制约,重要原因之一,是形而上学作怪,看不到或不承认三机关对某些问题产生意见分歧是一种正常现象;不懂得实行相互制约,是一种辩证的工作方法,它有利于设置对立面,以更好地辩明真理,更好地认识和改造客观世界。一方面,我们要承认三机关对某些案件存在意见分歧是正常现象，并且有意识地运用这种意见分歧，通过法律制度上实行互相制约，来提高办案质量；另一方面，我们又要采取措施来逐步减少意见分歧，并做到不同意见比较容易统一。办法之一，就是提高办案人员的法律知识和政策理论水平，丰富办案经验，增长分析问题的能力。

三、加强和改善党的领导是公、检、法三机关在刑事诉讼法中实行分工负责、互相配合、互相制约原则的保证。各级党委对政法工作的领导，主要是思想领导和方针政策的领导，而不是代替司法机关行使司法权与审判权。对于少数重大疑难案件和三机关有重大分歧意见的案件，党委可以组织三机关交换意见，引导他们从法律上政策上提高认识来加以解决。然而，不论意见是否统一，都应严格按法律程序办事。胡耀邦同志在党的十二大的报告中指出：要"加强对政法工作的领导，从各方面保证政法部门严格执行法律"，这是完全正确的，同新宪法的有关规定是完全一致的。各级党委对政法工作实行领导的一项重要任务，就是要保证公、检、法三机关办理刑事案件，分工负责，互相配合，互相制约的原则，是体现近代民主精神的分权原则在我国司法工作体制上的具体运用，是民主办案和文明办案在我国司法制度中的生动表现。在实行专制主义的封建社会，办理刑事案件，侦查、起诉和审判是由一个机关进行，我国现在实行的司法体制是一个重大的历史进步。归根到底，它是由我们国家的根本性质决定的，是发扬社会主义民主和健全社会主义法制的必然要求。我们应当从这样的理论高度来充分认识实行这一原则的重大理论意义和实践意义。

后　记

根据《刑事诉讼法》的规定，公、检、法三机关在刑事诉讼中的分工负责主要体现在两个方面。一是职能上的分工：公安机关负责侦查、拘留、执行逮捕、预审；人民检察院负责检察、批准逮捕、对直接受理的案件的侦查、提起公诉；人民法院负责审判。二是案件管辖上的分工：人民法院直接受理自诉案件；人民检察院负责立案侦查贪污贿赂犯罪、国家工作人员的渎职犯罪以及国家机关工作人员利用职权侵犯公民民主权利、人身权利的犯罪等；公安机关则负责人民法院直接受理和人民检察院自行侦查的案件以外的案件的侦查。

公、检、法三机关互相配合、互相制约的关系体现在刑事诉讼的各个阶段。在侦查过程中，公安机关需要逮捕犯罪嫌疑人时，必须提请人民检察院审查批准，人民检察院对不符合逮捕条件的案件，可以做出不批准逮捕的决定；公安机关如果认为人民检察院不批准逮捕的决定有错误，可以要求复议，如果意见不被接受，可以提请上一级人民检察院复核。公安机关侦查终结的案件，认为需要追究刑事责任的，应当写出起诉意见书，连同案卷材料、证据一并移送人民检察院审查起诉；人民检察院审查后，如果认为符合起诉条件的，应当依法决定提起公诉，如果认为案件事实不清、证据不足的，可以退回公安机关补充侦查，也可以自行补充侦查；如果认为不应追究刑事责任的，或者犯罪情节轻微、不需要判处刑罚或可以免除刑罚处罚的，则依法做出不起诉决定；公安机关认为人民检察院不起诉决定有错误的，可以要求复议，如果意见不被接受，可以提请上一级人民检察院复核。在审判阶段，人民法院对于人民检察院依法起诉的案件，应当进行审查，对符合条件的，应当决定开庭审判；人民检察院对人民法院依普通程序审判的案件，应当派员出庭法庭支持公诉；人民法院经过审理以后，应当依法对被告人是否犯有被指控的罪行、应否判刑以及如何判刑做出判决；人民检察院认为人民法院的判决确有错误的，可以依据法定程序提出抗诉。

在分工负责、互相配合、互相制约的原则中，分工负责是互相配合、互相制约的前提和基础，没有分工，配合与制约就无从谈起。互相配合、互相制约是同一问题的两个方面，二者不可偏废。互相配合主要是要求各机关认真履行自己的职责，依法完成本机关的诉讼任务，就是对其他机关的支持和配合，如果公、检、法三机关都能按照法律的规定尽职尽责，依法前后协调、上下衔接，就能代表国家共同完成揭露犯罪、证实犯罪、惩罚犯罪的任务。互相制约则要求三机关互相监督，防止或减少工作中的偏差和错误，及时发现和纠正违法现象。从保证法律正确实施的角度来看，在分工的前提下互相制约是正确处理公、检、法三机关相互关系的关键。因为诉讼职能的分工和侦查、起诉与审判权的制衡正是现代法制为保障诉讼的民主性、科学性而确立的一种基本结构，如果没有互相制约，三机关的分设与权力的分立就失去了意义。

在现行司法体制之下，公、检、法三机关的"互相制约"也是有主次之分的。在侦查、起诉阶段，人民检察院主要行使侦查监督和审查起诉权，对公安机关的侦查活动和侦查结果进行监督、审查，而公安机关在法律上只能对人民检察院不批捕、不起诉的决定要求复议、复核，其侦查工作必须服从和服务于人民检察院提起公诉和支持公诉的客观需要，因此，在公安与检察的互相制约关系中，人民检察院显然处于主导地位。在审判阶段，人民检察院主要行使支持公诉的权力，人民法院负责在控、辩双方的参与之下对所指控的犯罪是否发生、被告人是否有罪进行审理，公诉权相对于审判权而言毕竟只是一种"请求权"，最终决定被告人命运的权力即裁判权属于人民法院。可见，在人民检察院与人民法院之间的互相制约关系中，人民法院处于主导地位。在具体案件的诉讼过程中，人民检察院不应当迁就公安机关的意见，人民法院也不应当迁就人民检察院的意见，而应当依法独立行使检察权和审判权，坚持原则，根据事实和法律对案件做出适当的处理。

分工负责、互相配合、互相制约的原则突出地体现了中国刑事诉讼在组织结构方面的特点，即国家专门机关在处理刑事案件过程中形成一种"线型结构"关系，这种结构关系与控、辩、审之间存在的"三角结构"关系同时存在，共同发挥作用。该原则不仅直接决定了中国侦查、起诉、审判三大主要诉讼阶段之间的前后衔接关系以及审判在整个刑事诉讼中的地位，而且对证据制度乃至判决以后的救济程序也产生了深远的影响。近年来，随着社会主义市场经济的建立，经济一体化的到来，我国的立法、执法环境也发生了相当大的变化，学界基于西方法治国家刑事诉讼中通行的"审判中心主义"对此原则提出了尖锐的批评，主张按照"裁判中心"原则重新确定公、检、法三机关的相互关系，以树立司法裁判的权威性，增强诉讼程序的民主性和公正性。

新的时代要求刑事诉讼不仅仅是为惩罚犯罪而存在，而要具有独立的价值和多重的目的。刑事诉讼法既要打击犯罪又要保障人权。刑事诉讼程序设计的重心不能只考虑如何高效地惩罚犯罪，还应考虑国家司法权的合理运作、司法权力之间的制约及涉诉主体权利的保护，使处于劣势的被告人在刑事诉讼中的防御能力得到补充和加强。很多批评认为，以政法机关目标一致为理念所派生的互相配合原则虽有利于控制和打击犯罪，但不利于控辩双方的平衡，不利于司法权力之间的实质性分工和制约，不利于构建一个科学、合理的能实现刑事诉讼多重目的的刑诉模式，最终妨碍司法公正的全面实现。这样的批评意见值得立法机关予以重视。

我国审计制度的内容与作用

新宪法规定:"国务院设立审计机关,对国务院各部门和地方各级政府的财政收支,对国家的财政金融机构和企事业组织的财政收支,进行审计监督。"(第 91 条)在我国,正式建立审计机关,并把审计机关和审计制度载入宪法,这还是第一次。

所谓审计制度,就是指专门的审计人员依据法律和有关规定,对财政、财务活动中会计人员所做的各种账目、单据、报表及其他凭证文书,进行系统的审查并得出一定的结论,以监督国家资金(预算)的集中使用是否合法、合理、正常、有效,以监督和预防国家财政经济活动中可能出现的违法现象和各种弊端。凡是有关这种审计活动的组织、规则和制度就叫审计制度。它是国家管理和监督经济活动的一个重要手段。

关于审计的起源,最早可以追溯到罗马帝国时期。当时曾采用"听取"会计报告的形式对政府机关的会计账目进行审核与检查,以防会计作弊。在中世纪西欧的一些城邦国家,也有过类似的审计活动。但是,审计真正形成一种独立的制度,是资产阶级革命时期的产物。资产阶级为了削弱与限制封建君主的权利,以维护自己的经济利益并巩固自己的经济地位,就通过一个向议会负责的机关来对财政收支活动进行审计监督,并且逐渐使其成为制度,通过成文的法律予以保障。英国资产阶级革命时期创立的审计制度,对近代审计制度的形成与发展,曾产生过很大的影响。经过长期的历史演变,现在资产阶级的审计制度,已在资本主义国家普遍建立,并日益完备和完善。

社会主义国家也应当建立审计制度。正如列宁所说:"统计和监督是把共产主义社会第一阶段'安排好'并使它能很好地进行工作所必需的主要条件。"① 社会主义国家的"监督"活动是多方面的，审计监督应当是其中一个重要方面。社会主义的审计制度同资本主义的审计制度有着本质的区别，它是巩固社会主义经济制度、维护社会主义经济秩序、推进社会生产力高速发展、保护社会主义公有财产不受侵犯的重要工具。现在，很多社会主义国家建立有审计机关，如南斯拉夫的簿记局、罗马尼亚的高级监察院。南斯拉夫宪法（1974年）第77条规定："有关支配社会资金、监督关于社会资金的材料的确切性、监督支配社会资金的合法性以及监督配和劳动组织、其他自治组织和共同体以及社会主义政治共同体履行义务情况的记录和情报分析工作，以及法律规定的其他社会簿记事务，由社会簿记局进行。该局还负责国内的支付流通事务。""社会簿记局保证向联合劳动组织和其他社会法人提供资料，劳动者和工人自治监督机关根据这些资料了解自己和其他的组织和共同体的物质状况、财务和物质活动状况。"南斯拉夫审计制度的一个特点，是社会簿记局兼有统计和监督两种职能，而且组织严密，工作效率高，其经验是值得认真研究与借鉴的。

在我国，早在革命根据地时期，在苏区，在国家政权下建立有从中央到地方的审计工作系统。1933年12月制定的《地方苏维埃暂行组织法》，对地方审计委员会作了具体规定。1934年2月公布的《中华苏维埃共和国中央苏维埃组织法》，对中央审计委员会的组织与职权作了明确规定，即"在中央执行委员会之下，设立审计委员会，其职权是：一、审核国家的岁入与岁出；二、监督国家预算的执行"。审计委员会由五人至九人组成，由中央执行委员会主席团委任。抗日战争时期，有根据地设置有专门的审计机关，如陕甘宁边区在边区政府委员会下，设立有"审计处"。有的根据地没有设立专门的审计机关，而是由财政机关监管审计工作，如晋察冀边区是由财政处掌管"财政审计事项"。解放战争时期，各解放区关于审计制度的规定，大体上采用上述第二类办法。实践证明，革命根据地时期的审计工作，在历史上曾经起过良好的作用，并且积累了一定的经验。

新中国成立以后，我们没有设立独立的审计机构和建立专门的审计制度，而主要是由财政部门行使一部分审计职能。在这种条件下的审计活动，虽然能起一定作用，但有很大局限性。这是因为没有独立的审计机构，就难以对审计工作实行统一领导和经常的业务指导；因为没有审计机构独立的法律地位，不能独立地行使审计监督权，就难以保证审计监督工

---

① 《列宁全集》第25卷，第460页。

作的质量和效果；因为审计职能不是财政部门的主要职能，也没有法律依据，因而审计职能的行使带有很大的随意性。鉴于我国自己的和国际的经验和教训，新宪法决定设立独立的审计机构和建立专门的审计制度，已经标志着我国的审计制度进入了一个新的历史发展时期。

新宪法关于我国审计制度的规定，主要包括以下几个方面的内容。

一、新宪法规定了我国审计机关的组织系统。

这个问题国外主要有两种做法：一是全国只设立一个统一的审计机关，各地则根据需要设置若干派出机构或分支机构。这种组织形式的好处是，有利于坚持审计监督的独立性和维护审计工作的权威性；缺点是，在一个大国里，这种组织形式在实施统一领导和具体业务指导方面有一定困难。二是除中央审计机关外，各地方政府也分别设立自己的审计机关，其优缺点正好与第一种组织形式相反。我国新宪法关于审计机关组织系统的规定，正好综合了上述两种组织形式的各自优点。除国务院设立审计机关以外，在县以上各级人民政府也都设立审计机关，并确定：地方各级审计机关"对本级人民政府和上一级审计机关负责"。这种双重领导体制，既有利于对全国审计工作实行集中统一领导，有利于维护审计的统一性和权威性，也有利于发挥地方各级政府审计机关的积极性和主动性，有效地对各地各部门进行全面的审计监督。

二、新宪法确立了我国审计机关的领导关系。

审计机关的领导关系，国外大体上有三种类型：一是由议会直接领导。如南斯拉夫社会簿记局、西德的国家审计局、西班牙的审计法院、法国的账目法庭。这种隶属关系的审计机关在法律上处于很高的独立地位，行政当局难以干预，权威性大，监督面广，作用能够充分发挥。二是由政府直接领导。如罗马尼亚的高级监察院，苏联的国家监督部。这种隶属关系的审计机关，也有很大的权威性，工作效率也比较高。三是由财政部门领导。如瑞典国家审计局。这种隶属关系的审计机关，容易在上下左右关系上碰到各种各样难以处理的问题，因此权威性小，监督的广度和深度都受一定限制。当然，上述特点是就一般情况而言。每个国家都有自己的具体国情，而且审计机关的权威性和工作的有效性受多方面因素的影响。因此，究竟哪种隶属关系的审计机关好，不能一概而论，要具体情况具体分析。根据我国的具体情况，新宪法规定，中央审计机关是国务院的一个部门，由国务院对它进行直接领导。国务院是我国的最高行政机关，中央审计机关由它领导，可以保证审计机关具有较高的法律地位和较大的权威性，便于审计机关了解情况和发现问题，有利于及时地和有效地处理审计中查出的问题和按审计机关的建议改进工作；同时，这样安排也可适当减轻人大常委会的工作负担，有利于它集中精力抓好立法工作。

三、新宪法确定了我国审计机关主要组成人员的任免方式。

这个问题，国外也有三种处置办法。一是由国会任命，如委内瑞拉、哥斯达黎加。二是由国家元首任命，如英国、印度。三是由政府首脑任命，如日本、菲律宾。关于罢免，一般都有比较严格的限制。人选要求比较高，任期一般比较长。我国新宪法规定：国务院审计机关的审计长由全国人民代表大会任免，副审计长和审计员都由全国人民代表大会常务委员会任免；各省、自治区、直辖市的审计长的任免，也要由全国人大常委会批准。国务院审计机关的审计长，只有全国人大才有权罢免。我国审计机关主要组成人员的这种任免方式，在国际上来说，规格也是很高的。这样规定的目的，是为了提高审计机关的法律地位，保障它的权威性，维护它的独立性，以利于审计监督更有力地发挥作用。

四、新宪法规定了我国审计机关进行审计监督的范围。

关于审计监督的范围，包括两方面的含义。一是指审计机关有权对哪些部门、哪些单位进行审计监督；二是指审计机关有权对哪些项目、哪些环节进行审计监督。显然，这是审计制度中的一个重要内容。就第一个方面来说，被审计的机关和组织，社会主义国家通常要比资本主义国家范围广泛。因为社会主义国家是公有制经济。在资产阶级国家里，被审计的对象，主要是各级政府及其所属机构；而在社会主义国家里，一切企业和事业单位，也都是审计监督的对象。按照我国新宪法的规定，国务院各部门和地方各级政府及国家的财政金融机构和企事业组织都属于审计监督的范围。新宪法这样规定，有利于对我国的社会经济财政实行全面的监督。就第二个方面来说，被审计的项目和环节，世界各国总的发展趋势是，范围越来越广，内容越来越丰富。现在国外主要有以下几种：一是财政（财务）审计，包括财务管理是否健全，财务收支是否合法，财务报表是否正确完整等；二是效率审计，主要审查经济活动是否合理，包括资源是否有效利用，经济效率是否高，经济效益是否理想等；三是计划结果审计，主要审查计划指标和预期效果的实现程度和好坏，在措施方面有哪些利弊得失等；四是综合审计，包括上述三个方面的内容，进行综合监督和审查。关于这个问题，我国新宪法规定比较原则，只是规定：对"财政收支、财务收支活动进行审计监督"。这一方面，是因为我们对审计工作还缺乏经验；另一方面，比较具体的内容也是易于在今后制定的各种审计法规中加以明确。

五、新宪法确立了我国审计机关审计独立的原则。

我国新宪法规定："审计机关在国务院总理领导下，依照法律规定独立行使审计监督权，不受其他行政机关、社会团体和个人的干涉。"这是审计机关有效地行使自己的职权的重要保证。现在世界上已有一百五十多个国家建立了审计机关和审计制度，而"审计独立"已成为各国通行的一项重要原则，不少国家的宪法和法律都有明确的规定。如南斯拉夫宪法（1974年）第77条规定："社会簿记局独立从事工作"；德意志联邦共和国基本法（1949年）第114条规定："联邦审计成员享有审判官的独立性"；日本会计检查院法第1条规定："会计检查院对内阁具有独立的地位"。审计机关同审判机关、检察机关有某种类似的地方，它之所以需要独立地行使审计监督权，是由它本身的工作性质和特点决定的。因为它需要经常地、广泛地同各种错误、各种违法行为作斗争，很容易遇到来自各方面的阻力和干扰。同时，审计组织只有独立于它所审计的部门之外，才能做到比较客观地、不受某些利害关系的牵制而有效地行使自己的职权。

独立行使职权的审计机关在我国的建立和日益健全，将对我国的经济建设发挥重大的良好的作用。首先，设立审计机关有利于加强财政管理和同经济领域里的违法乱纪的犯罪现象作斗争。由于各种原因，长期以来在财政管理方面存在很多问题。例如：利用各种名义截留、坐支、挤占财政收入，虚报财政支出；私分公款公物，滥发奖金补贴；化预算内为预算外，化全民为集体，化集体为个人；偷税、漏税和欠税；走私贩私、投机诈骗，盗窃货架和集体财产等现象，在少数地区、少数单位中严重存在。健全审计法律和制度，就可以加强财政管理，有力地同这些违法乱纪现象作斗争。其次，设立审计机关有利于完善经济管理，提高经济效率和效益。实现社会主义的四个现代化要求我们最有效地利用资金和物质，精打细算，增收节支。但长期以来，一些企业不讲经济核算和经济效益，盲目生产，粗制滥造，乱搞计划外项目，擅自扩大建设规模，虚报冒领工程款项等等。健全审计法律和制度有利于同上述现象作斗争；并通过审计活动提出种种提高经济效率和效益的措施，以促进生产力的发展。再次，设立审计机关有利于维护国家在经济上实行统一领导、分级管理和指导的原则。我国现在正在实行国民经济的调整。随着经济政策的放宽，各地区、各部门、各单位财经管理权限不断扩大，国家、集体和个人之间的关系发生了种种变化，全局与局部、集体与个人、计划和非计划之间的矛盾也随之增多。加之，我们这样的大国，拥有几十万个企业和许多行政事业单位。所有这些情况，要求我们在经济上实行统一领导，分级管理和指导的原则。建立一套完整的审计制度，通过综合审计工作，可以为制定政策和管理经济的部门提供各种分析与综合的重要资料，从而有利于这些部门加强对经济的统一领导与分级管理指导，调节各方面的矛盾，弥补各种缺陷，以改进和完善整个经济管理工作。最后，设立审计机关有利于完善财政财务工作的业务建设。财政财务工作是技术性很强的，它同账目、计算等复杂问题联系在一起。建立审计制度，就可以及时发现和纠正制度上和工作中的缺点与错误，帮助财会部门完善各种制度，促进财会人员搞好工作，不断提高他们的业务水平。

建立审计机关和审计制度，是发展社会主义民主与健全社会主义法制的一个重要措施。审计监督制度的设置，从理论上说，是分权原则的具体运用。而运用分权原则来完善国家的领导体制和管理体制，是发展社会主义民主的要求。设计监督制度从本质上说，也是同健全革命法治密不可分的。因为它的全部活动就是要依法对财政财务收支活动实行监督；其重要作用之一，就是要维护社会主义法制（特别是财政法规）不受侵犯。

新宪法关于我国审计制度的规定，仅仅是原则性的，还有待于具体化。我国在这方面的立法任务还很繁重。我们应当尽快制定审计法和其他审计法规，使我国的审计监督工作进一步制度化、法律化。

后　记

根据"八二宪法"关于审计监督制度的原则性规定，1994年8月，第八届全国人民代表大会常务委员会第九次会议通过了《审计法》，并于1995年1月1日起施行，《审计法》共七章五十一条，对审计监督的基本原则、审计机关和审计人员、审计机关的职责、审计机关的权限、审计程序和法律责任等作了明确规定，这是审计执法的主要法律依据。根据《审计法》规定，国务院和县级以上地方人民政府应当每年向本级人民代表大会常务委员会提出审计机关对预算执行和其他财政收支的审计工作报告。2006年2月，全国人民代表大会常务委员会修改了《审计法》，并于2006年6月1日起施行。修改后的《审计法》共七章五十四条，

为了加强审计监督，明确《审计法》的具体内容，国务院在1997年

10月21日正式发布并施行《中华人民共和国审计法实施条例》（简称《实施条例》）。《实施条例》共七章五十六条，对《审计法》规定的内容作了进一步的具体化。它是我国审计机关和广大审计人员依法独立开展审计工作，维护国家财政经济秩序，促进廉政建设的重要法规依据。

根据这些立法的规定，审计的基本原则有：（一）依法审计原则。《审计法》第3条规定："审计机关依照法律规定的职权和程序，进行审计监督。"这要求审计机关在执法中既要依照法律规定的职权和程序进行审计。也要依照法律、法规和国家其他财政收支、财务收支的规定，进行审计评价和审计处理、处罚。（二）独立性原则。《审计法》第5条规定："审计机关依照法律规定独立行使审计监督权，不受其他行政机关、社会团体和个人的干涉。"这条规定授权审计机关依法独立行使审计监督权，排除其他行政机关、社会团体和个人的干涉。（三）客观公正，实事求是，廉洁奉公，保守秘密原则。为使审计机关和审计人员站在客观公正的立场上依法独立行使审计监督权，《审计法》第6条规定："审计机关和审计人员办理审计事项，应当客观公正，实事求是，廉洁奉公，保守秘密。"

加强民族团结，
发展民族区域自治

新宪法的基本内容和基本精神之一，是巩固民族的团结和国家的统一，保障少数民族的平等权利，加速少数民族地区经济和文化的发展，完善民族区域自治，以发展我国社会主义的民族关系，促进各民族的共同繁荣。新宪法摒弃了1975年宪法和1978年宪法在民族问题上"左"的错误，继承了1954年宪法的正确原则，并且根据丰富的实践经验做了一系列新的重要规定，从而使这方面的内容更加充实和完善。新宪法有关民族问题的规定，完全符合全国各族人民的共同利益和愿望。

我国是一个统一的多民族国家。除汉族外，还有五十多个少数民族，分布在祖国的广大地区。中华民族是一个包括汉族和各少数民族在内的统一的整体。我国几千年的历史，是一个国家内各民族交错居住、彼此团结互助、互相依存、不可分离的历史。在今天，民族问题能否得到正确处理，是关系到祖国能否统一，边防是否巩固，国家是否团结，四化建设能否顺利进行的战略性问题。

我们党在长期的斗争实践中，创造性地运用和发展了马克思列宁主义关于民族问题的理论，制定和执行了民族平等、民族团结、民族区域自治、各民族共同发展繁荣等一系列正确处理民族问题的基本政策。新中国成立三十多年来正反两方面的实践经验证明，这些政策是完全正确的。新中国成立以后我们在贯彻执行党和国家的民族政策方面，曾经走过一条曲折的道路。这一曲折，也在我国先后制定的几部宪法中反映了出来。例如，关于民族区域自治的条文，1954年宪法共六条，1975年宪法只有一条，1978年宪法有三条，而这次通过的新宪法却增加到了十一条。新宪法的制定将标志着我们国家的平等、团结、互助的社会主义民族关系进入一个新的历史发展时期。

归纳起来,新宪法关于民族问题的内容,主要有以下四个方面。

一、新宪法对于维护民族团结和巩固国家统一作了重要规定。

新宪法的序言和总纲指出:"中华人民共和国是全国各族人民共同缔造的统一的多民族国家。平等、团结、互助的社会主义民族关系已经确立,并将继续加强。"(序言)"各民族自治地方都是中华人民共和国不可分离的部分。"(第4条)这是铁的历史事实,是全国各族人民的历史性选择,是不可移易的历史结论。在历史上,各民族之间虽然也出现过分歧和不合的情况,但那只是一时的、局部的现象,而统一则始终是几千年我国历史发展的主流。到了近代,我国各民族共同遭受帝国主义、封建主义、官僚资本主义三座大山的压迫,共同在党的领导下进行了长期的彼此团结和互相支持的革命斗争,取得了新民主主义革命的伟大胜利,建立了中华人民共和国。新中国成立以来,我国各族人民在党中央领导下,在四项基本原则指引下,为建设强大的社会主义祖国而共同奋斗,从而取得了光辉的成就,包括各少数民族政治、经济、文化的发展,也取得了前所未有的进步。毛主席说:"国家的统一,人民的团结,国内各民族的团结,这是我们的事业必定要胜利的基本保证。"[①] 历史事实证明,加强民族团结,维护国家统一,是我国各民族共同繁荣昌盛的根本保证。任何民族分裂活动,都会遭到各族人民的坚决反对,被历史所唾弃。

新宪法规定,国家"维护和发展各民族的平等、团结、互助关系。禁止对任何民族的歧视和压迫,禁止破坏民族团结和制造民族分裂的行为"(第4条)。我国公民"有维护国家统一和维护各族人民团结的义务"(第52条)。新中国成立三十多年来,我们在维护民族团结方面取得了正反两方面的丰富经验。最主要的是要在各族人民,特别是干部中经常进行民族政策和民族团结的教育,既要注意防止和克服大汉族主义,又要注意防止和克服地方民族主义。在一个地区居于主要地位的少数民族,在对待其他少数民族的关系上,也要注意防止和克服大民族主义。要划清正当的民族感情同狭隘的民族主义的界限。不论大民族主义或地方民族主义,都应当作为人民内部矛盾,通过民主的方法,即讨论、批评、说服、教育的方法来处理,不能戴帽子,不能划分子。

[①] 《毛泽东选集》第5卷,第363页。

二、新宪法对于保障各民族的平等权利作了重要的规定。

新宪法总纲重申:"中华人民共和国各民族一律平等。国家保障各少数民族的合法权利和利益。"(第42条)第二章规定,我国公民不分民族、种族,在法律面前一律平等,都享有宪法和法律规定的权利,都应当履行宪法和法律规定的义务。第三章规定,全国人大代表中,各少数民族都应有适当的名额;全国人大常委会组成人员中,应有适当名额的少数民族代表。后面这两条,是过去几部宪法所没有的。此外,新宪法还就少数民族参加诉讼活动应该享有的平等权利,重申了1954年宪法的有关内容,规定:各民族公民都有用本民族语言文字进行诉讼的权利。人民法院和人民检察院对于不通晓当地语言文字的诉讼参与人,应当为他们提供翻译。在少数民族聚居或者多民族共同居住的地区,应当用当地通用的语言进行审讯;起诉书、判决书、布告和其他文件,应当使用当地通用的文字。所有以上这些规定,对于保障民族平等和各少数民族参加管理国家事务的平等权利,具有重要意义。马克思主义认为:"压迫其他民族的民族是不能获得解放的。"① 无产阶级的政党和人民的国家必须反对民族压迫,实现各民族一律平等。这是维护民族团结和巩固祖国统一,充分调动各少数民族的积极性的根本条件。因此,任何损害少数民族合法权利和利益、歧视以至压迫少数民族的行为,都将损害整个国家的根本利益,是绝对不能允许的。

三、新宪法对于加强民族互助,帮助少数民族地区更快地发展作了重要规定。

社会主义民族关系的主要特点,包括前面讲的民族团结、民族平等以外,还包括民族互助在内。无论是过去还是今后,汉族和各兄弟少数民族之间,总是相互帮助的。不过,由于历史上的各种原因,兄弟少数民族聚居地方各方面的发展相对来说是落后的。因此,采取各种措施,帮助和加速发展少数民族地区的经济、文化建设,逐步消除历史上遗留下来的民族间事实上的不平等,是新的历史时期党和国家在少数民族地区的根本任务,是党和国家的义不容辞的职责。为此,新宪法规定:"国家根据各少数民族的特点和需要,帮助各少数民族加速经济和文化的发展。"(第4条)国家"从财政、物资技术等方面帮助各少数民族加速发展经济建设和文化建设事业","国家帮助民族自治地方从当地民族中大量培养各级干部、各种专业人才和技术工人"(第122条)。这是改变少数民族经济、文

---

① 《马克思恩格斯选集》第2卷,第586页。

化落后状况的重要条件。这些规定是过去几部宪法所没有的。新中国成立以来，我们的国家在加速发展少数民族聚居区政治、经济、文化等方面，已经取得很大成绩。以新疆维吾尔自治区为例，由于他们自己的艰苦奋斗和国家的大力帮助，他们在各方面事业发展很快。工业总产值1981年比1949年增长44.25倍，农牧业总产值1981年比1949年增长4.33倍，全区工业总产值平均每年递增7.8%。新中国成立前新疆只有一所大学，在校少数民族大学生只有185人。现在全区已有大专院校12所，在校少数民族学生达到7900多人。1949年全区只有48所规模很小的医院，现在全区有医院903所，为1949年的17.8倍。新疆建设事业这样高的发展速度，也是全国各少数民族自治地方发展速度的一个缩影。但是，我们也要看到，少数民族现在的经济、文化发展水平和汉族比有很大差距，离四化的要求相差更远。周恩来同志曾经说过："我们社会主义国家，是要所有兄弟民族地方、区域自治的地方，都现代化。全中国的现代化一定要全面地发展起来。我们有这样一个气概。我们不能使落后的地方永远落后下去，如果让落后的地方永远落后下去，这就是不平等，就是错误。"今后，随着国家财政经济状况逐年好转，国家应当能够给少数民族的发展以更多的帮助。各少数民族地区的党组织和自治机关，要把国家帮助和发扬自力更生精神结合起来，使少数民族地区的经济和文化建设得到更快的发展。

四、新宪法对于实行民族区域自治做了许多新的更为完善的规定。

实行民族区域自治，是马克思主义解决民族问题的一个重要主张，是党和国家解决我国民族问题的基本政策。它能保证国家的集中统一领导，又能保证少数民族当家作主管理地方性事物的权利。它是从政治上、从国家根本制度上，为维护和发展平等、团结、互助的社会主义民族关系提供根本保障。

实行民族区域自治，完全符合马克思列宁主义。列宁曾指出："不彻底执行最广泛的地方自治和区域自治，不坚决贯彻根据大多数居民的意志去解决一切国家问题的原则（即彻底的民主主义原则）就不能是任何人不受民族压迫。"[①] 他还说过："民主集中制不仅不排斥地方自治特殊的经济和生活条件、特殊的民族成分等等的区域自治，相反地，它必须既要求地方自治，也要求区域自治。"[②] 中国共产党运用马列主义解决民族问题的理论来解决中国的实际问题中，过去曾提出过各种主张和设想，但是长期的

---

① 《列宁全集》第19卷，第380页。
② 《列宁全集》第20卷，第29~30页。

实践证明，民族区域自治政策，是解决我国民族问题的唯一正确的政策。毛泽东同志在1938年11月召开的六届六中全会上代表党中央所做的报告中提出了这一主张。他指出："允许蒙、回、藏、苗、瑶、彝各民族与汉族有平等权利，在共同对日原则下，有自己管理自己事务之权，同时与汉族配合建立统一的国家。"① 从此以后，民族区域自治政策被确定为我们党解决我国民族问题的根本政策。这一政策，既符合马克思主义基本原理，又符合中国的具体国情。

在我国，实行民族区域自治经历了一个长期的实践和发展过程。早在抗日战争和解放战争时期，革命根据地的一些宪法性文件，就已经有了实行民族区域自治的规定。例如，1941年11月通过的《陕甘宁边区施政纲领》规定："依据民族平等原则，实行蒙回民族与汉族在政治经济文化上的平等权利，建立蒙回民族自治区，尊重蒙回民族的宗教信仰与风俗习惯。"1946年4月通过的《陕甘宁边区宪法原则》规定："边区各少数民族，在居住集中地区，得划成民族区，组织民族自治政权，在不与省宪抵触原则下，得订立自治法规。"根据《陕甘宁边区施政纲领》，曾在关中分区定边县建立过回民自治村；在三边分区的成川县建立过蒙民自治县。1947年4月，内蒙人民代表会议通过《蒙古自治政府组织大纲》。同年5月1日在乌兰浩特宣告成立内蒙古自治区。这是当时我国最大的自治区，有比较健全的规章制度，为新中国成立后实行民族区域自治，提供了重要经验。新中国成立后，民族区域自治开始在全国范围内逐步普遍确立。到现在为止，全国共有五个自治区，三十个自治州，七十六个自治县（旗），其面积约占全国总面积的百分之六十。

新宪法关于民族区域自治的规定是十分完备的。第112条规定："民族自治地方的自治机关是自治区、自治州、自治县的人民代表大会和人民政府。"此外，新宪法还恢复了关于自治乡的建制。自治机关则是实行民族区域自治的组织形式。第115条规定："自治区、自治州、自治县的自治机关行使宪法第三章第五节规定的地方国家机关的职权，同时依宪法、民族区域自治法和其他法律规定的权限行使自治权，根据本地方实际情况贯彻执行国家的法律、政策。"这是自治机关行使职权的基本特点和基本原则。

新宪法对民族自治机关究竟能够有哪些自治权做了比较全面的相关规

---

① 见1953年9月9日《人民日版》。

定。其中一部分是恢复或者保留了过去几部宪法的有关规定；另一部分是过去几部宪法都没有的。属于前一种情况的，主要有：（一）民族自治地方的人民代表大会有权依照当地民族的政治、经济、文化的特点制定自治条例和单行条例；（二）自治机关有管理地方财政的自治权；（三）经国务院批准可以组织本地方维持社会治安的公安部队；（四）自治机关在执行职务的时候，使用当地居民通用的一种或几种语言文字。属于后一种情况的，即新宪法所做的新规定，主要有：

（一）自治区主席、自治州州长、自治县县长由实行区域自治的民族的公民担任（第114条）。多年来的实践经验表明，实行民族区域自治，必须实行干部尤其是主要领导干部的民族化。过去，党和国家十分重视培养与选拔少数民族干部，并取得了很大成绩。例如新疆维吾尔自治区，1949年全区仅有少数民族干部三千多人，到1981年全区已有少数民族干部十五万八千八百多人，增长了近六十倍多。但是，由于十年内乱和"左"倾思想的影响，少数民族干部比例有很大下降。这种情况必须改变。少数民族干部比较熟悉本民族的历史与现状，了解少数民族群众的思想、情感、习惯和特点，语言方便，同本地人民群众的关系甚为密切。因此，逐步实现自治地方干部的民族化，具有重要意义。新宪法规定，由少数民族同志担任自治地方各级政府主要领导职务，是实现干部民族化的重要措施，利于推动自治地方的党政领导，进一步做好培养与选拔少数民族干部的工作。当然，实行干部民族化丝毫不意味着可以不重视和排斥汉族干部和自治地方其他少数民族干部。正确处理好这个问题，加强各族干部的亲密团结、互相尊重，是正确实行民族区域自治的政治和组织保证。

（二）自治机关在国家计划指导下，自主地安排和管理地方性的经济建设事业（第118条）。解决民族问题，经济是基础。要从根本上改变少数民族聚居地区的面貌，关键是大力发展经济。经济搞不好，文化教育等其他方面的问题也很难解决好。但是，要提高民族自治地方的经济发展水平，就必须充分注意各自治地方的经济特点和民族特点，要注意从当地具体条件出发，因地制宜，扬长避短，以争取在经济建设中得到最好的经济效益和最快的发展速度。这就需要充分地给予各自治机关自主地管理地方性的经济建设事业的权力。然而，自治地方的这种经济建设的自主权，也不能脱离国家的计划指导。正确地、恰当地处理好这方面的关系，对加速发展少数民族地区的经济，具有重要意义。

（三）国家在民族自治地方开发资源、建设企业的时候，应当照顾民族自治地方的利益（第118条）。我国少数民族聚居地区，人口少，地域辽阔，矿产、森林等各种资源极其丰富，今后将成为我国开发和建设的重要基地。在建设过程中，充分照顾民族自治地方的利益是十分必要的。没有这一条，要加快这些地区的经济发展速度，并逐步赶上其他先进省、市的发展水平，是不可能的。但是这种照顾也应从整个国家的财力出发。坚决实行这种照顾又恰当地掌握好照顾的可能条件，对加速民族自治地区的开发和建设具有重要意义。

（四）自治机关自主地管理本地方的教育、科学、文化、卫生、体育事业，保护和整理民族的文化遗产，发展和繁荣民族文化（第119条）。新宪法明确地把这一条规定下来，对加速民族区域自治地方的文化建设具有重要意义。发展和繁荣有着悠久历史的瑰丽多彩的少数民族文化，必将大大地丰富伟大祖国的文化宝库。

总之，新宪法关于民族区域自治机关的自治权的规定，是十分完备的，比过去有了很大的丰富和发展。它标志着我们国家的民族区域自治制度，已经发展到一个更为成熟的新阶段。这一政策和制度最本质的特点，就是充分体现了国家集中统一和民族区域自治的正确结合，体现了全国人民的共同利益和少数民族的特殊利益的正确结合。因此，我们在执行这一政策和制度的过程中，一方面，要坚决反对和克服任何忽视和不尊重民族区域自治权利的错误做法；另一方面，又要注意防止和克服不顾国家的统一领导和统一计划、统一政策的错误倾向。

毛泽东同志曾经说过："帝国主义过去敢于欺负中国的原因之一，是中国各民族不团结。但是这个时代已经永远过去了。从中华人民共和国成立的那一天起，中国各民族就开始团结成为友爱合作的大家庭，足以战胜任何帝国主义的侵略，并且把我们的祖国建设成为繁荣强盛的国家。"历史已经证明并将继续证明毛泽东同志这一论断的无比正确性。

后　记

民族区域自治是我们党和国家处理民族问题的一项基本政策，民族区域自治制度是我国的一项基本政治制度。以毛泽东同志为核心的党的第一代领导集体，将马克思主义民族理论与中国民族问题实际相结合，经过长期探索、实践和创新，把民族区域自治确定为解决我国民族问题的基本政策。以邓小平同志为核心的党的第二代领导集体，总结新中国成立以来实行民族区域自治的历史经验，进一步明确要坚持实行民族区域自治制度，并采取一系列措施使这一制度规范化、法制化。1984年5月，六届全国人大二次会议审议通过了《中华人民共和国民族区域自治法》，标志着我国实施民族区域自治，依法处理民族问题进入了一个新的时期。以江泽民同志为核心的党的第三代领导集体，坚持和完善民族区域自治制度，并把这一制度纳入党在社会主义初级阶段的基本纲领。党的十五大明确地把民族区域自治制度作为我国必须长期坚持的基本政治制度。1991年12月8日，国务院颁发了关于进一步贯彻实施《中华人民共和国民族区域自治法》若干问题的通知，进一步强调了建立和发展平等互助、团结合作、共同繁荣的社会主义民族关系，坚持和完善民族区域自治制度，维护祖国统一，增强中华民族的凝聚力，是我们党和国家在民族问题上的基本立场，也是建设有中国特色社会主义的一项重要原则。2001年修订的《民族区域自治法》，正式确立了民族区域自治作为国家基本政治制度的法律地位。此外，《国务院实施〈中华人民共和国民族区域自治法〉若干规定》已经2005年5月11日国务院第89次常务会议通过，并自2005年5月31日起施行。实践证明，民族区域自治制度符合我国的历史文化传统，符合我国民族关系的发展规律，符合我国各族人民的共同意志和根本利益，是一项深得民心、顺乎民意、适合国情、非常成功的制度。民族区域自治法是民族区域自治制度的表现形式和法律保障，是根据宪法制定的保障民族区域自治制度贯彻实施的一部基本法。坚持和完善民族区域自治制度，全面贯彻落实民族区域自治法，对于维护国家统一，加强民族团结，促进各民族的共同繁荣，实现国家的长治久安，顺利推进建设中国特色社会主义伟大事业，具有极其重要的作用。

以胡锦涛同志为总书记的新一届党中央对贯彻实施民族区域自治法高度重视。锦涛同志对新时期进一步贯彻落实民族区域自治法提出了三项要求：一是要在各族干部群众特别是领导干部中加强民族区域自治法的宣传教育，依法做好民族工作；二是要抓紧制定民族区域自治实施细则，把法律的一些原则规定具体化，确保这一法律得到全面贯彻落实；三是各级党委和政府要带头贯彻民族区域自治法，认真研究和解决这一法律在实施过程中遇到的问题，坚定不移地把这一法律实施好。

加强农村基层政权的建设

新宪法按照政社分开的原则，规定设立乡政权，保留人民公社作为集体经济组织，不再兼顾政权职能，这是新宪法对1978年宪法所作的一项重大修改，是涉及八亿农民政治、经济生活的一项重大改变。在我国，人民公社实行"政社合一"已经有二十多年的历史，为什么现在要做这样大的改变呢？这是因为，通过实践证明，人民公社实行"政社合一"有不少弊病，既不利于发展生产，也不利于加强基层政权的建设。其主要表现是：

一、"政社合一"的体制，是同农业集体所有制经济的性质不相适应的。人民公社集体所有制经济应当是独立经营、自负盈亏的一种经济，因此就决定了国家对它只能实行间接计划，即正确运用客观经济规律，利用商品交换、价值法则、等价交换，通过价格、信贷、购销合同、奖售等经济手段，引导人民公社按国家计划所要求的方向安排生产、分配和交换，而不应实行直接计划。然而在"政社合一"的情况下，人民公社成了国家的一级政权机关，上级政权机关就可以向它下达命令，公社必须坚决执行；人民公社也以国家政权机关的身份，向生产大队、生产队贯彻政权机关的命令、指示；同时，国家的生产计划和基本建设任务也都以计划的形式直接下达人民公社。这就使得人民公社以及生产队无权根据自己的经济利益和具体条件，独立自主地决定自己的经济活动，也不利于按经济办法管理经济。

二、人民公社作为集体所有制经济，其土地、生产工具、资金、产品等均属于集体所有，劳动力也是这个集体的基本生产力，全民所有制经济和其他单位只能在平等互利的基础上，按照自愿原则进行交换，而不能无偿调用。但在"政社合一"体制下，却经常发生无偿调拨人民公社和生产队的人力、物力、财力的情况。同时，"政社合一"的体制，也往往将由国家举办的许多事业和工作，如教育、广播、交通、卫生、民政等等，交由人民公社这一集体经济组织来办，加重社员群众的负担。这些都不利于调动广大社员群众的积极性，不利于集体经济的巩固和发展。

三、在"政社合一"的体制下，公社干部都由国家干部担任，由上级政权机关委派，他们的工资都向国家领取，这就使得人民公社的社员无权决定他们的任免，难以对他们实行监督；公社和生产队生产经营的好坏，收入的多少，同他们个人之间没有直接的利害关系。这种情况就容易使得他们中间的一些人往往较多地从政权的角度考虑问题，而较少考虑或不考虑人民公社集体经济的利益，不大关心生产经营的好坏。正是由于这方面所存在的问题，新宪法明确规定："集体经济组织依照法律规定实行民主管理，由它的全体劳动者选举和罢免管理人员，决定经营管理的重大问题。"（第17条）如果实行政社分离，公社作为单纯的集体经济组织，切实按照这一条的规定实行广大社员群众的民主管理，就能增强公社干部的责任感，就能大大提高整个人民公社的管理水平。

四、在"政社合一"的体制下，政权职能和经济组织职能混在一起，公社干部的职责也往往没有明确分工，这就不利于实现干部的专业化和知识化；而在实际工作中，他们有时容易陷于行政事务而忽视生产，不能深入生产实际调查研究，不能掌握和运用客观经济规律和农业科学知识以领导好农业生产；有时又容易陷入生产事务而忽视政权工作，使基层政权建设的水平得不到提高和发展。长期以来，我国农村的基层政权工作相当薄弱，这同"政社合一"的管理体制显然是有直接关系的。今后，如果我们按照新宪法的规定，建立起乡政权，健全乡一级人民代表大会制度，健全乡一级人民政府，就一定会大大密切农村基层政权同广大人民群众的联系；农村基层政权各方面的工作，如治安、民兵、民政、司法、工商管理、交通邮电、造林护林、水利电力管理、文化教育、卫生、计划生育等等，就一定会抓得更好。

事实证明，1958年发动的人民公社化运动，本身就是轻率的，是当时"左"倾错误的产物。这一点，十一届六中全会通过的《关于建国以来党的若干历史问题的决议》（以下简称《决议》）已经作出正确总结。《决议》指出："一九五八年，党的八大二次会议通过的社会主义建设总路线及其基本点，其正确的一面是反映了广大人民群众迫切要求改变我国经济文化落后状况的普遍愿望，其缺点是忽视了客观的经济规律。在这次会议前后，全党同志和全国各族人民在生产建设中发挥了高度的社会主义积极性和创造性精神，并取得了一定的成果。但是，由于对社会主义建设经验不足，更由于毛泽东同志、中央和地方不少领导同志在胜利面前滋长了骄傲自满情绪，急于求成，夸大了主观意志和主观努力作用，没有经过认真的调查研究和试点，就在总路线提出后轻率地发动了'大跃进'运动和农村人民公社化运动，使得以高指标、瞎指挥、浮夸风和共产风为主要标志的'左'倾错误严重的泛滥开来。"

具体说来，1958年的人民公社化运动，作为当时"左"倾错误的产物，从理论方面看，错误主要是表现在两个方面。一是经济方面。马克思主义要求，生产关系一定要适应生产力的发展水平。但是当时的人民公社化运动却完全违背了这一原理。人民公社作为一种集体经济组织，其生产关系是同我国的生产力发展水平不相适应的，其结果是不利于生产力的发展。后来提出"三级所有，队为基础"，就是为了纠正这方面的错误。这次公布的新宪法，又改变了1978年宪法的有关规定，改为："农村人民公社、农业生产合作社和其他生产、供销、信用、消费等各种形式的合作经济，是社会主义劳动群众集体所有制经济。参加农村集体经济组织的劳动者，有权在法律规定的范围内经营自留地、自留山、家庭副业和饲养自留畜"（第8条），也就是为了进一步纠正这方面的错误。

二是政治方面。当时不少人以为，在我国共产主义很快就会到来，因此也提出了国家消亡问题，以为国家消亡问题已经不是一个遥远的问题，而是应当开始提到议事日程上来。而实行"政社合一"就是实现国家消亡的一种好形式。事实证明，这种观点是不正确的，是严重脱离了我国现实情况，不符合社会主义经济和政治发展的客观规律。实践的结果，实行"政社合一"不仅不利于发展农业生产，而且使农村基层政权的建设遭受重大损失。

新宪法决定实行政社分离，恢复1954年宪法所确立的农村乡、镇一级政权机关的设置并加强这一级政权机关的建设，对于加强整个国家的政权建设，具有十分重要的意义。因为城乡基层政权是整个国家政权的有机组成部分，是我国人民民主专政政权的基础组织，它直接肩负着动员和组织广大人民群众去实现全国和本地方各项经济、政治、文化建设任务的重担，是国家各项工作的一个重要落脚点。我国是一个有八亿农民的国家，搞好农村基层政权的建设更具有特殊重要的意义。把乡镇一级政权机关建设好，就能够通过这一级政权组织更好地加强党和国家同广大人民群众的联系，保证党的方针、政策和国家的法律、法令能够更为有效地贯彻到人民群众中去；广大人民群众的呼声、建议和要求也可以通过它更好地反映到党和国家的各级领导机关中来。这样，我国人民民主专政的国家政权就可以建立在巩固的工农联盟和密切联系人民群众的基础上。

同时，加强农村乡、镇一级政权机关的建设，对于发展和逐步完善社会主义的直接民主具有重要意义。按照新宪法第97条和第102条的规定，乡镇一级人民代表大会的代表由选民直接选举，受选民直接监督和罢免。在我国这样一个有八亿农民的广大农村地区，加强乡、镇一级国家政权机关的建设，就能更好地吸收广大人民群众广泛地和直接地参加国家的和社会的各项事务的管理，这对保证广大人民群众有效地行使当家作主的权利是十分重要的。正如列宁所指出："对于我们来说，重要的就是普遍吸收所有的劳动者来管理国家。这是十分艰巨的任务。"[①] "人民需要共和国，为的是教育群众走向民主。需要的不仅仅是民主形式的代表机关，而是要建立由群众自己从下面来管理整个国家的制度，让群众实际地参加各方面的生活，让群众在管理国家中起积极的作用。"[②] 在实行政社分离、农村基层政权组织摆脱繁重复杂的具体生产事物，集中力量搞好政权本身建设的条件下，如果我们采取各种具体措施，保证新宪法所规定的乡、镇一级人民代表真正能够按照选民的意愿进行直接选举，选民真正享有直接监督和罢免人民代表的权利，那么，完全可以肯定，在我国广大农村就会出现一个八亿农民真正当家作主的生动活泼的新局面。

新宪法规定人民公社实行政社分开，是考虑到我国农村集体经济发展和政权建设的长远需要，并不是要求现在就开始这项改变。由于这项工作牵涉到一系列复杂的问题，因此不能草率从事，必须有领导、有准备、有计划、有步骤、有秩序地进行。各地必须严格按中央的统一部署和要求进行这一工作，不能不经上级同意而自作主张，随意改变现有领导和管理体制。政社分开，只是把政权那一部分职权分出去，公社、大队、生产队对企业和其他一切财产的所有权，仍然不变。这一点，必须向广大社员群众和社队干部讲清楚，以免引起不必要的思想混乱，造成经济和生产上的损失。新宪法颁布以后的一两年内，各地一般都应当维持现有体制，继续按照中央批准的《全国农村工作纪要》的规定，完善各种生产责任制和整顿

---

① 《列宁全集》第27卷，第123页。
② 《列宁全集》第24卷，第153~154页。

各种基层组织。现在农村的各项政权工作，在将来乡政权正式成立并开始工作以前，仍然有公社和生产大队分级管理；生产队负责的，仍然要负责。但是，各地应当按照中央的统一部署和统一规划进行政社分开的试点，然后在总结经验的基础上，分期分批逐步改变。

后　记

所谓农村基层政权，按照我国宪法和地方组织法的规定，是指由乡（民族乡）、镇人民代表大会与乡（民族乡）、镇人民政府两者有机构成的统一体[①]。"八二宪法"颁行之后的近三十年内，我国的农村基层政权建设有了很大的发展。

1986年9月26日中央提出加强农村基层政权建设七点要求。中共中央、国务院发出的《关于加强农村基层政权建设工作的通知》（以下简称《通知》）指出，农村基层政权体制的改革是政治体制改革的重要组成部分。当前农村基层政权建设中还存在不少问题，主要是党、政、企之间的关系还没有完全理顺，有些地方党政不分、政企不分的现象依然存在，少数地方乡政府还没有完全起到一级政权的作用。《通知》主要有以下两点要求。（一）明确党政分工，理顺党政关系。乡党委集中精力抓好党的路线、方针、政策的贯彻执行，抓好基层党的思想建设和组织建设，加强对共青团、妇联和民兵的领导，抓好农民群众的政治思想教育，促进党风和社会风气的稳定好转。乡党委对乡政府的领导，主要是政治、思想和方针政策的领导，对干部的选拔、考核、监督，对经济、行政工作中重大问题的决策，而不是包办政府的具体工作。（二）实行政企分开，促进农村经济进一步发展。乡政府主要是运用经济的、法律的和行政的手段，为发展商品经济服务。

20世纪90年代中期以来，我国农村基层政权建设中的问题日益凸显，比如乡镇的财政越来越紧张。其原因主要如下：一是实行分税制后，乡镇的财政收入大大减少；二是政府机构膨胀，冗员太多，许多乡镇编外人员远远超过编内人员，近年来虽然进行了机构精减，但是很多地方效果寥寥，"下减上不减，名减实不减"就是这个现象的概括；三是教育开支极大，教师的工资实际上主要仍由乡镇负担；四是乡镇日常开支很大，浪费

---

① 参见张厚安主编《中国农村基层政权》，四川人民出版社，1992，第3页。

严重。此外，近年来，国家推行了村民自治制度。虽然从统计数据上看，海选的比例、村民的参选率都很高，但从实际运作上看，民主并未能真正落到实处。至今，绝大部分的村组织从本质上说仍是基层政府延伸，而不是农民的自治组织。再有，虽然中央、省市地方政府一再强调"三农问题"，但实际情况却没有多少改变，农民的实际收入还是在持续下降。

随着村民委员会组织法在农村的全面实施，农村基层政权建设的课题已经具有了全新的内容。如何才能使农村基层政权牢牢地把握在党的手中，如何才能使农村基层政权真正为大多数村民所拥护，如何才能使农村基层政权相对处于稳定状态，已经成为当前农村中亟待解决的问题。

党的十七大报告提出全面建设社会主义新农村的要求，为全面贯彻十七大精神，十七届三中全会进一步指出，加快推进农村改革事业的发展，事关我国改革事业的全局，要把解决好"三农"问题和推动农村经济全面发展作为全党工作的重心和方向。十七届三中全会在报告中还指出："没有农业的现代化就没有国家的现代化；没有农村的繁荣稳定就没有全国的繁荣稳定；没有农民全面小康就没有全国人民的全面小康。"因此，加快推动农村改革发展已成为建设有中国特色的社会主义道路上需要迫切解决的问题。

农村基层政权的改革应是全方位的，即切实精简基层政权臃肿庞杂的机构，改革不合理的机构设置，规范基层政权机构设置和人员职位，建立精干效能的组织系统。而乡镇机构内部事业单位的整合与改革应该成为乡镇机构改革的重要内容，其关键是要合理区分公益性事业和经营性活动，实行分类管理。公益性的事业站所要强化服务功能，经费主要由财政保障；经营性的事业站所要强化自我发展能力，逐步走向市场。要按照精简效能的原则，整合现有事业站所，创新乡镇事业站所运行机制，精简机构和人员，提高服务资源的利用效率，做到既减轻农民负担，又增强农村基层政权的效能。通过改革提高农村基层政权办事效率，使农村基层政权从全能型、多功能型转向有限功能型，从自上而下、行政型转向灵活自主型，从决策控制型转向服务型。此外，还要重点改革干部考评、人事任用制度，完善用人制度，严把进人关，把有真才实学或专业技术强、工作作风扎实、政策水平高、富有创新精神的人才吸收到基层干部队伍中。

发展基层社会生活的群众性自治

新宪法第111条规定："城市和农村按居民居住地区设立的居民委员会或者村民委员会是基层群众性自治组织。居民委员会、村民委员会的主任、副主任和委员由居民和村民选举。居民委员会、村民委员会同基层政权的相互关系由法律规定。""居民委员会、村民委员会设人民调解、治安保卫、公共卫生等委员会，办理本居住区的公共事物和公益事业，调解民间纠纷，协助维护社会治安，并且向人民政府反映群众的意见、要求和提出建议。"这一规定是我国过去的三部宪法从来没有过的。

以前，我们没有"村民委员会"这样的组织，但是"居民委员会"早就有了。1954年12月31日第一届全国人大常委会第四次会议通过了《城市居民委员会组织条例》。该条例规定："居民委员会是群众自治性的居民组织"；它的任务是办理有关居民的公共福利事项；向当地人民委员会或者它的派出机关反映居民的意见和要求；动员居民响应政府号召并遵守法律；领导群众性的治安保卫工作；调解居民间纠纷。自从这个条例公布以后，居民委员会这种组织就在全国各城市普遍建立起来，并且发挥了很好的作用。

革命根据地时期，虽然我们没有居民委员会和村民委员会这种组织形式，但是却有调解委员会和治安保卫委员会这样的组织。例如，早在第二次国内革命战争时期，调解委员会就已经出现。到了抗日战争时期，这种组织得到普遍发展。从1941年到1949年，晋察冀边区、陕甘宁边区、晋冀鲁豫边区、华北等革命根据地和解放区，都先后发布过有关人民调解工作的指示和法令，使人民调解工作有了很大的发展，许多省、市、自治区相继颁布了很多有关人民调解工作的章程和办法。1953年召开的第二届全国司法工作会议，对人民调解工作给予了很高的评价。特别是从1954年2

月颁布《人民调解委员会暂行组织通则》以来,这种组织有了大规模的发展,并第一次在全国范围内统一了人民调解工作,使人民调解工作的性质、任务、组织、纪律、工作方法以及进行调解工作必须遵守的原则,有了一个统一的法定依据。同时,党和国家的领导同志也十分强调这一工作的重要作用和意义。1957年,刘少奇同志指出:"人民调解委员会是政法工作建设的第一道防线,必须加强。"邓小平同志在党的八届三中全会的报告中也指出,要在乡人民委员会设立调解组织,处理民间纠纷并监督人民调解工作的迅速发展。

然而,我国人民调解工作的发展也不是一帆风顺的。在十年浩劫期间,社会主义法制被践踏,人民调解工作也被诬蔑为"搞阶级调和""是阶级斗争熄灭论的产物"。随着公、检、法三机关被砸烂,人民调解工作也遭到严重破坏,绝大部分调解组织陷于瘫痪状态,很多调解人员受到冲击和诬陷。

粉碎"四人帮"以后,特别是党的十一届三中全会以来,党中央提出了发展社会主义民主与健全社会主义法制的方针和任务,国家颁布了《刑法》和《刑事诉讼法》等许多重要法律、法令,同时也重新公布了《人民调解委员会组织暂行通则》,这就有力地推动了人民调解工作的迅速恢复和发展。据不完全统计,1980年全国共有调解组织八十一万多个。其中农村生产大队有五十四万七千多个;城镇居民委员会有四万多个;厂矿企业有七万多个;其他各类调解组织有十二万三千多个。全国共有调解人员五百七十五万多人。1981年和1982年,全国各地调解组织和调解人员的数量,又有新的发展。事实充分证明,人民调解组织对于调解各种民间纠纷,宣传党的方针政策和法律法令,增强人民内部团结,都起了很大作用。1979年,据十四个省、市的不完全统计,共调解纠纷三百万件;1980年据全国不完全统计,共调解纠纷六百一十二万件,大致相当于同时期基层人民法院受理一审民事案件的十点八倍。遍布全国的几十万个调解组织,几百万名调解人员,不分白天黑夜,风雨无阻地为人民群众排难解纷,"调解千家事,温暖万人心",解除了他们的精神负担,化各种消极因素为积极因素,对四化建设起了很大作用。由于大量民间纠纷能够得到及时的调解解决,不仅大大减少了法院的收案,而且可以防止矛盾激化,对于预防犯罪和维护社会治安也发挥了很大作用。例如,据二十二个省、市、自治区1980年的不完全统计,由于民间纠纷调解及时,避免非正常死亡两万四千余人,同时挽救了一批将要走上犯罪道路的人。各地的调解组织结合开展"五讲四美"和"学雷锋"等活动,与有关部门如妇联、公安、青年团等配合,订立乡规民约,开展"五好家庭"活动,对于扭转社会风气,建设社会主义精神文明,也做出了显著的贡献。

和人民调解组织一样,群众性的治安保卫委员会(简称治保委)在我国也有光荣的历史传统。在革命根据地时期,这种组织就已存在;新中国成立以后,这种组织得到了很大发展,并且在全国范围内统一了治保工作,使它的性质、任务、组织、纪律和工作方法,有了统一的法律依据。现在全国各城市街道居民委员会和厂矿企业,都建有治保组织;在农村,生产大队有治保委员会,生产队则有治保小组。这种组织在全国范围内的普遍建立和卓有成效的工作,使我国的治安保卫工作有着深厚的群众基础。这些群众性治保组织,在开展防火、防盗、防自然灾害,协助公安机关破案,对违法青少年进行帮教,开展法制宣传等各个方面的工作中起到了很大的作用。

现在,我国城市中,有居民委员会统一领导人民调解、治安保卫、公共卫生等委员会。但是农村没有村民委员会这种组织。农村的人民调解委员会和治安保卫委员会,都由实行政社合一的生产大队领导。按照新宪法的规定,今后要实行政社分开;在生产大队一级,要建立村民委员会来统一领导农村的治保组织和调解组织。而村民委员会,并不是一级政权机关,而是在乡人民政府领导下的社会基层群众性的自治组织。这是我国农村政治体制上一个很大的变化。变化的实质是,村民委员会作为群众性的自治组织将在我国广大农村普遍建立,它将标志着我国社会主义民主的一种重要形式——基层群众性自治组织的发展进入了一个新的历史时期。

按照过去的实践经验和这次新宪法的规定,居民委员会和村民委员会这一组织不是也不应该是一级政权机关,而是我国基层的群众性自治组织。它同政权机关的区别,主要表现在以下几个方面。

一、从组织上看,政权机关从中央到地方有严密的组织系统,上级组织和下级组织是领导与被领导的关系,上级组织的决议,下级组织必须服从。而居民委员会和村民委员会没有从中央到地方的一套组织系统,没有下级组织服从上级组织的问题,它是居民群众自己管理自己的群众性自治组织。它同政权机关的关系,也不是严格意义上的领导与被领导的关系,而是"指导"和"被指导"的关系。例如,《城市居民委员会组织条例》第1条规定,它是在"人民委员会或者它的派出机关的指导下"从事活动;1954年制定的《城市街道办事处组织条例》第4条规定,街道办事处的任务之一，是"指导居民委员会的工作"；《人民调解委员会暂行组织通则》也规定："人民调解委员会是群众性的调解组织，在基层人民政府与基层人民法院指导下进行工作"。

二、从职权上看，政权机关的职能是代表国家行使国家权力，这种权力具有强制性。在各级政权机关所管辖的范围内，它的决议、指示全体人民必须遵循；而居民委员会和村民委员会不能行使任何国家权力，它只能在居民和村民中通过讨论、协商、宣传、教育、批评等方式进行工作，自己做出的决议不能强制居民服从。例如，《人民调解委员会暂行组织通则》规定，调解工作必须遵守的原则是："必须取得双方当事人的同意，不得强迫调解"；"调解不是起诉必经的程序，不得因未经调解或调解不成而组织当事人向人民法院起诉"。

三、政权机关法律、法令，任何公民都必须遵守，严重违犯者要依法制裁。居民委员会或村民委员会关于公共利益的决议和公约，居民和村民应当自觉遵守，但这种决议和公约对居民或村民只有道义上的约束力，不能强迫命令居民或村民遵守。

四、政权机关对它管辖范围内的一切政治、经济、文化、社会方面的事务都要进行领导和管理，不仅有权调整、干预公民与公民之间的关系，也有权调整社会组织彼此之间、社会组织与公民之间的关系。居民或村民委员会的职责则只能调整居民彼此之间的关系，也不是什么事情它都有权力、有责任、有义务进行调整。

居民委员会或村民委员会这种基层群众性自治组织，是人民群众自己教育自己，自己管理自己的一种良好的形式，是广泛吸引与组织人民群众参加社会生活民主管理的重要渠道和场所，是基层人民政权联系广大人民群众的桥梁和纽带。宪法以国家根本大法的形式将它的性质与任务明确肯定下来，对于这种自治组织在我国广大城市和农村全面建立和进一步完善，对于发展社会主义民主与健全社会主义法治，对于促进我国物质文明与精神文明的建设，必将产生深远影响。

后　记

我国宪法第 2 条规定，国家的一切权力属于人民，人民当家作主的途径主要有两个大的方面。

一是通过选举代表组成全国人大和地方各级人大，行使管理国家大事的权力。

二是通过各种途径和形式,管理国家事务、经济和文化事业。在"各种途径和形式"中,一个重要的形式就是宪法第111条所说的按居住地区为城市或农村而设立的基层群众性自治组织,即居民委员会和村民委员会。

我国宪法规定我国的行政机关分为中央行政机关——国务院、省(自治区、直辖市)人民政府、地级市(地区、自治州)人民政府、县(县级市、市辖区、自治旗)人民政府和乡(民族乡、镇)人民政府五级。居民委员会和村民委员会分别是城镇居民和农村村民依据两个组织法成立的自我管理、自我教育、自我服务的基层群众性自治组织,其相应的职责和权限在两个组织法中有明确规定,依法没有管理行政工作的职权,其依法根据需要设立的下属委员会同样只能根据相应组织法的规定,协助政府或政府的派出机关开展工作,本身同样是没有任何行政权的。

居民委员会出现较早,在20世纪50年代便已存在。在1957年以前,农村有村长的设置,但不是自治性的;实行人民公社制度以后,采用公社、生产大队、生产队这样的组织形式,其中生产队是基层的村民组织,尽管在生产队队长的产生上原则上由村民选举产生,但生产队是否为自治性组织则并不明确,事实上作为基层政权组织的公社可以直接对生产大队或生产队进行领导。我国现行宪法取消人民公社,设立乡政权,乡政府不再直接干预村务,村民委员会应运而生。全国人大常委会分别于1987年11月和1989年12月制定了《村民委员会组织法》和《居民委员会组织法》,1998年11月全国人大常委会又对前者进行了修订。因而,我国居民委员会和村民委员会的存在就有了宪法和法律的依据。

居委会的设置以100户到700户为其范围。村委会一般以自然村为基础,人口数较少的自然村可以几个村庄联合设立一个村委会;人口较多的自然村则可以分设几个村委会。居委会的设立、撤销、规模调整等,由不设区的市、市辖区人民政府决定;村委会的设立、撤销、范围调整等由乡级人民政府提出,经村民会议讨论同意后,报县级人民政府批准。

新宪法是正确内容与科学形式的完美结合

世界上的万事万物，都有其自身的内容和形式，是二者的统一体。宪法也是这样。一部好的宪法，应当是正确的内容与科学的形式的完美结合。形式是为内容服务的。宪法必须有比较科学的形式，这是很自然的。但是，过去曾经有人把必要的形式同形式主义混为一谈，因而影响了我们对于宪法形式的研究与重视，这是我国立法中的一条重要经验。由于我们积累了较为丰富的正反两方面的经验，特别是由于这次新宪法的制定，做到了领导机关、专家与广大群众相结合。因此，新宪法在形式上和过去三部宪法相比，有了显著的进步和提高，基本上做到了正确的内容与科学的形式的完美结合。

一　关于结构形式

宪法的结构是指一部成文宪法，它的内容如何进行组合、安排，以构成一个比较严谨的宪法文件。一般地说，是宪法的内容决定宪法的形式。宪法的内容大致上包括哪些方面以及这些方面彼此之间的关系，就决定了宪法的结构有某种共同的规律或一致性。然而，由于各个国家的历史特点、文化传统、风俗习惯，以及参与制定宪法的人各方面素养不同，宪法的结构形式又往往出现较大区别。

新中国成立以后我们颁布施行的三部宪法，其整体结构即体系安排完全一样，都是由"序言"以及"总纲""国家机构""公民的基本权利和义务""国旗、国徽、首都"等四章组成。这次制定的新宪法对这种体系安排做了改动，就是把"公民的基本权利和义务"由原来的第三章改成第二章，而把"国家机构"由原来的第二章改为第三章。这样的安排是有很大好处的。因为，公民的基本民主自由权利，是社会主义民主的重要内容，而国家机关（包括立法机关、行政机关和司法机关）则是实现社会主义民主的具体形式和手段。就社会主义国家来说，人民是国家的主人；国家的一切权力属于人民；一切国家机关应该是在人民的民主基础上产生，并为人民的民主服务。我们的国家机关应当是为了人民的利益，为了实现人民当家作主并保障公民的各种政治、经济、文化和社会利益而设置。所以先规定公民有哪些民主自由权利和其他经济、文化和社会权利，再规定国家机构的组成、职权和活动原则，就比较合乎逻辑和顺理成章。公民的基本民主自由权利，首先是人民管理国家以及一切经济、文化和社会事务的权力，都是属国体方面的问题；而国家机构则是属于政体的范畴。国体决定政体，政体反映国体并为它服务。先确认公民的基本权利和义务，后确定国家的组成和活动原则，就能在宪法结构形式上比较鲜明地体现出政体与国体相互关系的原则。人民民主专政的国家和社会主义的社会制度的主要原则被规定在"总纲"中，把"公民的基本权利和义务"一章安排在"总纲"之后，表明后者是前者的自然延伸和逻辑发展，也更妥当。我们在制定1954年宪法的时候，主要是参考了苏联1936年宪法。这部宪法的体系安排，是把"公民的基本权利和义务"放在"国家机构"之后，而苏联现在的宪法也作了改变，把这种次序倒换了一下。东欧大部分国家的宪法都是把有关"公民的基本权利和义务"的条款安排在"国家机构"之前，只有极少数国家不是这样。例如，据统计，欧、亚、非三大洲114个国家的宪法中，只有九个国家的宪法，即波兰、匈牙利、挪威、爱尔兰、中国、缅甸、蒙古、几内亚、肯尼亚，是把"国家机构"放在"公民的基本权利和义务"之前。以上情况足以说明，新宪法在结构安排上要比以前几部宪法为好。它主要是反映了我们的国家越来越重视保障公民个人的民主自由权利。

二　关于规范形式

什么叫"规范"，简单说就是行为规则的意思。法律规范属于社会规范的一种。它是由国家制定或认可、体现统治阶级意志并以国家强制力保证其实施的行为规则。一般说来，法律规范由三个要素构成：（一）法律必须明确规定允许、禁止或要求人们实行某种行为（称命令部分）；（二）法律必须明确规定一定行为规则所适用的条件（称假定部分）；（三）法律必须明确规定违反法律规则所导致的法律后果（称制裁部分）。并不是说每一个法律条文必须具备这三个要素，而是一个完整的法律文件一般应有这三个部分，法律规定才是完整的和合乎要求的。规范性是法律形式的一个基本特性，也应该是宪法这一法律形式的基本特性之一。因此要求宪法的形式具有科学的形态，就必须对宪法规范的三个组成部分作出正确的规定。

对于宪法规范中的"命令"部分即行为规则本身来说，主要是应保证它的确定性。例如，1978年宪法规定："全国人民代表大会会议每年举行一次。在必要的时候，可以提前或者延期。"这一规定就很不确定。因为在这里，什么是"必要的时候"，很不明确，可以"延期"多久，也无任何限制。这就等于是说十年二十年不开人民代表大会，也不算违宪。而1954年的规定就比较妥当。该宪法第25条规定："全国人民代表大会会议每年举行一次，在必要时可以临时召集会议。"这就是说，全国人民代表大会每年必须举行一次，只能增多，但不得减少。从1954年到1964年，其间除1961年以外，十一年中，共开了十次全国人代会，基本上做到了一年一次。但从1964年到1975年，十年中却没有开过一次人民代表大会。但是这种极不正常的情况，并没有在制定1975年宪法与1978年宪法时予以重视，反而对1954年宪法作了修改，使这种不正常状态合法化。这次制定新宪法，我们就吸取了这个教训。新宪法第60条作了这样的规定："全国人民代表大会会议每年举行一次，由全国人民代表大会常务委员会召集。如果全国人民代表大会常务委员会认为必要，或者有五分之一以上的全国人民代表大会代表提议，可以临时召集全国人民代表大会会议。"这一规定就很确定很合理。又例如，1975年宪法规定，对于重大的反革命刑事案件，要发动群众讨论和批判（第25条）。1978年宪法也规定："对于重大的反革命案件和刑事案件，要发动群众讨论和提出处理意见。"这两条规定都不确定、清晰。首先，并不是所有刑事案件都是反革命案件，而反革命案件则是刑事案件的一种；因而正确的提法应当是："对于重大反革命案件和其他重大刑事案件……"其次，所谓"重大"，具体标准是什么，群众讨论后提出的处理意见是算数，还只是供人民法院定罪量刑时参考，这些都不明确，因而各级人民法院就很难准确执行。鉴于这种情况，新宪法把1978年宪法中的这一内容全部删去了。这是十分正确的。

对于宪法规范中的"假定"部分，即行为规则的适用条件来说，重要的是保证它的显明性。例如，一个国家的宪法必然规定公民的基本权利和义务，但如果在宪法或国籍法等具体法律中不明确规定哪些人是属于这个国家的"公民"，宪法就难以准确适用。在我国，长期以来，对公民这一概念，一直存在着两种完全不同的理解。一种观点认为，凡是具有中华人民共和国国籍的人都是我国的公民；另一种观点认为，被剥夺了政治权利的人就不再是我国的公民。而我国过去在宪法和其他法律上（包括国籍法）一直没有作出明确规定。如果按照上述后一种理解，既然被剥夺了政治权利的人不再是我国的公民，那么"公民的基本权利与义务"这一章对他们就不适用。因为他们不是"公民"，就要另搞一套法律来确定他们享有哪些政治、经济、文化和其他社会权利，而我们又没有这样的法律，而且也很难做到这一点。由此可见，确定公民这一概念的外延，即他们包括哪些人，是正确适用宪法的必要条件。正是出于这种考虑，这次制定的新宪法明确做出了规定："凡具有中华人民共和国国籍的人都是中华人民共和国公民。"（第33条）这是完全必要的。又例如新宪法第34条规定："中华人民共和国年满十八周岁的公民，不分民族、种族、性别、职业、家庭出身、宗教信仰、教育程度、财产状况、居住期限，都有选举权和被选举权，但是依照法律被剥夺政治权利的人除外。"这里所说的"依照法律被剥夺政治权利的人除外"，就是宪法规范中的"假定"部分，即宪法规范适用的条件部分。新宪法第40条规定："中华人民共和国公民的通信自由和通信秘密受法律保护。除因国家安全或者追查刑事犯罪的需要，由公安机关或者检察机关依照法律规定的程序对通信进行检查外，任何组织或者个人不得以任何理由侵犯公民的通信自由和通信秘密。"这里所说的"除因国家安全或者追查刑事犯罪的需要……外"也是宪法规范中的假定部分，即规范适用的条件部分。这两条都是在同一条文中明确规定规范使用的条件。新宪法第51条规定："中华人民共和国公民在行使自由和权利的时候，不得损害国家的、社会的、集体的利益和其他公民的合法的自由和权利。这一条对于防止某些人曲解宪法，滥用公民的自由和权利，具有重要意义。这是用一个条文来明确规定宪法规范适用条件的一个例子。以上三条中的第一条是过去几部宪法都有的，后两条是过去三部宪法所没有的。说明我们在完善宪法的形式方面经验越来越丰富。

对于宪法规范中的"制裁"部分，即违反法律规则所导致的惩罚性后果来说，也需要做出明确、具体的规定。宪法制裁虽然有它自己的特点，但宪法具有普遍的约束力,违宪应有制裁,这是决不可少的。否则就很难维护宪法的权威与尊严,就很难充分发挥宪法的作用。在这方面,新宪法同过去的三部宪法相比要完善得多。例如,新宪法明确规定:"一切法律、行政法规和地方性法规都不得同宪法相抵触","一切违反宪法和法律的行为,必须予以追究",全国人大常委会有"监督宪法实施"的职责,等等。这些内容都是过去几部宪法没有的。这些新的规定,对于保证违宪行为得到必要的制裁,以维护宪法的权威与尊严,具有重大意义。

三 关于逻辑形式

宪法和其他各种法律一样,应有自己严密的逻辑。它要求自己的全部内容和谐一致,不能彼此矛盾,不要出现各种漏洞,以避免有人钻空子,使法律得不到彻底贯彻执行。正如恩格斯所说:"在现代国家中,法不仅必须适应于总的经济状况,不仅必须是它的表现,而且还必须是不因内在矛盾而自己推翻自己的内部和谐一致的表现。"① 在这方面新宪法同过去几部宪法相比,水平有很大提高。例如,新宪法规定:"任何公民享有宪法和法律规定的权利,同时必须履行宪法和法律规定的义务"(第33条),这一内容是过去从来没有的,对于防止某些人把权利与义务割裂开来或对立起来而搞特权或无政府主义,有重要意义。又如,1975年宪法和1978年宪法关于国家元首设置和职权就一直处于不明确的状态,许多应由国家元首行使的职权,如授予国家的勋章和荣誉称号、发布特赦令、发布戒严令、宣布战争状态、发布动员令等等,究竟由谁来行使,找不到下落。新宪法解决了这个问题,从而堵塞了国家活动的一些重大职能方面一度出现的漏洞。再如,1954年宪法规定:"国家保护公民的合法收入"(第11条),这是正确的。1975年宪法却改为:"国家保护公民的劳动收入"(第9条),这就完全错了。因为银行存款利息、继承的财产、救济金、抚恤金等,并不是劳动收入,然而却是合法收入,是应当保护的。1975年宪法的提法只会引起广大群众的惊慌与社会的混乱,带来政治与经济的严重损害。之所以出现这种错误,一方面是"左"的错误的反映;另一方面,在方法上和认识上是不懂和不讲究逻辑。1975年宪法曾规定:"全国人民代表大会是在中国共产党领导下的最高权力机关"。(第16条)这一规定之

---

① 《马克思恩格斯选集》第4卷,第483页。

所以欠妥，一方面，在政治上理论上是党政不分、以党代政的一种表现；另一方面，在逻辑上这种提法则容易使人得出这样一个结论：全国人民代表大会并不是我们国家的最高权力机关。这当然是不好的。我们这次制定新宪法，就吸取了这方面的教训，避免了重犯这种错误。

四 关于语言形式

宪法是要求人们严格执行与遵守的一种行为准则，因此当所使用的名词、术语需要严谨、确切；必须使用科学的语言，而不应使用那些形象化的文学语言；应当使用法律术语，而不宜过多使用政治术语。这方面我们的教训和经验也是丰富的。1975年宪法曾规定，"中国人民解放军永远是一支战斗队，同时又是工作队，又是生产队"（第15条）。这些名词概念的使用就不符合法律的要求，不仅它们的内涵难以确定，而且这里所说的"生产队"和经济制度方面所说的"生产队"根本不是一回事，而名词的使用却完全相同，这就势必造成混乱。1978年宪法把中国人民解放军称作是"无产阶级专政的柱石"，而"柱石"是一个形象化名称，难以确定它的法律含义。因而用"柱石"来表达人民解放军的性质和地位是很不确切的。1975年宪法和1978年宪法还都把我们的军队称作"工农子弟兵"，这种提法从政治上看显然带有某些"左"的印记，不符合我国社会主义时期阶级关系的现实情况，而从科学上看也是成问题的，因为这种提法容易使人产生一种看法，认为我们的武装力量并不代表工农这两个阶级以外的其他人民的利益。所有类似上述这些用词不够妥当的地方，新宪法都作了改正。

新宪法关于文化建设的条文中，没有写"百花齐放、百家争鸣"的方针，原因之一，也是考虑到表达这一方针的语言是一种形象化的语言，而不是一种法律语言。作为公民的权利，新宪法已经规定了言论、出版自由（第35条），规定了进行科学研究、文学艺术创作和其他文化活动的自由。而这些自由权利的规定，已经从更为广泛的角度，并以自己特有的法律术语，表达了这一方针的内容。当然，"双百方针"是我们国家指导科学和文化工作的极其重要的基本方针之一。为了促进社会主义的科学文化事业高度发展与繁荣，今后必须坚定不移地贯彻执行这一方针。

以上，我们从四个方面分析新宪法在宪法形式方面所取得的成就和进展。当然，宪法的形式方面并不限于以上几个方面；所取得的进展和成就也远不止上述所列举的事实。

过去，我们对宪法和法律所应具有的科学性研究不够，在实际立法工作中也很不重视法律形式的科学性。今后，为了加强这方面的工作，从理论上来说，必须注意解决以下两个问题。

第一，必须划清必要的形式和形式主义的界限。以前，在"左"的思想指导下，曾经把重视法律形式的研究，统统说成是"资产阶级法律思想"；把讲究法律形式，一概斥之为"资产阶级的形式主义"，这是完全错误的。宪法和法律如果没有自己的一定形式，就不称其为宪法和法律。马克思主义主张从宪法和法律的内容和形式这两个方面去从事研究，去完善立法，首先重视内容，同时也讲究形式。形式主义是把内容与形式完全割裂开来和对立起来，把内容完全搬开，去孤立地、纯粹地研究法律形式，这种方法当然是非科学的。但是，不注重对宪法和法律的形式的研究，也绝不是马克思主义的科学态度和方法。

第二，宪法的内容是确定一个国家的社会制度、公民的基本权利和义务以及国家机构的组成和活动的基本原则，它不是"法律大全"，而且要求有更大的稳定性，因而对于重大问题只能做比较原则的规定，许多具体问题和细节，可以留待普通法律去解决。然而宪法又是普通法律的立法依据，是所有国家机关、政党、社会团体以及全体公民必须严格遵守的行为准则。因此，凡是应当在宪法中做出的规定，就必须注意它的准确性和鲜明性，就应当同普通法律的条文一样，必须明确、具体、严谨，人们才能准确地执行与遵守，宪法才能充分发挥自己应有的作用。那种认为既然宪法是国家的根本大法，它的规定就越抽象越好，就可以模棱两可，含糊其辞的观点，是完全错误的。这种看法显然是把宪法内容的原则性同宪法规范形式的科学性这两个不同的问题相混淆了，并用宪法内容的原则性来否定宪法形式的科学性。这当然是不正确的。

后　记

宪法典的结构一般分为形式结构和内容结构两种。

形式结构是指将宪法规范予以合理排列的顺序、方式，一般分为章、节、条、款、项和目，也有在章之上再分编或者是篇的，有的国家宪法对章、节、条、款、项的排列顺序仍然进行细化。如章下分分章，节下分分节，条、款、项下分小条、小款、小节或者是条之几、款之几和项之几的。

宪法典形式结构的作用：主要在于形式结构可以有利于识别宪法规范的所在位置，以方便在不同的宪法规范之间建立形式逻辑关系，简化宪法规范的表述方式。

内容结构是指将具有相同性质的宪法规范安排在宪法典中的某一部分，一般包括序言、总纲、正文、特殊规定和附则等。序言主要表述制定宪法的意图、指导思想和基本国策；总纲是对基本国家制度和社会制度的规定；正文部分明确国家权力与公民权利的产生、存在和变更的条件、形式以及相互关系，特殊规定一般涉及非常时期宪法的效力；附则一般确定宪法生效的期限等等。宪法典的内容结构有利于全面地认识和掌握宪法规范的内容、宪法规范的性质以及宪法规范所调整的对象的范围。

我国现行宪法在结构上的特点表现在：形式结构分为章、节、条、款、项；内容结构分为序言，总纲，公民的基本权利和义务，国家机构，国旗、国徽、首都。

具体说来：

（1）宪法的形式结构分章、节、条、款、项，共四章，其中第三章分七节，共计138条。在引用某一宪法规范时可以表述为：宪法第几章第几节第几条第几款或者是宪法第几章第几节第几条第几项（我国宪法中没有在同一条下设两款以上的款别而又在款别下设项的，只有在同一条下设一款，并在该款下设若干项，一般在表述某项时省略第一款的中间结构，直接表述为某条某项）。

（2）宪法的内容结构分序言，第一章总纲，第二章公民的基本权利和义务，第三章国家机构（分七节，第一节全国人民代表大会、第二节中华人民共和国主席、第三节国务院、第四节中央军事委员会、第五节地方各级人民代表大会和地方各级人民政府、第六节民族自治地方的自治机关和第七节人民法院和人民检察院），第四章国旗、国徽、首都。

1982年宪法颁布以后，在1988年进行第一次修改时，为了增加宪法的权威性和尊严，党中央和六届全国人大常委会经过认真研究，决定采用宪法修正案的方式进行修宪。1993、1999和2004年对宪法修改时，沿用了这种修宪技术，迄今为止已经通过了31条宪法修正案。

在采用宪法修正案技术之后，宪法条文援引的问题凸显出来。例如，宪法修正案第2条规定，宪法第10条第4款"任何组织或者个人不得侵占、买卖、出租或者以其他形式非法转让土地。"修改为："任何组织或者个人不得侵占、买卖或者以其他形式非法转让土地。土地的使用权可以依照法律的规定转让。"在援引时，问题便出现了：当需要援引宪法修改后的这部分内容时，是将其作为宪法第 10 条第 4 款来援引，还是应该作为宪法修正案第 2 条来援引呢？当提及宪法第 10 条时，是仅指宪法原文中的三个条款，还是包括宪法修正案第 2 条中所列的第 4 款呢？

  对此，在第四次宪法修改的过程中，全国人大常委会在关于修宪的说明中明确提出，为了维护宪法的权威和尊严，保证宪法文本的统一，同时有利于学习和实施宪法，建议本次会议通过宪法修正案后，由大会秘书处根据宪法修正案对宪法有关内容作相应的修正，将 1982 年宪法原文、历次宪法修正案和根据宪法修正案修正的文本同时公布。据此，第十届全国人大第二次会议秘书处将 1982 年宪法、四个宪法修正案和根据四个宪法修正案修正后的宪法文本同时予以公布，从而解决了宪法形式上的援引问题。

新宪法实施的保障

如何保障宪法在实际生活中得到切实的贯彻实施，这是宪法学的重要理论问题，也是制宪与行宪的一个重大实际问题。如果宪法的实施没有任何保障，它就可能成为一张废纸。宪法是国家的根本大法，它同各方面的具体法律相比，内容比较原则，这在客观上就增加了它在实施上的某些特殊困难。同时，宪法所规定的是有关社会经济、政治制度的根本问题，因而它的实施对于整个国家的利益又关系重大。由于这两个方面的原因，世界各国对于如何保障宪法的实施，历来十分重视。而且，从宪法的发展历史和发展趋势看，各国都是越来越重视。

但是，在这个问题上，资本主义类型的宪法同社会主义类型的宪法有所不同。由于资本主义国家的宪法是"把合乎有产阶级愿望并有利于有产阶级的社会秩序固定下来"，是少数剥削者对绝大多数劳动人民实行剥削和统治的工具，因此它的不少内容对广大劳动人民有一定的欺骗性和虚伪性。这方面的内容，资本主义国家的统治者是不会彻底实施的。当然，资本主义的宪法是体现了资产阶级的利益和意志，因此从总体说来，资产阶级当然要把它当做神圣的东西而竭力加以维护。社会主义类型的宪法与此不同，它是"把合乎劳动者愿望并有利于劳动者的社会秩序固定下来"[①]，是占人口绝大多数的广大人民对极少数敌对分子实行专政的武器。因此它敢于也应当公开申明自己的阶级性质，它能够也必须真实地反映社会的客观实际和客观规律。这就决定了广大人民要求自己的宪法得到切实实施。

然而，自新中国成立以来，由于各方面的原因，我们在宪法的实施上却走过了一条曲折的道路，有过极其深刻的教训。新中国成立初期，全国

---

① 《斯大林选集》下卷，第400页。

上下,党内党外,对于当时起临时宪法作用的共同纲领以及我国第一部宪法1954年宪法,是严格遵守与认真贯彻执行的。1957年开始,由于"左"倾错误的产生,宪法的尊严得不到维护,宪法的一系列原则遭到批判,公民在法律面前一律平等被说成是"同反革命讲平等",人民法院独立行使审判权,被歪曲为"向党闹独立",辩护制度则被斥为"替坏人说话"。正是从这时起,宪法就开始逐渐不起作用了。到了"文化大革命"期间,这个错误被林彪、江青反革命集团所充分利用,并把这个错误推向顶点,以致使庄严的宪法被践踏成为一张废纸,以致他们所推行的法西斯专政能畅行无阻达十年之久,上自国家主席,下至普通公民,人身自由和安全得不到宪法的丝毫保障,从而铸成了十年浩劫这场历史悲剧。出现这种情况的原因当然是多方面的,但对社会主义法制的作用极端轻视,对维护宪法和法律的应有权威极端轻视,是根本原因之一。从新中国成立以来我们先后所制定的四部宪法看关于宪法实施的保障问题,就正是走了一条"之"字形道路;1954年宪法对宪法实施的保障作了若干规定,而1975年宪法对此只字未提,1978年宪法开始重视这个问题,但尚未摆脱"左"的思想束缚。只有经过十一届三中全会以来的彻底拨乱反正,这次通过的新宪法关于这个问题的规定,才达到了前所未有的高度。

同以前的三部宪法相比较,新宪法关于宪法实施的保障,作出了以下一些重要规定。

一、关于宪法本身的法律地位。

首先,新宪法序言规定:"本宪法记载了中国人民奋斗的成果,规定了国家的根本制度和根本任务,是国家的根本法,具有最高的法律效力。"第5条又规定:"一切法律、行政法规和地方性法规都不得同宪法相抵触。"这一内容是我国过去的三部宪法所从来没有的。在宪法中明确规定宪法具有最高的法律效力,特别是在我们国家的宪法明确肯定这一点,对于保障宪法的实施,具有重要意义。正如斯大林所说:"宪法是根本法,而且仅仅是根本法。宪法并不排除将来立法机关的日常立法工作,而要求有这种工作。宪法给这种机关将来的立法工作以法律基础。"[①] 宪法的重要作用之一是为各部门法的制定提供法律基础和依据,如果不明确或不坚持宪法具有最高的法律效力,而是允许或任何法律、法令可以同宪法的原则精神或具体规定相抵触、相违背,就不能维护法制的统一,就有可能危及

[①] 《列宁主义问题》,人民出版社,1964,第618页。

国家的根本制度。本来，作为国家根本大法的宪法具有最高的法律效力，这是一个常识问题。有的国家由于法制比较健全，虽然在宪法中没有明确作出宪法具有最高法律效力的规定，宪法也仍然具有很高的权威与尊严。但是世界上有不少国家仍然在宪法中明确规定它作为根本法的地位，自然有利于保障宪法的实施。而且从很多国家的实践来看，所谓宪法实施的保障，一个主要内容，就是对普通法律是否违宪进行审查。在我国，由于法制与法制观念长期以来不健全，宪法具有最高法律效力这一原则，只是在法学教育的课堂和宣传宪法的小册子中被强调，而在广大国家机关工作人员和广大公民的思想中，很少具有这样的观念，或者说这样的观念非常淡薄，以致在实际的立法活动和法律监督活动中，很少考虑法律、法令是否违宪，也几乎从未实行过对法律、法令是否违宪的审查。因而，新宪法在我国制宪历史上第一次明确规定宪法具有最高法律效力，任何法律、法令和法规都不得与宪法相抵触，就不能不具有重要意义。

新宪法明确规定宪法的最高法律地位，包括以下两个方面的具体含义与要求。一是今后制定各项新的法律和其他法规，都必须以新宪法的原则精神和具体规定作为依据，否则就是无效的。不仅国务院制定的行政法规和省一级的立法机关制定的地方性法规，不得同宪法相抵触，就是全国人大常委会制定的法律和全国人大制定的各项基本法规，也不得与宪法相违背。二是新宪法一旦通过实行，在新宪法颁布以前所实行的一切法律和其他法规，都必须符合宪法的精神。不能与新宪法的原则精神与具体规定相违背。关于这一点，我国的最高权力机关曾先后两次作过决议。一次是全国人大在1954年所作决议。决议指出：所有从1954年11月1日中华人民共和国建立以来，由中央人民政府制定、批准的现行法律、法令，除开同宪法相抵触的以外，一律继续有效。另一次是1978年全国人大常委会所作决议。决议指出：从1954年10月1日中华人民共和国建立以来前中央人民政府制定、批准的法律、法令；从1954年9月20日第一届全国人民代表大会第一次会议制定中华人民共和国宪法以来，全国人民代表大会和全国人民代表大会常务委员会制定、批准的法律、法令，除了同第五届全国人民代表大会制定的宪法、法令和第五届全国人民代表大会常务委员会制定、批准的法令抵触的以外，继续有效。这两个决议的意思就是，符合宪法精神的有效，违背宪法精神的无效。我们认为，明确这一原则虽然十分重要，但是，仅仅这样做是不够的，还必须及时地对新宪法颁布以前所有的法律、法令作出全面的彻底的审查，分别进行重新制定、废止或部分修改。因为不这样做，各国家机关、机关工作人员以及广大公民，就难以判断，究竟以前的法律、法令哪些符合新的宪法，哪些不符合新的宪法，人们就会在很多问题上无所适从。因此，做好这一工作对于维护宪法和法律的权威是十分重要的。很显然，这次新宪法实行以后，我们在这方面面临着繁重的任务。因为，这次宪法改动比较大，而过去我们很少做法规的整理工作。

其次，新宪法除了明确规定宪法具有最高法律效力以外，还在序言中明确规定，全国各族人民、一切国家机关和武装力量，各政党和各社会团体，各企业事业组织，都必须以宪法为根本的活动准则。所谓"宪法具有最高法律效力"同"宪法是人们的根本活动准则"，两者虽然都是讲的宪法的最高法律地位，但含义不完全一样。"宪法具有最高法律效力"主要是指宪法在整个法律体系中的地位，是宪法同其他法律相比较而言，是说它们之间是"母法"与"子法"的关系，"母法"的效力高于"子法"。而"宪法是人们的根本活动准则"则是要求所有国家机关、政党、社会组织以及广大公民的一切行动都应以宪法作为最高准则。宪法学上有一种主张，认为宪法不具有直接的约束力，这种观点是不正确的。这种主张把宪法的作用仅仅限于为普通法律的制定提供立法依据，不利于宪法发挥多方面的作用，而且直接损害宪法的权威，不利于各级国家机关、政党机关、社会团体以及全体公民严格遵守宪法，按照宪法的原则精神和具体规定办事。新宪法在序言中明确规定宪法是"根本活动准则"，对维护宪法的权威与尊严，以充分发挥宪法的实际作用，具有重要意义。

二、关于宪法的修改与解释。

新宪法关于宪法修改的权限与程序，比过去的三部宪法有重要发展。新宪法规定，只有全国人民代表大会才有修改宪法的权力，其他任何机关都没有这一权力。这一点和过去几部宪法没有什么不同。因为宪法的制定权属于哪个机关，就只有哪个机关有权修改宪法，这是一个一般原则。不这样，就会乱套，就会越权。至于修改程序，各国的做法有很大不同。一般说来，强调和规定修改宪法要有比较严格的程序，有利于维护宪法的权威与尊严，是各国宪法发展的总趋势。我国的情况也是这样。我国1954年宪法规定，宪法的修改由全国人民代表大会以全体代表的三分之二的多数通过，法律和其他议案则只需要全国人大以全体代表的过半数通过。1975年宪法和1978年宪法完全取消了1954年宪法的这一规定，这是一个倒退。而新宪法则比1954年宪法更前进了一步。它规定："宪法的修改，由全国人民代表大会常务委员会或者五分之一以上的全国人民代表大会代表提议，并由全国人民代表大会以全体代表的三分之二以上的多数通过。"（第64条）这一内容的一个含义是回答谁有权提出修改宪法议案的权力。按照新宪法的规定，如果全国人大常委会或者有五分之一以上的全国人民代表大会代表提议修改宪法，那么全国人大全体会议就必须把修改宪法列入大会正式议程。至于是否修改或如何修改，则要全体代表的三分之二（不是到会代表的三分之二，而是应到代表的三分之二）的多数通过。至于修改宪法的建议，全国任何一个国家机关、政党组织、社会团体以及公民个人都有权提出；建议可交全国人大常委会或全国人大主席团；这两个机关有责任和义务整理与认真考虑来自各方面的建议，这是社会主义民主的要求。但是，要把修改宪法正式列入全国人大全体会议的议事日程，则必须有全国人大常委会或五分之一的人大代表提议。作出这一规定的目的，除了有利于维护宪法的权威与尊严，而且还有利于维护宪法的相对稳定性。而宪法和其他法律相比，更需要稳定性。

为了维护宪法的尊严与法制的统一，新宪法规定，宪法的解释权属于全国人大常委会。宪法的解释，是指对宪法条文的含义、内容和界限的阐明。这里所说的解释，是指有权解释，即这种解释具有法律效力。至于对宪法的学理解释，即不具有法律效力的解释，任何国家机关、政党组织、社会团体以及每一个公民，都享有这种权利。解释宪法同修改宪法不同。相对来说，解释宪法所招致的法律后果不如修改宪法严重，而这项工作又要经常开展。因此，由全国人大常委会负责解释是适宜的。当然，这并不是说全国人大没有这一权力。它既然可以制定宪法和修改宪法，当然更有权解释宪法。从世界其他国家的情况来看，宪法解释权由哪个机关行使，各个不同。有的由权力机关（立法机关）行使，如英国、瑞士、比利时；有的由法院行使，如美国、日本、菲律宾；有的由特设机关（如宪法法院，宪法委员会）行使，如法国、意大利、西德等。从理论上说，实行第一种制度的国家，一般是主张立法权高于其他司法权与行政权，强调立法机关权力至上。实行后两种制度的国家，一般是主张严格实行三权分立，强调权力互相制衡。我们的国家是社会主义国家，国家的一切权力属于人民，人民行使国家权力的机关是各级人民代表大会。各级人代会实行民主集中制，即在高度民主的基础上实行高度的集中。由全国人大常委会行使宪法解释权，有利于保证人民的权力机关把一切最重要的权力集中掌握在自己手里，也有利于法制的高度统一。这是符合我国国情的。

三、关于宪法实施的组织保障。

为了保障宪法的实施，就需要确定什么机关有权监督宪法的实施，并负责处理各种违宪行为和违宪案件。显而易见，如果没有这种机关，或者虽然有，但没有权威，不开展工作，那么，各种违宪行为和违宪案件就会无人过问，宪法的原则精神和具体规定就会遭到破坏。世界各国的制宪和行宪的历史经验证明，这是能否保障宪法切实实施的关键一环。

我国 1954 年宪法规定，由全国人民代表大会负责"监督宪法的实施"（第 27 条）。1975 年宪法取消了这一内容，突出地表明了当时对宪法实施的极端不重视。1978 年宪法恢复了 1954 年宪法的规定。这次制定的新宪法，在这个问题上又前进了一大步。它规定，除了全国人大有责任"监督宪法的实施"，全国人大常委会也负责"监督宪法的实施"（第 67 条）。做这样一个改变的好处是很明显的。因为全国人民代表大会的代表人数很多，每年只开一次会，会期既短，议题又多，不可能有充分的时间和精力去具体处理各种违宪行为和违宪案件，去分析和研究宪法实施中出现的各种问题，去制定和提出保障宪法实施的各种措施。而全国人大常委会情况不同。它人数少，行动方便，可以经常开会，及时研究和处理宪法实施方面出现的问题。全国人大常委会在全国人大闭会期间，有权领导全国人大设置的各种专门委员会，它可以经常把有关监督宪法实施的各种问题分别交给各个专门委员会去调查与研究，提出可资决策的意见和建议。而且，解释宪法权属于全国人大常委会，也由它负责"监督宪法的实施"，就能更好地完成这方面的任务。由此可见，新宪法同过去几部宪法相比，在监督宪法实施的问题上，是较为切实可行了。

当然，应当承认，现在的规定还是比较原则的。为了保证全国人大和全国人大常委会能够真正切实履行自己担负的"监督宪法实施"的职能，在今后有必要通过具体的法律来使这种监督形成具体的制度，并使这种制度切实可行与卓有成效。这是今后进一步完善宪法和贯彻执行宪法的一个重要课题和重要任务。这样做，并不违宪，而正是新宪法所要求的。例如，是否可以在全国人大常委会下面设置某种具体办事机构或专门委员会，负责具体办理监督宪法实施方面的工作。它没有权力作决定，而只是为全国人大常委会提出意见和建议，具体完成人大常委会交办的各项具体任务。如果设置这样的机构，并不违背宪法，而是符合宪法的精神，是不是可以设置。这些都是今后可以而且必须加以研究解决的。

新宪法规定由全国人大和全国人大常委会负责"监督宪法的实施"，

有两个方面的含义。一方面，这一规定意味着"监督宪法实施"是全国人大和全国人大常委会的职权，其他任何机关或个人都不能行使这一国家权力。在我国，任何组织或个人，包括各级国家机关和武装力量，各政党组织，各社会团体，各企业事业组织，以及每一个公民，都有权力、有义务监督宪法的实施。但是这种"监督"同全国人大和全国人大常委会对实施宪法的"监督"，性质有所不同。全国人大及其常委会有权处理各种违宪行为或违宪案件，这种处理具有法律效力；而其他组织或个人都不享有和行使这种"权力"，而只有监督宪法实施的"权利"，即对各种违宪行为进行揭发、检举、控告、申诉的"权利"。另一方面，这一规定又意味着，"监督宪法实施"是全国人大和全国人大常委会必须切实履行的职责和义务。全国人大和全国人大常委会是否负责地、正确地履行了这一职责和义务，本身也要接受来自各国家机关和武装力量、各政党、各社会团体、各企业事业组织以及广大公民的监督。

从世界各国宪法的情况看，监督宪法实施机构的职权范围各不相同，但总的来说，其职责比较广泛。如：审查与处理法律、法令是否违宪；审查与处理所有国家机关除法律以外的决议、命令以及它们的职能活动是否违宪；接受与审查对主要国家领导人员和主要官员的行动是否违宪的控告案件；调整中央一级国家机构彼此之间的相互关系；等等。我们的国家是实行高度民主与高度集中相结合的社会主义国家。全国人大和全国人大常委会是最高国家权力机关，又是行使立法权的最高机关，因此它在监督宪法实施方面的职权范围是非常广泛的。应当说，一切违背宪法的行为它都可以审查处理。

监督宪法实施的机关审查处理违宪行为的重要内容之一，是审查法律和其他法规是否违宪。处理这类违宪行为的方式，各国做法不一，基本上有三种处理办法。一种叫"事前审查"或"预防性审查"，即在法律文件正式颁布实施以前，先送交有关监督机关审查是否违宪，如法国。一种叫"事后审查"，即法律文件在正式颁布实施之后由某些宪法监督机关负责审查与确定它们是否与宪法相违背，如西德。一种是同时采取前述两类方法，如东德。按照我国新宪法的规定，我们是采取事先审查与事后审查同时并用的方法。例如，新宪法规定："民族自治地方的人民代表大会有权依照当地民族的政治、经济和文化的特点，制定自治条例和单行条例。自治区的自治条例和单行条例，报全国人民代表大会常务委员会批准后生效。"（第116条）"省、直辖市的人民代表大会和它们的常务委员会，在不同宪法、法律、行政法规相抵触的前提下，可以制定地方性法规，报全国人民代表大会或常务委员会备案。"（第100条）这些规定就是属于"事先审查"这种方式。又如，新宪法规定，全国人大常委会有权"撤销国务院制定的同宪法、法律相抵触的行政法规、决定和命令"，有权"撤销省、自治区、直辖市国家权力机关制定的同宪法、法律和行政法规相抵触的地方性法规和决议"。这一决定就是属于"事后审查"这种方式。

四、关于宪法实施的政治保障。

为了有效地监督、保证宪法的实施，一方面我们必须依靠最高国家权力机关和专门的监督机关的力量，另一方面还必须依靠其他国家机关、政党组织、社会团体以及广大人民的力量。新宪法的"序言"明确规定："全国各族人民、一切国家机关和武装力量、各政党和各社会团体、各企业事业组织，都必须以宪法为根本的活动准则，并且负有维护宪法尊严、保证宪法实施的职责。"这一规定也是以前几部宪法所没有的。这里所说的"职责"，同全国人大常委会作为监督宪法实施机构的"职责"，是有区别的。后者有处置各种违宪行为的权力，而其他机关、组织和公民个人则没有这种权力。但是依靠全社会的力量来同各种违宪行为作斗争，对于社会主义国家来说，是极其重要的。只有专门机关同全社会的力量结合起来，全国上下左右齐努力，宪法的实施才有可靠保障。在这方面，作为执政党的中国共产党，从党中央到党的基层组织，模范地遵守宪法，并监督宪法的实施，具有决定性意义。我们的党已经从新中国成立三十多年来正反两方面的经验教训中深切地认识到，维护宪法的权威和尊严，关系到国家的长治久安，关系到人民的前途和民族的命运，决不能再容许对宪法根本的任何损害。胡耀邦同志在中国共产党第十二次全国代表大会的报告中已经庄严宣告：特别要教育和监督广大党员带头遵守宪法和法律。新党章关于党必须在宪法和法律的范围内活动的规定，是一项极其重要的原则。从中央到基层，一切党组织和党员的活动都不能同国家的宪法和法律相抵触。切实做到这一点，将是我国宪法得到切实实施的最可靠的保证。此外，还必须特别重视加强人民检察机关和司法机关的建设。按照新宪法规定，人民检察机关是法律监督机关，它在保证宪法和法律的实施方面有着重要的作用。人民司法机关是国家的审判机关，它通过审判刑事案件、民事案件和经济案件，有效地维护着人民民主专政的国家制度、经济制度，保障公民的各项民主自由权利，调整人民内部各方面的关系，因此对维护宪法的尊严，保障宪法的实施，发挥着重要的作用。人民是我们的国家和社会的主人。如果十亿人民的法制观念极大地提高了，敢于同各种违宪行为作斗争，这将成为保障宪法实施的伟大力量。

以上四个方面，是新宪法不同于以前几部宪法的重要之点，是为了维护宪法的权威与尊严，保障宪法切实实施而作出的新的重要规定。当然，宪法实施的保障是一个含义十分广泛的问题。除此之外，还需要有其他方面的措施，例如，必须全面加强立法工作。因为宪法不是法律大全，它的规范一般只具有原则的概括的性质。如果没有一整套门类齐全、体系完整的部门法，宪法的原则和规范就难以实现。而在这方面，我们还面临着长期而艰巨的任务。又如，需要大力加强法制宣传与法制教育。因为只有真正做好这一工作，广大干部和群众才能树立起遵纪守法的观念；而且只有具有比较广泛的宪法和法律知识，才能知道什么行为是合法的，什么行为是违法的，广大干部和群众才有可能做到敢于同各种违宪行为作斗争。这些虽然在新宪法中没有明文规定，但对保证宪法的实施都具有重要作用，也是题中应有之义。

后　记

2000年7月1日起施行的《立法法》作为规范立法活动、健全全国立法制度的基本法律，为保障宪法实施提供了新的制度保证；并且进一步扩大和强化了全国人大及其常委会对行政法规、地方性法规、规章、自治条例和单行条例的合宪性审查。这集中地体现在该法第90条和91条，根据这两条之规定，全国人大常委会是上述规范性文件合宪性的审查主体，审查又分为由有关中央机关、省级人大常委员提请的必要性审查和其他国家机关、公民为代表的权利主体提请的有限审查两类。这一制度性安排的价值并不仅仅在其本身，更重要的是其隐含的改革方向的导向性意义，实际上建立了当下中国语境中违宪审查制度的雏形。但是制度的建构和对制度的有效利用却不是一回事，《立法法》已实施整整十年了，至今尚未见有规范性文件涉嫌违宪审查案提起，我国的立法技术从理论上还不足以保证所有法律性规范文件的质量。没有类似审查案的提起只能证明我国令人担忧的行宪状况。因此，加强对《立法法》的宣传和解释工作，"挖掘"并理性地运用、拓展制度性权利（力）资源，将是我国建立、健全以违宪审查制为核心的宪法实施监督体系的突破口。

再有，有效地利用现有制度空间留下的张力，并以此为契机实现良性的制度性突破，是渐进式改革实践的基本经验。因此，立足行政诉讼并最终走向宪法诉讼，将是健全我国宪法实施监督体系的又一重要路径。其实，宪法诉讼制度的现实需求最早也是来自于行政审判中的合法性审查实践的。我国《行政诉讼法》规定的受案范围却仅限于具体行政行为，抽象行政行为不受司法审查，在这种局面下相对人权利保护的范围是很狭窄的，甚至于行政机关时常通过将具体行政行为转化为抽象行政行为的方法来规避司法审查。所以，修改《行政诉讼法》，扩大行政诉讼的受案范围，将抽象行政行为纳入行政诉讼已势在必行，这不仅是加入WTO后的必然要求，而且行政诉讼机制的有效运行和不断拓展必将为未来宪法诉讼制度的最终确立积累丰富的审判经验。因为先对抽象行政行为进行审查，必然会带来对法律进行审查的普遍社会需求。

西方法治之所以盛行，就在于社会是建立在对法律牢不可破的信仰基础上的。因此，中国建设法治，提高宪法的权威，必须消除宪法与信仰之间的隔阂，建立信仰宪法的机制，从而在改造中国传统文化的基础上培育浓厚的宪法文化。2001年法制宣传的确定就是一个很好的尝试，同时，还有必要建立诸如公务员忠于宪法的宣誓等制度或仪式。另外，引导公民树立主体意识、权利意识、法治意识，以及有限政府的观念，进而形成正确的宪法意识，也是宪法有效实施的重要客观条件。

随着"依法治国，建设社会主义法治国家"方略的全面实施，对《中华人民共和国宪法》的学习贯彻也在各个领域不断深入进行。依法治国实际上就是依宪治国。因此，在新时期，我们要认真学习宪法，把握宪法精神，发现和解决宪法实施保障过程中存在的问题，以适应现阶段经济社会发展的需要。

第四篇

宪法原理若干问题

"八二宪法"的回顾与展望

宪法学的几个理论问题

现行宪法是实现依法治国的重要保证

宪法的稳定性与权威性

中国人大与中国宪法

宪法比较研究的几个问题

法治国家的十条标准

社会主义人权的基本理论与实践

党政分开是政治体制改革的关键

为"司法独立"正名

我对中国民主与法治是乐观的

迈向共和国法治的新时代

"八二宪法"的回顾与展望

宪法是治国之大纲。中国现行宪法是1982年通过和颁行的宪法（以下简称"八二宪法"）和四个修正案。现行宪法反映了改革开放以来党和国家奉行的实事求是的思想路线以及政治、经济、文化与社会各个领域所取得的重大成就和进步，是中国现状的真实反映。但是它尚未达到理想宪政的应有水平，尚需随中国宪政的历史发展而不断完善。当前的主要问题是如何树立宪法的极大权威，并全方位推进民主与法治建设。

一 "八二宪法"的回顾

今年是"八二宪法"颁行30周年，笔者当年有幸亲历其诞生经过，愿就自己所知做些回顾。

我同意一个判断，即现在的中国有一个宪法，但还没有宪政。当然，这个看法我觉得应该做一些补充。中国有宪法，但宪法很不完善，它基本反映了我们的现状，还没有达到宪政所要求的理想状态。现代宪政要求不仅有一部好的宪法，而且要求它得到彻底的落实，具有很大的权威，它体现的基本原则得到落实。现代宪政的三大基本原则，我把它归结为民主、法治、人权。这也是我归结宪政的四要素：民主、法治、人权、宪法至上。其中前面三个是实质内容，第四条宪法至上，就是宪法要有至高无上的权威，这是形式要件。宪政向现代化转变，我们现在已经走上了这条道路，我们正在朝着这个目标走，但是路还很长。它的转变是由过分集权向民主转变；由人治向法治转变；由人民无权，得不到充分保障，向人民权利得到充分保障转变；由宪法没有权威向宪法有很高的权威转变。

1962～1965年我在北京大学读研究生，是受张友渔教授的指导，当时的专业是法理学。我开始研究宪法是一个偶然的机会。1980年7月,我被借调到中央书记处研究室工作,负责法律方面的事务。当时我的导师张友渔教授是起草"八二宪法"秘书处的副秘书长。他问我,你能不能到秘书处来亲自参加起草工作,我说不太好吧,我现在已经在中央书记处工作了,起草的稿子向中央报批的时候,审核时多半要经过我的手。他说,那倒是。后来我到书记处研究室的第一个任务就是起草叶剑英委员长在"八二宪法"修改委员会第一次会议上的讲话稿,那是代表党中央给"八二宪法"定调。那个稿子是我和陈进玉起草的。后来每一次草稿都是由我先改了之后,再报邓力群等其他的一些中央领导提意见。

那个时候,我精力充沛,一天工作16个小时,也不回家,就住在中南海的办公室。1981年的一个半月里,我曾在《人民日报》连续发表了10篇文章,对宪法修改提出建议,大多数都被采纳了。到后来我也亲自参加了中央修宪领导小组召开的两次专家座谈会,主张将"依法治国"与"保障人权"写进宪法,也被采纳了。

对于"八二宪法",我的评价是它基本上反映了改革开放以来我们党治国理政的成就,在政治体制改革这个领域里,当然也包括经济体制改革,基本反映了这个现状。这个"八二宪法"已经超出了1954年宪法。1975年宪法是一个非常坏的宪法,是"文化大革命"时搞的;1978年宪法并没有完全消除它的影响,但有很大的进步,最大的进步就是把"中国共产党中央委员会领导下的全国人民代表大会是国家最高权力机关"中的"中国共产党中央委员会领导下的"去掉了。当然还有不足,像"无产阶级专政下继续革命"这样的指导思想没有改,"四大"(大鸣、大放、大字报、大辩论)没有改。"八二宪法"我认为它在进步上大概有如下几点。

第一,就民主来讲,一个是序言里有一段话,宪法制定了之后,"一切国家机关和武装力量、各政党和各社会团体、各企事业组织,都必须以宪法为根本的活动法则,并且负有维护宪法尊严,保证宪法实施的职责。"这个"各政党"就包括了共产党,任何政党都要维护宪法的权威。这和十二大党章采纳的我的一个建议——"党组织要在宪法和法律的范围内活动"相一致,这个建议是我最早在《光明日报》里提出,后来被写进党章的。宪法里面不能这么说,只能在党章里面说,宪法序言里"各政党"这句话体现了这一原则。

关于任期制。严家其最早提出反对领导职务终身制。后来1982年7月9日,我在《人民日报》发表了《一项意义深远的改革》一文,对废除终身制起了一定作用。

第二，法治方面的进步主要是恢复了两大原则：司法独立原则和法律平等原则。1975年宪法取消了1954年宪法的这两项原则，但1978年宪法并没有恢复。为此，我在《人民日报》和《红旗》杂志连续发表了两篇文章（《坚持公民在法律上一律平等》，《人民日报》1978年12月6日；《坚持人民在法律面前一律平等》，《红旗》杂志1979年第23期）。我当时想，这个问题应当是基本上解决了，因为党的机关报和机关刊物都已经明确肯定。为此，我在为叶帅起草《宪法修改委员会第一次会议上的讲话》时写进了"这次宪法修改应该坚持两项原则，一是司法独立，一是民主立法"。这个意见被采纳了。因此"八二宪法"关于法律平等和司法独立这两个法治基本原则都写进去了，当然还有其他的一些原则。

第三，在人权方面，采纳了我的一个建议，就是将宪法的保障"公民的基本权利和义务"一章置于"国家机构"一章之前。它体现了国家是手段，公民是目的，国家机关的存在是为公民服务的。因此，要把"公民的基本权利和义务"这一章放在"国家机构"之前。这也是我在《人民日报》的文章里提到的，被采纳了。

我写过一篇文章叫《什么是公民》（见1981年12月18日《人民日报》）。过去不少人认为地、富、反、坏、右"五类"分子和被判刑人员，特别是被剥夺政治权利的人不是公民。后来我建议在新宪法中写入"凡具有中华人民共和国国籍的人就是中华人民共和国公民"，这句话也被写进宪法了。从此，我国有上千万人在法律上取得了应有的法律人格，不再是权利得不到法律明确保障的"二等公民"。另外公民权利里面还加了一个新东西：公民人格尊严不受侵犯，如此等等。当然还包括一些语言用法的建议，比如人民解放军是无产阶级专政的坚强柱石，是工农子弟兵，这样形象的语言是不能用的，等等。

"八二宪法"反映了当时我们达到的认识高度，这个高度不仅超过了"文化大革命"，也超过了1954年到文革这一阶段，当然也超过了1954年以前的阶段。它已经在政治体制改革上，在政治体制的设计上，前进了一大步。后来1999年"依法治国"入宪，到2004年"人权保障"入宪，还有私有财产的保护，基本反映了改革开放以来达到的进步成就和水平。但是从理想状态的宪政来讲，这个宪法本身是有不足的，因为它规定的一些体制，比如说党的领导，你不用选我也是领导，选不选我都是领导；又比如将毛泽东思想、邓小平理论、"三个代表"等等都一一写入宪法，此事何时了？

所以，如果从理想宪政的角度上讲，这个宪法本身是不完备的，但是有很大的进步，从制定到后来的四次修改，它是在一步一步地进步，特别是两大原则——法治和人权，都被庄严地写入了宪法。当时，我是经历过来的，感到很不容易。

举人权入宪为例。当时，吴邦国委员长主持召开了六个座谈会，有一次是五位宪法学家参加，先请其中一位老教授讲，他不敢讲，后来有人说李老师你讲吧。我就讲了四条意见，采纳了两条半。建立违宪审查制度没有采纳，修改第126条（就是司法独立那一条）也没有采纳。它说，人民法院独立行使审判权，不受行政机关、社会团体和个人的干涉，我建议"不受任何机关干涉"，人大要监督，党要领导，但也不能"干涉"，这条也没有采纳。但采纳了将人权保障写进宪法。还有一条被采纳，是与"孙志刚事件"相关。我说，能不能搞50年以来第一次违宪审查，将国务院制定的《收容遣返条例》取消。现在三个公民上书，咱们不能不接受它，不能不回答它是对的！怎么办？干脆来个50年第一次违宪审查。后来温家宝总理自己宣布废除那个条例，改为由民政部门"救助"。

还有半条同国家主席职权有关。按照我国现行宪法规定，国家主席是虚位元首，他是不能从事国务活动的；那么，他就不能跟人家进行实质性的谈判，发表公报、签条约，如此等等。后来的修正案加了一条：国家主席可以从事国务活动。这一修改就是这么来的。

在宪法修改的过程中，我得出一个体会：总的来说我们的政治体制改革还是往前走的；从全局来看，我国宪法基本符合现在的国情。当然不少人的埋怨也有一定道理，即政治体制改革滞后于经济体制改革，滞后于社会的全面发展。这是客观存在，应该再快一点。有一些应该解决和可以快点解决的问题，就是解决不了。比如说违宪审查，从1982年开始一直到现在，我写了很多文章，在各种会议上讲，就是没有采纳，可能怕就怕在监督到党的文件上来，怕监督到军委头上来。万一提了一个有关这方面的违宪审查提案怎么办？我主张增加一个宪法委员会，在现在的九个专门委员会之后再加一个，宪法也不需要改，全国人大有这个权力，增加一个委员会就行了。当时一位领导说，违宪审查应当有哪些任务？我提出违宪审查委员会可以有八个方面的任务；他说委员谁来当，我说那很简单，从人大搞两三个副委员长，搞几个资深的专家在里面，应当不是问题。今年初全国人大开会前一个月，在法工委新春联欢和工作座谈会上我还发了一个言。我说，法工委的领导同志如果在换届之前，能够把这个违宪审查制度建立起来，是给后任留下了一个良好的政治遗产。

二 "八二宪法"的展望

就宪政而言，最主要的问题是现行宪法规定的一些重要内容并没有到位。比如人大制度，按照宪法的理念，它应该是一个钢印。最高权力机关应该是人大，而现在我们的最高权力机构是党中央，没有完全落实到人大，就是没有到"钢印"这一步。我曾接触到人大的一些部级干部，他们评价说，我们的人大制度本身并不坏，就是没有到位。某位副委员长思想是比较传统的，但他都发牢骚说，我有什么权力呀！会议怎么开，什么时候开，日程都要经过党中央严格审查。

讲展望，我有这样几个想法。先说在民主问题上的总的看法。

第一，坚持党的领导。如果现在搞多党制，开党禁，可能会引发混乱局面，而且这个乱局大概会持续 10～20 年才能走上正轨稳定下来。所以，还要在党的领导这个体制里面一步一步推进。

第二，要全面推进。把关的是党，主要是最后在哪个洞或者缝里面突破。要全面开花，全面推进，只要有一点能推进的，我们就要努力。在民主、法治、人权和宪法至上的各种具体问题上，都要全面推进。当然也有一些关节点。比如说法治，我认为有两个点要突破。

一是违宪审查。我曾在人民大会堂的一个座谈会上对前副委员长彭冲同志说过，如果万里同志和你两个在台上，能把违宪审查制度建立起来，将功德无量。他说，有那么大的作用吗？我说可不是，如果中央对宪法都不尊重，你怎么要求下面严格守法呢？如果你示范一下，你看谁敢？

宪法的实施须有监督机制。如果没有监督制度，就是一只没有牙齿的老虎。

二是司法独立。2003 年 6 月 13 日在人民大会堂的修宪专家座谈会上，我提的四条意见，其中一条就是修改《宪法》第 126 条。最高法院曾为此召开专家座谈会，我也去了，我讲了我国司法独立的历史过程。后来最高法的建议也未被采纳，我觉得现在最主要的还是党委批案子，所谓"协调"，实际上是政法委在办案。我在参与起草 1979 年 "64 号文件"时曾提出取消党委审批案件的制度，那是写进了文件的，但是后来又回潮了。

阻碍司法独立的还有地方保护主义。此外，还有一些现象是非法的，比如批条子、打招呼，各种形式的干预。中央党校最近出了一本书，第一篇文章是四川省委党校的一个教授写的，其中提出了能不能在部分省试点取消政法委。据我了解，中央曾两次考虑过这个问题，但是没有取消掉。一次是20世纪80年代初在起草关于国务院和中央书记处分工问题的中央文件时，曾提出要不要把它取消；第二次有几个省取消了，后来又恢复了。这样的考虑，主要是为了正确处理好党和司法机关的关系。司法独立问题是国际国内都很关心的问题，确实很有必要讨论。我们现在不少法官判案子，左顾右盼，要看各方面的关系怎么样；他首先不是考虑合不合乎事实、合不合乎法律，而是看这个案子哪方面打招呼了，上面是什么意图，如此等等。

在改革选举制度上，扩大差额选举，改革提名方式，候选人一定要和选民见面，谈自己的看法。这三条在现行体制之下都没有完全做到。其中还有一条是关于提高人大代表的素质。

给省里领导讲课，我常常举两个例子。一个是一位全国人大代表，他是一位世界级的科学家，他曾对他的高中同学说，全国人大开会时，人家发言我看书，因为我相信党，党叫我举手就举手，党叫我画圈就画圈。还有一个是某省的例子，一个人当了五年人大代表，没有讲过一句话，最后他要下台了，在闭幕式的小组会上只讲了一句话"谢谢大家"。

还有人大常委会委员专职化，那是非常有效的。我国的干部有的是，没有地方安排，可安排到人大常委会，专职干这个事，不要干其他事。有的人大代表可半专职半兼职，半年或者四个月去联系选民，做调查研究。健全人大制度，专职化是一个可行的办法。

在现行体制下全面推进制度改革，还有很多事情可做。比如说政党问题，现在的民主党派发展其成员的指标是每年5%，能不能以后开放到10%，再过几年开放到20%，或者若干年后全面放开，爱发展多少就发展多少。我经常跟民主党派讲，你们不要轻瞧自己，你们要好好干，到时候开放了，你们可能会有一个很好的基础。要十分重视推进各政党的独立品格，这是关键。所有这些体制，包括政治协商制度、民族区域自治制度和基层自治制度等等，应该全面开花，全面推进，在宪政总的范围之内，能够推进多少算多少。

三　国体、政体及党政关系

不久前在全国人大法工委领导召开的一个座谈会上，我说《刑事诉讼法》修改写进"国家尊重和保障人权"这一原则，我原以为应当是不成问题的，结果没有。现在只提打击犯罪，保护人民。我说"人民"是什么意思？是大倒退啊。我认为"人民"有两个含义。"人民"在我们国家一个是法律概念，相当于公民，因此中华人民共和国"人民"和"公民"是同义的，只要有中国国籍的人就是中华人民共和国的一分子，也就是人民。另外一个是政治概念，和"敌人"相对应的。政治概念现在用得很少，因为谁是敌人说不清楚。胡乔木同志曾主张，除了国事罪以外，其他的都叫反社会分子。还有如此等等一些说法，直到现在谁也没有说清楚。现在很少从政治上用"人民"和敌人相对应，淡化了这一内涵。起草1982年宪法的时候，我曾对秘书处的一位专家说，你们起草的报告草案有一个根本错误，即"人民民主专政是国体，民主集中制是政体"，这完全说不通。民主集中制不是政体，而只是国家机构的一个组织原则和活动原则。现在有一种解释，说人民民主专政是国体，人民代表大会是政体，也错了。应该怎么解释呢？人民是国体，这个国家的一切权力应当属于所有中华人民共和国的人民（或公民），权力都应属于他们，国体应该是这样，而不是人民民主专政。人民民主专政怎么是国体呢？这说不通。政体是什么？是共和。有法兰西共和，有我们的共和。它要求这个国家是民主选举产生的，要实行议会制或人民代表大会制。又有总统制、内阁制等各种形式。人民代表大会不是政体，是共和政体中的一种具体表现形式。

对"共和"应该做一个新的解释，我将它概括为八条："共"，即国家权力由人民共有，国家大事由人民共决，国家主要资源由人民共占，国家发展成果由人民共享；"和"，即官吏和民众和谐相待，民族与民族和睦共处，富人与穷人和衷共济，本国与他国和平共处。现在中央淡化了人民民主专政，很少用。政体必须强调共和。在共和问题上要多做文章。

关于党政关系问题，前段时间我在某市开会，他们介绍了一个经验，要搞党政合一，就是在一个市里，司法局和政法委，两块牌子一套人马，还当经验推广。我认为，这种党政不分是一种大倒退。党政应该分开，是一个总的方向。我们过去政治体制最大的弊端就是党政不分。我们绝不可以搞"党就是国，国就是党"。

1996年12月，全国人大深圳高层研讨会（各省人大常委会主任、秘书长和全国人大专门委员会主要负责人，共200多人参加）曾请三个人做主题发言，我讲依法治国，吴家麟讲宪法，厉以宁讲市场经济。我做报告的前一天，他们对我说，你明天做报告，讲稿我们都看了，你能不能再讲一点新的东西？我在当天晚上起草了人大制度改革的12条建议。第二天报告做完后中午吃饭的时候，有五个人大常委会主任和我同桌，上海市的人大常委会主任叶公琦同志说，你讲的12条改革意见我们都很赞同，但是也有一个不足。我说什么不足？他说，你为什么把改善党和人大的关系放在最后一条。我说，叶主任你可能没有听完全，我后面还有一句话，12条里面最后一条是关键。他说那就好了，就对了。屁股坐到人大观念就会变，就像"屁股指挥脑袋"那样。这是广东一位前省委书记提出的原理。未来改革要靠人大，人大是一个很大的推动力，一到人大工作就会主张搞民主法治。曾有一本书建议，既然是党的领导，就干脆党委书记去兼人大常委会主任，后来该建议被采纳了。有一次在人大开会，我曾问当时人大的一个部长说，你认为究竟觉得怎么样比较好？他说，我个人主张最好是由党委退下来的，最有威望的人去当人大常委会主任，他必须资格很老，威望很高。这个问题也还值得研究。

党政不分是现在一个很大的问题。纪委和监察部合在一起办公，这是好还是不好呢？这也是可以研究的。

中国共产党正在转型，向现代转型，怎么转呢？四句话，第一，政党不分大小，一律平等；第二，国权大于党权；第三，国法高于党规；第四，党自身按民主原则组建和运作。这四条真正做到了就是现代的政党。改革开放30多年来，我们党的建设正在朝这个方向前进。

党的领导问题可能是未来建设法治国家的关键。我提出法治国家有十条标准，第十条是党要守法。一位外国专家评论说，前九条西方都有，唯独党要守法这一条没有，我回答说这恰恰是最关键的一条。这有两条理由。第一，我们是一党执政，多党合作；你们是多党制、两党制。如果哪个政党违反宪法，不按法律办事，只要抓住了就别想多得选票，因为你们那里什么事情都是公开的。第二个是宪政文化。你们搞宪政已有200年，老百姓和国家公务员人人都知道政党不能违宪，不能违法。由于中国没有这个因素，中国是一党执政、多党合作。一党能办大事，但是也有很大的弊病。现在最大的难处还是党的问题。

很多人说到了两院制。一位中央领导说不能搞两院制，实际上这是可以研究的。最早提出两院制是在八二宪法起草的时候，胡乔木提出来过，一个是职业院，一个是地方院，但是后来没有被采纳。胡乔木是典型的党内正统理论家，他都敢提，我们为什么不能研究啊？采纳不采纳是政治家的事，学者可以提，有这个权利，也有这个责任。

四 我对中国宪政的未来持乐观态度

1987年我在美国做访问学者,哥伦比亚大学教授、著名宪政学者路易斯·亨金问我:你对中国民主的前景怎么看?我说,我是乐观的。他问为什么?我说有四个理由。

第一,民主、法治、人权、自由、平等、博爱是全人类,也是13亿中国人民的根本利益和强烈愿望;现在中国老百姓的政治觉悟已经大大提高了,今后任何一个政党,任何一个领导人都不敢,也不可能去违背这个意志。

第二,改革开放后,市场经济必然带来两大社会关系和五大社会观念的变化。两大社会关系的转变,即从身份到契约,和从"大国家、小社会"转变为"强国家、大社会";五大观念是指主体意识、民主意识、平等意识、自由观念、权利观念,它们将潜移默化地在广大干部和群众的思想中不可逆转地生根发芽和开花结果。

第三,对外开放也不可逆转。中国在经济上、政治上、文化上一定会全面地和世界联系在一起,想大倒退是行不通的,经济上行不通,政治上也行不通,承受不了那个压力。

第四,未来的年轻一代将更有知识,更懂得世界,更没有历史包袱。

我是个共产党员,我当然希望我们的党能够执政一万年,但是我不太高兴用枪杆子来维护政权,这样的状态我感到别扭。因此,我主张所谓的转型。我不像有些人目前那样悲观,如果把党禁、报禁一开,可能共产党就上不了台了,这个也不见得,主要是看我们党自己怎么样,我自己对此是很有信心的。

不久前在哈尔滨举行的一次会议上,唯一的一次打断讲话的鼓掌是给中央党校一位副校长。他说,我们常讲我们党的执政地位是历史的选择,是人民的选择,难道历史不能做第二次、第三次选择?人民就不能做第二次、第三次选择吗?就在讲这个话的时候,下面掌声一片。大家的意思绝不是说希望共产党下台,现在所有主张改革的人都没有这个意思。而是希望,现在的政治体制应当是一种更加文明的政治体制,共产党应当是一个更加文明的政党,是凭着自己的实力得到人民的拥护,是通过自由选举来执政,而不是靠其他的因素,不是靠"老子打天下老子就应当坐天下"作为一个理由,或者用极端的手段来维护这个权力。

后　记

　　本文发表于《炎黄春秋》2012年第9期。此文发表后，反响较大。《经济导报》《凤凰周刊》等曾全文转载。

宪法学的几个理论问题

曾经有学者认为宪法学已经没有什么可研究的了，我不这样认为。其实要研究的问题很多：一是从理论上深入，因为宪法涉及的问题很多——不仅有法律理论，还包括政治学理论、行政学理论的一些原理问题；二是对规则的研究，研究要深入，要很细，研究一个宪法规范可以写几本书；三是进行比较研究。今天要谈的几个问题都比较热门，涉及一些重大的法的一般理论和宪法理论。我想就这些谈谈个人的想法。

一　法律至上

1979年9月我和其他两位同志在《论依法治国》一文中最早提出了法律至上的观点，当时就有人反对，在正式稿子中把它删掉了。1989年，我在"中国法制改革学术研讨会"的发言中又主张"必须响亮地提出法律至上的口号，保证法律具有至高无上的权威"。① 1989年王家福、刘海年和我发表的《论法制改革》中提出的五个原则中包括了法律至上原则。② 夏勇在《中国人权百科全书》中关于"法治"的解释也提出了法律至上。③ 此外李光灿、王礼明、程燎原、倪正茂等同志都持这种主张。我在1999年4月6日《人民日报》发表的《依法治国的里程碑》一文中的十个法律原则中也包括了法律至上。所以在法学界对法律至上的观点提出质疑的不多，但也不是没有。1982年《宪法》起草过程中，胡乔木主持起草小组的预备会议时，王叔文曾经问过胡乔木："现在有人提出法律至上，你认为

---

① 《法学研究》1989年第2期。
② 《法学研究》1989年第2期。
③ 《中国人权百科全书》，中国大百科全书出版社，第120页。

对不对?"胡乔木回答:"法律不能至上,国家也不能至上。"顺便说一下,我个人认为国家不能至上是对的,我们过去吃过这方面的亏,其表现有三个:一表现为国家利益至上,在国家利益、个人利益和社会群体利益之间,国家利益高于一切,因此忽略了地方、单位、企业和劳动者个人的利益,这是我们长期以来政治经济制度高度集中的结果,改革开放以后一直在调整这种利益关系;二表现为国家职能至上,国家把一切都包了,现在国家职能要进行转变,实现"小国家、大社会",扩大社会中介组织的作用;三表现为国家权力至上,在权利(right)和权力(power)之间的关系问题上认为是国家的权力产生了公民的权利,而不是相反;不重视维护公民的权利。实际上,自20世纪50年代以来这三个问题在我们的现实生活中就存在了,这也是我们现在正在改革的东西,也是涉及根本制度的东西,因此从理论上说国家至上是不对的。现在再回到法律至上这个问题。张光博教授认为"法律作为国家权力的实现形式,可以体现国家主权的至高无上性,但它本身并非至高无上的"。[①] 其论点主要有两个:一个是国家主权具有至高性,因此不能提法律至上;另一个是法律是随时可以修改的,所以法律不能至上。还有一个观点是人民意志至上,因此法律不能至上。法律可以修改因此法律不能至上的观点是错误的,因为从古至今那些主张法律至上的学者从没有说过法律至上法律就不能修改,这二者之间有什么逻辑联系呢?国家主权至上的含义是对外的独立性和对内的最高性,但不能说主权具有至高性,法律就不应该有至高性,二者之间并没有逻辑联系。说人民意志至上也对,但在现代法治社会里,没有法律至上,人民意志至上就是一句空话。现代宪法的产生是基于人民主权原则而来的。人民要当家作主,但又不可能都去直接管理国家。这就要选举产生议会和政府,同时又要防止国家权力无限和滥用,因此提出了有限政府的理论,从而就产生了宪法。宪法有两个核心问题:一是约束国家权力,规定其权限和程序;二是规定公民的权利。这样,人民意志通过宪法和法律来体现,而政府又严格按照宪法和法律办事,法律具有至高无上性,才能保证人民意志的实现,否则就是空的。所以没有法律至上,难以保障人民意志至上。法律至上和人民意志至上,这是相通的,并不矛盾。一个概念的使用,当然要考虑名实相符的问题,但有些概念的内涵是约定俗成的,不能

[①] 见张光博《关于宪法学的几个理论问题》,《人民之友》2000年第12期。以下引用张光博教授的话,都出自他的这篇文章。

随便在上面附加东西。如法律至上,从亚里士多德到戴西一直到现在,其基本含义就是法律的权威具有至高无上性,一般人不会错误理解。法律具有至高无上的权威,是在权威这个问题上来说的,这和1978年党的十一届三中全会的公报是一样的:"法律要具有极大的权威。""极大"在中文已是最高级的,不就是至上了吗?所以这里涉及一个问题——对于概念的理解要准确,既不能把人家没有的东西硬加在上面,也不能望文生义。我们理论界吃这样的亏太多了。例如,我们在"文革"前出的一本小册子里说,所谓"法治"是资产阶级骗人的东西,因为法律是死的,怎么治理国家?哪一个国家不是人在治?后来在争论"法治""人治"的时候,某大学一位教授也认为这个概念不科学(法律统治的主体是人,不是法律)。[①] 有的领导人不同意司法独立这个词,说"司法独立"不是向党、人大闹独立吗?因此在这个问题上发生了一系列的事件。包括1979年刑事诉讼法起草稿中本来有"人民法院独立审判,不受任何国家机关、社会团体和个人的干涉"的规定,当时连起草小组中的公安局长都同意这条规定,但后来还是改成"不受行政机关的干涉"。还有一个例子是无罪推定,因为有人反对,认为有罪推定不对,无罪推定也不对,我们主张实事求是。因此一直回避这个词。在西方,无罪推定究竟是什么意思?它设计的合理性是什么?不从大家约定俗成的含义去理解,而是望文生义,这是不对的。

二 依法治国主要治官

依法治国主要治官是我在去年的《中国经济时报》发表的一篇答记者问中提出的,[②] 很多报纸曾予以转载,我也收到不少来信。有些人同意,也有些人提出质疑。我到各个省去讲课的时候,在随后的座谈会上,有不少同志提出必须明确这个问题,解决这个问题。因为长期以来我们把法律仅仅看作治理老百姓的工具,而且不是主要工具,还要靠人治。义务本位以及古代的政治体制、法律制度的特点决定了这种思维方法。人民主权否定君主主权后,产生了宪法,需要选举、代议制,对政府权力进行限制……近代法治的任务就是要用法律的功能约束老百姓和官吏,但主要是官吏。这是由人民主权原则且又必须实行代议制的情况所决定,是现代宪

---

① 见《法治与人治问题讨论集》,群众出版社,1981,第294页。
② 《依法治国首先要依法治官》,《中国经济时报》1999年3月8日第一版。

法产生的根本目的之一。而且，老百姓手中无权，直接治理国家的不是民而是官；要依照法律治国的也不是民而是官。张光博教授认为依法治国"不能解释为依法治吏或依法治权，法和国家都掌握在统治阶级手里，通过官吏实行对被统治阶级的统治，而不是首先对付自己的工作人员，应对付被统治阶级"。这里涉及一些词的用法。依法治国中的"治"不是对付，是治理、约束、管理之意。如果是对付被统治阶级，依法治国的意义究竟还有多大？这涉及法理学界依然在争论的法的本质问题。现在还有少数学者坚持认为，法是统治阶级意志的体现。最先对此提出质疑的不是法学界，而是胡乔木同志。"现在还有没有被统治阶级？从1956年以后没有一个被统治阶级，哪里还有统治阶级？因此是不对的。"无论从立法、司法实践，还是从社会现实来看，我们并没有在立法、司法的时候考虑怎样对付被统治阶级，没有人在立法过程中讨论过这个问题，而是讨论利益关系，用一定的伦理道德、一整套的价值准则来分配社会上的各种利益，处理各种利益关系，这才是法律的本质问题。因此法律的本质应是利益问题、道德问题，即统治者用一定的伦理道德、价值准则来分配社会的各种利益。法律关系的核心是利益关系，权利的核心是利益问题，义务是一种负担（利益的负担），权利是一种享有（利益的享有）。

三 宪法监督

张光博教授认为"如果其他中央国家机关或者法律发生违宪，在全国人民代表大会日常行使职权过程中即可解决，可以说关于违宪问题在我国制度设计过程中就已经消化了"。也就是说关于违宪理论的探讨、违宪审查制度的设计实际上是没有必要的，宪法已经解决了这个问题。在宪法理论界还没有人提出过这种令人吃惊的看法。1982年宪法通过时有三票弃权，这在我们立宪史是开天辟地的一件事。当时这三个人都公开了自己的身份，弃权的主要理由是82年宪法没有能建立违宪审查制度。当时宪法学界对此的呼声很高，一直到开会表决之前，意见大都集中在这点。胡绳在写82年宪法讲话稿时，内部有一个报告，其中提到"我们现在条件还不太成熟，经验还不够"。此后18年来，宪法学界一直在呼吁设立违宪审查制度，这是比较一致的看法。这次许崇德在全国人大讲课时，除讲了一些基本知识以外，提出了两个问题。一是《宪法》如何实施？如何保障其实施？二是违宪审查的问题。① 在理论界，有一系列概念的解释还没有达成共识，还无法得出具有权威性的解释。如违宪的主体是谁？（是国家领导人，国家主要干部，高级干部？老百姓有没有违宪问题？）违什么东西是违宪？《宪法》规定公开审判制度，我们长期以来很多案件都不公开，是不是违宪？违反宪法的哪一条哪一个原则是违宪？违宪有没有时效？违宪如何处理？处理的程序如何？另外，《宪法》规定全国人大监督宪法的实施，但没有规定具体的机制和程序，也没有这方面的理论。过去是由领导人布置检查任务，现在大家考虑需要设置一种固定的检查机制。有学者主张建立一个超出人大常委会，直属全国人大的机构（我认为在我国目前很难，行不通）；有学者主张建立完全独立的宪法委员会……比较可行的（也为大多数学者所主张）是在九个专门委员会之外再设立一个委员会。起草《立法法（专家建议稿）》的时候，有人建议不写了，在我的坚持下还是在建议稿中写下来了（王叔文在法律委员会里也支持搞宪法委员会）。

四　人权的本原

张光博教授认为"人民掌握了国家主权，才能获得人权，人权是经过革命、经过夺取政权争来的。不是天赋人权，也不是商赋人权，而是国赋人权"。我从未听过国赋人权的说法，恐怕是该学者的独创。我想谈谈自己对人权本原问题的看法。人权本原问题是人权理论中第一个重要的理论问题，这个问题不解决的话，其他问题就不好说了。人权是如何产生的？其根源是什么？合理性在什么地方？为什么需要人权？为什么政府要保障人权？对此，有不同的理论模式。在西方有三大流派。第一种是天赋人权论（natural right）。天赋人权这个记号是从日本翻译过来的，最近徐显明教授在其博士论文中对我国第一个翻译这个词的人进行了考证。有人认为天赋人权翻译得不够准确。好像人权是天给的，至多是自然神给的。徐显明认为天人合一，中国的所谓天是指自然规律，人权是自然规律产生的，天赋人权翻译的不错。第二种观点是以边沁为代表的法赋人权论，认为天赋人权是胡说八道，自然权利是根本不存在的，权利是法律给予的。第三种观点是社会学派的看法，社会之间各种矛盾、利益关系的存在需要进行

---

① 见《全国人大常委会法制讲座汇编》（第一辑），中国民主法制出版社，1999，第2页。

调整，因此产生了权利。在我国，最早的一个观点是斗争得来说，源于解放初到20世纪50年代以后的一些宪法教科书（"中华人民共和国公民的基本权利是斗争得来的"），这种观点不对。斗争是人权实现的一种形式，不是全部的、绝对的形式，只是其中的一种形式。如果这个权利不属于我，通过斗争得来就是不合理的、不合法的。斗争得来只是一种实现方式，并没有回答人权的本源问题。第二种是法律权利说（即本段开头提到的国赋人权），这种观点在一些小册子和文章中都曾经出现过，影响并不大，但在某些人的观点中有相当的普遍性。国赋人权和法赋人权实际上是一个意思。第三种是在20世纪80年代中期相当流行的商赋人权说，即人权是资本主义商品经济的产物。这种商赋人权观有对的地方，近代严格意义的人权观（以平等、自由、人道、福利和安全做支柱）和资本主义商品经济有密切联系（马克思曾经多次提到过），其中包括国际贸易。国际贸易的出现使人权上升为一个普遍观念。但人权不能归结为商品经济的产物。原因有两个。第一，资本主义商品经济出现以前有没有人权？人应不应当享有他的权利？尽管人权这个概念在资产阶级以后才出现，以前只有朦胧的概念，但不能说人权是资本主义以后才有的。资本主义之前老百姓的生命权、财产权、人身安全权还是有的，原始社会还有包括姓名权、继承权在内的十几种权利呢！参加氏族大会、发言、表决的权利，是不是也是一种人权？第二，人生下来就应该有至少六种最基本的权利：生命权、人身自由权、人身安全权、思想自由权、人格尊严权和最低生活保障权。我国1992年以后才搞市场经济，以前没搞，能否就因此说我们没有人权？1991年那个会议以后，我们人权中心十几个人就人权定义专门讨论了三天，后来给中央写了一篇报告——人权是人依照其自然属性和社会本质所应当享有的权利。当时少数同志还有顾虑，加了一个尾巴：这个权利受经济文化条件的制约。我觉得这是多余的，因为这是另外一个问题。权利受制约这不是给权利本身下定义，是说明其与经济文化有密切联系的外在关系。人权的根源不能从人之外去找，而应从人自身去寻找，这是国际上目前通行的观点。《世界人权宣言》和《维也纳宣言和行动纲领》达成共识：人权是基于人格和人的尊严。但我又看到一些文章说，人权是来源于人的本质（或本性、天性）。这几个词，我个人觉得不太好分。这种意见大体趋于一致了，但分歧在于：一种观点主张所谓人的本质（或本性）有两种属性，即社会属性和自然属性。前者是亚里士多德和马克思说的，人不是政治动物的话，起码也是一个社会动物。另外一种观点只强调人的社会属性，不承认人的自然属性。只承认人的社会属性的根据是马克思1842年《哲学经济学手稿》中的一句话——人的本质是社会关系的总和。提到人的本质我们哲学界一直引用这句话。我个人认为人的社会属性是人权存在的一个外因。第一，如果只是一个人生活在世界里，不存在社会生活中间的各种关系的话，也就不存在人权问题，这是人权产生的一个客观条件。第二，人权在从无到有、从少到多、从低级到高级的演化过程中都受经济发展的制约，也都受到制度的影响。在所有制约人权发展的制度中，政治文化制度都制约人权的发展，但经济制度是最根本的因素。经济文化条件和制度的好坏，对人权产生消极或积极的作用，不过这两种因素都是人权产生和存在的外因。内因就是人权的自然属性。在马克思著作中，有不少类似人类历史就是人的历史的观点。人是一个能认识世界、改造世界并具有主观能动性的高级动物，不仅有生的欲望，而且有过好的物质生活、道德生活的欲望，是个高级的动物、道德的动物、理性的动物。这些都是人的自然需要，是人的天性，所有人权问题毫无例外地都是满足人的这种自然需要和人的天性。而人的社会属性则只是制约着这种需要。如果不承认人的自然属性，人权就失去了目的。而人的这种需要永远不会满足。也正是这种需要推动着人权永远向前发展。这是一个永不枯竭的根本动力；人权的根本目的就在于此。否则的话，把人看作是没有感情、没有追求的木头疙瘩，只看见人和人之间的关系，否定人的自然属性和各种需求，怎么说得通呢？人活着还有什么意义？所以人权是人应当享有的一项权利，不是以法律是否规定为转移的。产生法定人权的情况比较复杂，有的是法律不规定甚至剥夺这种权利；有的是立法者还没有认识到，有的是条件还不具备等等原因，法律尚没对人权作出规定。所以人权有应有权利、实有权利和法律权利的三种划分。

五 主权是否绝对高于人权

张光博教授认为，"历来主权高于人权，从来不存在什么人权高于主权。鼓吹人权高于主权是强权政治，借口别国有人权问题，对别国动手动脚……"这个问题非常敏感，在1991年就讨论过这个问题，当时西方有些学者鼓吹"人权没有国界"，我国有些领导则说"人权有国界"，我认为都不全面。比较全面的看法，应当用三句话，这就是——"人权是没有国界的，人权又是有国界的，但归根结底是有国界的"。有国界的人权绝大多数是一国的内政问题,其他国家不应干涉;但在特殊情况下,人权是没有国界的,一国不能以国家主权为名抵制国际社会或其他国家对其干预和批评。这种特殊情况是:奴隶制、奴隶买卖、种族歧视、种族隔离、种族灭绝、非法侵占他国领土、发动侵略战争、国际劫机、国际贩毒、国际恐怖等国际犯罪。其中还有两种情况有争议(文件上是有的),即大规模污染空气和海洋,但现在还没有案例。还有一种是酷刑。典型的例子是,南非、伊拉克就不能以主权高于人权为借口抵制国际社会的干预。另外一种情况是自愿放弃某些主权,其中包括参加国际人权公约,自愿承担义务,如果严重违背了自己的承诺,缔约国可以以各种形式进行干预。因此不能说在任何时间、任何条件下主权都高于人权。这是从人权管辖的意义上来说谁高谁低的问题,不是另外的意义。这方面的争论一直存在。问题还在于,这是两个不同的概念,一个是上面提到的管辖问题,而另外一个问题从本质的意义上讲,又是人权高于主权。原因有三:第一,主权概念本质上是一个权力概念(power),是国家最高权力的表现,但是就国家的权力和公民的权利(right)的相互关系来讲,是公民的权利产生了国家权力;第二,right是目的,组成政府,给你权力是手段,国家是拿power这个手段为人民服务,保障人民的权利和利益;第三,公民权利在个别情况下可以滥用,但一般不会产生腐败,国家权力就不同了,除了人民主权外还有君主主权,即使没有君主主权还有独裁者呢,他掌握了主权,控制了主权,以主权者身份出现的时候(即国家主权掌握在独裁者手中)怎么办?这样相互关联的三条理由说明了人权高于主权。至于北约轰炸南斯拉夫,我认为有三个理由可以说明北约的行为严重违背了国际法准则,侵犯了他国国家主权。第一,造谣——以种族清洗为理由(种族清洗到一定程度就是国际犯罪,国际社会可以进行干预)。实际上,到轰炸前虽然最多有20万难民逃离南斯拉夫,但没有证据证明米洛舍维奇和塞族政府有意识地实行大规模种族清洗的政策,事实上不构成清洗,基本上是一种内部种族冲突。第二,谁来认定是不是种族清洗?撇开联合国、安理会擅自动武违反了国际法基本准则——对威胁国际安全、和平的行为进行干预,要取得联合国、安理会的同意和支持。第三,干涉的形式多种多样,也不至于这样大动干戈,为什么一定要用贫铀弹轰炸民用设施?所以从这三个角度来说应是主权高于人权,但不能把它作为例子反过来说明所有情况下主权均高于人权。

评论：

张庆福教授：

李步云教授讲了五个问题，研究得比较深刻，比较细。我同意你在开始提到的宪法学领域确实有许多问题有待进一步深入研究，在我国当前情况下从理论上深入研究是对的，但一般情况下在国外实践比较多，主要搞宪法判例的研究。当然我国目前还没有司法审查，只能从理论上去搞。

莫纪宏教授：

从1978年关于法治问题的讨论以来，李老师总是走在法学界的前沿，其思想对20年来的法治建设产生了很重要的影响。李老师在讲这五个问题时，运用的分析方法是很清晰的，而且逻辑上是很严谨的，使我们受益匪浅，给我们带来许多思路。李老师分析问题时，不像有些学者那样强词夺理或者不讲逻辑、不讲道理，在娓娓道来的时候，对不同观点没有简单地全盘否定，而是详细地指出其合理之处、存在的缺陷以及应该持有的观点。这种严谨的学术作风确实值得我们年轻人学习：研究问题起码要实事求是、踏踏实实。任何问题都要分析它为什么会提出来，它有什么合理性，还有什么不足，提出什么观点比较合适。

今天李老师所讲的五个问题，经过多年思考，通过自成逻辑体系的分析方法，对许多问题作出了明确的解答，显示了其深厚的学识功力。我个人觉得虽然道德哲学的色彩稍微浓了一点，但至少有利于宪法价值的社会化。不然的话，空中建阁，恐怕没有什么出路。尤其是李老师主张的人权高于主权，不完全取决于一种价值观念或学术执著，而是以事实来支撑，通过人权高于主权观念的形成、作用来支撑这一观点，所以我觉得李老师在分析问题、提出观点方面有独到的地方。而这独到的地方也是西方学者不具备的，他们也讲不出如此透彻的东西来。

讨论：

问：最近一段时间电视播映了不少清官戏，我认为适当有限度地演是没有问题的，但如果过分渲染，和我们强调的依法治国、建设社会主义法治国家的法治精神是不符合的，特别是在我们这样一个有长期封建传统、强调人治的国家。

答：我觉得认识事物应一分为二。我个人认为应该多搞一些清官戏，因为第一，我们尽管要法治，但也要有清官；第二，清官戏里有一个基调，清官之所以清，基本上是严格按法律办事（当然古代没有现代意义的法治）。

问：李老师反对资产阶级之前没有人权的观点，我觉得这是很有意义的，可以扭转许多人的错误观念。

答：古代没有人权概念的原因，大家说法不一。我认为第一，必须把人权和人权理论（人权意识）区别开来。因为过去有一篇很有影响的论文把它们混在一起，是不对的。人权实际上是一种权利追求或权利享有，是社会关系中现实存在的。人权思想、人权理论概念是人权这种社会现象在人们头脑中的反映，所以不能把这两个概念混为一谈。当然这里涉及一个应有权利的问题，也涉及道德权利的问题。道德是头脑中的观念问题，每个人的道德不一样，这也容易造成这样一种印象，好像人权是主观的东西。所以我主张用"应有权利"这个词，即人应当有的权利而不用道德权利的提法。人权本身是一种权利追求，是社会关系中所存在的某种利益关系。第二，人权和民主、法治这些概念一样，都可以用广义和狭义这个词来处理问题。如果主张古代没有法治，法治完全是现代意义的东西，这不符合现实。因为无论是古代西方还是中国，相对来说法治总要比人治好，要进步，这是客观存在的，尽管有很多争论。人权和民主也是这样，如雅典的民主制。当然古代的民主不是现代意义上的民主。所以人权必须有广义和狭义两个概念。广义的概念人权以前就有（不是指人权概念），但近代意义上的人权是近代以后才有的。人权有五大支柱——自由、平等、福利、人道和安全。其中自由和平等是现代人权概念的两大支柱，古代没有。那时已有朦胧的人权意识，但没有形成现代意义的人权理论（没有自由和平等观念），因此狭义的人权概念是资产阶级以后才有的。先有人权现象，后才形成人权概念。

问：主权的概念，与民族国家的概念联系在一起。在上次的讲座中，我曾经说什么是民族国家，更确切地表达，民族国家的概念就是主权国家的概念。而民族国家是一个历史的概念，我们可以追溯到文艺复兴之后。所以主权的概念在近代民族国家产生以前是否存在？我印象中在这之前有三权、君权……同样是一种国家形态，但不用主权这个概念。君主也有主权，这是什么意义上的主权？

答：我同意你的看法，民族国家产生以后才有主权这个概念，道理和人权是一样的。实际上以前主权是存在的，是一种最高的权力。但不能说主权和民族国家是一个东西。它们是联系在一起的两个概念，没有民族国家，就没有现代意义上的主权概念。在主权概念中，相对于君主主权又引申出人民主权的概念。人民主权是相对于君主主权而言。否则人民主权或主权在民原则就没有了意义。

问：原来讲人民主权，现在怎么都讲国家主权，这两个概念是怎么自动过渡的？主权是国家的一种属性，没有主权就不成为国家了。在近代，不单讲国家主权，很多启蒙时期的思想家如卢梭讲人民主权，所以主权化为国家是一种治权。主权概念就出现两种形态，孙中山时又将主权和治权分开了，治权也可以以一种主权的形态出现。主权还有一种自己原初的形态，而主体又不发生这样的变化，如人民主权变成国家主权，就发生变异了。我们现在强调的主权都是国家主权，而人民主权大家慢慢就忘记了。今天来看这两个概念实际上有质的不同，但最初它们是统一的。

答：国家主权这个概念是国际法的一个基本概念，人民主权则带有一定政治性，不完全是一个法律概念，当然和法律有密切关系，和现代宪政理论是分不开的。没有人民主权概念，就没有宪政理念。但其产生和出现又不完全是一个东西。国际法、理论界对主权问题（包括和人权的关系）搞得并不十分清楚，是个值得研究的问题。

问：我想作一个关于宪法的评论。今天特别有意义的是法理专家（当然李老师绝不仅仅是一个法理专家，而是国内最高搞宪政的法学家，写了三本有关宪政的书，还有那篇《宪政与中国》的影响非常大。所以在这个意义上又不能将李老师界定为法理学家）来讲宪法。在美国，宪法是主课，法理是选修课（哲学系开法理课）。现在引申出一个问题，他们的宪法与我们这里讲的宪法是不是一回事？中国的宪法是一个彻底边缘化的东西。宪法能否发育得好，关键是有没有宪法实践。在美国，一个不能诉之于法庭的法律是没有人关心的。而中国宪法的问题恰好在这点。宪法边缘化，大家可能觉得还比较生疏，如果在现在这种状况下让宪法成为一种显学，真正成为一种核，我觉得你们宪法学者会觉得比较为难，反而不从容了。中国宪法发展到现在，可能作为一门选修课内容还不够充实（主要讲外国宪法，中国宪法没什么可讲的）。我觉得宪法应该具有这样一种显学的地位。

答：实践中有不少问题还是可以做文章的。如抓住一两个案例，大做文章，推动宪法的可诉性。

问：以前李老师在一篇论文《论人权的三种存在形态》，其中提到有一个应然权利、实然权利和法定权利。今天提到人权是以其自然属性和社会属性所应当享有的权利，这又好像回到应然权利的界定上。我想请教李老师关于这三种人权存在形态的划分有没有新的思考（即关于人权的三个形态的理论界定上）。

答：没有什么新的看法。人权的三种形态，过去有学者说是四种，还包括习惯。习惯也是一种形态，但可以包括在习惯法或法律范畴里。至于怎么划分，不一定就是三种，都可以研究。但应有权利概念和实有权利概念都是很重要的。有学者反对这种划分，不承认应有权利的科学性。他们说宪法规定了公民的基本权利，因此没有必要再讲什么人权。但公民的权利并不等于人的权利，还有外国人、无国籍人、难民呢。他们在一个国家里也应当享有人所应当享有的权利。

问：宪法监督一般理解为三种模式的监督：宪法委员会、宪法法院和普通法院。在美国，宪法监督也不只是法院的事，媒体在其中起什么作用？宪法监督有没有广义、狭义两个含义？如果只是把它限制在三个模式里，是不是有所遗漏？

答：宪法监督模式有双重的广义和狭义。宪法监督和违宪审查有时通用，有时又是有区别的，违宪审查有时有特定的含义，宪法监督比这个概念广，有时又互相通用。我们现在研究的宪法监督是专门的宪法监督，广义的宪法监督就广得多了（包括很多方面，其中就包括媒体的监督）。所以在处理问题时可以用广义和狭义的概念和方法来解决矛盾。因为实际情况千差万别，纷纭复杂；你中有我，我中有你。因此对事物不能简单地一概否定或肯定，或是就是是，非就是非，这样就争论不休了。

后　记

本文是作者在中国社会科学院法学研究所一次学术报告会上的讲演，附有评论人的评论及作者对与会者提问的回答。载于《中国社会科学院研究生学报》2002年第6期。

现行宪法是实现
依法治国的重要保证

邓小平同志关于依法治国的基本理念、主要原则和制度设计，已经集中地反映体现在现行宪法中。例如，这部宪法规定，全国各族人民，一切国家机关和武装力量、各政党和各社会团体、各企业事业组织，都必须以宪法为根本的活动准则，并且负有维护宪法尊严，保证宪法实施的职责；公民在法律面前一律平等；人民法院和人民检察院应独立行使审判权和检察权；审判要公开，被告人有权获得辩护；以及对公民的权利和义务作出全面的具体的规定，明确规定要废除领导职务终身制；等等，都是邓小平同志有关依法治国的思想在我国现行宪法中的具体体现。

党的第三代领导集体，总结了多年来有关依法治国的理论研究成果和实践经验，审时度势，果断地将"依法治国，建设社会主义法治国家"作为治国方略和奋斗目标，通过1999年的宪法修改，明确规定在我国现行宪法中，是运用宪法的权威来保证依法治国方略得以实施的又一个新的里程碑。

制定一部体现民主、法治、人权精神的好的宪法是实行现代宪政的基础。但宪政首先是一个实践的概念，它重在宪法得到切实实施。我国现行宪法是在我国实行依法治国，建设社会主义民主法治国家的总章程。20年来，这部宪法在推进依法治国的历史性进程中起了重要作用，功不可没。

后　记

本文发表于《中国人大》2002年第22期。

宪法的稳定性与权威性

这次修改宪法，有些学者对"有无必要"有不同的看法。我认为，宪法和其他法律不同，应当强调其稳定性的意见是合理的。宪法的稳定性是保障其权威性的重要条件。另一方面，又应该从实际出发。我国宪法过去修改比较多，有客观情况和条件。从1982年宪法到现在，24年中间我们处在一个大变革的时代，社会处于转型时期，这种改革度很大、面很宽，涉及政治、经济、文化等各种制度。因此，在这个力度很大、发展很快的大变化过程中，一些新的制度、政策，如果不能及时反映到宪法中，或者过去有些规定今天已经不适应，无论是哪种情况，如果实际情况变了，而宪法不变的话，对宪法的权威性影响更大，对宪法的损害也更大。实际生活是一回事，宪法又是另一回事，是不行的。这种情况是我国特有的，其他国家不是太多，这与我国改革发展的速度和深度相关。

因此，多次修改宪法是特殊条件下的特殊情况。

对宪法大改、中改还是小改，我认为中央确定的"可改可不改的不改，必须要改的重大问题就改"这一比较稳妥的做法是很正确的。宪法的修改不应太大。实际上，如果改得太多，也很困难，究竟怎么改，意见很难一致，尽管有些问题研究时间已经很长了，但统一思想不是很容易，需要有一个过程。所以小改的方案我是非常赞成的。

我们过去有一个很大的不足，就是没有很好地利用宪法解释这个手段，这是非常重要的。我们的全国人大常委会可以行使这个解释权。这一点我们没有很好地利用起来，实际上如果某个条文规定的情形变化了，我们可以对这一条文作一解释，基本的精神不变。美国的经验值得我们借鉴，美国宪法共七条，100多年没有动，但有二十几个修正案。美国联邦最高法院有解释宪法的权力，非常频繁，他们通过修正案、解释，使得宪法与现实结合得非常紧密。我们的宪法中对解释宪法有明确规定，只是我们没有利用好。

在我国，执政党每召开一次大会，一般都要修改宪法，有人对此有不同看法，我认为应当考虑两点：一是中国有自己的特色，民主有一个过程；二是，西方的政党也会把自己的纲领写到宪法中去，这样的做法也是一种通例。关键是在修改法律，特别在于在修改宪法的过程中，要贯彻民主立法原则。我在1982年为时任中央宪法修改委员会主任的叶剑英元帅起草第一次会议讲话稿时，特别强调了两个原则，一是民主立法，二是司法独立。民主立法20多年来不断进步。执政党提出修宪建议之前，充分听取专家、群众和各界的意见，在党内、党外，特别是专家之间征求意见。我感觉这次的做法是很不错的，我参加专家座谈会的时候感觉非常好，气氛很活跃，相互之间讨论得很充分，负责这项工作的中央领导同志也发表了意见。而且迄今已经召开了六次较大范围的座谈会，反复酝酿。这种做法对未来的民主立法会起到很好的榜样作用。

根据我现在的感觉，我相信未来的全国人大常委会和全国人民代表大会在讨论这个问题的时候，一定不会出现"一个字都不改"的状况。

十六届三中全会对修改宪法提出的五个原则，即有利于加强和改善党的领导，发挥社会主义制度的优越性，调动广大人民群众的积极性，维护国家统一、民族团结和社会稳定，促进经济发展和社会全面进步，这几点我很赞成，比较全面。在修改宪法部分内容的具体做法中，对人权的保护和尊重等等，都持乐观态度，寄予希望。比如私有财产的保护问题，是非常重要的，有人认为1982年宪法中已经有规定了，我认为这是不对的。1982年宪法的有关规定是比较有限的，不能涵盖实际情况，公民的私有财产是比较广的，现有的规定面比较窄。

"三个代表"、"政治文明"、尊重和保护人权、私有财产的保护等十六大确定的重大理论观点和重大方针政策，经过反复慎重研究和讨论之后，通过民主法定程序，将由全国人民代表大会审议通过写入宪法，我是赞同的。这个程序也是法律规定的。

我们国家总的目标是全面建设小康社会，物质文明、政治文明和精神文明协调发展，进一步明确党的执政思想和方针，对我国的长期发展和稳定是至关重要的。比如"依法治国"1999年写入宪法，这是一个治国方略问题，现在的尊重和保护人权是法治国家现代社会非常重要的一个原则，根据20年的实践，我们把这一条写进来对于公民的权利保障是非常重要的。这些修改对于未来经济、政治和文化，法治建设的进程等各方面将有深远影响。举个例子，比如尊重和保障人权问题，已经渗透在各个具体法律和制度之中。近年来变化是很大的，已经对我们的立法起到了指导作用，如刑法的修改、刑事诉讼法的修改、行政复议制度等的建立，都体现了保障人权的精神。宪法中的规定对立法和司法都会有很大影响，比如，法官在适用法律时有一个理解法律的问题，所以法律的原则和精神是很重要的，有利于立法和执法者的观念的树立。我们看到，新一届中央领导集体非常重视宪法的重要性，第一次集体学习就是学宪法，而且胡锦涛同志在纪念宪法20周年时作了非常好的讲话。我们有理由相信，宪法的权威性将越来越高，将更好地发挥国家根本大法的作用。

后　记

本文发表于《瞭望》2003年第42期。

中国人大与中国宪法

在建设社会主义法治国家，确立民主宪政秩序的进程中，处理好人民代表大会制度与我国宪法的关系，正确认识人民代表大会制度的功能与法律地位，厘清制宪权与宪法赋予人民代表大会的职权之间的界限，在确保宪法创制的合法性、正当性、权威性的同时，不断完善人民代表大会制度，使中国人大与中国宪法的发展两者相互推动，具有重要的理论与实践意义。

一 人大（议会）与宪法的逻辑关系

在现代民主社会中，议会与宪法是建构宪政、法治秩序的两大基石。议会作为在普选基础上产生的、代表人民意志的国家权力机关，集中地体现民主、法治、宪政中的人民主权原则。在理论上，以卢梭为代表的自然法学派所倡导的直接民主与议会至上长期被奉为西方民主的真谛；在实践上，在以王权与议会权斗争为主线的英国资产阶级革命，其结果是权力归于议会，议会取得了国家的实质性权力。西方近代民主进程中对人权、民主之基本原则的确定和议会基础性地位的确认的最高法律形式，即为宪法。宪法作为人民之政治协定以及人民与国家之契约，其实质是以法律的形式确认人权、民主的内容，并通过制度性的权力配置达到以法治与民主的手段实现保障人权之目的。代表人民行使权力之代议机关——议会之地位、职能、权能，是宪法条款最为基础性的内容。议会与宪法这种相互之间的密切关系具体表现为以下几个方面。

1. 政治上的同源关系。

首先，议会与宪法同源于民主政治的理念与制度。正是因为有了民主思想，才催生了近代的议会政治与宪法。其次，议会与宪法均以人民主权原则为基础。议会制度中的议会至上、议会权力优先是人民主权原则在政治制度上的直接表现，宪法中的一切权力配置均以人民主权原则而展开。其三，议会与宪法同为民主实践的产物。从议会与宪法的产生方式与位序来看，无论是英国的渐进式妥协斗争模式与美国的共同缔约模式，还是法国的暴力革命模式，议会与宪法均为民主实践的直接产物。议会与宪法这种同源于民主理念，同立于人民主权原则之上，并定型于民主实践之后，说明民主乃议会与宪法之源。

2. 制度上的伴生关系。

近代民族、法治的实践历程一再证明，议会与宪法作为一种制度是相伴而生的。一方面，基于反君主专制和追求民主、自由而肇起的国家权力制衡理念，几乎同时催生了以三权分立为中心的议会制度和宪法理念的形成。另一方面，议会与宪法总是在民主的主导下互为依存，或者议会政治随宪法运动而确定，或者因为宪法运动推动了议会政治制度的形成，或者因为议会政治直接促成了近代意义上的宪法的产生。

3. 运行上的互动关系。

议会与宪法在民主、法治的轨道上总是彼此互动。一方面，近代的议会政治的兴起和议会制度的确立，促使了内含人民主权与国家权力制衡的真正意义上的民主宪法的产生。同时，人民作为立宪之原主体，在代议制度的安排下，议会往往成为受托立宪的制宪机关，议会制度的不断发展与地位的不断提升，宪法的内容及结构则更加符合保障人权、贴近民主、合乎法治的基本要求。另一方面，宪法作为人权宣言书和民主的确认书，具有巩固议会地位、确认议会政治的作用。同时，议会在国家政治生活和法治过程中的基础性作用又往往是通过宪法对议会条款的不断修改、完善以及通过议会这一受托制宪的机关的立宪、修宪、护宪得以实现的。议会与宪法就是这样以政治运行和法律程序的互动来共同确保民主制度的落实。

议会与宪法的这种政治理念上的同源、法律制度上的伴生以及具体运行过程中的互动关系，集中地反映在议会与宪法的制度功能上。议会作为受托立宪的制宪机关，具有制宪、修宪以及制定其他法律的权力，行使国家的立法权，并拥有监督政府的权力。而宪法则往往体现为在议会取得多数席位的那个执政者建立民主制国家的意志，其功能在于设定公民的基本权利，确认一国根本制度，定位人民与国家、公民权利与国家权力之间的关系，配置国家权力和社会权力，构建国家机关并划定其职权范围，对国家重大问题做出原则性、宣示性规定等。尽管在议会政治与宪政历史上，也不乏建立在虚假民意执行的议会和体现独夫民贼意志的宪法，但议会与宪法因其本质的民主属性，被认为是现代民主的制度基础，而其完善与否又被视为法治是否实现的标志性条件。

我国人民代表大会的法律地位相对于西方国家机构的议会，所不同的是，由于我国人民代表大会既是民意代表机关，有权代表人民依一定程序（即受托创制法律，决策国家重大问题）把人民之共同意志上升为国家意志，因此，人民代表大会首先是享有立法权的国家机关。同时，人民代表大会还是我国国家权力机关，它是创制和派生其他所有国家机关的权力机关，所有其他国家机关都必须由其产生，向其负责，受其监督。这与西方的立法（议会）、行政（政府）、司法（法院）分别产生、各自相对独立、互为制衡是有很大不同的。因此，我国人民代表大会在国家政治生活中具有基础性的法律地位，人民代表大会制度也因之具有根本性。我国宪法作为我国的根本大法，其基础性的制度功能在于确认和巩固我国人民民主革命的成果，确保公民的基本权利，确立国家的根本制度，配置国家权力，规定国家机构的组织原则，决定着国家重要国事的基本政策和基本方针。我国人大与我国宪法的关系也是近代民主革命的产物。它同源于民主理念，产生于民主革命，互动于民主建设。

二 人大制度与新中国宪法产生的历史过程

人大制度与新中国宪法从其产生到最后确立，代表了中国新民主主义革命对旧民主主义革命的继承和反思。它们是从新民主主义革命根据地建立和发展起来的。晚清以来，资产阶级改良主义者的君主立宪主张与资产阶级民主革命者的议会制政治道路尝试相继宣告破产，国共的政党合作模式也因阶级力量的对比难以取得成功。以中国共产党独立领导的新民主主义革命，从创立根据地的那天开始，就尝试民主革命政权的建设。由于受马克思、列宁主义关于人民代议机关理论的影响，加之苏俄革命形成的苏维埃制度的示范作用，在革命根据地召开苏维埃代表会议，制定革命宪法，产生民主政权，就成为根据地政权建设的主要举措。苏维埃代表大会最早肇始于1927年10月广东海陆丰起义后召开的海陆丰苏维埃代表大会。1927年11月，当时的中共中央临时政治局提出了"一切政权归工农兵苏维埃"的行动口号。1928年6月，在莫斯科召开的中共六大正式把苏维埃政权的建设作为根据地建设的基本方针。1931年11月7日，在江西瑞金召开第一次全国工农兵代表大会，大会宣布成立中华苏维埃共和国，并通过了《中华苏维埃共和国宪法大纲》。随后苏维埃工农兵代表大会在各革命根据地相继召开。抗日战争时期，为照顾国共合作，自1937年9月开始，中共中央宣布取消中华苏维埃共和国，将其改为国民政府的一级地方政权——陕甘宁边区政府。各地的苏维埃工农兵代表大会，相继改选为参议会，其成员也由工农兵扩大至一切爱国抗日人士。1939年1月15日，陕甘宁边区第一届一次参议员大会召开，建立了陕甘宁边区参议会，通过了具有宪法效力的《陕甘宁边区抗战时期施政纲领》，特别是1940年3月中共中央提出的"三三制"参议会组织原则后，参议会很快发展到各抗日根据地。

1940年1月，毛泽东在《新民主主义论》中第一次正式提出中国未来的政权形式是采用人民代表大会选举政府，并提出了由协商选举产生的人民代表会议向普选产生的人民代表大会过渡的构想。抗战结束后，各根据地参议会又相继被人民代表会议所取代。至1948年，各解放区普遍建立和召开了各级人民代表会议。此后，中共中央发布"五一"宣言，提出召开政治协商会议，以讨论产生人民代表大会、成立民主联合政府等倡议。1949年9月21日，具有临时人民代表大会性质的中国人民政治协商会议第一次全体会议在北京召开，会议通过了具有临时宪法性质的文件《中国人民政治协商会议共同纲领》，并选举产生了中央人民政府委员会。《共同纲领》第12条规定："中华人民共和国的国家政权属于人民。人民行使国家政权的机关为各级人民代表大会和各级人民政府。各级人民代表大会由人民用普通方法产生之。各级人民代表大会选举各级人民政府。"第13条规定："在普选的全国人民代表大会召开以前，由中国人民政治协商会议的全体会议执行全国人民代表大会的职权。"第14条规定，新解放的地方应逐步在军事管制之下，召开地方人民代表会议，逐步代行人民代表大会的职权。至此，人民代表大会制度的过渡性方案得以确立。

1952年12月24日，政协第一届全国委员会第43次常委会扩大会议同意了中共中央关于制定宪法和召开人民代表大会的建议，着手起草人民代表大会选举法与宪法草案。1953年7月13日，中央人民政府成立了以毛泽东为首的中华人民共和国宪法起草委员会，负责起草宪法。与此同时，1953年，中央人民政府公布了《全国人民代表大会及地方各级人民代表大会选举法》。1954年3月开始，宪法初稿出台并交付讨论。同时，至

1954年8月，全国除个别地区外，省级以下人民代表大会先后召开，1226名全国人大代表相继选出。1954年9月15日，第一届全国人民代表大会第一次会议在北京召开。会议通过了《中华人民共和国宪法》《全国人民代表大会组织法》《地方各级人民代表大会和地方各级人民政府组织法》等重要法律。其中宪法第2条规定："中华人民共和国的一切权力属于人民。人民行使权力的机关是全国人民代表大会和地方各级人民代表大会。"第21条规定："中华人民共和国全国人民代表大会是最高国家权力机关。"第22条规定："中华人民共和国全国人民代表大会是行使国家立法权的唯一机关。"至此，人民代表大会制度经宪法确认为我国的根本政治制度，同时，经周密起草、广泛讨论的宪法草案，在人民普选产生的最高权力机关的表决下，正式成为国家之根本大法。从这一过程可以看出，我国人民代表大会制度与宪法之间是一种同源、伴生及互动关系。

三 中国人大与中国宪法风风雨雨的五十年

在新中国成立以后的一个很长时期里，由于人民代表大会制度的性质和地位未被真正落实过，国家政治生活难以在宪法确立的制度框架内运行。因此，无论人民代表大会制度，还是我国宪法的命运，在共和国的政治日历上，可谓风风雨雨、历经曲折。

1954年9月～1957年上半年，是人民代表大会制度具有成效和宪法运行较为平稳的三年。此时人民代表大会制定、批准了50多个法律和法令，有效地行使了对国家重大问题的决定权，人大代表的作用也得到较大的发挥，人大工作机构和工作制度初步建立起来，法案、财经、代表、民族等四个专门委员会相继设立，常委会之下拟设的政法、财政、重工业、轻工业、农业、教育、外交等八个专门委员会的方案已基本敲定，县级以上地方各级人民代表大会设立常委会的意见也在规划之中，全国人大及其常委会能基本上依法按期开会。这一切都源于当时宪法的权威得到了维护，国家政治生活和人大制度的运行能基本上在宪法确定的秩序下运行。

但是，从1957年开始，由于执政党奉行了一条"以阶级斗争为纲"的错误政治路线，因而导致后来的十年内民主与法制建设停滞不前，并成为1966年开始的十年"文革"浩劫的根本原因。

首先，从1957年下半年开始，由于法律虚无主义盛行和党内人民民主的严重缺乏，特别是由于宪法的权威被人为地贬低，宪法确立的一系列国家制度不能正常运行，人民代表大会制度的建设也基本处于停止和倒退状态。"文革"的十年间，人民代表大会制度已基本处于瘫痪状态。这集中表现为以下几个方面。（1）全国人大及其常委会不能如期开会。典型的如第二届全国人大第二次会议和第二届全国人大第四次会议，均未能按时召开。特别是第二届全国人大任期超过一年半，整个第三届全国人大第二次会议从1966年7月延期，且一延就是八年，直至1975年第四届全国人大第一次会议，期间全国人民代表大会及其常委会没有举行过任何会议，实已名存实亡。（2）人民代表大会的职权被变相地剥夺。在1957年~1965年期间，诸如国民经济计划和财政预决算报告不提请人大审议已十分常见，如第二届全国人大三次会议、第三届全国人大一次会议就没有审议过此类计划与报告。第四届全国人大也只开过一次全会和四次常委会。至于"文化大革命"期间则更甚，人大之职能与职权已被集党、政、军、法权力于一体的革命委员会所取代。又如1976年4月任命华国锋为国务院总理和免去邓小平副总理职务的决定就根本未经全国人大决定，而由中共中央直接决定宣布。（3）人民代表大会的立法权萎缩，立法工作处于停滞状态。如1960年至1965年间，由全国人大审议的法案或议案每年不足30件，许多国家重要法律如刑法、民法、刑事诉讼法、民事诉讼法草案的起草不得不中断，1960~1976年立法工作则完全停止。（4）人民代表的选举不能正常进行，人民代表大会已名不符实。典型的如1975年的第四届全国人大第一次会议的所谓人大代表就是由各省革委会协商或指派产生，人大代表已失去应有的合法性。（5）人民代表大会内部的民主决策机制与民主程序已基本丧失。代表的提案、议案已基本不存在，代表实已成为纯粹的鼓掌代表。

其二，同人民代表大会制度遭践踏一样，宪法的权威也遭到破坏。不正常的修宪，使人民代表大会的根本性政治地位得以动摇。以1975年宪法修正案为例，该宪法修正案只有30条，不及1954年宪法的1/3。人民代表大会虽仍界定为"人民行使权力的机关"，但只限于"以工农兵代表的全体"，其权力机关的广泛代表性已大不如前。由于宪法秩序的荡然无存，人民代表大会机构及人大代表已失去法律的保护，而沦为专政、迫害的对象。"文革"中，刘少奇曾在中南海手举宪法抗议红卫兵的"揪斗"，但无济于事。这样，上至国家领导人，下至一般人大代表与普通公民，甚至已失去最起码的政治自由和人身保护。

党的十一届三中全会以后，中断了10余年的民主与法制进程得以恢复。特别是1982年12月4日，第五届全国人大第五次会议通过的新宪法修正案，首次在宪法结构中将"公民的基本权利和义务"移至"国家机构"之前，集中体现先有权利后有权力的民主宪法理念。1982年宪法中对人民代表大会的地位、职权、机构、工作制度的具体规定，使人民代表大会制度作为我国根本政治制度有了切实的法律保障，也为近20年来人民代表大会制度建设的顺利进行和非凡成就，奠定了法律基础。同时，人民代表大会制度的职能强化以及制度的健全，反过来又提高了宪法的权威，特别是全国人民代表大会对宪法的几次重大修改，如1999年3月15日"依法治国，建设社会主义法治国家"作为建国方略写入宪法，2004年3月14日"国家尊重和保障人权"作为法律的基本原则载入宪法，使"民主、法治、人权"等宪政观念与"宪法至上"的法律观念深入人心。

中国人大与中国宪法50年来的曲折历程充分说明，中国人大制度的兴衰与完善与中国宪法的权威和内容的完善具有紧密的联系。此一经验可归结为：首先，民主为人大制度与中国宪法之源，什么时候有真正的民主，什么时候才有人民代表制度应有的地位和作用，此时也才有真正意义上的民主宪法。其次，人民代表大会境况可反映中国宪法的命运。人民代表大会制度的职权能真正落实，此时必然有宪法的权威；而当人民代表大会被视为可有可无时，宪法作为国家根本法的人权、民主之保障功能就不复存在。再次，宪法在国家生活中的地位和作用，必然影响人民代表大会制度职能的发挥。什么时候国家领导人重视宪法的作用，就必然会尊重人民代表大会的决定，而当宪法遭到践踏时，此时人民代表大会制度也就必然处于窒息、瘫痪状态。中国人大与中国宪法之历史命运可谓息息相关。

四　中国人大制度建设与中国宪法完善的互为推动

人民代表大会制度建设与中国宪法的完善因为其宪政的基础性和彼此的互动性，决定着未来中国政治体制改革的命运和法治建设的轨迹，因而从人大与宪法的互动关系来全面审视中国未来政治走势具有重大的理论与实践意义。

1. 民主是人民代表大会和中国宪法的立政基础，唯有切实的民主，才能确保人民代表大会制度的落实和宪法至上权威的维护。

首先，现代民主的精髓，在于"人民主权"原则。在人民代表大会制度建设和中国宪法权威的维护和完善过程中，必须树立以人为本和人民至上的理念，以人民主权为基本原则来定位人民代表大会制度的功能，并以此来指导我国宪法的完善和修改，使国家权力在人民代表大会与其他国家机关之间配置更为合理。其次，应以先有权利后有权力，权力是手段，权利是目的，以国家权力保护公民权利为宪政逻辑来确保人民代表大会制度的到位。其三，坚持民主立法原则，完善民主立法程序。国家立法权应相应地集中在国家权力机关（全国人民代表大会与地方各级人民代表大会）手中，宪法和依据宪法制定的立法法应当为立法设立完备的民主程序，立法工作也必须走群众路线，善于集中群众的智慧。

2. 加强人大自身的制度建设，以确保各项民主制度的落实。

（1）完善选举制度，在候选人的提名、对候选人的介绍以及实行差额选举方面应进一步改进，保证选举人有充分的选择余地；（2）提高人大代表的综合素质，选择人大代表的标准应是政治素质和参政议政能力，不应把人大代表作为荣誉职位和待遇，可通过学习、考察等途径对现有人大代表的政治和法律素质进行提高；（3）逐步实现人大常委会委员的专职化；（4）充分发挥专门委员会的作用；（5）议事程序特别是立法程序必须进一步实现民主化、科学化和法制化；（6）加强和完善人大的监督制度；（7）适当延长人代会会议的会期；（8）提高人大工作的透明度；（9）完善人大内部执政党党员与非执政党人士的合作与相互监督；（10）切实贯彻民主集中制；（11）完善人大干部培训制度；（12）正确处理好执政党与国家权力机关的关系，要树立执政党不能凌驾于国家之上的观念和做法。

3. 建立严格的修宪、行宪和违宪审查机制，以保障人民代表大会这一根本政治制度的到位。

首先，制定宪法并不是目的，我国社会主义宪法内在的目的性和正当性在于创立以人民代表大会制度为根本政治制度的新型宪政。宪政是民主、法治与人权的高度统一，而其核心是落实和完善人民代表大会制度，以确保人民代表大会作为国家权力机关的基础性法律地位。其次，应充分发挥人民代表大会制度的职能，严格修宪程序，以人民代表大会制度确保宪法修改的严肃性和权威性。应充分依靠人民代表大会作为受托立宪的机关这一特殊法律地位，更多地适用宪法解释，而不是通过频繁地去修改宪法，在维护宪法权威性的同时，又能使宪法与时代同步。其三，建立有效的违宪审查制度。

总之，在建设社会主义法治国家的进程中，应高度重视人民代表大会制度的作用，坚决维护宪法的至上权威，处理好人民代表大会制度与我国宪法的互动关系，使以人民代表大会制度为根本政治制度的新型社会主义宪政得以尽快确立。

后　记

本文刊载于《中国人大》杂志 2004 年第 20 期。

宪法比较研究的几个问题

广泛而深入地开展对宪法的比较研究，是繁荣与发展我国宪法学的一条重要途径，这已经成为我国宪法学界绝大多数同志的共识。但是，人们对于比较宪法学的研究对象、方法与意义还存在一些不同的理解。下面，我想就这些，谈一点个人的看法。

一　关于比较宪法学的研究对象

我认为，比较宪法学的研究对象，一般地说，可以包括如下四个方面，即：宪法规范、宪法制度、宪法理论、宪法环境。宪法规范是指一切成文与不成文宪法中的各种具体规范，主要包括公民的基本权利和义务以及国家机构的产生、组成、职权和活动原则两个基本的部分。此外，还有国家的基本经济、政治、文化等制度与其他内容如首都、国旗、国徽等。宪法制度是指宪法的制定、解释、修改；宪法的效力、适用、制裁；宪法的法律关系；宪法实施的监督与保障等方面的制度。宪法理论是指宪法的特征、作用、功能、内容、形式、分类等宪法的一般原理以及人民主权、分权制衡、民主与人权等各种宪法的具体原理与原则。宪法环境是指一个国家的宪法规范和制度以及与其相适应的理论赖以存在与发展变化的现实与历史的经济、政治、文化（包括法律文化）条件与历史传统、宗教特点与民族习惯等等。当然，我们不仅要研究宪法的明文规定（即所谓"成文的宪法"），而且要研究宪法的规定在现实生活中应当是怎样的和实际上是怎样的（即所谓"现实的宪法"）；不仅要研究宪法的现状，而且要研究宪法的历史和今后的发展趋势（即所谓静态的与动态的研究）。在我看来，这些都应当是不言而喻的。

但是，我们这样讲，还只是回答了问题的一半。比较宪法学作为宪法学的一个分支学科，同理论宪法学（即宪法原理、宪法的一般理论）、国别宪法学和宪法史学等宪法学的其他分支学科在研究对象上应当是有区别的。前面讲的，是宪法学各个分支学科在研究对象上的共性；除此之外，宪法各分支学科还应当有各自研究对象的个性。就比较宪法学而言，它的研究对象主要是不同国家、不同类型的各种宪法规范、制度、理论与环境之间的异同及其原因。事物是相比较而存在的。从比较的角度去研究宪法，或者说研究相比较而存在的各种宪法的现象，就是比较宪法学研究对象的特殊性。这同宪法学的其他分支学科是有区别的。理论宪法学是要从古今中外各种宪法规范、制度、理论与环境的事实材料中寻找和归纳出它们的最一般的原理、原则与发展规律。它在研究过程中，有时会使用比较的方法，但并不是任何结论的得出都要进行比较。国别宪法学是要研究某一个国家的种种宪法现象，或作历史的考察和探究，它们并不是从比较的角度进行研究，也并非一定使用比较的方法。宪法史学在某种意义上是进行历史的比较分析，但研究一个国家的宪法史或宪政史，并不一定（也往往不）需要同其他国家的宪法进行比较。而比较宪法学虽然包括宪法现象的纵向比较研究，然而它的重点却是横向比较。由此可见，比较宪法学的研究必须运用比较方法；其他宪法学分支学科的研究并非一定使用比较方法。比较宪法学是从比较的角度去研究相比较而存在的种种宪法现象，其他宪法学分支学科并不是或不一定是从这个角度进行研究。因而，比较宪法学可以成为宪法学中相对独立的一门分支学科。

我们不宜把比较宪法学的研究对象理解的过于狭窄，否则，会不利于宪法比较研究的开展与深入。比如，有的同志认为，比较宪法学是主要研究宪法规范。事实上，我国历史上和当代的一些学者也主要是进行宪法规范的比较研究。这无疑有它合理的一面。因为在种种宪法现象中，宪法规范是基本的。但是，我们不能局限于这个领域的比较研究，也不能认为宪法规范的比较研究是唯一的，或者说宪法制度、理论与环境的研究是不重要的和可有可无的。由于我国宪法制度不发达，至今宪法制度的很多方面的研究（如宪法的解释、宪法的效力、适用与制裁、宪法法律关系等等）还十分薄弱，有的甚至是空白。一定的宪法规范与制度的建立与运作，总是自觉或不自觉地受一定的宪法理论与观念的指导。而这种理论与观念的巨大能动作用是众所周知的。任何一种宪法规范、制度与理论都不可能独立存在，它总是要受一定社会环境的决定、影响与制约。如果不对这种宪法环境作比较分析与研究,就很难对各种宪法现象的异同和发展变化做出科学解释。又比如,有的同志认为,比较宪法学的研究对象主要应当是政府组织与人权,即对世界各国宪法中对政府组织的职权怎样限制和对基本人权如何保护两项基本内容进行比较研究。无疑,权力制衡与人权保障的理论、宪法规范与实践是十分重要的,它们构成了宪法规范的最核心的内容;在我国,这方面的研究也是十分薄弱的。但是我们终究不能将宪法的比较研究仅仅局限于这两个方面。此外,我们还应注意宪法与宪政这两个概念的区别。有的同志在论述比较宪法学研究对象时,把这两个概念混为一谈是不正确的。宪政离不开民主与法治。宪政是建立在法治基础上的民主政治。实行宪政当然要有一个体现现代民主与法治精神的宪法;但是仅有一部宪法,某些国家也并不一定是实行宪政。以前希特勒的德国就是一例。即使有一个从文字上看来是符合现代民主与法治的宪法,某些国家也不一定是实行宪政,因为这些国家的统治者可以不按宪法的规定办事,而实行一个人或少数人的专制与人治。无疑,对宪政进行比较研究,包括对非宪政与宪政以及不同宪政模式进行比较是十分重要的,但终究不能把比较宪法学的研究对象归结为只是宪政。

二 关于比较宪法学的研究方法

比较宪法学同宪法学的其他分支学科如理论宪法学、国别宪法学、宪法史学等,在研究方法上,既有共性,也有个性。概括地说,它们的共性,就是唯物论与辩证法。其中最根本的一条是实事求是。它的基本要求是尊重客观实际,绝不能按人们主观上的好恶对客观事实任意加以取舍,否则,我们的研究工作就不可能得出正确的结论。科学研究和宣传工作应当有所不同。首先,宣传工作允许侧重强调事物的某些方面,着重运用某些方面的事实。但即使是这样,它也不能歪曲和编造事实,不能杜撰事物与事实,从总体上进行不正确的概括与说明。否则,人民就会认为你在说假话,宣传工作的实际效果就会适得其反。研究工作对客观事实的认定,必须一是一,二是二。我们在对不同历史类型的宪法进行比较研究的时候,尤其应当注意这个问题。其次,要正确理解与运用"理论联系实际"的方法。这一方法有多方面的含义。就宪法的比较研究而言,它的一个意思是,要求"成文的宪法"与"现实的宪法"结合起来进行研究,要比较分析两者脱节的原因和提出解决的办法。另一个意思是,必须结合中国的实际进行研究，要求"学以致用"。这在原则上说是对的，但要作具体分析。比如，有的同志提出，研究比较宪法学应脱离实际进行研究，离实际越远，研究中所体悟到的宪法精神就越深。这种观点就包含有某些深刻的思想在内。因为，抽象的理论思维，既来源于实际，又可超越实际。但是，我们对某两个外国的宪法进行比较研究，材料丰富翔实，分析和论证合理与科学，就不能说这种比较研究没有学术价值，不是"学以致用"。再次，就是要善于运用历史考察的方法。不能孤立地、静止地观察与研究问题。对于现实的各种纷纭复杂的宪法现象，必须分析、考察它们的产生、存在与发展的历史背景和诸多社会条件，才有可能对它们做出正确的解释与评价；在这样的分析、考察基础上所作的比较才可能全面与深刻。

同宪法学的其他分支学科相比，比较宪法学的研究方法的个性是比较方法本身。因为这一方法并非其他宪法分支学科所绝对必须，而是比较宪法学所必具。比较方法看似简单，实则十分复杂，它势必涉及许多重要问题。一是宪法的共性与个性及其相互关系。通过不同国别、不同类型的宪法现象的比较，我们既要搞清它们之间的不同点及其原因，又要搞清它们之间的共同点及其根据。这两个方面都是必要的、有意义的。对宪法进行比较研究的根本目的之一，是要寻找出蕴藏在世界各国宪法和宪政中的规律性的东西，以作为改革与完善各自国家宪法与宪政以及预测宪法与宪政发展未来走向的指导。因此从比较中探求宪法与宪政的共性是更为重要的。有的同志认为，社会主义类型的宪法同资本主义类型的宪法不能进行比较，也没有这种必要。他们认为，这两类宪法本质不同，是井水不犯河水，资本主义宪法没有什么可资借鉴的。这种观点从理论上讲，就是否认林林总总的宪法中存在着共性。二是关于价值判断与评估。在比较宪法学中，长期以来就存在两种彼此对立的观点：一种观点认为，进行比较研究不能进行价值判断与评估，因为"价值"具有主观性，如果把个人主观的东西加进去，就不可能对事物作出客观的公正的描述、分析与评判；另一种观点则十分强调在法律的比较研究中对被比较的事物作出好与坏的评价，否则，这种比较就无意义，就是"非马克思主义"的"纯客观主义"的态度。我认为，这两种观点都有失偏颇。因为人们彼此的价值观，既有差异性，也有共同性。因此，人们在比较中对不同事物作出具有主观性的价值判断与评估时，并非必然会对事物作出不客观、不科学的评价。即使出现这种情况，对科学研究来说，也并不一定就是坏事。另一方面，如果某种客观环境不允许或有困难，或者研究者自己在主观方面难以作出价值分析，那么，在对宪法的比较研究中，不对研究对象作价值分析与判断，也应当是可以的。因为，仅对研究对象作客观描述，如何对它们进行价值分析与判断，由读者自己去考虑，在科学上和实践上也同样是有意义的。这种现象，在科学史上是常有的。

三 关于在我国开展宪法比较研究的特殊意义

在我国，广泛而深入地开展对宪法的比较研究，对于在理论上和学术上发展与繁荣宪法学，以及在实践上对于完善我国宪法的制定和实施，都具有特殊重要的意义。这与我国整个宪法学研究的现状有着密切的关系。我认为，我国宪法学的研究存在一些严重的缺陷和不足。一是对宪法原理研究不够。例如，现在已出版不少命名为"宪法学""宪法原理"一类的教科书和专著，但其内容主要是解释和论证中国的现行宪法，其体系也主要是依据中国宪法的体系。其实，这类教科书和专著命名为"中国宪法的理论和实践"较为妥当和贴切。严格说来，所谓"宪法原理"或"宪法学"，应当是对古往今来各种宪法做出理论概括，总结出它们的共同规律和各种原理原则，中国宪法的具体内容只应当是"宪法一般原理"的具体表现。即使是社会主义类型的宪法，也只是具体表现的一个方面，因为还有众多的资本主义类型的宪法。在这里，理论宪法学与国别宪法学是应当有区别的。二是对中国宪法的研究，偏重于注释，对宪法的规范和其他内容深入进行理论分析和探究也比较薄弱。这不仅表现在对诸如人权理论、分权理论的研究不够以外，对宪法的许多具体规范进行理论概括和分析也是比较薄弱的。三是对宪法的内容（狭义的）研究比较多，而对宪法制度（狭义的）如宪法的解释、效力、适用、制裁、宪法法律关系、宪法与宪政等等的研究则相对要少得多，薄弱得多。出现上述问题的原因是多方面的，而对宪法的比较研究未予足够重视不能不是一个重要原因。我们要弥补在这些方面的缺陷和不足，根本途径之一就是广泛而深入地开展对宪法的比较研究，它将大大扩大人们的视野，丰富人们的宪法知识，为研究工作者提供大量的研究资料，为实际工作者提供各种可资借鉴的经验。

后　记

本文原载《宪法比较研究文集（一）》，南京大学出版社1992年出版。

法治国家的十条标准

西方所讲"法治",在中国大陆官方文献中通常被称作为"依法治国"和"法治国家"。法治国家作为现代一种最进步的政治法律制度的目标模式,其基本标志与要求是丰富的、具体的、确定的,而不应是一个模糊不清的概念。一些著名学者对此有各自的概括与表述。如英国宪法学家戴西认为,法治有三条标准,即法律具有至尊性,反对专制与特权,否定政府有广泛的自由裁量权;法律面前人人平等,首相同邮差一样要严格遵守法律;不是宪法赋予个人权利与自由,而是个人权利产生宪法。[①] 美国学者富勒曾提出过法治的八项原则。它们是:法律的一般性、法律要公布、法律不溯及既往、法律要明确、避免法律中的矛盾、法律不应要求不可能实现的事、法律要有稳定性、官方的行动要与法律一致。[②] 1959年在印度新德里召开的国际法学家会议通过的《新德里宣言》则把法治原则归结为四个方面。[③]

中国大陆自1979年开始,学者们即已提出要实现现代法治并探讨其主要标准。当年发表的《论以法治国》一文提出的法治原则是三项:全面加强立法工作,尽快制定出一套完备的法律,实现有法可依;所有国家机关和党的各级组织,全体公职人员和公民都严格依法办事;认真搞好党政机

---

① 戴西:《英宪精义》,1960年。
② 富勒:《法律的道德性》,耶鲁大学出版社,1977。
③ 那次会议的主要议题是法治,主题报告曾征询过75000名法学家及30个国家法学研究机构的意见。法治原则的四项内容主要是:(1)立法机关的职能是创造和维持个人尊严得以维护的各种条件,并使"人权宣言"的原则得以落实;(2)既要规范行政权力的滥用,也要有一个有效的政府维持法律秩序;(3)要求有正当的刑事程序,保护被告的辩护、公开审判等权利;(4)司法独立与律师自由。

关的分工与制约，切实保障司法机关的独立性。① 1996 年 2 月 8 日，中国社会科学院法学研究所"依法治国"课题组为中共中央政治局作法制讲座，所提法治原则是五个方面。② 1998 年 8 月 29 日笔者为全国人民代表大会常务委员会作"依法治国，建设社会主义法治国家"的法制讲座，所提法治原则也归结为五个方面。③ 1999 年 3 月，"依法治国，建设社会主义法治国家"被载入《中华人民共和国宪法》后，人民日报约笔者撰稿并发表了《依法治国的里程碑》一文。在此文中，我提出了法治国家的十条标准、原则与要求。④ 笔者认为，这样归纳和表述，符合中国国情，又比较全面、扼要、简明，容易为广大国家工作人员和公民所掌握。下面，笔者将简要阐明这十条标准的科学内涵，以及中国大陆目前尚待解决与完善的问题在哪里。

（一）法制完备

要求建立一个门类齐全（一张"疏而不漏的法网"）、结构严谨（如部门法划分合理，法的效力等级明晰，实体法与程序法配套）、内部和谐（不能彼此矛盾与相互重复）、体例科学（如概念、逻辑清晰，法的名称规范，生效日期、公布方式合理）、协调发展（如法与政策、法与改革协调一致等）的法律体系，实现社会生活各个领域都有内容与形式完备、科学的法律可依。有法可依是实行依法治国的前提。在西方的法治概念中，通常没有"法制完备"这一条。原因是，现代西方的法治国家的形成是一个长期的自然的发展过程，有法可依是一个不成问题的问题。我国的情况有所不同。我们曾在一个相当长的时期里存在法律虚无主义倾向，以政策代法律、领导说的话就是法，这样的观念和做法曾盛行一时。因此，尽管"法律完备"这一条是实行依法治国最起码的要求，但却具有现实性和针对性。况且，所谓"法律体系"有它自身的要求。它表明，一国的法律规则千千万万，但并非是杂乱无章地拼凑在一起，而应是一个有机联系的统一整体。前面提出的"二十字"就是对法律体系基本特征的概括。只有具备这五条，才能做到"法制完备"。现在的主要问题是两个。一是执政党

---

① 见李步云、王德祥、陈春龙《论以法治国》，《法治与人治问题讨论集》，群众出版社，1981。1979 年 12 月 2 日，光明日报曾要发表该文。
② 见王家福、李步云、刘海年等《论依法治国》，《法学研究》1996 年第 2 期。
③ 《在中南海和人民大会堂讲法制》，商务印书馆，1999。
④ 载该报 1999 年 4 月 6 日理论版。

提出，要在2010年建立起社会主义的法律体系。十届全国人大提出的本届立法规划为67件（包括制定与修改）尚未包括新闻法、出版法、结社法等重要法律在内。这些法律同政治体制改革关系十分密切，因而难度很大。二是在立法中如何避免部门保护主义倾向，如何正确处理好中央与地方的权限划分与利益平衡，也是重要课题。

（二）主权在民

要求法律应体现人民的意志和利益；法制应以民主的政治体制为基础；并实现民主的法制化（民主权利的切实保障、国家政治权力的民主配置、民主程序的公正严明、民主方法的科学合理等）和法制的民主化（立法、司法、执法、护法等法制环节要民主）。主权在民是主权在君的对立面，是现代民主的核心和基础，因而也应是现代法治的灵魂。在一个政治不民主的社会里，不可能建立起现代化法治国家。法律的人民性是主权在民原则在现代法律制度中的集中体现，而民主的法制化与法制的民主化则是主权在民原则在现代法律制度中的具体实现与展开。现在的主要问题是，如何进一步提高法制民主化水平，如立法中的信息公开与民众参与程度；司法中律师的作用以及检务公开、审判公开、克服行政式管理模式等等。

（三）人权保障

人权是人作为人依其自然的和社会的本性所应当享有的权利。其内容包括人身人格权、政治权利与自由以及经济社会文化权利。人权是人的尊严和价值的集中体现，是人的需求和幸福的综合反映。否认人在社会中应当享有本属于他自己的权利，就是否认他做人的资格，使人不成其为人。人不是为国家与法律而存在，而是国家与法律为人而存在。法律主要是通过规范所设定的权利与义务来保障和调整各法律主体的利益。权利与义务问题实际上是一个人权问题，法律权利是人权的法律化。全面地、充分地实现和保障人权，是现代法律的根本目的。这同古代法律的作用与目的有原则区别。"专制制度的唯一原则就是轻视人类，使人不成其为人。"[①]2004年，"国家尊重和保障人权"被规定在宪法中，从而，开辟了中国保障人权的新阶段。当前及今后一个时期里需要解决的主要问题是：提高农

[①]《马克思恩格斯全集》第1卷，人民出版社，1956，第411页。

民尤其是贫困农民的生活水平；建立与完善社会保障制度；减少死刑；取消劳动教养制度；进一步完善对犯罪嫌疑人的权利保护；提高各级选举的自由度；制定新闻、出版、结社、信息公开等法律；尽快批准加入《公民权利和政治权利国际公约》。

（四）权力制衡

在公法领域，权利和义务主要表现为职权和职责。"衡"指权力平衡，执政党与国家机构之间，政府与社会组织、企事业组织之间，领导个人与领导集体之间，中央与地方之间，应按分权与权力不可过分集中的原则，对权力做合理配置。"制"指权力制约。其主要内容是以国家法律制约国家权力，以公民权利（如公民的参政权，议政权，检举、批评、罢免权，新闻、出版自由权等等）制约国家权力，以国家权力制约国家权力（如立法、行政、司法权之间，公检法之间的权力制约以及检察、监察、审计等方面的监督），以及以社会权力（如政党、社会团体、行业组织的权力）监督国家权力，来达到防止和消除越权与不按程序办事等权力滥用和权钱交易、假公济私、徇情枉法等权力腐败现象。这同封建专制主义政治体制下的古代法治是根本不同的。在古代，立法、行政、司法的权力都集中在君主和地方行政长官之手。在权力监督上中国虽然有御史一类官职的设置，但在当时的政治体制下不可能充分发挥作用。至于以公民的权利制约国家的权力，则是根本不可能存在的。当前建立权力制约体系仍然需要全面加强。其中，建立以违宪审查为主要内容的宪法监督制度刻不容缓。这是中国宪法制度一大缺失，是未来提高宪法权威、监督政府权力的关键所在。

（五）法律平等

包括分配平等和程序平等。实体法应体现与保障社会共同创造的物质与精神的财富在全体社会成员中进行公平分配。程序法应体现与保障法律面前人人平等，在民事、刑事、行政等诉讼活动中，原告与被告双方诉讼地位和适用法律一律平等。适用法律平等包括对任何人无论其受保护或受惩处都适用同一法律规则，不因其性别、民族、财产状况、社会地位和宗教信仰等等的差异而有区别。这和古代法治也有重大不同。在实体法的权利与义务的配置上，古代法治在经济上、政治上以维护奴隶制、农奴制和等级特权为依归。程序法虽强调"法不阿贵"，但难以实现适用法律人人平等,"王子犯法,与庶民同罪"只能停留在法律的字面上。大陆现在执法与司法中的腐败现象仍然比较严重。办人情案、关系案、金钱案是现在诉讼当事人难以享有平等权利保护的关键所在。

(六) 法律至上

指法律应具有至高无上的权威。法律至上不是说法律不能修改。这是两个完全不同的问题。它是指宪法和法律被制定出来后,在尚未修改之前,任何组织特别是任何个人都必须切实遵守。法律至上同人民意志和利益至上不仅不矛盾,而且是它的体现和保障。国家没有体现人民意志和利益的法律,这种法律没有至高无上的权威,人民意志和利益至上是无从体现和保障的。法律至上原则适用于所有组织和个人,但其核心思想与基本精神是反对少数领导者个人权威至上、权大于法。在任何社会里,影响法律权威的主要障碍是掌握国家权力的人往往不愿意和不习惯按法律办事,他们总是不喜欢用法律来束缚自己的手脚,这有人性与权力具有脆弱性和容易异化的深刻根源。我国长期以来影响和妨碍法律权威的主要因素是权大于法,也充分证明了这一点。古代法治的一个基本原则和标志也是法律应具有极大的权威。管仲说:"君臣上下贵贱皆从法,此之谓大治。"[①] 然而,由于那时政治体制的历史局限性,只能是君权至上,法律至上不可能成为现实。当前克服权大于法的现象需要运用政治法律的多种手段方可解决。现在如何对各级国家机关、执政党各级组织的"一把手"加强权力制约和监督力度,已经引起各方面的重视。

(七) 依法行政

有的西方学者认为法治就是指政府依法行政。这种归纳未免有失偏颇,但也足见其重要。为了适应现代经济、科技、政治与社会生活的日益发展与复杂多变,国家的行政职能有扩大趋势。它必须迅速决策与行动,必须实行首长负责制,故而同立法机关相比较,行政部门较易违法。司法机关具有中立性,它在诉讼两者之间做出公正的裁决、不涉及自身的利益。行政机关同行政行为相对人之间是一种管理者与被管理者的关系,这也容易使行政机关遵守法律更为困难,而且国家法律的绝大多数都必须通过行政机关执行。在我国,大约有80%的法律法规,需要通过行政机关去

[①] 《管子·经法》。

具体贯彻实施。每个公民几乎天天要同行政机关打交道，其利益同行政措施息息相关。因此依法行政是法治国家的一个重要标志。依法行政要求一切抽象与具体的行政行为都要遵循法律。古代也有广义上的行政法，如官制。但以权力约束与权利保障为其特征的现代行政法，则是近代以来的产物。它的出现反映了依法行政对于现代法治的重要地位与作用。2003年，国务院做出了推进依法行政，建设法治政府的决定，内容全面，并争取十年内实现这一目标。现在的关键是要下大力气才能实现决定所提出的具体目标。

（八）司法独立

它是现代法治概念的基本要素之一，是一个具有普遍性的法治原则。它建立在近代分权理论的基础上，是权力分立与互相制衡的制度安排与设计，其成效已为100多年来的实践所充分证明。它本身并非目的，其作用在于保证司法机关审理案件做到客观、公正、廉洁、高效，同时防止国家权力过分集中于某一机构或某一部分人之手而滥用权力，并对立法权特别是行政权起制衡作用，后者如司法机关对行政机关的司法审查。实现这一体制，除需建立内部与外部的有效监督机制、提高审判人员素质、完善科学的司法组织与程序外，杜绝来自外界的任何组织与个人的非法干扰是决定性条件。在社会主义制度下，由于政党制度的特殊性质和状况，防止某些党组织非法干涉法院的独立审判成了特殊的难题。在由计划经济向市场经济的转变过程中，在各方面利益配置发生剧变的情况下，诸如权钱交易、地方保护主义等腐败现象对司法独立的冲击，也是一个需要在很长期里花大力气才能解决的问题。其中，修改现行宪法第126条是有必要的。因为"干涉"是个贬义词。"行政机关"不能干涉，执政党的各级组织、各级人大也不能"干涉"。为了克服地方保护主义，恢复以前曾经有过的"大区"法院的建制，可能是重要措施之一。

（九）程序正当

法律程序是法的生命存在形式。在一种法律制度下，只有实体法而无程序法是不可想象的。如果法的制定和法的实施（适用与执行等）没有一定过程、规矩、规则，这样的法律制度将是僵死的，这样的社会将充满立法者和执法者的恣意妄为。公正的法律程序体现法律的正义。它既体现立法、执法、司法、护法等国家权力的科学配置和程序约束，也体现公民权利在程序中应有的保障。同时，程序正当也是科学地制定与实施法律的重要条件。就好比工厂需要有科学的生产规程才能生产出好的物质产品，司法机关也需要有科学的办案程序才能做出正确的判决与裁定。十分重视法律程序的正当性，是西方法治社会一大特点。在中国重实体法、轻程序法的特殊历史与现实条件下，将其列为法治国家的基本标志之一是十分必要的。程序正当包括：民主、公开、公正、严明。明显违反立法程序和司法程序的法律、法规或判决、裁定不应具有法律效力。中国大陆现在的刑事、民事、行政三大诉讼法的修改已提上议事日程，通过法学家们的研讨，促进决策部门将它们修改好，程序正当原则有望得到进一步落实。

（十）党要守法

近代以来的世界各国，通常是实行政党政治。将政党制度规定在宪法中或者制定专门的法律来规范政党的活动，这种情况虽然相对较少，但是政党（特别是执政党）的活动要受法律的严格约束则已成为习惯，否则选民就不会投票支持这样的党。在中国，作为执政党的中国共产党应当领导人民制定和实施法律，在法治建设过程中执政党要总揽全局，协调各方。但是，党组织必须在宪法和法律的范围内活动，不能以党代政、以党代法。这是在中国建设社会主义法治国家的关键一环。认为党的优势是建立在权力上，认为党掌握的权力越大越集中甚至把国家权力机构只当作摆设，执政党地位就越巩固，这种看法是不正确的。执政党的政治优势应当建立在群众拥护上。那种认为执政党的权力高于一切、执政党可以凌驾于国家权力之上的看法也是不正确的。执政党是国家的一部分。执政党是在国家机构之内掌握领导权，而不是在国家机构之上或之外或完全撇开国家机构实施领导。那种认为执政党的政策高于国家政策或代替国家法律的看法同样是不正确的。党的政策是党的主张，国家法律是党的主张与人民意志的统一。执政党政策只有通过国家权力机关的严格的民主程序被采纳，才能上升为国家意志并变为法律。现在的中央领导集体已经提出一系列进步的理论和方针，如"立党为公，执政为民"；"情为民所系，权为民所用，利为民所谋"；"民主执政、科学执政、依法执政"；"以人为本"，建设"和谐社会"等。如果能够依照这些原则与方针，制定与落实改革执政方式的各种具体措施，真正做到"党要守法"是完全可能的。

归纳起来，社会主义法治国家的以上十条标准和要求中，前五条讲的是需要有完备（前一项）而良好（后四项）的法律；后五条讲的是法律要有极大的权威，任何组织和个人都要严格遵循。它们涉及一系列理论、观念的更新和体制、制度的变革。要使其全面地切实地得到实现，是很不容易的，尤其是法律的实施。

法治国家需要建立在三个基础上：一是政治基础，即民主政治（包括人民代表大会制度、共产党领导下的多党合作制度、民族区域自治制度、基层自治制度、民主监督制度等）；二是经济基础，即市场经济（包括多种形式的公有制为主体的混合经济、以按劳分配为主体的多种分配形式等）；三是思想基础，即理性文化（包括先进的政治、法律理论，健全的民主、法律观念，良好的政治、职业、社会道德，高度的科学、教育、文化水准等）。目前，这三个基础还不完全具备。而且法治国家的建设还需要有高度发达的经济文化水平。因此，在中国大陆要完全实现建立法治国家的理想还要经历一个长久的过程。

但是，在中国建设法治国家这一理想一定会实现。这是因为：首先，民主、法治、人权、自由、平等是广大人民群众的根本利益和愿望所在，而现在人民的政治觉悟已经大大提高；其次，市场经济建设已不可逆转，它必然带来两大社会关系和五大观念的变化，为现代法治建设提供社会和思想基础；再次，由国际经济一体化所决定，中国实行对外开放政策已不可改变，这是建设现代法治的国际环境；又次，现在的执政党的政治思想路线完全正确，这是实现现代法治的国内政治条件。

后　记

本文发表于《太平洋学报》2007年第6期。

社会主义人权的基本理论与实践

保障全人类的人权能得到最充分的实现，是社会主义的一个本质特征。在国内，逐步建立起卓有成效的人权保障机制、使每个人的人身人格权、政治权利与自由以及经济、社会、文化权利都能得到全面的切实保障；在国际上，积极广泛地参与人权的国际保护，坚决支持被压迫人民和民族争取人权的斗争，是在我国建设有中国特色的社会主义政治的一个重要目标。

人权作为一种社会关系，是自有人类社会以来就有的。然而，以自由、平等与人道为主要原则的近代意义上的人权，却是资产阶级革命的产物。资产阶级以民主对抗专制，以人权反对神权、王权和等级特权，在历史上具有重大的进步意义。资产阶级共和国及其人权制度的建立，标志着整个人类社会文明向前迈进了一大步。在民主革命中，资产阶级以实现普遍人权为号召，曾极大地动员广大人民群众参加斗争，并保证革命取得了胜利。但是资产阶级的政治法律制度是建立在资本主义生产资料私有制的经济基础之上。这就使得广大劳动人民很难同资产阶级一样平等地享有普遍的人权。

从资产阶级革命取得胜利到现在，资本主义国家的经济、政治和文化已经发生重大变化。由于科学技术的迅速发展，社会生产力水平的普遍提高，人类精神文明的巨大进步，资本主义国家的统治者采取和建立了诸如股份制、社会福利保障和工人参加企业管理等一系列新的政策和制度，广大劳动人民的人权状况得到了显著的改善。但是，只要资本主义生产资料私有制不作根本性质的改变，社会就将存在两极分化和对立；诸如种族歧视、男女不平等、大量无家可归者的存在就不可避免；第三世界国家的生存权、发展权等等集体人权也难以得到保障。

社会主义制度是在分析资本主义社会基本矛盾、批判与扬弃资本主义制度种种弊端的基础上建立和发展起来的。社会主义人权制度是整个社会主义制度的有机组成部分。社会主义人权的内容包含在社会主义的经济、政治与文化之中。同时，作为一种相对独立的社会现象，社会主义人权是以社会主义的生产关系作为自己赖以建立与发展的经济基础，它受社会主义法律制度的确认和保障，受社会主义政治与文化的支持与维护。因此，从根本上说，社会主义人权的性质和特点是由整个社会主义制度所决定。同资本主义的人权相比，社会主义人权制度的优越性，突出地表现在如下三个方面。一是它的广泛性。享受人权的主体是全体公民，它不受民族、种族、性别、职业、家庭出身、宗教信仰、教育程度、居住期限等等的限制；人权的客体不仅包括人身人格权、政治权利与自由，而且包括经济、社会和文化权利；不仅包括个人人权，而且包括集体人权。相对来说，资本主义国家对公民经济社会文化权利的保障和对集体人权的维护是不重视的。二是它的公平性。社会主义消灭了剥削制度和剥削阶级，这就不仅实现了公民在经济地位上的平等，保证了公民在享受社会和文化权利时是平等的，而且公民在享受各种政治权利与自由时不再受金钱和财产状况的影响。三是它的真实性。由于社会主义制度和意识形态的本质和特点所决定，社会主义国家愿意也能够为公民个人和少数民族、妇女、儿童、残疾人等各类社会群体实际享受各种人权提供充分的物质保证和其他方面的条件。

　　要使先进的社会主义人权制度不断巩固、发展和完善，需要有正确的人权理论作指导。在制定和提出社会主义人权的基本理论时，必须遵循以下原则。第一，要以马克思主义的基本理论为指导。马克思、恩格斯对人权问题有过不少精辟论述，特别是他们观察人权问题的立场、观点和方法，是我们需要学习、掌握和运用的。但是，我们应从马克思主义的整个学说，特别是科学社会主义理论的总体把握中去深刻理解人权的本质、特点、意义和发展规律。那种以为革命领袖有关人权问题的直接的和系统的论述不多，因而认为马克思主义不强调人权的重要性；或者以为马克思主义创始人深刻地批判资本主义社会人权的虚伪性与局限性，就是意味着社会主义可以不讲人权；或者仅把马恩有关人权问题的言论加以编排整理，以为这就是马克思主义的人权观；或者以"左"的面貌出现，用片面的形而上学的方法对待马克思主义，曲解与否认马克思主义人权观的全面性与科学性；如此等等。这些看法与做法都是不正确的。第二，要全面地、实事求是地总结社会主义人权制度的实践经验。它无疑有成功的一面。它从一个重要侧面显示了社会主义制度的优越性，并有力地调动了广大人民群众建设社会主义的积极性。同时，它也有过种种失误。由于社会主义的经济制度和政治制度在实践过程中存在种种弊端以及指导思想上的严重错误，社会主义制度的先进性在人权保障上并未充分地表现出来，甚至出现过像苏联20世纪30年代"肃反扩大化"和中国20世纪60年代"文化大革命"那样的历史悲剧。社会主义人权保障的正反两方面经验都应是制定社会主义人权理论的重要依据。第三，要从社会主义国家的社会现实和整个世界的现实状况出发。现在，社会主义的观念和制度正在经历一场深刻的变革；世界物质文明与精神文明已发展到一个崭新阶段，国与国之间的经济、政治与文化的联系日益密切；争取人权的斗争已成为全世界人民共同关心的大事，保障人权已成为国际法的一项重要原则。所有这一切都同一百多年前马克思与恩格斯提出科学社会主义理论时有了很大不同。马克思主义者应当回答当代国内人权与国际人权面临的种种重大问题，对人权理论作出新的概括。第四，要敢于和善于吸收和借鉴人类社会创造的人权理论与人权制度的一切文明成果。对以往和当今西方的人权理论和人权制度不应简单否定，一笔抹杀。对于其中具有科学性、人民性的合理因素与成分要为我所用。

根据以上原则，社会主义人权基本理论包括以下主要内容。

（一）人权是人按其自然属性和社会本质所应当享有的权利

人权的主体，既包括自然人，即世界上所有的人——全人类；也包括人的延伸，即国内的集体如民族、种族、妇女、儿童、残疾人，和国际的集体如国家、地区。人权的客体，既包括基本人权，也包括非基本人权，即人应享有的一切权利。人权的本原——即人为什么应当享有各种权利？人权产生的根源是什么？马克思主义认为，人权的产生是由人自身的本性或本质所决定。正如恩格斯所指出："一切人，作为人来说，都有某些共同点，在这些共同点所及的范围内，他们是平等的，这样的观念自然是非常古老的。但是现代的平等要求是与此完全不同的；这种平等要求更应当是，从人的这种共同特性中，从人就他们是人而言的这种平等中，引申出这样的要求：一切人，或至少是一个国家的一切公民，或一个社会的一切成员，都应当有平等的政治地位和社会地位。"[①] 人的本性或本质，包括人

[①] 《马克思恩格斯选集》第3卷，人民出版社，1972，第142~143页。

的自然属性和社会属性，这两个方面是统一的不可分割的。人人都要求生存、要求自由、要求过好的物质生活和精神生活，这是由人的生理的和心理的自然属性所决定，是人的一种本能，人们始终把人权作为自己追求的根本目标，归根结蒂是为了满足自身的各种需要和利益。这是人权发展的永不枯竭的动力。另一方面，人的本质是"一切社会关系的总和"。因为人不是孤立地生活在世界上。人和人之间，群体和群体之间，个人、群体与社会之间，存在着各种错综复杂的社会关系。人就是生活在各种各样的社会关系之中。既然人不是脱离各种社会关系而孤立地存在，就必然存在着人与人之间的各种利益矛盾与冲突，需要有权利与义务这种形式去加以调整，这样，也就产生了人权问题。所以，社会关系的存在是人权存在的前提。在各种性质不同的社会关系中，以经济关系、财产关系为主要内容的生产关系是最基本的和主要的关系，它最终影响与决定着政治的文化的和其他性质的社会关系。而人类社会一定历史阶段（如奴隶社会、封建社会、资本主义社会）人们之间各种社会关系的性质与状况，决定着人权的性质与状况。同时，人权意识对人权制度具有反作用，一定的人权制度是依据人们一定的人权意识建立的。但人们的不同的人权意识是人们在各种社会关系中所处的不同地位决定的，一定的生产力与生产关系构成一定的社会生产方式。而人类社会一定历史阶段的人与人之间各种社会关系的性质与状况，以及与之相适应的人权制度的性质与状况，最终是由该社会的生产方式所决定。这就是马克思主义关于人权本原问题的完整学说。只有它能全面地深刻地说明人权的产生及其发展规律，并同各种不正确的理论划清界限。"天赋人权论"将人权看成是上帝或"自然神"所赋予固然不对，从片面的人性论出发，以"自然法"为论据来阐明人权的本质也不正确。因为它只强调了人的自然属性，而否定了人的社会本质，因而它必然否认人权的社会性和历史性，把人权看成是永恒不变的。它无法说明，为什么在人类社会发展的不同历史阶段，人权的性质和状况会发生根本性变化。把人权看成是"法律所赋予"的理论之所以错误，在于人权的本来含义是一种"应有权利"，它的存在并不以法律是否确认为转移。如果说，法律是"统治阶级意志的体现"，那就等于是承认，资本主义国家里劳动人民享有一定的权利，也不过是资产阶级的一种施舍。把人权视为人作为人依其自身的自然属性和社会本质所应当享有的权利，否认人权是任何外界的恩赐，这就为一切被压迫人民和被压迫民族以及社会上的各种弱者，为争取和维护人权而斗争，提供了一种最强有力的思想武器。

（二）人权是受一定伦理道德所支持与认可的人应当享有的各种权益

这是人权的本质。权利的基础是利益。人们之间的权利义务关系，本质上是一种利益关系。这里所说的利益，其内涵是极其广泛的。它既包括物质利益和精神利益，也包括人身人格利益。无论是国内人权还是国际人权，总是意味着在个人与个人之间，群体与群体之间，个人、群体与社会之间存在的利益互相矛盾与冲突中一定权利主体在利益上的追求、享有和分配。"人们所追求的一切都同他们的利益有关"。离开"利益"讲人权是没有意义的，也不可能正确理解在人权问题上经常存在的种种矛盾与斗争的实质。但是，人权又要受人们的一定道德观念的支持与认可。什么样的个人或群体应当享有什么样的人权，法律是否和应当如何确认和保护某项人权，由于人们的道德观念在某些方面存在着差异，因而其看法与做法也往往不一致。支持与认可人权的伦理道德观念的核心是人道主义，但人们对人道主义的理解也不完全一样。在存在着阶级对抗的社会里，由于人们所处的阶级地位不同，不同阶级之间存在着利益上的矛盾与冲突，人们的道德观念也受其阶级地位的决定与影响。因此，在阶级社会里，人权具有阶级性。社会主义是绝大多数人所参与并为绝大多数人谋利益的自觉的运动。社会主义消灭剥削，建立以公有制为主体的经济制度，保证生产力得到更快的提高，其目的是为了更好地保障绝大多数人的人权。这是社会主义人权的一个重要立足点。当然，这并不意味着对极少数敌对分子应当受保护的人权不予保护。社会主义者承认阶级对抗社会的人权具有阶级性，正是为了消灭人权制度上阶级不平等，实现人人自由、平等和共同富裕的共产主义。阶级性是阶级对抗社会里人权的重要属性之一，但它不是人权的本质，而是人权本质的异化。在人类历史上，随着奴隶社会、封建社会、资本主义社会与社会主义社会的更迭，人权的阶级属性在广度上和深度上都日渐减弱，这是人类文明不断进步的一个重要标志。在未来的共产主义社会里，人权的阶级性将彻底消灭，人权将进入一个最理想的境界。

（三）人权是共性与个性的统一

无论是国内人权还是国际人权，既有个性，也有共性。这是我们制定人权政策的重要理论依据。人权的个性与共性的基础是，在利益的追求与享有和道德价值的判断与取向上，全人类有着共同的一致的方面；而在不同的个人、群体、国家或民族彼此之间又存在着差异、矛盾与冲突。在一国范围内，任何人都享有生命不可剥夺、身体不受伤害、思想自由不受禁锢、人身自由不受拘禁、人格尊严不受侮辱等等最基本、最起码的人权，是共性人权的突出表现。（对某些罪犯剥夺其人身自由甚至判处死刑，那是另外一个问题。）在存在阶级对立的社会里，不同阶级和阶层的人对经济、政治、文化与社会等方面权利的实际享有存在着不平等；在社会主义制度下，极少数敌对分子不能同广大人民一样平等地享有人权，是人权个性的明显表现。在现今的国际社会里，不同社会制度的国家普遍承认和尊重《联合国宪章》提出的保障"全人类之人权及基本自由"的宗旨以及《世界人权宣言》和《国际人权公约》所确认的保障一系列基本人权与自由的原则；共同签署某些国际人权条约；共同采取行动制裁某些践踏人权的国际罪行，都是人权共性的反映。在尊重和维护国家主权原则的基础上，不同国家和民族在人权观念、人权政策与人权制度上可以采取不同的立场和做法，是人权个性的体现。人权的共性与个性的界限不是绝对的，而是相对的，它们的内容与表现形式都将伴随着整个人类社会的经济、政治与文化的发展变化而不断演变。人权的共性不断扩大，人权的个性将日益缩小，这是历史发展的总趋势，是人类文明进步的重要标志。社会主义者要站在这一历史潮流的最前列，为促进与加速这一历史进程作出自己应有的贡献。

（四）经济权利与政治权利的统一性

人权的内容是广泛的，它主要包括三个基本的方面：即人身人格权利，政治权利与自由，经济、文化和社会权利。社会主义人权观认为，这些权利具有同等重要意义。在人类文明已经发展到现今的条件下，人应当全面地享有这些权利。从历史发展看，在前资本主义时期，人们所要争取的主要是人身人格权，包括生命权、人身安全权、人身自由权、人格尊严权等等。资本主义革命时期，资产阶级所要争取的主要是政治权利与自由，包括选举与被选举权、言论与出版自由、集会与结社权等等。在社会主义革命时期，无产阶级领导其他劳动人民所要争取的则主要是经济、社会与文化权利。这一革命已经不满足于人的"政治解放"，而是要求人的"社会解放"。它不是要求以一种相对先进的私有制来代替另一种相对落后的私有制，而是要消灭私有制本身，从政治平等提高到经济平等，并为全人类能够全面地享有最广泛的人权创造条件。这一人权的历史发展轨道表明，它是一个人权由较低层次向较高层次发展、上升与进步的过程。许多西方学者也都公正地承认，社会主义革命的人权要求较之资产阶级革命的人权要求高出整整一个时代，社会主义者为推进全人类的人权运动作出了历史性贡献。从现今资本主义国家的现实情况来看，由于生产力水平与文化发展水平有了很大提高，社会主义思潮的影响日益广泛和深入，这些国家的政府被迫从法律上、政策上采取了各种措施，使公民在经济、社会与文化方面的人权状况有了显著改善，但他们不愿对资本主义的经济制度作根本性质的改变，劳动人民群众就不可能享有广泛的人权。正如列宁所说："只要剥削还存在，就不会有平等。"与资本主义制度不同，社会主义社会的最大优越性，在于它为公民享有一切权利，提供了一个现实的经济、社会和文化基础，开辟了广阔的发展前景。但是，社会主义在实践过程中，也出现过种种挫折和失误。从人权的角度看，问题不是在平等的经济、社会与文化权利的实际享有，而是在政治权利与自由的充分保障上。这有复杂的原因，除了革命斗争的客观环境和指导思想上存在着失误外，经济体制与政治权力的过于高度集中，是其中一个很重要的因素。这是社会主义国家在经济体制改革特别是政治体制改革中需要着重研究的一个重要课题。

与此密切相关的另一个重要问题，是要正确处理好自由与平等的矛盾与冲突。自由和平等都是现代人权的重要原则。两者既有相互依存与促进的一面，又有相互矛盾与冲突的一面。社会主义制度在实践中出现的主要弊端，是"平等"过头而走向了平均主义，"自由"太少而束缚了各方面的手脚。社会主义制度（首先是经济制度，同时也包括政治制度和文化制度）的改革所要解决的一个重要问题是，克服平均主义，打破"铁饭碗"、取消"大锅饭"；扩大各方面的自由，给地方、企业事业单位和劳动者个人"松绑"，借以调动广大劳动者的主动性、积极性和创造性，以生产出更多的物质财富和精神财富，使人民摆脱普遍贫困。同时，在高速度发展物质生产与精神生产的前提条件下，采取各种措施，防止两极分化，实现共同富裕。从保障人权的角度和意义上看，采取这一方针，也就意味着要在平等与自由这两项主要人权原则的价值取向上，作出向自由倾斜的重要调整。只有这样做，才能保证社会主义国家的全体公民能切实享有最广泛的人权。

（五）个人人权与集体人权的一致性

社会主义人权观强调个人人权与集体人权的统一性和一致性，主张国家和国际社会对两类人权予以同样的重视与保护。集体人权有两类。一类是国内集体人权,如民族种族权利、妇女儿童权利、残疾人的权利、人犯与罪犯的权利等等。另一类是国际集体人权,其主体主要是国家,也包括一些地区和国家集团。这后一类也称之为民族人权。

一般来说,个人人权与集体人权的相互关系是:个人人权是集体人权的基础,集体人权是个人人权的保障。一方面,任何集体都是由个人组成的。任何集体从国家或国际社会的人权保护中所获得的权益,其出发点都是组成这个集体的个人,其落脚点即实际受益者也都是个人。否则,集体人权就成了一个空洞的抽象的概念而失去任何意义和存在价值。同时,任何人权的争取与获得也要依靠组成这一集体的个人的共同努力。另一方面,由社会的性质与组织结构的特点所决定,集体人权的出现又是必然的和必要的。它是人类权利追求与实现的一种重要形式,对个人权利的保障具有十分重要的意义。国内集体人权是这样,国际集体人权就更是这样。在一个国家内,少数民族与种族需要作为一个整体从国家那里得到法律上、政策上的权利保障和物质的与文化的特殊具体帮助,其成员才可能获得各种实际权益。在国际上,如果一个国家不独立,这个国家的人民各方面的权利保障就无从谈起。

资本主义国家比较重视个人人权而轻视集体人权的保障,是一个不可否认的事实。尽管在国内集体人权的保障方面,资本主义国家近几十年来采取了一些法律的政策的措施与实际行动,在国际社会也签署了不少有关保障民族自决权、发展权等等方面的国际公约与条约,但它们侧重强调保障个人人权的基本立场与态度,并未作根本性质的改变。这有历史的和制度本身的多种原因。资产阶级领导的民主革命本质上是一场政治革命,是以政治上反对"三权"和等级特权,争取个人的民主、自由权利为主要目标;在思想上则提倡个性解放,主张个人至上,崇尚个人主义,以反对封建专制主义的思想禁锢。资本主义经济是一种私有制自由经济:雇佣自由、买卖自由,强调保护个人权利是必然的。

从政治上的个人解放运动,发展到经济上、政治上的阶级解放运动再发展到国际上的民族解放运动;从资产阶级人权强调保护个人权利,发展到社会主义人权既重视个人权利的保障,又重视集体权利的保障,进而发展到以保障民族自决权、发展权等为主要内容的国际集体人权,是人权发展的两次历史性飞跃。社会主义革命对此都作出了重大贡献。社会主义人权观强调个人人权与集体人权的高度统一,是由社会主义的"人的全面解放"学说与理想所决定。正如《共产党宣言》所指出,共产主义社会将是一个"以每个人自由发展是一切人的自由发展的条件"的联合体①。那种认为社会主义只应重视集体人权,不应强调个人人权;或者认为集体人权高于个人人权的观点,是不正确的。毋庸讳言,在以往社会主义的实践中,我们在处理个人人权与集体人权的相互关系时,确实存在过有忽视和轻视保障个人人权的倾向。"文化大革命"的出现就是例证。这场灾难正是以"反修防修"为借口而肆意践踏上至国家主席、下至黎民百姓的个人权利且长达十年之久。正因为如此,党的十三届三中全会以后,党和国家才采取一系列政策和法律措施来全面加强对个人人权的保护。事实上,这个问题在所有社会主义国家中普遍存在。在社会主义制度的自我完善过程中,彻底解决好这个问题,对于充分体现与发挥社会主义制度的优越性,在全世界人民的心目中提高社会主义的威望,是至关重要的。

(六) 人权具有权利与义务的不可分割性

实现人权在权利与义务上的高度统一,是社会主义人权制度的一个重要特点。马克思主义认为:"没有无义务的权利,也没有无权利的义务。"②这个一般原理,为现代人权观念所公认。正如《世界人权宣言》所强调的:"人人对社会负有义务,人人在行使他的权利和自由时,只受法律所确定的限制,确定此种限制的唯一目的在于保证对旁人权利和自由给予应有的承认和尊重。"权利与义务的统一性,由人权自身的社会属性所决定,因为人权只能在人与人的社会关系中存在。在个人与个人,群体与群体,个人、群体与社会的相互关系中,某一主体享有某项权利,就意味着要求其他主体有尊重并不得侵犯这项权利的义务。否则,任何人的人权都无法得到保障。但是,权利与义务又有可分性的一面。因为权利与义务是两个相对独立的概念与范畴。就它们的实际行使来说,有的主体可能只享有权利而不尽义务;有的主体则可能只尽义务而不享有权利。

权利与义务相分离,是一切私有制社会所共有的特征。它反映了阶级剥削与阶级压迫的不平等关系。不过,这种分离的性质与程度在奴隶制社会、封建制社会和资本主义社会里又是有区别的。它随着人类社会的不断进步而不断改变自己的形态。权利与义务由完全分离逐步走向统一,是人

---

① 《马克思恩格斯选集》第1卷,人民出版社,1972,第273页。
② 《马克思恩格斯选集》第2卷,人民出版社,1972,第137页。

类社会文明不断发展与提高的一个重要标志。

社会主义社会是权利与义务实现高度统一的社会。在这里，任何人在法律上既是权利的主体，也是义务的主体；任何人在法律面前，既享有平等的权利，又承担平等的义务。社会主义公有制的建立，经济剥削与政治压迫的废除，阶级对立的消失，使权利与义务的分离失去了社会根基。但是，这并不意味着在社会主义制度下不再存在任何权利与义务相分离的情况。社会主义社会的经济、政治与法律的制度为权利与义务实现高度统一提供了社会条件与法律保障，但有的人并不一定按法律规定行使权利与履行义务。反对只享有权利而不尽义务的特权思想与特权人物，是所有社会主义国家都面临的一项重要任务。如何从制度上、法律上防止与杜绝这类特权人物存在，是社会主义制度自我完善的一项重要课题。在那些缺乏民主与法制传统的国家里，情况更是如此。

人权的认可与享有不是绝对的；权利与义务的设定与实现是有界限的。这种界限应由法律作出明确具体的规定。如果国家可以任意剥夺或肆意侵犯人应当享有的权利，那是专制主义；如果允许权利主体可以超越人权的合理界限而滥用权利，那是无政府主义。这两种倾向都是应当防止和反对的。在那些缺少民主与法制传统的社会主义国家里，防止与反对各种形式的专制主义是主要的。此外，还应准确地把握和合理地确定权利与义务的界限。它取决于三个最基本的因素：一是立法者需要洞悉社会的现状与趋势，准确把握权利赖以产生与制约的经济、政治与文化条件；二是立法者需要正确处理个人、群体与国家三者利益的协调，其合理配置应能在保证效率的前提下实现社会公正；三是立法者应具有适应时代精神要求的道德价值判断和取向。

（七）人权的实现是一个过程：受多种条件的决定与制约

人权的三种基本存在形态是应有权利、法定权利、实有权利。人权的本义是"应有权利"。法定人权是人们运用法律这一工具使人的"应有权利"法律化、制度化，使它的实现能够得到最有效的保障。实有权利是指人们已经享有和能够享受到的权利。应有权利存在本身有一个发展过程。最基本的人身人格权，如生命权、人身安全权、人身自由权、人格尊严权是人类社会一存在就应当享有的；而政治权利和经济、文化、社会权利则主要是随着社会生活日益丰富，社会关系日益复杂、多样、广阔以及人类物质文明与精神文明日益进步而不断丰富和扩展的。这里所说的"人权的实现",是指从应有权利转化为法定权利,从法定权利转化为实有权利。保证应有权利能为人们所享受,有各种社会因素和力量,其中法律手段是最基本的和最有效的。一项应有权利为法律所确认和保护,就是表示向应有权利的实施迈进了一大步。但是法律确定了某项人权,并不等于人们就已经或实际能够享受到这一人权。因此,由法定权利转变为实有权利是人权实现的另一过程,而且是最困难也是最主要的过程。要在法律中对人权的内容作出全面规定,并不十分困难;而要使法定权利为人们所切实享有,则不是很容易能够做到的。评判一个国家的人权状况,主要看这后一条。在我国,人权保障存在的问题,固然在立法上有很不完善的地方,但主要的还是法律所确认的权利得不到最有效的保障。

人权的实现,取决于以下四个方面的基本条件。一是商品经济的发展状况。人类历史表明,人权的发展同商品生产的发展是有密切联系的。自由与平等的观念主要来自商品经济。资本主义人权制度与意识,建立在资本主义商品生产的经济基础之上。社会主义商品经济的发展,将为社会主义人权的实现提供最有利的经济条件。二是民主政治的发展程度。作为专制政治对立物的民主政治,是现代人权制度赖以建立与发展的政治基础,公民的民主权利与自由是人权内容的组成部分;同时整个民主制度包括其国家制度、政治制度在内,又是人权实现的可靠保障。法治是现代民主政治的重要内容。法治的基本标志是要有完备的并能充分保障人权的法律;这种法律又要有极大的权威,以保证它能得到最切实的执行与遵守。三是经济文化发展水平。社会的物质产品与精神产品越丰富,人们享有人权的可能性就越大。它们既是经济权利、文化权利与部分社会权利的实体内容,又是发展社会经济政治结构在物质和思想方面的必要条件,对人身人格权利和政治权利的实现有间接的重要作用。四是人权意识的发展水平。人权制度的建立与实施,离不开正确的、先进的人权理论作指导。广大公民要为争取自己的权利而斗争,也需要有科学的、进步的人权意识为基础。以上四个方面的条件对人权实现的决定性作用,适合于不同社会制度的国家,具有普遍意义。我国之所以出现过十年"文革"人权遭受肆意践踏的历史悲剧以及现在仍然存在人权问题的原因,今后健全人权制度的途径,应当从这四个方面去寻找。单纯强调经济文化发展水平的作用是错误的。

(八) 人权的彻底实现以人的全面解放、人的全面自由发展、人的需要的全面满足为标志

只有共产主义社会才能实现这一最理想的人权。社会主义社会是通往

这一理想境界的一个阶段。资本主义社会的人权以资本主义生产资料私有制为基础，财产权是其一切权利的核心，"平等地剥削劳动力，是资本的首要人权"。这种人权的最大局限性，在于它本质上是资产阶级的特权，对无产阶级来说，人权有它不真实的一面。社会主义革命要消灭阶级、消灭剥削、消灭压迫，要以比资本主义更快的速度发展生产力并最终实现共产主义。这一理想社会是一个"自由王国"，是全面发展的自由人的联合体。只有这样的社会，人权才能彻底实现。实现彻底的真正人权，是共产主义的最终目的，消灭私有制是达到这一目的的根本手段。把消灭私有制当作目的而把人权当作手段的理论观念是完全错误的。人道主义是人权的重要理论基础。一切为了人的解放，一切为了人的幸福，是马克思主义的出发点和最后归宿。从某种意义上可以说，共产主义者应当是最进步的人道主义者，也是最彻底的人权主义者。马克思主义者应当把"人权"这两个大字书写在共产主义旗帜上，并高高举起它。

以上八点就是社会主义人权理论的主要内容，是马克思主义者观察与处理一切人权问题的基本立场，也是在我国建设有中国特色的社会主义人权制度的指导思想。

后　记

本文原载《法学研究》1992 年第 4 期，后作为"导言"收入《当代人权理论与实践》（吉林大学出版社 1996 年版）一书。曾由日本铃木敬夫教授译成日文，刊登在北海学园大学《法学研究》第 31 卷第 3 号。本文于 1996 年 9 月获中国社会科学院法学研究所、政治学研究所 1992～1994 年度优秀科研成果奖。

党政分开是政治体制改革的关键

正如邓小平同志所指出，新中国成立后我们过去政治体制上的最大弊端是权力过分集中。按我个人理解，权力过分集中，具体表现为：党与政府，权力过分集中在党；领导个人与领导集体，权力过分集中在个人；中央与地方，权力过分集中在中央；国家与公民，权力过分集中在国家。这一弊端的根源是党政不分和以党代政。以往民主法治不健全的根源也在这里。而这正是"文革"这一民族浩劫之所以发生和发展并持续十年之久的根本原因。"文革"期间，"党的一元化领导"达到顶峰，以致"砸烂公检法"，公开在"七五宪法"中写进"中国共产党中央委员会领导下的全国人民代表大会是全国的最高权力机关"这一原则。

以1978年党的十一届三中全会为标志，我国进入改革开放新时期以来，在邓小平理论指导下，从党的十二大到十三大，我们在克服权力过度集中现象上取得重要进展，从而促进了民主法治建设。但是后来观念又有回潮，以致改变党政不分、以党代政的现象，并没有取得重大进展并从根本上解决。党国不分，乃至党先于国、党重于国、党高于国、党大于国的观念和做法仍未解决，"党国""党国"仍然是人们的口头禅。其制度表现之一是从中央到地方，一些领域仍然实行"两块牌子、一套人马"，甚至还有蔓延趋势。曾有同志说：过去的人大是"橡皮图章"，现在已变为"木头图章"，但它应当是"钢印"。这一比喻也不无道理。尽管，"党委审批案件"的制度已经在1979年9月发布的中共中央"关于保证刑法、刑诉法切实实施的指示"中已明令取消，但现今仍然存在政法委干预具体办案的现象。对某些重大和疑难案件，政法委召集"三长"交换一下看法还是可以的，但要在这种会议上硬性作出决定，是明显违宪的。我国宪法已明确规定审判权由各级人民法院行使，不允许在人民法院之上还有某个机构或个人，对案件最后拍板。

　　在新民主主义革命时期，我们党曾领导中国人民高举宪政的大旗，以民主对抗国民党反动政权的专制，以法治反对它搞党治，以人权反对它剥夺人民的一切权利。这是中国共产党领导人民以少胜多，以弱胜强，最终推翻了蒋家王朝的最大"法宝"。在"武装斗争"的革命形式下，"党政军一体化"，权力高度集中，是难以避免的。但是，在新中国成立后，就应还政于民，逐步改变过去那种权力过度集中的政治体制。党政不分、以党代政、党权高于一切，在现代民主法治社会里，是根本不可能得到广大人民群众认同的，也不符合马克思主义的基本原理和理想追求。这种观念和制度设计，在马克思、恩格斯等马克思主义老祖宗那里，是找不到任何思想足迹的，列宁就曾指出，不应将党的组织和政权组织混为一谈。1942年，邓小平同志在《党与抗日民主政权》一文中说：我们绝不能像国民党那样搞"以党治国"，因为那"是麻痹党、腐化党、破坏党、使党脱离群众的最有效的办法"。为此，他提出了三个基本观点：一是党的"真正的优势要表现在群众拥护上"，把"优势建筑在权力上是靠不住的"；二是不应把党的领导解释为"党权高于一切"，甚至"党员高于一切"，要避免"不细心地去研究政策，忙于事务上的干涉政权，放松了政治领导"；三是办事不能"尚简单避复杂"，不能"以为一切问题只要党员占多数，一举手万事皆迎刃而解"。他的这些观点在今天仍有重大的现实指导意义。

　　怎样才能在今后一个较长时期里逐步解决这一政治体制改革的关键问题呢？我有如下几点想法和建议。

　　一要解决突出表现党政不分的"两块牌子，一套人马"问题。办法是大量合并和精简各级党委下设的与行政机关和司法机关对口的职能机构，不能再事无巨细进行对口"领导"和"管理"。大量合并与精简后的党的职能机构应把工作重心转移到协助党委做好调查研究，制定好重大决策和方针政策上来，做好"党要管党"的工作。同时，加强各级各部门"党组"的工作，充分发挥其"政治、思想"领导的功能。要改变党的领导除了"政治、思想"领导之外，还有"组织"领导的错误观念。

　　二是解决好党和人大的关系问题。要逐步将权力重心从各级党组织转移到各级人大上来，使之成为真正的"国家权力机关"。主要通过各级人大的"党团"、党组织、党员，做好人大的工作，各级党组织的工作重心应放到提出立法建议和重大问题决策的建议上来，各级人大不应事无巨细都要向同级党委汇报。尤其要重视人大自身的建设，包括提高选举的自由度；提高人民代表的政治和业务素质；实现各级人大常委的专职化；进一步提高人大工作的透明度；提高各民主党派的独立自主性，以进一步发挥其在人大工作中的作用；等等。

三是坚持司法独立，维护司法权威。现在连"司法独立"四个字都不敢提，是很欠考虑的。我国民主革命时期根据地政权的法律文书就早已写进"司法独立"。"八二宪法"起草过程中，宪法起草委员会主任委员叶剑英委员长在第一次会议致辞里也明确提出了这次宪法的制定，应贯彻"民主立法"与"司法独立"原则。不能说这也是在否定党的领导吧？！国际人权文书有几个关于"司法独立"的专门文书，还有过一个关于"司法独立"的"北京宣言"。它作为司法工作的一项基本原则已为全世界各国所公认。作为联合国安理会的常任理事国，我们有充分尊重它的义务。而且它被公认为是现代民主政治体制中非常重要的一环，对国家长治久安也有重大意义。至于各国在宪法表述上、在制度安排上略有不同，那是自然的。前面提到的政法委"三长会议"定案是违宪的，即使只是交换一下意见与看法，刑诉法中并没有这样的制度安排，也是不妥的。在这个问题上，邓小平同志的态度是十分明确的。他曾说，"不管谁犯了法，都要由公安机关依法侦查，司法机关依法处理，任何人都不许干扰法律的实施，任何犯了法的人都不能逍遥法外。""党要管党内纪律的问题，法律范围的问题应该由国家和政府管。党干预太多，不利于在全体人民中树立法制观念。"

在这里，我还重复提一下我曾多次提过的建议，即修改现行宪法的第126条。该条的规定是："人民法院独立行使审判权，不受行政机关、社会团体和个人的干涉。"我建议将"不受行政机关"干涉改为"不受任何机关"干涉，或恢复1954年宪法的规定："人民法院独立行使审判权，只服从法律。"因为"干涉"是个贬义词，行政机关不能"干涉"，党组织和人大也不能"干涉"。对司法工作，党要领导，人大要监督，那是另外一个概念，另外一个问题。当然，这不仅是宪法的用词和逻辑需要严谨、严肃的问题，关键还是它内涵的理念是否合理和正确。

现在司法权威不高，"信访不信法"，就是一个突出的问题。即使涉法涉诉的来信来访案件已移交政法委处理，也多有不妥。因为它不仅涉及司法独立的贯彻遵守，还涉及这样是否科学、合理。一个案件经过公检法按刑事诉讼法、民事诉讼法和行政诉讼法的严密设计的一系列程序而作出的终审判决，信访部门仅凭原、被告一方的一封信和相关材料的审读，就可以对该案的是非对错表态，显然是不科学、不严肃、不慎重的。如果把道理说清楚，老百姓是会通情达理的。经过几年努力，信"访"不信"法"的问题就可得到解决；"某人要上访，县委书记给他下跪"这样的事情就不会再发生了。

四是"建立建宪审查制度刻不容缓"。这是我在2001年11月2日《法制日报》发表的一篇文章的标题。为此，我曾多次呼吁，在这篇文章又再次提出，是因为，它不仅直接关系到维护宪法尊严与权威，解决有人比喻我国宪法是"一只没有牙齿的老虎"这一重大问题，而且它还同正确的党政关系这一问题有密切关联。在一次高级别的专家座谈会上，我曾建议尽快建立宪法监督制度，会上一位长期从事人大工作的高级干部争辩说："是不是违宪，党说了算。"此言一出，当时令我哭笑不得。因为，这可能成为国际上的一大笑话。我的意见是，在全国人大常委会下设立一个"宪法监督委员会"，其性质和地位同现有的九个专门委员会相当，受全国人大常委会领导，并对它负责，它作出的有关宪法监督方面的意见与建议，报送全国人大常委会讨论和作出是否违宪的决定，必要时由人大常委会报告全国人民代表大会作出决定。它的职责可以是：对宪法解释提出意见、建议；对法律法规、自治条例和单行条例是否违宪，对中央一级国家机关的重大政策和决定是否违宪，提出意见；对中央机关之间的权限争议，对中央一级领导人的罢免案提出审查意见；等等。将中央军委制定的法律、法规是否违宪提出审查意见，也应当列入其职责范围，是理所当然的。因为中央军委也是宪法规定的对全国人大负责、报告工作并受其监督的一个国家机构。至于人们最担心的当党中央的红头文件同宪法或基本法律相抵触问题，那也好办。我们可以同意大利等西方国家的宪法法院或宪法委员会有权作出"政党违宪"的裁决不同，可以用内部通报方式，交由党中央或全国人大作出修改宪法、法律或对其作出解释；或由党中央对新政策作出调整，或对修宪改法提出建议。这对国家机关、民主党派、社会组织和广大公众开展对党组织的监督大有好处。人们说，我国尚未建立起违宪审查制度或宪法监督制度，这一判断是成立的。认为现在的"法规审查室"已在履行宪法监督职能，甚至认为这就够了。一个"局级"机构就可以担负起"宪法监督"的重任和完成其职责，这有损于宪法应有的崇高尊严和权威。主张用现在"法律委员会"来代行宪法监督的职能，会混淆宪法与法律的原则界限，同样有损于宪法应有的权威与尊严。

五是要树立国家法律的效力高于执政党的政策的理念和制度。当党的政策和国家法律发生抵触和矛盾时该怎么办？这个问题在20世纪80年代就曾讨论过。第一种意见认为，应按党的政策办，理由是法律要相对稳定，它比较容易滞后于现实生活；党的政策能更快地反映现实生活的变化；况且，党的政策是国家法律的灵魂，国家法律是党的政策的工具。第二种观点认为，你看哪个正确就按哪个办。第三种观点是我和一些同志的看法，即应按国家法律办。理由是，党的政策是党的主张，国家法律则是党的主张和人民意志的统一。从原则上讲，不是这个党的党员，就不受这个党的党纲和党章的约束，党的政策对非党人士无直接约束力，它只能通过宣传与示范吸引人们自愿接受。国家法律的灵魂不是党的政策，国家法律与党的政策的灵魂都应当是人民的利益，社会的进步、事物的规律和时代的精神。国家法律更不应该是党的政策的工具，两者都应当是国家为人民谋利益的工具。第二种意见也当然不可取，因为那样就会乱套，不能维护法制的统一和尊严。已故前最高人民检察院研究室主任王桂五同志的观点倒很有意思。他说，如果你是群众，你就按国家法律办；如果你是党员，你就赶紧请示党组织，他说怎么办，你就怎么办。他提出的后面那种做法，我不完全同意，但有一定的启示意义，就是党组织和有关人大要赶快对此类问题研究解决。现在有立法权的人大开会也不难，重大问题在两个月之间召开临时会议也是能够做到的。这里的关键还是在党的组织与国家政权组织的关系上，应有符合现代民主法治具有普遍价值的正确理念。

后 记

本文又名《从党治走向法治》，发表于《炎黄春秋》2012年第12期。

为"司法独立"正名

目前,有些人认为,"司法独立"是一个错误的观念,应当否定。这种主张显然是缺乏历史知识、法治理念和政治智慧的。

司法独立是现代宪政的一项重要原则与制度。现在对当代中国司法独立的理论和实践,中外学术界和法律实务界正予以特别的关注。我认为,为"司法独立"正名与"脱敏",是其中一个需要认真对待和解决的问题。理由如下:

第一,司法独立作为现代宪政的一项重要原则和制度,具有三重属性。首先,它是现代民主的一项重要原则和制度。自近代以来,无论是主张和实行二权、三权、四权或五权分立与制衡,其精髓都是国家权力的分立与相互制约。而权力过分集中,权力不受制约,权力必然腐败,这是一条历史的铁的规律。而司法独立就是现代民主中国家权力分立和制衡的一个极为重要和必备的内容和环节,是现代民主与古代专制政体的重要区别。其次,司法独立又是现代法治的一个重要原则和制度,是现代司法制度民主性的一个重要体现,是实现司法公正和权威的根本保证。再次,司法独立还是人权保障的一个重要内容。即,当一个人受到公安机关或检察机关指控其有犯罪嫌疑时,他(或她)享有接受一个独立而公正的司法机关审判的权利。

第二,"司法独立"一词,在我国的立宪史和重要文献中早已接受和使用。例如:1954年宪法的规定是"人民法院独立行使审判权,只服从法律",最准确而又清晰地表达了"司法独立"的理念和原则。前全国人大常委会委员长叶剑英在"八二宪法"制定中召开的第一次"宪法修改委员会"会议的致辞中就曾明确指出:这次宪法修改,要贯彻"司法独立"和"民主立法"两项原则。我参加了这个讲话稿的起草。1981年,为总结审判"四人帮"的历史经验,我受命起草了《人民日报》"特约评论员"文章,题为《社会主义民主与法制的里程碑——评审判林彪、江青反革命集团》,发表在同年11月21日《人民日报》。其中总结出的法治五项原则,第一条就是:"司法工作的独立原则。"这两个文件,都是经过中央多位领导审定的。如果说,提"司法独立"就是反对党的领导,这是完全说不通的。新中国成立以来,党中央的主要领导人,都对司法独立的原则和制度予以充分肯定和高度重视。例如,1962年5月,时任党中央副主席和国家主席的刘少奇,就曾对一些地方的党政部门干涉司法独立的行为进行了严肃的批评,并指出:"法院独立审判是对的,是宪法规定了的,党委和政府不应该干涉他们判案子。"他甚至明确指出:"不要提政法机关绝对服从各级党委领导。它违法,就不能服从。如果地方党委的决定同法律、同中央的政策不一致,服从哪一个?在这种情况下,应该服从法律、服从中央的政策。"① 1986年6月,邓小平同志在党中央政治局常委会上也指出:"属于法律范围的问题要用法制来解决,由党直接管不合适","党干预太多不利于在全体人民中树立法制观念"。他还说,"不管谁犯了法,都要由公安机关依法追查,司法机关依法办理,任何人都不许干扰法律的实施。"②

第三,实际上,反对"司法独立"的,只是党内极个别的领导同志。1981年在第一次全国政法工作会议上,一位分管政法工作的领导同志就曾提出要批判"司法独立""无罪推定""有利被告""自由心证"。他曾说:"司法独立,还要不要党的领导?这是一个老问题,有人提出,法院独立审判,只服从法律,任何机关、社会团体、个人不得干涉和施加影响,这样讲还要不要党的领导,还要不要对全国人民代表大会及其常委会负责?"③ 正是由于这位领导同志的坚持,他的思想被规定在1979年的刑事诉讼法中,后又规定在"八二宪法"的第126条中,其中具体表述是"人民法院独立行使审判权,不受行政机关、社会团体和个人的干涉。""八二宪法"起草过程中,时任宪法起草秘书处的秘书长胡乔木同志就曾要求中国社科院法学所对草案提出修改意见。包括笔者在内的五位专家一致提出要修改现在的第126条,将"不受行政机关……的干涉"改为"不受任何机关……的干涉"或最好是恢复1954年宪法的表述:"人民法院独立行使

---

① 《刘少奇选集》下卷,人民出版社,1985,第462页。
② 《邓小平文选》第二卷,人民出版社,1993,第163、292页。
③ 《彭真文选》,人民出版社,1991,第416页。

审判权，只服从法律。"但建议未被采纳。而现在的表述不仅理念错误，形式逻辑也未顾及。因为"干涉"是个贬义词，司法机关办理具体案件，行政机关不能"干涉"，党的组织和人大不能也不应"干涉"。而这和党要在政治上、思想上对司法工作进行领导，人大要对司法工作进行监督，是完全不同的两个概念和两个问题。

第四，"司法独立"已成为现今国际社会的共识，反对的国家极少。它有一系列国际文书予以明确和具体地加以规定，其中还包括了一个"北京声明"即1995年8月19日在北京举行的第六届亚太地区首席大法官会议通过的《司法机关独立基本原则的声明》。在诸多这类国际文书中，有两项对所有联合国成员国有普遍约束力，即联合国第40/32号决议和40/146号决议认可的《关于司法机关独立的基本原则》和联合国经社理事会1989/60号决议通过的《关于司法机关独立的基本原则：实施程序》。它还规定自1988年起所有成员国负有"每五年向秘书长通报一次在实施基本原则方面所取得的进展情况，包括基本原则的宣传，纳入国内立法的情况，在国内实施原则时所面临的问题和困难以及遇到的各种阻碍，同时还包括可能需要的国际社会的援助等"。我国是安理会五个常任理事国之一，又是人权理事会的理事国。如果我们不严格履行自己的义务，在体制和机制上有诸多明显违背其基本原则的地方，甚至连"司法独立"这四个字也不允许提，这在政治上是不明智的，必将大大有损于我国在国际上的形象和威望。

第五，"司法独立"这一原则和制度，既具有普适价值，在不同国家又具有不同的表现形式。在我国，司法机关办案只服从法律。这同党在政治上、思想上对司法工作进行领导，各级人大对司法工作是否严格依法办案进行监督，并不矛盾。而且完全用不着也不应当否定"司法独立"这一原则本身。在我国，宪法和法律是党领导人民制定的；在一定意义上和程度上，宪法和法律是党的路线、方针、政策的具体化和条文化，是党的主张和人民意志的统一。司法机关独立行使职权，排除来自任何方面的干涉和干扰，以维护宪法和法律的崇高权威，就是最好的维护党的领导，是最有力的保证党的领导的实现。

第六，在我国，要切实实现"司法独立"这一原则和制度，必须对司法体制和机制作出深入的改革，其中尤以体制的改革最具有关键性意义。这方面存在的问题主要有三个。一是党组织批案问题。本来，党委审批案件的制度已在1979年9月9日颁布的中共《中央关于坚决保证刑法、刑事诉讼法切实实施的指示》（即著名的"64号文件"）中明令宣布取消。该文件指出，这些法律"是否严格执行，是衡量我国是否实行社会主义法治的重要标志"。这是在中央文件中首次提出"法治"的概念并强调其重要性。该文件提出，"加强党对司法工作的领导，最重要的一条，就是切实保证法律的实施，充分发挥司法机关的作用，切实保证人民检察院独立行使检察权，人民法院独立行使审判权……国家法律是党领导制定的，司法机关是党领导建立的，任何人不尊重法律和司法机关的职权，这首先就是损害党的领导和党的威信。"为此，它作出了一个极为重要的决定："取消各级党委审批案件的制度。"① 但是，后来这一制度又有回潮，主要改为"政法委"批案。无论怎样，这样做是明显违宪，因为这意味着在检察院和法院之上，还有某个机关可以对某些具体案件作出最后决定。而宪法完全没有这个意思，而是明确地将检察权和审判权赋予检察院和法院行使。二是涉法涉诉信访制度。现在"信访不信法"已在全国蔓延开来，使各地党政领导叫苦不迭。信访机关对涉法涉诉上访，单凭上访一方一面之词，就可以对一些正在审理甚至已经生效的判决或裁定说三道四，这既不科学，也是对司法机关独立行使职权的非法干预，严重损害了法律的应有权威。这个问题不尽快解决，"上访潮"将愈演愈烈，也会直接影响到社会的稳定。中国的老百姓是通情达理的。只要把道理说清楚，强调这类问题应按法定程序办，信访机关无权表态，经过若干年的努力，这个问题是完全可以解决的。三是地方保护主义。不听话就摘乌纱帽，这种事例已绝非个别。司法机关的人、财、物都属同级党政机关管理的体制是其重要的制度性根源。为此，学术界长期以来已提出种种改革建议，需要认真继续研究。

笔者认为，在我国，宪政建设的实体三要素——民主、法治、人权在发展战略与策略上，在全面推进的同时，应将法治置于优先的位置，即依靠法治保民主与人权，以法治与人权促民主。而在法治建设的几个基本环节即立法、执法（行政）、司法上，最为薄弱的环节是司法。而要建立一个独立、公正、廉洁、高效、权威的司法制度，保证其独立性是极其重要的一环。

党的十八大胜利召开，在我们党和国家的历史上具有非常重要的意义，十八大报告的内容，特别是在短短两个多月的时间里，新的中央领导

---

① 见张憨等《法院独立审判问题研究》，人民法院出版社，1998，第133页。

集体的一系列举措，包括改变作风的八条规定、习近平同志的"十二·四"讲话，特别是新的中央政法委书记孟建柱同志在全国政法工作电话电视会议上的讲话，发出了一个强烈的信息：未来的中央领导一定会带领全国人民，加快建设社会主义法治国家。2013年1月3日，孟建柱同志在全国政法工作电话电视会议上提出，将"劳教制度改革，涉法涉诉信访工作改革，司法权力运行机制改革以及户籍制度改革"，确定为2013年政法工作的重点。讲话中，他还离开稿子，明确宣布，今后政法委不再干预司法机关办理个案。这些都是老大难问题。在这样短的时间里就决定尽快解决它，这是需要很大智慧、勇气和魄力的。正如《人民日报》下属的《环球时报》"社评"对此作出的评论：中央"为2013年的政法工作设立了庞大目标，这可以看成总动员级别的继往开来，甚至新的出发"。孟建柱同志提出四项重大改革，其中有两项改革，直接关系到"司法独立"原则与制度的贯彻落实。我对这个问题的早日解决充满信心。

后　记

本文发表于《环球法律评论》2013年第2期。

我对中国民主与法治是乐观的

这一历史进程的快慢，将取决于政治家们的远见卓识和胆略，取决于法律实务工作者的责任感和良心，也取决于法学家们的独立品格和勇气，还取决于全国广大人民群众的政治觉醒与行动。

这是一个被法学人视作布满荆棘的领域，法治、人权，无一不涉及敏感问题。然而，他却能鼓足勇气终生致力其中，将书院式的法学研究变成切切实实推进中国法治与民主进程的力量。不论政治风云如何变幻，始终坚守信念、坚定如一。

他被称作法学界的"善舞者"，与政府共舞，与权力共舞，并在此过程中让政府官员和更多的人领会法律和法治的魂灵。

在相当长的时间里，他总是在最需要的时候，提出适当的理论学说，推进这个国家的法治事业，在激进和保守之间保持了高超的平衡。

他即将动笔的自传已写下这样的题记："这是一轮红日，在他的梦境里喷薄欲出；这是一缕忧伤，在他的思绪里挥之不去；这是一股激情，在他的生命里熊熊燃烧；这是一曲法颂，在他的著述里放声歌唱。"

这就是李步云，湖南大学法学院教授、中国社科院荣誉学部委员，中国法治史上注定要留下其浓墨重彩一笔的法学家。

朝鲜战场血与火

从此后的人生经历来看，我之所以在理论研究上有点勇气，应该同我个人的这段独特经历有关。

财新《中国改革》：你是一位地下党员的儿子？这是怎样一个家庭背景？你的少年时代如何在战争与内乱中度过？

李步云：1933年8月23日，我出生于湖南省娄底市一个书香门第。

父亲1926年加入中国共产党，是湘乡支部委员和当地农民协会会长。这些情况直到我参军后他才告诉我。只记得父亲当时在湘乡县城草罗巷九号，经营着一家叫做"鼎荣"的旅馆。每半个月，就会有一些陌生人来吃饭，也不住，聊完天就走了，那是地下党在交换情报和研究工作。我家堂屋的夹墙里藏着当时的一些革命文物，一直保存到了新中国成立。

我十岁时母亲便离世，加上哥哥病重，欠了很多债，考上中学却交不起学费，只得停学一年，去我父亲任校长的小学当教员，工资是一年800斤稻谷。

1947年，我重新考入涟壁中学，初二时的英文老师刘佩琪是西南联大的地下党员。因为我思想表现进步，他开始断断续续地给我灌输革命理想。他组织了一个外围社团叫"济世学会"，给大家发毛泽东的《新民主主义论》，这些都是我们俩半夜无人时在学校里偷偷印的。当时尽管我才十几岁，但也知道，一旦被反动当局抓住，不杀头也得坐班房。

毕业时老师们在我毕业留言本上的题词至今记忆犹新，训导主任写的是"天资聪颖、心地光明、思想进步、求学心切、乐于助人、态度大方"，中文教员写的是"青云路远，万里鹏程早著鞭"，可惜这个本子在前往朝鲜战场的前夜轻装时丢掉了，实乃我人生一大遗憾。

财新《中国改革》：怎样的机缘会使你走上抗美援朝的战场？

李步云：我成熟早，思想进步，一直想参加革命。到考大学时，因为家里穷，读不起。当时，四野特种兵干部学校在湘乡县招生，我拿着姐姐给的两块大洋，步行100多里，到县城参加了考试。

1949年11月，我被录取，坐了13天军用火车到达佳木斯，在军干校学习六个月军事政治后，分配到四野炮一师26团政治处任民运干事。

不久，抗美援朝战争爆发。在丹东准备40多天后，1950年10月23日夜，我们身着朝鲜军服，轻装进入朝鲜。我们23日过江，25日，中国政府才正式宣布参战。当时要求所有带汉字的东西一律不得过江。

财新《中国改革》：能讲讲你的战争经历吗？

李步云：我参加了前五次战役。10月23日，我们半夜过江，坐火车走了二三十公里，然后步行七天七夜，到达云山，展开第一次战役。炮兵阵地已事先挖好，半夜我们赶到就打，美军一个团被全歼，四架飞机没能飞走。

十月底已经很冷了。不过，我去的时候是穿着棉袄的，更早一批人就惨了,几百人的腿都冻坏了。我们夜里行军,白天就躲在山沟里睡觉。有一天下雨,我下面铺着树枝,上面盖着雨衣,水就在后背下面流淌。卧冰雪、吃炒面,确实很艰苦。

财新《中国改革》:最危险的境况是怎样的?

李步云:第五次战役第二阶段,志愿军作战失利,不少部队被包围。一边是江,一边是山,我们只能经过一段两公里左右的道路冲出包围圈。那是死亡之路,天上有美军飞机,地面有火炮轰击。路上到处是志愿军战士的尸体。记得一位战友受了重伤,他对我说:"同志,我这里有把枪,你带走吧。"可当时的命令是快速通过,不让救人更不能拿东西。我能做的就是跑步通过。

1951年11月,我回到长春休整,1952年重上前线,但没过多久,便负了重伤。那是6月间,为防空袭,志愿军每50米设一个哨所,敌人来了打枪通告,所有车辆就熄灯。可那天正好下雨,车上蒙着雨布,打枪时我们谁也没听到。结果,车灯没关,炸弹直接打中车辆,我当场就被炸飞了。摔下来时,头先着地,左臂被打断,只有筋和皮连着。车上15个人,八死七伤。

从此后的人生经历来看,我之所以在理论研究上有点勇气,应该同我个人的这段独特经历有关。

财新《中国改革》:你1952年负伤回国,1955年转业,1957年考入北大法律系。抗美援朝的负伤,促使你完成了从军人到学者的转变。为什么会选择法律系?

李步云:在抗美援朝战争期间,我两次立功,在医院治疗期间还被评为"二等休养模范"。不过,那场战争也使我的左臂被炸掉了一块骨头,至今无法伸展。1955年1月,我转业到地方,在江苏省太仓县政府工作了三年,在水利局任主任科员,兼县直机关团总支书记。太仓直接面对着崇明岛,台风频频,我印象最深的就是不分日夜用电话机通报情况、调动物资战台风的经历。

1957年,我决定考大学。当时报了十个志愿,其中,第一志愿就是北大法律系。其实,当时我连法律是干吗的都不知道。是一位业已考上华东政法学院的战友游说我,一句话把我打动了:"马克思和列宁都是学法律的。"

燕园阳光与阴霾

十年"文革",人权遭受到无以复加的肆意践踏。如今,"人权"这一伟大名词仍然存在如何"脱敏"的问题,这和"文革"思维多少有一点联系,但主要还是一个政治智慧的问题。

财新《中国改革》:1957年,你考入北京大学法律系,研究生时期还有幸师从著名法学家张友渔。燕园的那段读书生活是怎样的?

李步云:我进北大读本科,见到的第一条迎接新生入学的横幅标语就是"欢迎未来的法学家"。

从那时起,我就立下了终生从事法学研究的志向。

五年本科、三年研究生,我一直过着宿舍、饭厅和教室(或者图书馆)"三点一线"的生活。不过,那八年一点都没有感觉枯燥,天天都沉醉在知识的海洋中。1961年,我加入了中国共产党。

1962年夏季,《人民日报》曾刊登新华社的一篇报道,说北京大学当年的大学毕业生成绩普遍优良,其中举了一个例子就是我。当时,我在各方面表现都比较突出,如13门考试科目,9门是优,4门良。《北京日报》副总编辑黎先耀在学校一连采访了五天,并旁听了我的论文答辩,写出了长篇报道《大学生的最后一课》。

本科毕业后,我没有任何犹豫就决定报考研究生继续深造。那一年,中央决定聘请中国科学院哲学社会科学部(中国社会科学院的前身)的一批著名学者,如张友渔、任继愈、于光远,在北大招收研究生。我有幸成为"法坛泰斗"张友渔教授的开门弟子。

我曾用八个字来概括张老一生的治学理念,即"求实、创新、严谨、宽容"。其实,这八个字也可视为对北大精神"民主、科学"这四个字的演绎。在北大毕业之后的40多年学术生涯中,我也把这四个字当作自己终生的事业追求。

财新《中国改革》:那时的大学生涯是不是染有特别的时代色彩?

李步云:那个年代,人们的精神世界非常单纯,包括我在内的许多人对人民对祖国的热爱,对民族振兴与社会进步的信心,都是发自内心的。

我们曾在门头沟西斋堂"半工半读"六个月,白天同老乡一起背石头修水渠,或听老师讲授外语、汉语、专业等课程,晚上就坐在火炕上同房东聊天,听他们讲革命老区的故事,感觉同劳动人民的心贴得更近了。

现在的北大图书馆那时是块草地，"三年困难时期"我们年级曾在那里种过胡萝卜，每人分到一脸盆，以补营养不足。

即使在那样艰难的岁月，同学们的情绪始终饱满、乐观。同时，也并不妨碍看书学习，西方古典名著都是那时看的，思维逻辑文笔也是那时练的。

财新《中国改革》：你入学时正是"反右"运动在全国泛滥开来的时候，对政治的风云变幻你有怎样的记忆？

李步云：1957年秋，"反右"运动已接近尾声。我参加过什么活动已经记忆模糊。但是，对马寅初教授的一次批判会却令我难忘。

我不是经济系的学生，但因为是批判鼎鼎大名的马校长，我还是去旁听了一次批判会。阶梯教室坐了约200人，尽管年轻老师和学生的质疑和批评语调并不激烈，但会场的气氛仍然十分严肃和紧张。让人印象最深的是，马寅初教授在近三个小时中，站在台上一直耐心地回答提问和解释自己的观点，没有说一句违心的"自我批判"的假话，而且始终和颜悦色，还不时同批评者开一两句玩笑。比如说，"你们尽管批判，你们越批，我越心宽体胖。"后来读李锐《世纪之交留言》才知道，当时，周恩来曾建议他做个检讨，好过关。但马老严肃地表示："我决不在压力下屈服。我虽年届八十，明知寡不敌众，我也要单枪匹马出来应战，直到战死为止，决不向专以力压服、不以理说服的那种批判者们投降。"这也许就是蔡元培校长所倡导并为北大始终坚持和实践的"民主"与"科学"精神吧。

一个有民主与科学精神的学者或政治家，是不惧怕别人批判的。他应能敢于坚持真理和修正错误，对批判过自己并被实践证明是批评错了的人也能宽容。学术是这样，政治也应当是这样。

财新《中国改革》：研究生毕业后，你并没有直接投入法学研究，为什么呢？

李步云：毕业后两年，我在北大"留校待分配"。当时，北大是全国社会主义教育的重点，我曾随学校社教工作团到著名的四季青公社工作，担任公社工作队队长。在长达七个多月的时间里，我只抓了两件事，一是组织公社干部学习，正面领会文件精神；二是组织人员清查公社及其直属单位如电影放映队的账目。在各种会议上，我和工作队队员从未批评过任何干部，包括公社领导。有一次，公社社长张玉龙找我谈话，痛哭流涕地检讨自己在工作中的一些失误，我还一再安慰他，不要过于自责。其实，这主要不是因为我当时对"左"的一些思想与政策有多么深刻的认识，而是基于我一生为人处世的宽容思想。

1967年2月，我被分配到中国科学院哲学社会科学学部。1971年，学部下放河南息县，其间我被派往东岳公社李庄大队担任"批修整风工作组"组长。那一年，我也没整过任何一位党员干部。

我经常在一些聚会上开玩笑地问同事、朋友和学生，让他们猜我最喜欢的两首歌是什么？答案是，一首是《让世界充满爱》，另一首是《心太软》。

财新《中国改革》：在政治运动无止无休的年代，学校也非净土。能否讲一讲"文革"时的北大？

李步云："文化大革命"开始后，我们都被调回学校参加运动。在毛泽东《炮打司令部——我的一张大字报》的推动下，北大首当其冲，成了重灾区。但是，绝大多数师生头脑还是冷静的。

1966年5月19日，部分红卫兵在校园里到处搜查，揪斗"黑帮""走资派"，校园一片恐怖。围绕此次"5·19事件"，校内曾开展广泛激烈的辩论。

在法律系学生住宿的29号楼前广场上曾举行过一次有1000多人参加的辩论。我上台发了言，说，对这次事件，我的看法可以概括为三句话：方向正确，方法不对，效果不好。我说"方向正确"，一方面自己有点被来势很凶的"文化大革命"搞懵了，另一方面，当时不这样讲也不行。不过，我提出不应该武斗，不应该污辱人。

说到这里，我想起那之后14年的一件往事。1980年，我正被借调到中共中央书记处研究室工作。当时，基层人大搞换届选举，北大学生广泛开展了"自由竞选"活动，一时间局势颇为紧张。领导派我到北大做实地调查。我在小礼堂听了竞选班子组织的竞选演说，后又听取学校党委副书记马石江的汇报。他说，对此，学校的方针不是高压，而是疏导。

今天回想起来，与其他大学相比，从1957年到1967年的十年里，北大的学生政治思想教育工作主流并不算过火，"以阶级斗争为纲"路线的消极影响已经尽量减小到最低程度。

财新《中国改革》：北大的学习经历对你整个人生有哪些深刻的影响？

李步云：如果说我这一生还有一点什么成就的话，我首先归功于北大，归功于北大的传统，就是民主、科学。民主就是要政治上宽容，科学就是让思想上严谨。

同时，我这一生有两点值得骄傲：一个是民主思想，另一个是绝不说假话。我现在出了30多本书，300多篇文章，感觉还没有一个观点是错了，尽管我的创新观点很有限。这与我在北大所受的教育无法分开。

财新《中国改革》：你参加工作时，正赶上"文革"的高潮，你有什么特别的经历？

李步云：1967年初，北大30多名研究生联名给中央写信说，再这样待下去已经没有什么意思，要求分配工作。周恩来总理亲自批示同意。这一年2月，我被分配到中国科学院哲学社会科学学部法学所，一直工作至今。

当时，所里分为左、中、右三大派，我不参加不行，就当了中间派。折腾四个月后，法学所带头搞"大联合"，一派出一个头头，我是中间派的头头，而且没想到当了所里的"一把手"，主持了四个月工作。当时我被起了个外号"八级泥瓦匠"——就是"和稀泥"的，号召大家不要彼此斗来斗去，因此，法学所也成为院里唯一把三派联合起来的所，维持了正常运转。

当时，我的导师张友渔被中央专案组审查，我提出反对武斗，只能批评。老师因此没有遭受到多大污辱。对此，我至今感到欣慰。

1976年"四五"运动，我还是全院唯一带队去天安门广场悼念的党总支委员。在我的组织下，法学所与世界所三四十人分头到南河沿口整好队伍前往广场。

到"文革"后期，我开始觉悟。1972年写过一篇文章寄给《红旗》杂志，题目是《正确执行党的干部政策》，指出再这么搞不行，当然没有被采用。我还开始写小册子《辩证法与诡辩论》，批判"四人帮"的八种诡辩手法。还记得第一个标题是"攻其一点不及其余"，讲他们抓住老干部的一句话两句话无限上纲。那时，许多人已经开始反思"文革"了。

财新《中国改革》：从人权、法治的角度，你如何评判"文革"？

李步云：十年"文革"的最大危害，是广大干部和群众的人权遭受了肆意践踏，到了无以复加的地步。

中国进入改革开放新时期以来，人权事业从理论到实践都取得了长足的进步，但是，今天，在不少高层和中层干部中仍然把它看得很敏感，不敢提、不敢碰，因此，"人权"这一伟大名词仍然存在一个如何"脱敏"的问题。

这和"文革"的思维多少有一点点联系，但主要还是一个政治智慧问题。

突破思想禁区

从公民在法律面前一律平等,到为罪犯维护权利,促进了法学界思想尤其是人权思想的解放;推动党委审批案件制度的取消,则明确了党必须在宪法和法律的范围内活动。

财新《中国改革》:"文革"结束,法学、哲学和经济学等各个领域开始突破思想的牢笼。1978年12月6日,你在《人民日报》发表的《公民在法律上一律平等》,被称为"文革"后法学界突破思想理论禁区的第一篇文章。其写作前后有怎样的历程?

李步云:当时"文革"刚刚结束,人心思定、人心思治、人心思法。诸多理论禁区开始被突破。

写这篇文章时,压力是有的,但我内心非常坦然。在"文革"无法无天之时,法律面前不平等的个案太多了。我想,如果首先从这个重大的法治原则上突破,对推动法学界的思想解放,促进法治建设是有益的。而且相对来说这个问题也好突破,因为这在1954年的宪法中有表述,但是,在1975年和1978年的宪法中被取消了。它毕竟不像司法独立,直到现在这四个字还有所忌讳。

这篇文章从构思到写完不到半个月。文章发表后,国内国外反响比较大,我收到好多信件。其中一封陕西农村邮来的信,字迹很好,应该是个知识分子写的。他说,"我很钦佩你,但是很担心你被打成右派。"

他的担心并非虚言。因主张法律平等而被打成"右派"的,不乏先例。1957年"反右"运动,法学界抓了很多"右派"。当时最高法院刑事审判庭庭长贾潜主张"砖瓦论",说我们可以把资产阶级法律废除,但是不能一点也不继承,就好像房子被推倒,砖和瓦还是可以用的,结果被打成"右派"。著名学者杨兆龙,也是因为法律的继承性和平等问题,受到残酷批判。

后来,党中央机关刊物《红旗》杂志的编辑主动找上门来,约我就同一主题写一篇更全面详细的文章。

我感到,民主法治新的春天到来了!兴奋得不得了,连续三天三夜没有好好睡觉,也因此文章完成后我大病一场,头发也开始脱落。

不过,还是《人民日报》上的那篇文章影响更大,外国记者罗德里克发了通讯,说这是中国共产党在民主法制上采取新政策的一个信号,当时供中央领导人看的"大参考"登了他的通讯。

财新《中国改革》：随后你又进一步拓展了这一论点，为处于社会边缘的罪犯们要起了权利。

李步云：1979年10月31日，《人民日报》发表了我和徐炳共同撰写的《论我国罪犯的法律地位》一文。当时有很多服刑人员拿着这张报纸找监狱当局说：我们也是公民，我们也有一些权利应该保护。

当时，最高司法机关的一份重要文件点名批评这篇文章是"资产阶级自由化"的两篇代表作之一。到了1983年"清理精神污染"时，社科院法学所上报了两篇文章，其中也有这篇。

当时主持社科院"政法片"的张友渔副院长在会上说："李步云这篇文章观点没有错。如果一定要说有什么不足，顶多是讲早了点。现在，我们这些干部的权利还得不到保障呢！"这事也就不了了之。这篇文章的观点被1994年12月制定颁布的监狱法所采纳。当然，其影响主要还是促进了法学界思想尤其是人权思想的解放。

财新《中国改革》：党委审批案件，在那个年代是作为一项制度存在的，你也参与促动了这一制度的取消？

李步云：1979年7月，法学所党总支副书记张楠找我说，中央要起草一个重要文件，所里决定让你参加。我立即赶往中南海，接待我的是书记处研究室副主任王愈明。他说，刑法和刑事诉讼法等七部法律即将通过，胡耀邦同志要求起草一个中央文件，认真研究一下党内有哪些规定不利于这些法律的贯彻实施，应当改变。

起草第一稿后，我向研究室主任邓力群提出，建议在文件中取消党委审批案件的制度。在新中国成立到1979年的30年里，判刑期稍微长一些的案子，必须经当地党委讨论通过以后，检察院才能盖章批捕，法院才能判决。

《中共中央关于坚决保证刑法、刑事诉讼法切实实施的指示》（即"64号文件"），于1979年9月9日正式下发。

这一文件除取消党委审批案件的制度，还做出了其他不少重要决定。例如，文件指出，刑法等七部法律"能否严格执行，是衡量我国是否实行社会主义法治的重要标志"。这是在党的重要文献中第一次使用"法治"这一概念。文件还指出，"执行法律和贯彻执行党的路线、方针、政策是一致的。今后各级党组织的决议和指示，都必须有利于法律的执行，而不能与法律相抵触。"

时任最高人民法院院长的江华曾这样评价："这个文件是新中国成立以来甚至建党以来关于政法工作的第一个最重要的、最深刻的、最好的文件",他还说,"取消党委审批案件的制度,这是加强和改善党对司法工作领导的一次重大改革,改变了党委包揽司法业务的习惯做法。"

1981年7月,我撰写了《党必须在宪法和法律的范围内活动》一文,投寄给了《光明日报》。但报社一直压着不敢发,一直等到党的十二大修改党章,写进"党必须在宪法和法律的范围内活动"这一原则,才将文章发表于1982年11月22日。

财新《中国改革》：今年是"八二宪法"颁布30周年,你当年参与了制定工作,并提出许多重要的建议。

李步云：1980年7月到1981年7月,我被借调到中共中央书记处研究室工作,报到后的第一项任务就是为宪法修改委员会主任委员叶剑英起草第一次会议的讲话稿。

我在讲话稿中提出了两项原则：一是民主立法,二是司法独立。讲话稿未做大的修改就被采用。这两项原则都在1982年宪法中得到了恢复。

我对那次修宪的实质性建议,主要是通过1981年11月、12月间,在《人民日报》连续发表的10篇文章提出的。比如,建议将"凡具有中华人民共和国国籍的人都是中华人民共和国公民"写进宪法,使许多原被认为不是中国公民的人,在法律上取得了自己应有的法律人格。关于宪法的结构安排,我建议将"公民的权利和义务"放在关于国家机构的段落前面,从而表明：人民是国家的主人,国家机构是人民选举产生的,它是为人民服务的。

推动法治入宪

从要人治还是要法治,到要"刀制"还是要"水治",20年改一字的背后,是中国法治观念的从无到有,由弱而强。

财新《中国改革》：你们这一代法学家似乎就是"拓荒者"。许多如今已成为常识的理论、概念,却要经过你们数十年的努力才得以被认可,比如说法治。你在1979年和王德祥、陈春龙合作写下洋洋18000字的《论以法治国》,这是国内学者首次提出并系统论述这一问题。

李步云：法学界普遍认为,这是第一次明确提出要在中国实行依法治国的文章,也从此开始了"法治论""结合论"和"取消论"这三大派的激烈论争。

1980年初，中国社科院法学所举办了全国第一次人治与法治专题讨论会，有近400人参加。第一个发言的是曾任董必武秘书的陶希晋，他很鲜明地说，我们要搞法治，不搞人治。陶希晋的地位很高，他一定调，一位主张"结合论"的老师，突然取消讲话，我怎么动员他也不讲了。我最后一个发言，讲到一半的时候，有人就站起来指责我们不应该将"资产阶级的私货"硬塞进中央文件（指的是将"法治"写入"64号文件"）。可见当时不同学术观点争论的激烈程度。

财新《中国改革》：有人将这场关于"人治与法治"的讨论称为第一阶段的大讨论，进入20世纪90年代，讨论的焦点开始转向"法制"与"法治"。一字之差，影响深远。你曾试图把法治的概念带进中央领导的法制讲座？

李步云：我从1982年发表《论法治概念的科学性》一文起，就对"法治"与"法制"作了原则区分：法制是法律制度的简称；法治则是相对于人治而言。我们曾经形象地把政法机关比喻为"刀把子"，这对我们政府的形象没有好处。"水治"就很恰当，水可载舟亦可覆舟，强调了以人为本。

这些观点我在各种文章和讲话中反复说明，包括给中央政治局准备的法制讲稿。

从1994年下半年开始，中央政治局决定每年举办两次法制讲座。1995年冬，江泽民在司法部建议可讲的两个题目中圈定了"关于实行依法治国，建设社会主义法制国家的理论和实践问题"，作为第三次法制讲座的主题。司法部决定由我主讲。

经过半个多月的准备，我写成了《依法治国，建设社会主义法治国家》这一讲稿。在向司法部领导汇报时，我提出修改题目，因为"关于实行""理论和实践问题"等用词是多余的，而"法制国家"改为"法治国家"比较准确。几位司长都没有表示反对。

1996年1月中下旬，在司法部的一间会议室里，由司法部部长肖扬主持，我作了试讲。中午，肖扬设宴招待。他说，题目不要改，江泽民同志圈定题目才一个多月，你们就改了题，我们不好解释和交代。你们想改"法制"为"法治"，等一年以后再说吧。

第二天一早，法学所刘海年找我说，司法部领导由于某些考虑，决定改由所长王家福同志出面讲比较好，你仍是课题组成员。课题组几位同志又准备了另一讲稿，于 1996 年 2 月由王家福代表课题组在中南海作了讲解。

一个月后，第八届全国人大第四次会议的一系列重要文件都将"依法治国，建设社会主义法制国家"作为民主法制建设的总方针与奋斗目标肯定下来。

财新《中国改革》：你曾用"20 年改一字"来形容从"法制"到"法治"的艰难历程。其中还有怎样的曲折？

李步云：当时，确实有人反对"法治"这个提法，认为提"社会主义法制"就可以了。

1996 年 12 月，由田纪云带队，全国人大在深圳召开了一个高级研讨班。我在会上作了《依法治国的理论和实践》的主题发言。回到北京后，有人告诉我，一位领导同志反对用"法治"而主张用"法制"。理由是，我们已经有"有法可依、有法必依、执法必严、违法必究"十六字方针，有静态的，也有动态的，没有必要再用"法治"。

1996 年 3 月的八届全国人大会议上，乔石委员长亲自召开小型座谈会，讨论究竟用"法制"还是"法治"，因为意见不一，在一系列文件中，仍未能将"法制国家"改为"法治国家"。

到十五大报告起草时，王家福、刘海年和我商量，一定得想办法在这次党代会上把它改过来，于是就送了几份材料上报，其中就包括 1989 年 9 月 26 日中共第三代领导集体上任时在人民大会堂举行的中外记者招待会上江泽民同志的一段话：今后"我们绝不能以党代政，也绝不能以党代法。这也是新闻界常讲的究竟是人治还是法治的问题，我想我们一定要遵循法治的方针"。

当时，仍有反对意见，但江泽民同志最后拍板，将"法制国家"改成了"法治国家"。

财新《中国改革》：这只是阶段性胜利，你曾经立誓，"一定要把法治写进宪法"。

李步云：1998 年 8 月 29 日，在人民大会堂，我第二次给全国人大常委会讲课，由李鹏同志主持。我曾建议此次讲稿用《依法治国的理论与实践问题》，具体负责这项工作的研究室主任程湘清告诉我，他们的意见还是用我给中央政治局准备的讲稿题目——"依法治国，建设社会主义法治国家"。讲稿中引用了邓小平同志在 1941 年发表的《党与抗日民主政权》中的一段话：我们绝不能像国民党那样搞"以党治国"，因为那"是麻痹党、腐化党、破坏党、使党脱离群众的最有效的办法"。我曾担心这段话通不过，因为学术界几乎无人敢引用这段话，但负责审稿的几位领导同志对讲稿未提任何修改意见。这令我十分感动，它再一次证实了我长期以来的一个看法，凡在人大工作特别是工作较久的同志思想都比较开放，民主法治观念相对较强。

1999年宪法修正前，中央召开了两个座谈会。一个是经济学家的，一个是法学家的。在1998年12月22日有15位法学家出席的座谈会上，包括我在内，大家都极力主张将"依法治国，建设社会主义法治国家"写进宪法。1999年，我应人民日报之约撰写了《依法治国的里程碑》一文，提出社会主义法治国家的十条标准：法制完备、主权在民、保障人权、权力制衡、法律平等、法律至上、依法行政、司法独立、程序正当、党要守法。

1999年3月15日，第九届全国人大二次会议通过现行宪法的第三次修正案，在第五条增加一款，作为第1款，规定"中华人民共和国实行依法治国，建设社会主义法治国家"。就依法治国而言，党的十五大的重要贡献是，通过党代表大会的正式民主程序，将这一治国方略确定下来，但是，这只能说是执政党的治国方略。而将其载入宪法，则成为了国家机构治理国家的基本方略。

法治虽已成治国方略，但仍有人借口"法律不是万能的"，提出这样或那样的"方略"以"克服依法治国的片面性"。

财新《中国改革》：终于大功告成了？

李步云：不能这样讲。真没想到，这个问题在理论层面的解决会是如此之艰难。这一治国方略虽已入宪，可还是有人认为"法治"的含义就是法的作用很重要，"人治"的含义就是人的作用很重要，因而主张法治应当与人治相结合，借口法律不是万能的，提出这样或那样的"方略"来补充，以求克服"依法治国的片面性"。

财新《中国改革》：这样的思想交锋是不是经常发生？比如：你在接受中共中央党校一刊物的访谈中，曾提出，政法工作不能倒退，倒退是没有出路的，有具体所指吗？

李步云：有。我在一些场合多次讲过，近些年来，在一些人那里，某些提法和做法是在倒退。

有一次在北京郊区开"双百活动"经验交流会，最高院大法官张军做示范报告，题目是"依法治国与社会管理创新"。我提了两点意见。第一，不反对社会管理创新，但要强调，社会管理首先应是社会服务。第二，社会管理创新会有很多措施，但任何措施都要合法。现在，中央有个口号，判案要政治、社会、法律效果三统一，我认为必须统一到法律效果上来。不能用政治效果、社会效果来突破法律，政治效果与社会效果只能在法律允许的幅度内予以考虑。当时，张军副院长马上回应说，最高法院就是这样理解的。

比如，提司法工作要为服务大局、为党的中心工作服务，一些做法也值得研究。现在司法改革一大任务是减负。像有的省平均每个法官每年要办150多件案子，任务够重了，还要他们去做一些与办案无关的事情，没有必要。宪法和法律赋予法院、检察院的任务就是办案子。办好案子，维护法律的尊严，就是最好的为长治久安大局服务。

财新《中国改革》：听说2011年10月，你曾受重庆市委邀请做过一次法治讲座？

李步云：当时，重庆市委定的题目是"发扬传统，坚定信念，执政为民"，背景正是"唱红打黑"。中国法学会找了十几个专家，都不肯去，找到我，我说可以去，但要求改题目。中国法学会的同志表示为难，定的题目肯定是主政者感兴趣的，不太好改。我也便没有坚持。

在讲座中，我提了这样几个观点：一是"唱红"我也喜欢，但不能搞运动，不能乱花钱，不能走搞阶级斗争的回头路；二是"打黑"全世界都很重视，但不能不讲标准，不能不讲程序，不能搞刑讯逼供，不能不尊重律师。此前我曾就"李庄案与中国法治前景"接受过媒体的采访。我说，你们应该也看到了。

我又提出"五个重庆"的提法不全面，最重要的是得加一个"法治重庆"。

后来，重庆市委组织座谈会，讨论重庆建设民主法治的相关问题，我和郭道晖都没被邀请参加。

四处为人权鼓与呼

我们所追求的理想社会应当是一个人人自由、人人平等、人人富裕的社会。自由、平等、富裕正是现代人权最主要的内容

财新《中国改革》：与法治一样，人权曾被一些学者和干部误解为是资产阶级的口号。你是国内最早关注人权的学者之一，中国人权的理论研

究是怎样破冰的？

李步云：在很长一段时期里，人们错误地将人权当成是资产阶级的口号。20世纪80年代"清除精神污染"时，上面要求法学界主要批两个问题，一个是人权，一个是无罪推定。批人权问题的文章叫王家福、我和信春鹰三个人撰写。我说，我有个条件，不能再说人权是资产阶级口号，否则我就不参加。王家福说，"我同意。"但在那个气候下这样的文章不好写，我们就有意推掉了。

这种情况直到1991年前后才开始发生根本性变化。这一年中国政府发表了《中国的人权状况》白皮书。也是在这一年，我和王家福、刘海年等教授组建了中国社科院人权研究中心。

当时，我曾邀请法学所一位著名学者参加。他严肃地问："李老师，你们搞人权是真搞还是假搞？要是假搞，我就不参加了。"他所说的"假搞"，是指搞人权仅仅是为了同西方对抗，对青年搞教育，而主要不是改善自己国家的人权状况。

他说的这种指导思想，在当时一些政府官员中确实存在。我对他说，"困难会有，但我们可以弄假成真嘛。"至此，中国法学界得以开始系统地研究"人权"。这个人权研究中心，给中共中央写的研究报告其中一份便是《什么是人权》。

1992年，一位中央领导同志曾要求中国社科院编写一本书，阐述一下中国特色的社会主义究竟应当是什么样子。后来，由刘国光和汝信主编的《中国特色的社会主义经济、政治、文化》在1993年由中国社会科学出版社出版，我负责撰写"社会主义人权"这一章。我在书中说："社会主义者应当是最进步的人道主义者，社会主义者也应当是最彻底的人权主义者。"理由是，人们可能对什么是社会主义有这样那样的不同看法，但有三条一定是大家都会同意的，那就是我们所追求的理想社会应当是一个人人自由、人人平等、人人富裕的社会。自由、平等、富裕正是现代人权最主要的内容。

财新《中国改革》：2004年修宪写入"国家尊重和保障人权"，你们不是真的"弄假成真"了吗？

李步云：为此次修宪，吴邦国领导的中央修宪小组曾先后召开过六次座谈会，听取各方面的意见和建议。

我和法学所同事张庆福参加了2003年6月13日上午有五位宪法学家出席的座谈会。我被要求第一个发言，讲了四点建议，即将"国家尊重和保障人权"写入宪法；宣布撤销《城市流浪乞讨人员收容遣送办法》，以解决因"孙志刚事件"引发的"违宪审查"问题；修改宪法第 126 条关于司法独立问题的不正确表述；成立"宪法监督委员会"以建立起违宪审查和监督制度。后来，前两条被采纳，后两条没有。

会上，我和徐显明教授极力主张把保障人权写进宪法。当时有人提出，世界上很多国家宪法都没有这一条，我们为什么要这么写？

我说，人家没有，我们有，是有意义的，表明我们对人权的尊重，有利于消除西方国家对我们的误解，有利于转变人们的观念，有利于我们人权状况的改善。

当时，我感觉最高领导层也正在思考。吴邦国曾提问：什么是人权，该如何下定义？后来，中央还是采纳了学者的意见。

财新《中国改革》：从 2000 年开始的 12 年里，你分别在自己的故乡湖南以及广东组建了两个人权研究中心，你说你现在的工作就是"四处'鼓吹'人权"，其间有哪些甘与苦？

李步云： 在一次讲座上，一位听众说："总是听说西方国家攻击我国没有人权，但什么是人权，我却答不出来。"什么是人权？不知道的人很多。

于是，我四处去讲人权课。记得到西南政法大学去讲人权，教室里水泄不通，窗台上、地上都坐满了人。我站着，上午一口气讲 3 小时，下午再讲 3 小时，第二天，接着又讲 2 个小时。

但是，"人权"这个字眼依旧有些敏感。2002 年，我在湖南大学办全国第一期在职干部人权培训班，向有关部门请示，收到的回复是："经请示部领导，我们建议最好不办"；湖南某市请我给党政干部讲课，我提出："这次咱们讲点新东西，讲人权。"对方听了便直摇头；某中央机关组织培训班请我讲课，每次讲完课程表里排定的"依法治国"，总被要求加讲一堂人权课，但当我提议将人权课也排进课表时，对方却摆摆手。

从 2002 年始，我的"人权教育"听众，在全国率先瞄准了国家公务员和社会组织。在湖南，我办了四期人权培训班，听众囊括了公、检、法、司法部门的负责人，以及"广义上的人权组织"，如残联、妇联、工会等。接着，我又给湖南省各县市 160 位公安局局长做人权培训，并主编了一本内部教材《警察执法与人权保护》。

2004 年，我在广州大学创建了广东首个人权研究中心。2005 年 6 月 20 日，广东省监狱系统人权理论与实践研修班在广州大学拉开帷幕。有专家对此次培训连用两个"最"评价——"最尖端、最敏感"。全省29个监狱的监狱长集中起来学习人权，在国内还是首次。

2005年2月24日，在广州大学，我为近百名本科学生讲授了第一堂人权法学课，用的是我主编的全国第一本人权法学教材，这不是一堂法律专业课，而是面向全校甚至广州大学城规划中多达18万到20万名文理科学生的选修课。

以教授亲自开课的形式，把人权的理念推进到大学本科生之中，这也是全国首例。

财新《中国改革》：宪法被称作"人权保障书"。目前宪法在人权保障方面还存在哪些不足？

李步云：在我看来，宪法对人权保障的不足主要有：在政治权利和自由方面，像公民的知情权、言论自由和出版自由等，有的还没有确认，有的缺乏可操作性；在公民的人身自由权利方面，未能确认公民的迁徙自由权；在社会经济权利方面，缺乏对贫困者的特殊保护规定；在环境权方面，环境权尚未作为公民的一项基本权利被引入宪法。

宪法至上

要说服人们不要怕，用不着怕，而只有高举宪法至上的旗帜，执政党才能保持自己的地位，民族才能实现伟大复兴。

财新《中国改革》：人们都说中国宪法的不少有利于民主法治的规定没有得到切实贯彻，你怎么看此问题？

李步云：这个看法我觉得应该做一个补充。中国有宪法，但宪法还不完善；它基本反映了我们的现状，但还没有达到理想状态。我们不仅要有一部好宪法，而且要求它得到彻底的落实，具有很大的权威，它体现的基本原则得到实现。

现代宪法的三大基本原则，我把它归结为民主、法治、人权。这也是我提出依宪执政的四要素：民主、法治、人权、宪法至上。其中前面三个是实质内容，第四个宪法至上，就是宪法要有至高无上的权威，这是形式要件。

我们要说服人们不要怕，用不着怕，而只有高举宪法至上的旗帜执政党才能保持自己的地位，民族才能实现伟大复兴。

我之前给重庆的领导班子讲课时曾说：中华民族要伟大复兴，执政党地位要巩固，做到12字就可以：第一是促发展；第二是保民生，对此我很乐观；第三是反腐败，解决这个问题非常之难；第四是依宪行政。反腐败最根本的问题是制度问题，民主、法治、人权做得不好，腐败是难以解决的，所以归根到底要落实到依宪执政。而这一点正是我所担心的。

财新《中国改革》：在中国实现法治，一个重要因素就是如何处理党与法的关系问题。

李步云：党组织必须在宪法和法律的范围内活动，不能以党代政、以党代法。这是中国建设社会主义法治国家的关键一环。

认为党的优势建立在权力上、党掌握的权力越大越集中，执政党地位就越巩固，这种看法是不正确的。

财新《中国改革》：你说过，实现法治的进程也需要30到50年，需要这么长时间吗？中国能等这么长时间吗？

李步云：主观上看，这一历史进程的快慢，将取决于政治家们的远见卓识和胆略，取决于法律实务工作者的责任感和良心，也取决于法学家们的独立品格和勇气，还取决于全国广大人民群众的政治觉醒与行动。

早在1987年，我在回答美国著名法学家路易斯·亨金的提问时曾说过，我对中国的民主法治是乐观的，四点理由：

第一，民主、法治、人权是中国全体人民共同的根本利益和愿望所在，任何政党都不能违背这一意志。

第二，市场经济不可逆转，必然带来我们观念和社会制度的深刻变化。

第三，对外开放进程不可逆转，中国和世界已经联系在一起，再往回走是不可能的。

第四，我们未来的各级领导，将越来越年轻，也越来越有知识，视野开阔，越来越没有历史包袱。在这个意义上，我是一个乐观主义者。

历史潮流浩浩荡荡，没有人能阻挡中国走向法治国家的历史大趋势。

后　记

本文发表于《中国改革》2012年第12期。

迈向共和国法治的新时代

党的十八大的胜利召开，在我们党的历史上具有非常重要的意义。我认真学习党的"十八大报告"一个最深切的体会是，它揭开了人民共和国光辉历程的崭新篇章。我们的国家叫"中华人民共和国"。这里的"中华"是指包括汉、蒙、壮、维、藏族在内的56个民族所组成的大家庭，这个"人民共和国"就是我们中华民族的共同家园。这里的"人民"不是狭义的与"敌人"相对应的政治概念，而是一个广义的国家的和法律的概念，即同"公民"同义。"人民"是我们的"国体"，即"国家的一切权力属于人民"，"人民是国家的主人"。这里的"共和"是"政体"，其具体表现形式主要是"人民代表大会"这一根本制度，当然也包括政治协商制度、民族区域自治制度和城乡基层自治制度在内。我们的"人民共和国"具有社会主义的性质，也具有自己鲜明的民族特色。这样的国体和政体就必然对全社会的经济、文化、社会各方面的基本制度发生深刻的影响。因此，这里的"共和"可以概括为"四共"与"四和"，"四共"是：国家的一切权力归人民共有，国家的各种大事由人民共决，国家的主要资源由人民共占，国家的发展成果由人民共享。"四和"是：官员与民众和谐相处，民族与民族和睦相待，富人与穷人和衷共济，本国与他国和平共处。"共"是社会主义的本质特征，"和"是中华民族的文化瑰宝。新中国成立以来，虽然在前30年里走了不少弯路，但是党领导人民是朝着建设"人民共和国"这一目标前进的。进入改革开放新时代34年以来，一个令全世界无数人羡慕与敬仰的强大而繁荣的人民共和国已经屹立在地球的东方，党的十八大的召开则将大大加快我们朝着建设五大文明理想目标前进的步伐。在十八大报告中，出现次数最多的一个词，就是"人民"。满足人民的需求，保障人民的权利，谋求人民的幸福，就像一根红线，贯穿于这一报告的始终。而在"四共"与"四和"上，都有新思维、新目标、新举措。

在党的"十八大"召开前夕，我曾在中国法学会"第七次法学家论坛"上提出过实现民族伟大复兴的"十二字诀"，即"谋发展，保民生，反腐败，行宪政"。并愿意把十二个字献给未来新的中央领导集体。认真研读"十八大报告"，特别是在短短不到两个月的时间里，新的中央领导集体的一系列举措给我的启示，令我对早日实现我们的"中国梦"，更加充满信心。我们将"确保到2020年实现全面建成小康社会的宏伟目标。""经济上要实现国内生产总值和城乡居民的人均收入比2010年翻一番。"依据我们前30年取得经济发展奇迹的成功实践和近10年提高人民生活水平和缩小贫富差距的一系列政策，在"谋发展""保民生"的问题上应该说是没有多大悬念的。新的中央领导集体已经把"反腐败"问题提高到关系党和国家生死存亡的高度。不到一个月，就果断地把一个中央政治局后补委员拉下马，令国内外很多人对我国新领导反腐倡廉的决心刮目相看。但反腐必须"治本""治标"相结合。腐败的根源和反腐的阻力主要在制度。因此，"行宪政"不仅是建设政治文明的必由之路，也是反"腐败"是否能取得成功的基础性条件。对此，习近平同志在2012年12月4日首都各界纪念现行宪法公布施行30周年庆典上的讲话中提出的四条要求，已为我国未来一个时期里开展宪政建设勾画了一幅具体而又清晰的蓝图。它们分别是发扬"人民民主"，推进"依法治国"，充分"保障人权"，实现"依宪治国""依宪执政"。社会主义的民主、法治、人权是社会主义宪政的实体内容，"依宪治国"是宪政的形式要件。"宪政"一词并不像极个别人所说的那样"神秘"和"可怕"，我们大家都在讲的宪政，就是讲的"依宪治国""依宪执政"。

现在中央领导有句口头禅："空谈误国、实干兴邦。"2013年1月3日，孟建柱同志主持召开的全国政法工作电话电视会议上提出，将"劳教制度改革、涉法涉诉信访工作改革、司法权力运行机制改革以及户籍制度改革"确定为是2013年政法工作的重点。这些都是老大难问题。在这样短的时间里就决定尽快解决它，这是需要很大智慧、勇气和魄力的。正如《人民日报》下属的《环球时报》"社评"对此作出的评论：中央为"2013年的政法工作设立了庞大目标，这可以看成总动员级别的继往开来，甚至新的出发"。

在今天这个会上，我之所以要谈这样一些学习"十八大报告"和新的中央领导集体的新思维、新举措的体会，是想表达我的一个认识：对我们今日中国老中青三代法学研究工作者来说，历史给我们提供了一个非常好的为建设"法治中国"而献身的机遇；党和国家为我们搭建了一个非常好的实现自己人生价值的平台。对此，我们必须倍加珍惜！

我从事法律学习和法学研究已经55年。我很庆幸自己能够生活在这个伟大的国度和时代里，在改革开放和民族振兴的历史征程中也留下了自己的一行思想足印。回顾我个人近30多年的研究工作经历，一个最深切的感受是，只要我们会讲道理，我们的思想和建议符合党心、民心，符合时代的精神和中国的实际，中央领导是会重视和采纳我们的意见的。

1979年，我负责执笔起草于当年9月9日发布的《中共中央关于保证刑法、刑事诉讼法切实实施的指示》（即"64号"文件）。在党中央文件中第一次写进了要实行"社会主义法治"；决定果断取消党委审批案件的制度；明确宣布废除"文革""公安六条"中的所谓"恶毒攻击罪"，允许批评党和国家的领导人；宣布"五类分子"摘帽后应享有同其他公民一样的权利。1980年，我负责起草总结审判林彪、江青反革命集团的历史经验，并以"特约评论员"文章的名义在《人民日报》发表。它总结出"司法独立""司法民主""实事求是""人道主义""法律平等"这五项法治原则，并在这一重要中央文献中第一次写入我国要实行"以法治国"的方针。1981年，我又受命起草叶剑英委员长在"八二宪法"起草委员会第一次会议上的讲话稿，建议写入"民主立法"和"司法独立"两项法治原则，亦被采纳，并被写进"八二宪法"。我曾先后在《人民日报》《求是》杂志、《光明日报》上发表40多篇文章，其中许多重要观点与建议，都被中央接受，如"法律面前人人平等"，废除领导职务终身制，"凡具有中华人民共和国国籍的人，都是中华人民共和国公民"。建议将"公民的基本权利和义务"一章置于"国家机构"一章之前，这些都被规定在了"八二宪法"里。而"党组织要在宪法和法律的范围内活动"则被规定在1982年修改后的党章中。2003年6月13日，吴邦国同志在人民大会堂主持的修宪座谈会上，与会者对人权问题尽管有过争论，但中央最终还是采纳了徐显明教授和我的建议，将"国家尊重和保障人权"庄严地记载了在现行宪法里。总之，回顾我个人这30多年来的研究工作经历，有两点认识感悟最深：一是历届中央领导集体对知识分子的作用都是十分肯定的，对专家学者的意见都是十分重视的；二是中央领导自身，始终坚持实事求是，始终坚持改革开放，始终坚持理论创新，始终坚持学术宽容。正是基于这种认识，多年来，我在各种讲课或演说中，一开头总要表达这样一个观点：在改革开放的新时代里，我们之所以能够取得经济发展的人类历史的奇迹，也取得了政治、文化、社会文明快速进步的巨大成就，首先应归功于13亿勤劳、智慧、勇敢的中国人民，也应归功于党中央的英明决策和正确领导。

今天，我国的社会主义法律体系已经建成。这个体系已基本达到了部门齐全、结构严谨、内部和谐、体例科学、协调发展的要求。我国的社会主义法制体系，包括立法、执法、司法、护法在内的制度体系，已基本实现各自独立、彼此衔接、相互协调、运行通畅。我国的社会主义法学体系，包括理论法学、法律史学、部门法学、国际法学在内，也已日渐成熟与科学，并具有自己一定的风格与气魄。在学术层面上，我们已经完全能和西方发达国家平起平坐，彼此切磋、相互借鉴。五千年的中华文明史已经证明，我们的民族始终是一个善于理论思维的民族。在这个问题上，我们切不可妄自菲薄，一味迷信西方。党和国家的领导已多次充分肯定我们的老中青三代法学家为我国法治建设所付出的心血和所作出的贡献。人民不会忘记我们，但我们更要时时刻刻记住祖国和人民对我们的养育之恩。

此时此刻，回顾过去，展望未来，我们大家应该在一个主要的问题上达成基本的共识：我国的宪政建设已经取得重大成就。党的十八大后我们的道路将会更加宽广。但是我们要走的路还很长。对此，我们既急不得、但也等不得。我们的宪政建设，包括人民民主、依法治国、人权保障、依宪执政，必须同我国的经济、文化发展水平相适应，必须同我们各方面的制度改革进度相适应。因此，我们的宪政建设必须坚持在党的统一领导下，有组织、有计划、有步骤地逐步进行。但是，我们的各级领导也应该肯于和勇于去做那些应当做也完全可以做的事情。现在人们的主要希望是，我们的步子能够走得比过去再快一点。我认为，要做到这一点，主观上必须做到以下几点：政治家们要有远见卓识和胆略，法律实务工作者要有职业操守和良心，法学家们要有独立品格和勇气，广大人民群众要有政治觉醒和参与。我们的党和国家应当为此创造更为良好的社会条件和宽松的政治环境，切实做到既有民主，又有集中；既有自由，又有纪律；既有统一意志，又有个人心情舒畅的那样一种政治局面。

后　记

本文最初系作者于 2013 年 1 月 16 日在中国法学会常务理事会扩大会议上的讲话，后发表于《法学研究》2013 年第 1 期。

附录

我的法治梦

中国法学会：我的良师益友

我所认识的江平

李步云：从革命战士到著名学者

我的法治梦

实现中华民族的伟大复兴，让我们这个具有五千年历史文明古国重新焕发青春，让一个具有最进步的物质文明、政治文明、精神文明、社会文明与生态文明的国家重新崛起屹立于世界民族之林，是一百多年来全体中国人民的梦想。在中国共产党的领导下，这个全体中国人民的"中国梦"在每个人的脑海里，变得越来越清晰与美好；由梦想变成现实的进程越来越快。到了近30多年来中国进入改革开放伟大新时代，这个"中国梦"变成美好现实已指日可待，并更加激发全体中华儿女努力促其实现的极大信心和热情。每个中华民族的成员都曾经并正在继续通过各自的工作为这一"中国梦"的实现而作出自己的努力和贡献。

五年前，我决定写一本自传，书名就叫"我的法治梦"。由于工作太忙，目前尚未完成，但已写下这样的"题记"："这是一轮红日，在他的梦境里喷薄欲出；这是一缕忧伤，在他的思绪里挥之不去；这是一股激情，在他的生命里熊熊燃烧；这是一曲'法颂'，在他的著述里放声歌唱。"这里所说"红日"，就是"我的法治梦"，我的"中国梦"。1948年春，当我还只有15岁的时候，我就已经参加了党的地下工作，跟随和协助我念初二的英文老师，回乡搞革命的西南联大地下党员刘佩琪，组织党的外面组织"济世学会"，秘密印刷和散发毛主席的《论新民主主义》。当时，我知道，如若被抓住，是要坐班房甚至掉脑袋的。但这是"推翻压在中国人民头上的三座大山，才能实现民族的独立，国家的富强和人民的幸福"的信念和追求在鼓舞着我。我16岁参加了中国人民解放军，并于1950年10月23日夜里，秘密赴朝参加抗美援朝战争，以炮一师二十六团政治处民运干事的身份，参加了第一次至第五次战役。我曾三次与"死亡擦肩而过"。最后一次是敌人的一颗炸弹落在我坐的车上，当场牺牲八人，重伤七人。我是其中的幸存者，但左臂完全被炸断。从那时起，我从来没有为自己的严重伤残而掉过一滴泪，甚至伤心过，而是始终为我能参加保家卫国而在五星红旗上能留下自己的鲜血而感到无比光荣和自豪。因此，我也才能够在后来的休养中两次立功，一次被评为"休养模范"。1957年，我以"调干生"身份考取北京大学法律系，读了五年本科，并在法学泰斗张友渔教授的指导下读了三年研究生。在这八年里，我埋头苦读，并深受北大"民主和科学"传统的熏陶。自进入北大法律系的那天起，我就立下了为建设"法治中国"而奉献终身的志向，一天也没有犹豫和松懈过。也正是由于这样的特殊经历，由于人民、国家和党对我的哺育和培养，才造就了我为实现"中国法治梦""中国梦"而不懈奋斗的思想和生活基础；才决定了我个人的命运同共和国的命运紧紧地联系在一起。

我参加革命工作已64年，加入共产党已52年，从事法律学习和法学研究和教育已56年。我为能够生活在这个伟大的国度和时代时，而感到无比幸运；能够在改革开放和民族加速振兴的历史征程中，也留下了自己的一行思想足印，而感到无比欣慰；能够天天感受到全世界人民都在关注我们的共和国正在实现自己的中国梦，而感到无比骄傲。回顾我个人近30多年的研究工作经历，"法治中国"的建设正在一步一个脚印坚定地往前走而历历在目。

1979年，我负责执笔起草"中共中央关于保证刑法和刑事诉讼法切实实施的指示"，在党中央文件中第一次写进了要实行"社会主义法治"。文件决定取消党委审批案件的制度，明确宣布废除文革"公安六条"中的所谓"恶毒攻击罪"，允许人们可以批评党和国家的领导人；宣布"地富反坏右""五类分子"摘帽后应享有同其他公民一样的权利。同年，我受命撰写《建立和健全我国的法律制度》并发表在《人民日报》，从而推动了自1958年起已事实上停止运行的我国律师制度的重建。1980年，我负责起草总结审判林彪、江青反革命集团的历史经验，作为"特约评论员"文章在《人民日报》发表。文章总结了司法独立、司法民主、实事求是、人道主义、法律平等五项法治原则，并提出我国要实行"以法治国"的方针。1981年，我受命起草叶剑英委员长在"八二宪法"起草委员会第一次会议上的讲话稿，建议写入"民主立法"和"司法独立"两项法治原则，被采纳，并被写进"八二宪法"。1998年，我曾在李鹏委员长主持的修宪座谈会上，以及其他场合多次提出，应恢复"迁徙自由"的宪法规定。党的十八大后，中央领导已明确宣示要尽快通过城镇化建设和户籍制度改革等措施,实现"自由迁徙",受到了广大人民群众的关注和欢迎。2003年6月,在吴邦国委员长主持召开的修宪专家座谈会上,我建议,鉴于"孙志刚事件"的教训,应尽快取消"收容遣返条例",被采纳。在这次会上,尽管与会者有过激烈争论,但中央最终还是采纳了我和徐显明教授的建议,将"国家尊重和保障人权"庄严地记载在了现行宪法里。2010年,我曾向中央递交内部研究报告,建议在我国的东南西北中各建立一个"国家人权教育与培训基地",被两位中央领导即刘云山、刘延东同志批示采纳。现第一批这类基地已在广州大学、中国政法大学、南开大学建立起来并运作良好,而这类"国字号的"人权教育与培训基地,为世界各国所绝无仅有,成为我国人权保障一大亮点。

我曾先后在《人民日报》《求是》杂志和《光明日报》上发表40多篇文章,其中许多重要观点和建议,都被中央接受。如党的十一届三中全会前夕在《人民日报》发表的《坚持公民在法律上一律平等》一文,是政法界改革开放时期突破思想理论禁区的第一篇文章。随后,《红旗》杂志又约我写了《人民在自己的法律面前一律平等》,发表在该刊1979年第3期。《论我国罪犯的法律地位》一文发表在《人民日报》1979年11月27日,在当时的学界和政界都引起了巨大的震动,对公民权利意识的提高起了重大推动作用,同"八二宪法"规定"中华人民共和国的人格尊严不受侵犯"直接相关。1981年11月12日,我在《人民日报》连续发表10篇有关修宪的建议,也多被采纳。如"凡具有中华人民共和国国籍的人都是中华人民共和国公民",改变了过去认为"五类分子"和"服刑人员"不是中国公民的错误理念,从而使数百万这类人取得了自己的"法律人格"和政治地位。而改变过去三部宪法的结构,将"公民的基本权利与义务"一章置于"国家机构"一章之前,则彰显了国家权力是由公民权利所产生;国家权力是手段,公民权利是目的;国家权力存在的意义和价值只是为人民服务,即最终是保障公民的各种权益。《人民日报》1982年7月9日"一项意义深远的改革",推动了"八二宪法"废除领导职务终身制这一重大改革。《光明日报》发表的"党要在宪法和法律的范围内活动"的建议,则被写进党的"十二大"通过的新党章。

总之,回顾我个人这30多年的研究工作经历,有两点认识感悟最深:一是历届中央领导集体对知识分子的作用都是十分肯定的,对专家和学者的意见都是十分重视的,只要你的建议符合党心民心,而且讲得有道理,中央是会采纳的;二是中央领导自身始终坚持实事求是,始终坚持改革开放，始终坚持理论创新，始终坚持学术宽容。正是基于这种认识，长期来，我在各种讲坛上和著述中，一开始总要表述和强调这样一个观点：在改革开放的伟大新时代里，我们之所以能够取得经济发展的人类历史奇迹，也能够取得政治、文化、社会文明迅速发展和重大成就，首先应归功于13亿勤劳、智慧、勇敢的中国人民，同时也应归功于党中央的英明决策和正确领导。

今天，我国的社会主义法律体系已经建成，它已基本上达到了法律法规部门齐全、结构严谨、内部和谐、体例科学、协调发展的要求。我国的法制体系，包括立法、执法、司法、护法在内的制度体系，已基本实现各自独立、彼此衔接、相互协调、运行通畅。我国的社会主义法学体系，包括理论法学、法律史学、部门法学、国际法学在内，也已日趋成熟和科学，并具有既体现其普适价值，又具有独特的中国风格和气魄。一幅文明而又美好的"法治中国"的现实图景，世人已能清晰地看得见和感受得到；最终走向"法治中国"胜利彼岸的铿锵有力的前进步伐，世人也已能清晰地听得见和感受得到。

回顾过去，展望未来，我国的政界和学界在一个主要问题上已达成基本共识：我国的社会主义宪政建设已经取得非常快速的进步和重大的成就。党的"十八大"后我们的道路将更为宽广，前进步伐会更加快。但是，我们要走的路还很长。对此，我们既急不得也等不起。我们的宪政建设，包括人民民主、依法治国、人权保障、依宪执政，必须同我国经济、文化发展水平相适应，必须同各方面的制度改革相适应。宪政建设必须坚持在党的统一领导下，有组织、有计划、有步骤地进行。各级党政领导应当肯于和敢于去做那些应当做也完全可以做的事情。政治家们要有远见卓识和胆略，法律实务工作者要有职业操守和良心，法学家们要有独立品格和勇气，广大人民群众要有政治觉悟和参与。执政党和国家应当为此创造更加良好的社会条件和宽松的政治环境，营造既有民主又有集中、既有自由又有纪律、既有统一意志又有个人心情舒畅那样一种生动活泼的政治局面。

在过去的几十年里，国家和社会给了我个人很多荣誉：如享受国务院政府特殊津贴"有突出贡献专家"；中宣部、司法部"全国三五普法先进个人"；教育部、国务院学位委员会"全国优秀博士论文指导教师"，湖南大学首届十大"师德标兵"；中国社科院"荣誉学部委员"；中央六部委"双百活动最佳宣讲奖"；中国法学会"全国杰出资深法学家"；中国科学院"二十世纪中国知名科学家"等称号。但我心里始终念念不忘的是,人民给我的已经太多太多,而自己所做的却太少太少。我时刻都告诫自己和规劝别人,切不可忘记人民对我们的养育之恩。我自己和每个个人都是渺小的,只有我们的人民、我们的祖国、我们的党才崇高而又伟大。正如我在"李步云学术精华"这套丛书的"总序"里发自我自己内心深处的自白和比喻:"在人类历史的长河中,在地球广袤的土地上,我不过是滚滚长江的一朵浪花,不过是巍巍泰山的一棵小草。现在,我的学生、同事和朋友经常问我:你都已经是八十岁的人了,但还像十年前人们称呼你是"空中飞人"那样,仍然经常出现在全国各地的讲坛上,为法治和人权鼓与呼,究竟是什么在激励着你?我的回答是:"因为我的心里始终装着祖国和人民,我的心里始终有个'法治梦'和'中国梦'。是它们给了我智慧、勇气和力量。"

后　记

本文系应《党建》杂志之约而撰写,目前尚未发表。

中国法学会：我的良师益友

今年是中国法学会成立30周年。但它成为我的良师益友，已有整整50个春秋。中国法学会的前身是中国政治法律学会。我的恩师张友渔，曾经担任过会长。1962年，我的法学研究"处女作"，就已得到过中国政治法律学会主办的《中国政法研究》的关心和指导。半个世纪以来，我的成长同中国法学会对我的指导、关心、鼓励、帮助是分不开的。

1957年至1962年，我在北京大学法律系读本科。1962年我的毕业论文"两类矛盾学说对政法工作的指导意义"在正式答辩前，曾投寄《中国政法研究》杂志。当时的责任编辑是王兆仪同志。主编郭纶同志看过后对该文表示赞赏，并转请法学研究所的一些领导和专家审阅，一致表示该文优良。郭纶同志还对论文的进一步完善作了指点。但考虑到该杂志系向外发行，决定暂不发表。此事传到北大法律系一些领导和专家那里，也得到了同样的评价。《北京日报》知道消息后，决定派副主编黎先耀同志亲往北大连续五天进行采访，还旁听了论文的答辩，并写出题为"大学生的最后一课"的长文，在该报发表，对这篇论文的写作过程、我在北大的优良学习成绩、这篇文在答辩中老师的评价作了详细报道。事后，新华社一篇通稿在报道北京大学1962年本科学生毕业成绩普遍优良时，点了我作为例子。1962年至1965年，我师从法学泰斗张友渔教授读研究生，我又将我的研究成果之一——"评冯定同志的民主观"，投寄《中国政法研究》，被采用，发表在该刊1965年第1期。一份国内最高权威法学刊物能够发表一位硕士研究生的论文，它给予了我后来从事学术研究很大的信心和勇气。

我一生先后在公认权威刊物上发表过79篇文章，其中《中国法学》就有11篇。我自己比较满意的篇章或有点创新性的观点，其中有些就是《中国法学》帮助发表出来的，为此我心存感激。例如，"依法治国，建设社会主义法治国家"是我为中共中央政治局准备的法制讲座稿。1996年2月8日的那次讲座,法学界被征求意见的人都推荐由我讲,并曾在司法部会议室作了试讲。试讲后吃饭时,部长肖扬同志对我说:"原来的题目'关于实行依法治国,建设社会主义法制国家的理论和实践问题'不要改,因为江泽民同志圈定讲这个题目,一个多月后你讲时题目给改了,我们不好解释。你主张改'法制'为'法治',我们等一年以后再说吧。"后来,出于某种考虑,改由王家福同志主讲,我是课题组成员,并另起草讲稿。在将我的讲稿送《中国法学》时,我对时任主编的郭道晖同志说,文章内容如需作些改动,可以商量,但现在的题目不能改,"法制"必须改为"法治"。郭表示完全同意。又如,"人权的两个理论问题",在国内率先提出了人权普遍性与特殊性的辩证统一原理,提出其普遍性的理论根据是人有共同的人性、利益与道德;其特殊性是基于不同国家经济文化发展水平、历史传统、民族宗教、政治社会制度等方面都存在差异。再如,"法律意识的本原"一文提出,正确的法律意识不是如传统观点所说,源自"社会物质生活条件"即"生产方式"加人口、地理,而是源自各种"法律现象"。这一观点也被后来学界采纳。

最令中国法学界感到欣慰和骄傲的是,在大家的共同努力下,"依法治国"和"人权保护"先后被庄严地记载在中国宪法里。在这项工作中,中国法学会是功不可没的。我已记不起也无法查考中国法学会曾为此举办过多少次研讨会,但我记得我自己所在的法理学研究会30年来,绝大多数活动都是围绕法治与人权这两个主题而展开的。印象深刻并令我十分感动的两次是,20世纪80年代,法理学年会曾在深圳召开,会议主题就是依法治国。会前,法学会领导要求我在会上先作报告,而后讨论。主持报告会的副会长李龙教授说了这个意思。我说,我只是法理学会一个成员,说作报告不敢当,今天就算我先作一个主题发言吧。20世纪90年代,法理学年会曾在哈尔滨召开,一个重要主题是讨论人权问题。当时我已不是法理学会副会长而已成为顾问。按惯例,会议总结多由会长或某位副会长来做,而那次决定由我来做,并明确写在会议的日程表里。听说,这样安排的一个考虑是,我的"概括能力"比较强。当时我心想,我是法学界比较敢于说话的一个,大家就不怕我"擦枪走火"?!在我的记忆里,30年来,历届法理学年会都有法学会的领导亲临指导。要知道,法学会领导的二级分会有几十个呀。因此,我历来都十分敬佩中国法学会领导具有高度的敬业精神和责任感和它在组织与带领我国法学理论工作者为繁荣法学研究所作贡献。

从 2006 年开始的由中宣部、中政委、司法部，中国法学会后又增加中组部、教育部等六部委共同组织的并由中国法学会具体组织实施的"百名法学家，百场报告会"活动，是我国改革开放新时期开展法制宣传教育的又一创举，并取得了非常好的成效。因为我自始至终都参与其中，对此深有感触。2007 年 9 月 6 日，我曾应邀在人民大会堂为驻京中央机关、总政治部和北京市委司局以上干部作"依法治国的理论与实践"的法制讲座，亲自主持这次报告的就是中央政法委的秘书长周本顺同志。据了解，凡"双百活动"组委会组团去各地开展活动，全部经费都由中央财经专款支付，不用花地方一分钱。这些都充分表明我们的执政党和政府对"双百活动"的高度重视。

2008 年 5 月 7 日，我应邀去山东为全省干部作"依法治国"讲座，有中央电视台随团前往作现场采访。事先，省委同志告诉代表团，这次讲座是省委、省政府联合下文，要求省、市、县、乡四级干部都放下工作听报告，人数是 20 万。后来统计实际听讲人数为 27 万。开讲前，我问代表团团长，"过去我从来不用讲稿或提纲，今天听众太多，要不要在衣袋里揣个提纲，万一什么时候思想卡壳，也好拿出来救急呀。"他回答说，"用不着，你就放开大胆讲吧!"据事后接受中央台采访的一些干部一致反映，这次讲座不错，都认为"双百活动"很有意义。中国法学会的办公室王海英处长是代表团成员，他家就在山东。报告会开始前，他曾给家在农村的年已 70 的老妈妈打电话说，今天晚上省里有一场关于"依法治国"的讲座，如有兴趣，可以看看山东电视台公共频道。讲座结束后，他立即给妈妈打电话问："你看了没有?"他的妈妈回答说，"我从头到尾都看了。"王处长又问："你听得懂吗?"她回答说，"我都懂。"当海英同志告诉我这件事情的时候，我的心情异常激动：一个农村老太太，居然对国家大事，对依法治国竟如此关心! 在我后来的文章和演讲里，当提到这件事情时，我都称呼王处长的妈妈为"伟大的母亲"。因为，这是一个十分生动的例证，说明实行依法治国，建设社会主义法治国家，是十三亿中国人民的根本利益和强烈愿望所在。这一历史潮流是任何力量都阻挡不了的。而且，它也更加坚定了我的这一信念：一个理想的现代法治国家一定会在现今年龄为 20～30 岁或 30～40 岁的人手里建设成功。

2011 年，我曾应邀到重庆为市委理论中心组作"双百"讲座，题目是："发扬传统，坚定信念，执政为民"。事前，有 10 多位教授不愿去那里，因为对"唱红""打黑"国内颇多争议。我对中国法学会的同志说，能不能改一下题目？回答说，"不大好吧，因为这是市委书记亲自指定要讲的。"后来，我还是同意了。开讲时，我的第一句话是："今天我不是以一个专家的身份来这里来讲课，而是以一个已入党50年、参加革命62年的老同志来和在座各位谈谈心。"接着说，对重庆"唱红打黑"，我在"李庄案与中国法治前景"访谈里已经表明我的原则立场和态度。我一贯的作风是，可以少说真话，但绝不讲假话。我说：我16岁参军后，学唱的第一首歌是"解放区的天是明朗的天"，当时那种舒畅和激动的心情，现在还记得很清楚。我也喜欢唱红歌，但不能搞运动，不能乱花钱，不能走"以阶级斗争为纲"的回头路。"打黑"是世界上所有国家都很重视的，不少国家还有特殊的刑事政策和举措。但要像毛主席说的讲"规格"，要看它够不够"黑社会"；要讲程序，不能搞刑讯逼供，要重视律师的作用，不能对他们乱来。重庆在这些方面存在的问题应当改。关于发扬传统，毛主席总结的我党战胜国民党蒋介石的"三大法宝"，"武装斗争"这一条不能用了，但"党的领导"和"统一战线"一定要坚持。但在我看来，我党最大的法宝还是"宪政"。国民党统治集团之所以垮台是因为民心丧尽，是因为蒋介石不搞民主搞独裁；不搞法治搞党治；不保人权，使人民处于毫无权利的境地。正是因为我们搞民主、法治、人权，才能吸引无数革命青年，不顾各种险阻，从国统区奔向延安；才能动员和团结广大工农群众乃至民族资产阶级跟党走。善于"坚定信念"，小平同志曾提出过社会主义的三条标准：解放和发展生产力，公有制为主体，最终实现共同富裕。这是对马克思主义观点一个重大发展。但前两条只是手段，不是目的。我的观点是，我们的理想社会应当是一个"人人自由、人人平等、人人富裕、人人享受宪政文明"的社会。我还说，现在提出的"五个重庆"远远不够，最重要的应当提"法治"或"民主"重庆。当然，我对重庆搞"民生工程"等好的方面都有充分肯定。会后，我们代表团的团长胡忠等同志告诉我，这次报告反映很好。我也如释重负。后来，"双百活动"组委会会长总结2011年工作的时候，在文件中特意肯定这次讲座反响大，是成功的。重庆的领导班子出了问题后，我又问了胡忠同志和副团长刘剑同志那场报告有问题没有，他们俩一致回答说："没有问题，讲得好！"我心里也就更加踏实了。

六年来，"双百活动"为我提供了一个从事法制宣传、教育的非常好的平台，还给了我很多鼓励和荣誉，包括在人民大会堂为我颁发"最佳宣讲奖"。但是，最主要的还是我自己从中受到了很多教育和鼓舞，尤其是更加坚定了我的信念：一个理想的现代法治国家一定会在我们党的领导下在我国建设成功。

坦率说，20世纪80年代中期的有一段时间里，我内心对中国法学会的工作和作用颇有不满，甚至将它比喻为是"灭火队"。但是很快我的这种想法就有了根本改变。1991年，法理学研究会的年会在武汉大学召开。在开幕式上，中国法学会副会长朱介民同志代表党组详细传达了小平同志的南方讲话，因而在会上引起了强烈反响。当时分两个小组进行讨论，我是第一组的召集人。我所在小组一位老教授很激动地站起来说：你们今天是用南方讲话来压我，另一位老教授也站起来说，今天就是要用南方讲话来压你！西南政法大学的老教授黎国智，谈到过去有一个时期学术环境不是太好时在会上曾痛哭流涕。总的说来，我的一个深切感受是，中国法学会一直在认真贯彻党的"解放思想"实事求是的思想路线，倡导理论创新并尽其可能为学者创造一个宽松的学术环境，在各种会议上都提倡与允许与会者畅所欲言。这是长期以来中国法学会工作的一大成就。对我个人来说，也经常在这方面得到他们的鼓励。例如，在一次第六届常务理事会全体会议上，法学会的常务副会长刘飏同志在谈到我们必须大力培养"创新型人才"时，曾举了罗豪才教授和我作为例子。这事令我十分感动也深受教育。那以后，我常常以此来告诫和激励自己：写文章、作报告，不要说套话、空话；真话可以少讲，但决不可以讲假话。

在今天，我的良师益友——中国法学会成立30周年的喜庆日子里，我衷心祝愿它能在未来的岁月里，在中国法治的历史征程中，继续组织与带领中国的法学工作者，为祖国、为人民作出更多更大的贡献！

后　记

本文是作者为2012年中国法学会征文所撰写的文章，后以《我与中国法学会》为题发布在中国法学会网站上，并荣获该会征文一等奖。

我所认识的江平

一些同事和学生告诉我,江平教授的自传《沉浮与枯荣》出版后已成畅销书。我听后当然很高兴,可又觉得这很自然。因为江平教授的学问和人品,在中国法学界屈指可数;而他的人生经历又正如他的书名所示,十分坎坷和富有传奇色彩。我也粗略地阅读了他送我的这本自传,深深地为他叙述的坦诚平和,特别是在学术上所作重大贡献和学者的独立品格所感动。他不平凡的一生,在一定程度上折射出了共和国在前进的道路上、在民族伟大振兴的征程中所经历的曲折。最令我敬佩的是,尽管他一生遭遇过多次不公对待,甚至心身遭受严重伤害,但他始终对人民、对国家、对党的事业,对社会主义理想,忠贞不渝。

江平的主要专业是民商法,我的主要专业是法理学,但在改革开放的30年里,我们却成了至交好友。我想,一个原因是,他不仅是我国民商法学界的泰斗级人物,而且作为一个杰出的"公共知识分子",他对推进依法治国方略,经常发表许多重要而中肯的见解,我们之间有很多共同的语言。更为重要的是,就像郭道晖教授所说,是因为我们彼此之间"志同道合"。这个"志",是为建设法治国家而不懈奋斗;这个"道",是具有知识分子应有的独立品格。

2001年"入世"前夕,我和荣斌同志在长沙电视台政法频道策划了题为《WTO与中国法制建设》的专题节目,江平、曹建明、郑成思、姜明安、沈四宝、赵维田等著名学者都曾欣然应允并远赴长沙参与了这次活动。事后,我和江平还共同主编了以此为题的一本著作,记述这次盛会。该节目录制完后,电视台请江平教授题词,他郑重地写下了"只向真理低头"他的这一座右铭。

2003年,我的学生为我举办了一个"七十"生日庆典和学术研讨的民间聚会。从下午两点到晚十点，比我年长三岁的江平作为应邀嘉宾，始终没有离开会场，令我十分感动。他在致辞中说我既有"勇气"，也有"骨气"。其实，这四个字用在他身上更为合适，因为他曾长期承受了比我大得多的来自各方面的"压力"而面不改色心不跳。

2010年，中国比较法学研究会为老会长江平隆重地举办了一个生日庆典，来自香港和台湾的10多位他的学生和朋友也参加了这次盛会。我和郭道晖教授被安排坐在他的左右，我还被安排第一个致辞。我说，我常以江平教授的治学为人做榜样，句句出自内心。我记得，他在答谢词里曾讲了这样一个意思：人生七十古来稀，我活了八十，"赚了"。当时我想，他一生最大的收获，还应当是他的"学术之树常青""人品之高永在"，并将流芳久远。

江平、郭道晖和我并排坐在一起已有多次，也常常引来一些"议论"。有一年，比较法研究会年会在四川青城山召开，有位中年学者就说，"这是青城山会议一道亮丽的风景线"。又有一年这一研究会的年会在长沙湖南大学召开，又是这位学者"发难"。他说，今天中国法学界"资产阶级自由化"的三位总代表都在主席台上，我提一个问题：江平老师写文章引用马列不多，郭老师和李老师写文章经常引用马列，你们俩人到底对马列是真相信还是假相信。我当时的回答是"有真也有假"。"真"是指，凡我所引用的马列的观点，都是我认为是有价值的思想和理论；"假"是指，现在的学术环境还不是十分理想，有时写文章不得不引用一点马列以"保护"自己。郭的回答也大致如此。就我个人而言，自我15岁参加党的地下活动，特别是正式入党以来，我对党的宗旨和奋斗目标，对社会主义的崇高理想，就从来没有怀疑和动摇过。但是，我又坚定地认为，马克思主义和社会主义必须随着时代的发展而发展，随着中国和世界的经济、政治、文化与社会的现实条件的变化而不断改变与发展自己的理论形态与制度设计。不正视时代的变迁，不认真总结经验与吸取教训，不倾听人民的呼声，思想僵化，抱残守缺，就终将被历史和人民所抛弃。我想，作为老党员的江平和郭道晖同志，也会持上述相同的思想和立场。

我相信，一个人民满意的理想的法治国家一定会建设成功，但这将是一个长久的过程。我也主张道路走得稳一点，但更希望步子迈得再快一点。这一历史进程的快慢，客观上，将取决于经济与文化发展水平的高低和社会各方面制度转型的进展；主观上，将取决于政治家们的远见常识和胆略，法律实务工作者的职业操守和良心，法学家们的独立品格和勇气，广大公民的政治觉醒和抗争。江平教授的独立品格和勇气，已经并将继续为我国法学界作出表率。

《沉浮与枯荣》一书的扉页，记述有作者一句名言："我的中国梦，就是法治天下。"无独有偶，我也正在构思自己的自传，书名就叫《我的法治梦》。我将效仿江平教授的这本书，实事求是、平实无华地讲述自己这一辈子的人生感悟和治学心得，以奉献给鹏程万里的年轻一代。

后　记

本文为庆贺江平教授八十华诞而作，未发表。庆典那天我是第一个致贺词的人。

李步云：从革命战士到著名学者

编者按：他是一位为法治与人权奔波了半个多世纪的法学家，终于为依法治国、人权保障写入宪法进了自己的一份心力。他低调做人，坚持以勤勉、正直、真诚、宽容为做人准则。他从一位普通革命战士到著名法学专家，现在国内有人称他为"中国法治第一人"，国外友人称他为"中国人权之父"，他的传奇式经历使人荡气回肠。

部队，战火的洗礼

李步云成长在一个伟大民族的伟大变革时代。对于这一点，他非常为之庆幸。他的一生都与共和国同呼吸，共命运。李步云是非常热爱人民、热爱国家、热爱党的。1949年春，他刚15岁就参加了地下工作，协助中共地下党员刘佩琪组织"济世学会"，秘密印刷《新民主主义论》。1949年冬进入中国人民解放军四野特种兵干部学校学习，先后任四野炮一师二十六团政治处民运干事、青年干事、司令部书记。他1950年赴朝鲜参加抗美援朝战争，而且是前往抗美援朝的第一批官兵。在抗美援朝战争期间，曾与敌人的炮弹相距十米，最后保住了性命。还有一次是五次战役第二阶段为了冲破敌人的包围圈，死伤无数，李步云幸免于难。第三次是一颗炸弹在他们的周围爆炸，当时死了八个活了七个，李步云是其中的幸存者，成为二等乙级伤残军人。李步云在部队五年曾立过两次功，并被评为"二等休养模范"。他从十几岁经历过枪林弹雨而走到今天。

北大，梦开始的地方

进入大学是李步云从小就有的一个梦想。尤其是初中毕业就能考入北大,对于他来说更是来之不易。因此李步云珍惜在北大的一分一秒攻读法律,过着"宿舍、食堂、教室"三点一线的学生生活。每天在图书馆伏案夜读的情景,未名湖畔与同学们打闹、嬉笑、闲聊的时光,都令李步云至今难以忘怀。经历过五年革命战争的洗礼和三年地方工作的磨砺,这对他后来在北大取得优异的学习成绩,打下了一个良好的品德和生活基础。1962年,新华社曾报道北京大学当年毕业的本科生成绩都普遍良好,举的唯一例子就是李步云。

在北大读书期间,李步云有幸投师于"法坛泰斗"张友渔的门下读研究生。张老是党中央和我国最高权力机关的主要法律顾问,从宪法到每部法律的制定都融入了张老的心血。李步云在读研究生的三年中,都是在张友渔的悉心教导下渐渐成长的。

李步云发自肺腑地说:"在北大十年的日日夜夜,是我生命的重要组成部分。北大给了我智慧、品德、理想和勇气,没有北大,就不会有我的今天,我以自己是北大人而感到无比光荣与自豪。"也正是由于北大学术环境的熏陶和张友渔教授的言传身教,才得以使李步云在北大毕业之后四十多年的学术生涯里,把民主与科学当作终生的事业追求,将求实、创新、严谨、宽容当作治学一直坚持的根本理念和风格。

农村,生活的历练

1958年,李步云曾到门头沟斋堂参加"半工半读",白天背石头修水渠,夜里同老区农民坐在炕上谈心,达半年之久。1965年,他又到农村参加"社教",在北京海淀区四季青公社社教工作队任队长。他在当地办的学习班有声有色,认真执行党的政策,没有"整"过任何一个干部,因而得到领导的表扬和当地干部的称道。1971年他参加农村"整党",在河南息县东岳公社李庄大队任工作组组长一年。在大队办学习班时,他半夜起来给学员们盖被子,以免学员着凉;他经常帮农民拉架子车下地送粪,深受群众爱戴。前后在农村四年的生活体验,使李步云同八亿农民的心紧紧地贴在了一起,更加懂得了应当怎样做人。

李步云立足现在追忆过去,他不会忘记在连璧初级中学秘密印刷《新民主主义论》的情景;不会忘记在朝鲜战场上卧冰雪吃炒面和炮火连天的日子;不会忘记守在太仓县水利局电话机前迎战十级台风的那些夜晚;不会忘记在北大燕园静悄悄的图书馆里伏案夜读的八年时光;也不会忘记在中南海为叶帅起草修宪讲话稿时的兴奋情绪。正因为有了这些生活的积淀，才形成了李步云一生信守的勤勉、正直、真诚、宽容做人的基本准则。

五十年，风雨征程路

学术研究是李步云的生命。他自从进入北京大学学习法律开始，到今天已经历了53个春秋。在改革开放的新时代，在建设现代法治国家的伟大历史征程中，李步云深深地留下了自己的一行思想足印。

李步云心里装着人民，总是想国家之所想，急人民之所急。他在1978年12月6日在《人民日报》发表的《坚持公民在法律上一律平等》，被公认为是当时我国法学界敢于突破思想理论禁区的第一篇文章。1979年9月发表的《论以法治国》一文，被公认为是最早明确提出我国不能再搞人治，必须搞法治，并对实行"以法治国"从历史背景、理论依据、观念变革和制度创新等方面作出全面系统论证的第一篇文章。在北京市高级人民法院大法庭和北京市委党校先后两次召开人治与法治问题的专题研讨会，形成并开展了三大对立观点的大讨论，这场争论持续了近二十年。李步云撰写了一系列文章为依法治国做理论论证。直到党的十五大将其作为治国方略通过党内民主正式确立下来，并在1999年将其载入宪法。这是符合人民愿望、历史规律和时代精神的。李步云为党和国家将其确立为治国方略，在思想理论上做出了自己的独特贡献。

此后，他花费巨大精力，投入法治理念的传播，应邀到一些党政机关和大学作依法治国的学术讲座，仅省部级以上单位的报告就有80余次。在每次连续近三小时的讲授中，在几百人的课堂上，那种专心听讲的场面和课后的积极反响，令李步云十分感动和深受鼓舞，再次让他看到了在我们这样一个拥有960万平方公里的大国里建设现代法治国家的希望。2001年，中宣部、司法部等单位授予他以"全国法制宣传先进个人"称号；2008年12月，周永康同志在人民大会堂亲自为他颁发由中宣部、中政委等六部委组织的"百名法学家、百场报告会"的"最佳宣讲奖"。

李步云坚信，尊重和保障人权是21世纪的时代精神。人活在这个世界上，都希望自己活得好，都有自己的种种需求，都企盼过着幸福的生活。在人类共同生活在一起的这个世界里，人的各种利益，就具体表现为人权。依据"以人为本"的理念，人的价值高于一切。人是目的不是手段，社会上的各种主义、政策、法律与制度都是为人而存在，是为人服务的。

1979年10月,他在《人民日报》上发表《论我国罪犯的法律地位》一文,从理论上阐述了罪犯的公民地位,首次提出了对罪犯合法权利也应切实保障。此文如石破天惊,在当时引起了激烈的争论,人民日报社、公安部与李步云本人收到上千封读者来信,大多数人赞同他的观点,但也有不少人反对,甚至作为"资产阶级自由化"的代表作予以批判。但是,后来他在文中提出的"罪犯也是公民""罪犯也有权利"在1982年被宪法吸收并在后来的《监狱法》里得到充分体现。

中华人民共和国成立以来,国家在尊重和保障人权问题上,曾走过一条曲折的道路。同旧社会相比我们曾经取得过发展经济满足人民物质与文化基本需求以及实现社会平等等诸多方面的骄人成就,但也经历过种种曲折,甚至像十年"文革"人权遭受肆意践踏的痛苦。1978年以后尽管我们国家进入了改革开放的新时代,但在很长一个时期里,主流舆论仍将人权看作是一个"资产阶级的口号"。这种情况直到1991年才开始发生根本性变化。此后,李步云十分关注并大力开展人权研究和教育,形成了自己的人权理论体系,并在人权教育中做了许多开创性工作。2004年,中央采纳了李步云、徐显明等人的建议,"国家尊重和保障人权"终于被庄严地记载在宪法中。

李步云作为60年来中国人权事业曲折历程的见证人和30年来人权保障飞速发展的参与者,而感到无比欣慰。他热切希望我们的国家能够真正形成一个"百花齐放、百家争鸣"的局面,彻底改变某些部门和官员在一定程度上仍然存在的视"人权"为禁区的精神状态,才能进一步推进中国的人权保障事业,才能为全人类的文明进步作出中国人自己应有的重要贡献。

长期以来,李步云不仅沉迷于个人的著述,而且乐于和善于带领团队共同创业。自2000年他就任湖南大学法学院名誉院长至今,该院从只有一个硕士点,现已取得一级学科博士点授予权。2004年担任广州大学人权研究中心后,三年里该中心被广东省批准为重点研究基地,该中心也是全国唯一一个省级重点人权研究基地。2006年,他同著名经济学家刘鸿儒共同组建民办科研机构"上海金融与法律研究院",先任顾问,现任院长。2009年该院荣获"上海先进民办科研机构"称号。

为人师表,桃李满天下

李步云不仅在治学上有很好的造诣,在人才培养方面也很出色。他从

1978年起开始招收硕士研究生。他在中国社会科学院指导的博士生，至今已毕业12人。在湖南大学指导的博士生有8人已获学位。他培养的博士、硕士和博士后中不少人现在已是国家著名的中青年学者。真可谓是桃李满天下。

作为老师，要有师德，不仅要敬业、宽容豁达、学风严谨，最重要的是对待学生要满怀爱心。在2000年李步云刚到湖南大学的时候，已有68岁高龄，但他直到现在还坚持给本科生上课。他认为："本科教育是人的一生中最重要的阶段，是启发他们对待科学研究兴趣的关键时刻。"为进一步提高学生们的研究能力，他经常带着学生搞课题，写论文。平时不管多忙，只要学生打电话要来家里请教问题，他都是马上放下自己手头的工作，热情接待。因此，李步云获"2002年全国优秀博士论文指导教师"殊荣；2004年获湖南大学首届十大"师德标兵"称号。

李步云至今已出版著作三十多部，发表论文200余篇，并有16项科研成果获奖。鉴于他的学术水平与贡献，中国社会科学院2007年授予他以"荣誉学部委员"称号。这是该院最高学术称谓，系终身荣誉。在2008年由南方媒体集团组织的评选活动中，他入选"改革开放30周年风云人物"200名；同年，在中国经济体制改革研究会等单位组织的评选活动中，入选"中国改革30年120名社会人物"；2009年又获中国国际经济技术合作促进会等单位授予的"建国60周年共和国建设100名功勋人物"称号。

采访李步云教授已经结束了一段时间，但那句"我是中国人民的儿子"至今依然回荡在我的耳边。每当李步云讲到这句话时那异常的激情澎湃，让记者心灵也为之震撼。李步云反复强调，他能有今天的一切，最应该感谢的是人民对他的哺育、党对他的培养、共和国对他的教育；他60年来所做的一切，都不过是对人民、对党尽自己应尽的一份义务，为民族为国家尽自己应尽的一点微薄之力。

后　记

本文载《正气中国》（上卷）外文局"中国报导"杂志社第92页。

图书在版编目(CIP)数据

论宪法/李步云著.—北京：社会科学文献出版社，2013.8
（李步云学术精华）
ISBN 978 - 7 - 5097 - 4859 - 6

Ⅰ.①论… Ⅱ.①李… Ⅲ.①宪法 - 中国 - 文集
Ⅳ.①D921.04 - 53

中国版本图书馆 CIP 数据核字（2013）第 157102 号

·李步云学术精华·
论宪法

著　　者／李步云

出 版 人／谢寿光
出 版 者／社会科学文献出版社
地　　址／北京市西城区北三环中路甲29号院3号楼华龙大厦
邮政编码／100029

责任部门／社会政法分社　（010）59367156　　责任编辑／张瑞华　关晶焱
电子信箱／shekebu@ ssap.cn　　　　　　　　　责任校对／李　敏　秦　晶
项目统筹／刘晓军　　　　　　　　　　　　　　责任印制／岳　阳
经　　销／社会科学文献出版社市场营销中心　（010）59367081　59367089
读者服务／读者服务中心　（010）59367028

印　　装／三河市尚艺印装有限公司
开　　本／787mm×1092mm　1/16　　　　　印　　张／29
版　　次／2013年8月第1版　　　　　　　　　字　　数／499千字
印　　次／2013年8月第1次印刷
书　　号／ISBN 978 - 7 - 5097 - 4859 - 6
定　　价／98.00元

本书如有破损、缺页、装订错误，请与本社读者服务中心联系更换
▲ 版权所有　翻印必究